Jakob Steinbrenner

Zeichen über Zeichen

• • • • PHILOSOPHISCHE IMPULSE • • • •

Herausgegeben von

Felix Mühlhölzer
Wolfgang Spohn

Band 4

Jakob Steinbrenner

Zeichen über Zeichen

Grundlagen einer Theorie der Metabezugnahme

SYNCHRON
Wissenschaftsverlag der Autoren
Synchron Publishers
Heidelberg 2004

Bibliografische Information der Deutschen Bibliothek
Die Deutsche Bibliothek verzeichnet diese Publikation in der
Deutschen Nationalbibliografie; detaillierte bibliografische Daten
sind im Internet über <http://dnb.ddb.de> abrufbar.

Umschlaggestaltung: Reinhard Baumann, München
Titelbild: Aus der Reihe *Schrift* (1978/2004)
© Reinhard Baumann

Druck und Weiterverarbeitung: AZ Druck und
Datentechnik GmbH, Kempten
Printed in Germany
ISBN 3-935025-47-5

Inhalt

Danksagung

Diesem Buch liegt meine Habilitationsschrift zugrunde, die im Wintersemester 2001/2002 von der Fakultät für Philosophie, Wissenschaftstheorie und Statistik der Ludwig-Maximilians-Universität München angenommen wurde. Für Anregung, Unterstützung und konstruktive Kritik möchte ich mich bei meinen Gutachtern Ulises Moulines, Oliver R. Scholz, Matthias Varga von Kibed und Wilhelm Vossenkuhl bedanken. Besonderen Dank schulde ich Manfred Harth und Karl-Georg Niebergall. Sie haben mir durch zahllose Diskussionen dazu verholfen, über vieles einen tieferen Einblick zu gewinnen. Ein weiteres herzliches Dankeschön auch an Johannes Haag, Ingola Lammers, Tobias Lange, Gabriele Werbeck, Sigune Meidert, Martin Rechenauer und Andrea Stumpf, die in der einen oder anderen Form wesentlichen Anteil am Entstehen dieses Textes hatten. Schließlich möchte ich mich bei der Deutschen Forschungsgemeinschaft bedanken und ganz besonders bei Andreas Kemmerling, ohne dessen Unterstützung diese Arbeit nicht entstanden wäre.

München, im Sommer 2004 J. Steinbrenner

Einleitung

Ein wesentliches Merkmal der meisten oder sogar aller natürlichen Sprachen ist, daß man in ihnen auf Ausdrücke eben dieser Sprachen Bezug nehmen kann.[1] Dieses Merkmal läßt sich mit dem Begriff METASPRACHLICHKEIT bezeichnen.[2] Versucht man diesen Begriff genauer zu explizieren, sieht man sich folgenden Schwierigkeiten ausgesetzt: Erstens, was sind sprachliche Ausdrücke? Zweitens, welche Form müssen sprachliche Ausdrücke haben, damit man sich mit ihnen auf andere Ausdrücke beziehen kann? Drittens, welche Formen der Bezugnahme - Anführung, Zitation, Variation, Anspielung, Erwähnung etc. - werden zur metasprachlichen Bezugnahme verwendet? Viertens, welche Formen von Metabezugnahme findet man in Symbolsystemen außerhalb der Sprache (z. B. Piktogrammen, Musik, Architektur) und inwiefern handelt es sich hierbei um Metasprachlichkeit?

Im ersten Teil meiner Arbeit gebe ich eine Antwort auf die Frage, von welcher Art die Objekte sind, auf die wir metasprachlich Bezug nehmen. Ich gehe dabei von der Annahme aus, daß die aussichtsreichsten Kandidaten metasprachlicher Bezugnahmeobjekte Zeichentypen und -vorkommnisse sind. Was aber - und dies ist die zentrale Frage des ersten Teils - sind Zeichentypen und Zeichenvorkommnisse? Eine eindeutige und allgemein akzeptierte Antwort auf diese Frage gibt es nicht. Die von mir vorgeschlagenen Antworten liegen in einem Spektrum von radikal platonistisch bis strikt nominalistisch.

Im zweiten Teil entwickle ich eine Taxonomie metasprachlicher Bezugnahmeweisen. Dem liegt der Gedanke zugrunde, in Anführungsausdrücken den paradigmatischen Fall metasprachlicher Bezugnahme zu sehen und alle anderen Formen der Bezugnahme auf Sprachliches als ABSCHWÄCHUNGEN davon aufzufassen. Ich werde mich dazu mit Theorien auseinandersetzen, welche die explizitesten

---

1 Ich werde im folgenden den Begriff der Bezugnahme weder definieren noch axiomatisieren, sondern mich vorläufig nur auf die Intuition berufen, daß Zeichen Bezug nehmen, was so viel heißt, wie auf etwas zu verweisen. Diese Erklärung ist zugegebenermaßen ziemlich nichtssagend, aber sie ist Voraussetzung und wird erst im Laufe des Textes näher erläutert.

2 Sicherlich ist das hier beschriebene Phänomen der Metasprachlichkeit nur eines und vielleicht ein eher untypisches. So läßt sich die Meinung vertreten, daß Metasprachlichkeit nur auf Sprachen zutrifft, in denen klar zwischen Objekt- und Metasprache unterschieden wird bzw. nur Namen der objektsprachlichen Ausdrücke Ausdrücke der Metasprache sind, während objektsprachliche Ausdrücke keine Ausdrücke der Metasprache sind oder sein dürfen. Die Fälle, die mich im folgenden besonders interessieren, sind aber gerade jene aus der Umgangssprache, in der wir uns in ihr auf umgangssprachliche Ausdrücke beziehen. Damit sollen gleichwohl nicht die Fälle ausgeschlossen werden, in denen wir uns mit Hilfe der Umgangssprache auf Zeichen und Ausdrücke anderer Symbolsysteme beziehen (zu den Begriffen »Zeichen« und »Ausdrücke« siehe unten).

Überlegungen zur metasprachlichen Bezugnahme bieten, nämlich Theorien der Anführung. Vor dem Hintergrund dieser Theorien untersuche ich die Eigenarten der direkten und indirekten Rede, den beiden wohl typischsten Formen der metasprachlichen Bezugnahme in der Umgangssprache. Schließlich betrachte ich metasprachliche Bezugnahmeweisen im weiten Sinne - darunter fällt beispielsweise die Anspielung, die Variation oder das Pastiche - und deute an, inwiefern die von mir entwickelte Taxonomie metasprachlicher Bezugnahme auf nichtsprachliche Symbolsysteme (Bilder, Musik etc.) übertragbar ist. Das Ziel meiner Arbeit besteht darin, einen Überblick über die vielfältigen Formen der Metabezugnahme zu geben, und dies insbesondere vor dem Hintergrund der Anführung, dem paradigmatischen Fall metasprachlicher Bezugnahme.[3]

Eine erste Annäherung

Unbestritten dürfte sein, daß die Bezugnahme auf Sprachliches eine notwendige Bedingung metasprachlicher Äußerungen ist. Unklar dagegen bleibt, wie die Bezugnahmerelation näher zu bestimmen ist, von welcher Form der sprachliche Ausdruck sein muß, damit er auf Sprachliches Bezug nimmt, und was - und diese Frage soll uns im folgenden beschäftigen - hier unter »Sprachlichem« zu verstehen ist. Eine Schwierigkeit der folgenden Überlegungen besteht darin, Sprachliches in einem interessanten Sinne einzugrenzen. Der Vorschlag, in der Welt ein Buch Gottes zu sehen und damit alles zu einem sprachlichen Zeichen werden zu lassen, ginge offensichtlich zu weit. Gleichfalls werde ich mich im folgenden ausschließlich mit künstlichen Zeichen beschäftigen, das heißt, »natürliche« Zeichen wie Spuren, natürliche Merkmale wie Maserpusteln etc. werden ausgeklammert. Problematisch erscheint es mir zudem in diesem Zusammenhang, unter »Sprachlichem« alle Zeichensysteme, wie Musik, Malerei oder Verkehrszeichen, zu fassen. Sicherlich können wir uns in unserer Sprache auf Zeichensysteme dieser Art beziehen, aber eine solche Bezugnahme ist vorderhand keine »echte« metasprachliche Bezugnahme in dem von mir intendierten Sinne.

---

3 Eine Arbeit zur Anführung lädt natürlich wie kaum eine andere ein, bei der Anführung selbst Fehler zu begehen, unklar in der Ausdrucksweise zu sein und vieles mehr. Leider wird diese Arbeit von keiner dieser Schwächen frei sein. Ungeachtet dessen werde ich versuchen, mich an folgende Regeln zu halten:
Will ich Ausdrücke anführen, setze ich sie entweder in Anführungszeichen oder rücke sie ein, will ich ihren ungewöhnlichen Gebrauch andeuten, setze ich sie ebenfalls in Anführungszeichen. Möchte ich dagegen bewußt auf einen Typ oder eine Eigenschaft Bezug nehmen, wähle ich die Kursivschrift. Ist es mein Ziel, Ausdrücke speziell zu betonen, unterstreiche ich sie, und Ausdrücke, die für die weiteren Überlegungen besonders wichtig sind, setze ich in Kapitälchen.
Soweit nicht anders angegeben, stammen die Übersetzungen aus dem Englischen von mir.

Die vorgeschlagenen Abgrenzungen sind zugegebenermaßen fragwürdig, da sich einerseits fließende Übergänge zwischen protoformalen Systemen (Tabellen, Graphen, Piktogrammen etc.) und bildlichen Darstellungen denken lassen, Hirnzustände als Zeichen von Gedanken auffassen lassen und vieles mehr. Zu beachten ist allerdings, daß gerade die metasprachliche Bezugnahme auf formale Systeme das Paradigma der Metasprachlichkeit schlechthin ist: Wir urteilen mit Hilfe umgangssprachlicher Ausdrücke, ob eine Theorie zutreffend, ein Beweis schlüssig, aber auch, ob eine Tonfolge harmonisch ist. Es stellt sich daher die Frage, ob »echte« Metasprachlichkeit wirklich innerhalb einer Sprache (in unserem Fall der Umgangssprache) vorkommen kann oder ob echte Metasprachlichkeit immer eine strikte Trennung zwischen Objekt- und Metasprache voraussetzt.

Ungeachtet dieser Abgrenzungsschwierigkeiten lautet mein erster vorläufiger Vorschlag:

(D) Nur auf Sprachliches, das heißt auf DIGITALE Zeichen, kann metasprachlich Bezug genommen werden.

Mit (D) soll metasprachliche Bezugnahme auf ANALOGE Zeichensysteme ausgeschlossen werden.[4] Das Ziel dieser Einschränkung ist es, den »harten« Kern metasprachlicher Bezugnahme herauszuarbeiten.

Mit (D) werden somit folgende Sätze vorläufig als metasprachlich ausgeschlossen:

(1) Das Quecksilberthermometer zeigt an, daß Karl Fieber hat.
(2) Morandi stellt in seinen Gemälden immer wieder die gleichen Gegenstände dar.

Als metasprachlich gilt dagegen folgende Äußerung:

(3) Auf Karls digitalem Fieberthermometer ist die Ziffer »38,9« ablesbar.

Aber was macht, wenn überhaupt, (3) zu einer metasprachlichen Äußerung? Offensichtlich nicht das Merkmal, daß (3) sich auf Karl bezieht noch auf ein Fieberthermometer, sondern bestenfalls, daß sich (3) auch auf die Ziffer »38,9«, also ein Zeichen aus einem digitalen System bezieht.[5]

Wie sieht es aber mit folgender Äußerung aus:

(4) Robert Walsers Buch wiegt mehr als 250 Gramm.

Obwohl sich (4) auf Sprachliches bezieht, nämlich auf das Buch »Aus dem Bleistiftgebiet«, handelt es sich bei der Prädikation in (4) um keine metasprachliche Bezugnahme in dem hier intendierten Sinne. Der Grund dafür ist, daß sich die Prädikation nicht auf »zeichenhafte« Eigenschaften des Gegenstandes bezieht, auf

---

4 Ich verwende die Begriffe »digital« und »analog« an dieser Stelle im Sinne Goodmans (vgl. ders. [2]1978, Kap. 4). Ausführlicher komme ich auf diese Begriffe unter I.3 zu sprechen.

5 Sprechakttheoretiker würden es wahrscheinlich vorziehen, daß metasprachliche Äußerungen sich auf Sprachhandlungen und nicht auf Zeichen beziehen. Das Fieberthermometerbeispiel zeigt meines Erachtens aber an, daß dies erst einmal nicht vonnöten ist.

den Bezug genommen wird. Ähnliches trifft auf die Kennzeichnung »das Buch Walsers« zu, da es möglich ist, daß man sich mit dieser Kennzeichnung ausschließlich auf ein Objekt, bestehend aus gebundenen Seiten, bezieht, von dem unklar ist, ob es als ein Zeichen aufgefaßt werden muß.

Was aber gehört zu den »zeichenhaften« Eigenschaften eines Bezugobjektes?

(5) Robert Walsers Mikrogramme konnten lange nicht entziffert werden.

Gehört zum Beispiel die Entzifferbarkeit dazu? Zweifelsohne, aber reicht sie dazu aus, damit aus (5) eine metasprachliche Äußerung wird? Meines Erachtens bewegen wir uns spätestens hier auf einen Punkt zu, der verdeutlicht, daß unserer Antwort immer etwas Willkürliches anhaften wird. Ein wichtiger Grund dafür ist, daß es enorm schwierig ist, diejenigen Merkmale an einem Zeichen zu bestimmen, die für seine Zeichenhaftigkeit verantwortlich sind.[6] Ungeachtet dessen werde ich jedoch in meinem Versuch der Bestimmung dessen, was ein metasprachliches Bezugobjekt sein kann, fortfahren, um zu verdeutlichen, wo ich zumindest vorläufig die Grenzen der Metasprachlichkeit zu ziehen gedenke.

Gegen die Annahme, (5) sei als metasprachliche Äußerung aufzufassen, kann eingewendet werden, daß (a) das Bezugnahmeobjekt zu undifferenziert ist und (b) die semantische Komponente fehlt. Zumindest der zweite Vorwurf trifft jedoch auf die folgende Äußerung nicht zu.

(6) In Walsers Mikrogrammen findet sich die Bemerkung, daß ein Schullehrer aus Bern gerne in Peking auf einer Mauer saß.

Gleichwohl bleibt auch hier der Verdacht, daß das Bezugnahmeobjekt nicht genügend spezifiziert ist und es sich daher bei (6) um keine »echte« metasprachliche Äußerung handelt. Dieser Verdacht ist bei folgender Äußerung jedoch ausgeräumt:

(7) Walsers Gedicht beginnt mit den Worten: »Ein Schullehrer aus dem Kanton Bern/ saß jeweilen gern/ verträumt zu Peking auf einer Mauer.«

Das letzte Beispiel legt den Gedanken nahe, in den Anführungszeichen ein Merkmal echter metasprachlicher Äußerungen zu sehen beziehungsweise die Präsentation des Bezugnahmeobjekts mittels Anführungszeichen[7] innerhalb der metasprachlichen Äußerung als den paradigmatischen Fall echter Metasprachlichkeit aufzufassen. Aber was heißt es, daß eine metasprachliche Äußerung ihr Bezugnahmeobjekt präsentiert?

Nun, eine Antwort auf diese Frage wird davon abhängen, was man unter Bezugnahmeobjekt in diesem Fall versteht. Faßt man darunter (a) einen Äußerungstyp oder (b) ein Vorkommnis (»token«)? Wählt man die Anwort (a), dann ist klar, daß in der metasprachlichen Äußerung der Typ nicht auf dieselbe Weise präsentiert

---

6 Eine Antwort, die jedoch – wie noch zu sehen sein wird – viele Fragen aufwirft, lautet, daß diejenigen Merkmale, die dafür verantwortlich sind, daß ein Zeichenvorkommnis unter einen bestimmten Zeichentyp fällt, die gesuchten sind.

7 So lautet zumindest eine Lesart von Anführungsausdrücken (vgl. II.2.1.6).

werden kann wie der Sachpreis in einer Lotterie. Der Typ, als ein abstrakter Gegenstand aufgefaßt, kann in der Präsentation (zeitlich-räumliches Ereignis) bestenfalls nur als abwesend präsentiert werden (wie beispielsweise in einer Lotterie eine Ziffer für einen »abwesenden« Geldbetrag steht). Das heißt: auf den Typ kann innerhalb der Präsentation nur durch ein stellvertretendes Zeichenvorkommnis Bezug genommen werden. Antwortet man dagegen mit (b), daß also kein Typ, sondern ein Vorkommnis präsentiert wird, dann stellt sich die Frage, worauf das präsentierte Vorkommnis Bezug nimmt. Zumindest drei Antworten bieten sich an:

(i) gleich (a), d. h. das präsentierte Vorkommnis nimmt auf einen Typ Bezug; (ii) das Vorkommnis nimmt auf ein anderes Vorkommnis Bezug (z. B. die Ziffer auf eine existierende Geldsumme oder ein Wortvorkommnis auf ein anderes Wortvorkommnis); oder (iii) wie im Beispiel des Sachpreises bei der Lotterie ist das Vorkommnis, auf das Bezug genommen wird, das präsentierte Vorkommnis selbst.

Faßt man echte metasprachliche Bezugnahme in dem skizzierten Sinne als Präsentation auf, kommen somit zwei Möglichkeiten von metasprachlichen Bezugnahmeobjekten in Betracht: Metasprachliche Äußerungen nehmen (A) auf Typen oder (B) auf Vorkommnisse Bezug.[8]

Gegen (B) kann eingewendet werden, daß in metasprachlichen Äußerungen zumeist nicht auf Wortvorkommnisse, sondern auf Worttypen Bezug genommen werden soll.

(8) Das Wort »kurz« besteht aus vier Buchstaben.
(9) Der Satz »Schnee ist weiß« ist wahr genau dann, wenn Schnee weiß ist.

Mit den Beispielen (8) und (9) soll ja scheinbar nicht etwas über ein einzelnes Wort- oder Satzvorkommnis ausgedrückt werden, sondern über Typen - so zumindest die landläufige Meinung der meisten Anführungstheoretiker.[9] Wählt man jedoch im Einklang mit ihnen die Antwort (A), dann bleibt erst einmal offen, was überhaupt unter einem Typ zu verstehen ist. Damit man diese Frage beantworten kann, muß zuvor geklärt werden, was unter dem Begriffspaar »Typ« und »Vorkommnis« zu verstehen ist.

Eine Antwort auf die Frage »Was ist unter dem Ausdruckspaar ›Typ‹ und ›Vorkommnis‹ zu verstehen?« ist nicht zuletzt deshalb zentral, weil sie prinzipiell Aufschluß darüber gibt, welcher Art die Objekte sind, auf die metasprachlich Bezug genommen wird. So könnte man beispielsweise die Meinung vertreten, daß sich metasprachliche Bezugnahme immer auf Typen beziehen muß und es sich daher bei den Sätzen (4) und (5) um keine echte metasprachliche Bezugnahme handelt. Ein anderer mag dagegen vielleicht noch den Satz (5) zulassen, da sich der Satz

---

[8] Mit dieser Formulierung soll nicht ausgeschlossen werden, daß man sowohl auf Typen wie auf Vorkommnisse Bezug nehmen kann. Ebensowenig soll der Fall ausgeschlossen werden, daß man sich auf Sprachhandlungen bezieht. Aber auch bei Sprachhandlungen stellt sich die Frage, ob man sich auf eine konkrete Handlung oder aber einen Handlungstyp bezieht.

[9] Vgl. II.2.

auf eine zeichenhafte Qualität bezieht, nämlich die Entzifferbarkeit. Und schließlich mag ein Dritter die Ansicht vertreten, daß es sich auch bei einem bloßen »dies«, angewendet auf ein Zeichen, um eine metasprachliche Bezugnahme handelt.

Ungeachtet dieser unterschiedlichen Vorstellungen, worin metasprachliche Bezugnahme eigentlich besteht, können wir gleichwohl vorläufig festhalten, daß zumindest die Minimalbedingung einer metasprachlichen Bezugnahme darin besteht, daß metasprachliche Bezugnahme auf Zeichen Bezug nehmen muß. Die Frage ist natürlich nur die, was hier unter »Zeichen« zu verstehen ist. Zur Einschränkung der Problematik und der Beantwortung der obigen Frage schlage ich vor, daß wir uns vorläufig auf Zeichen der Umgangssprache, das heißt Buchstaben, Ziffern und Folgen von solchen, sowie die üblichen Hilfszeichen, wie Punkt, Komma und Klammer, beschränken.

Was bedeutet dies aber, unter Berücksichtigung der gemachten Einschränkung, für den Satz (5)? Handelt es sich bei diesem Satz um echte metasprachliche Bezugnahme? Könnte man nicht behaupten, daß Entzifferbarkeit nichts genuin Sprachliches ist, weil sprachliche Zeichen Abstrakta sind, die als solche keine visuell wahrnehmbaren Qualitäten besitzen? Sicherlich läßt sich auch noch diese Einschränkung treffen, aber sie birgt die Gefahr, daß unsere Rede über Sprache jede Anschaulichkeit verliert. So ließe sich nicht mehr buchstäblich behaupten, daß der Buchstabe O rund ist, noch daß wir gewöhnlicherweise Worte von links nach rechts schreiben und vieles mehr. Ich schlage daher für das Folgende vor, daß wir unter echter metasprachlicher Bezugnahme sprachliche Bezugnahme auf Zeichentypen oder Zeichenvorkommnisse verstehen.

Die entscheidende Frage an dieser Stelle ist somit die Frage: Was ist überhaupt unter einem Zeichentyp beziehungsweise Zeichenvorkommnis zu verstehen?

Im folgenden stelle ich mögliche Antworten auf diese Frage vor, um mich im Anschluß daran der Frage zuzuwenden: Von welcher syntaktischen Form beziehungsweise grammatikalischen Kategorie müssen sprachliche Zeichen sein, damit man mit ihnen auf Zeichentypen oder Zeichenvorkommnisse Bezug nehmen kann? Offensichtlich ist die erste Frage grundlegender, da ja die zweite Frage implizit die Voraussetzung beinhaltet, daß Zeichen qua Typen oder Vorkommnisse auf Zeichen Bezug nehmen.

I. Typen und Vorkommnisse

Himmel und Erde werden vergehen, aber
meine Worte werden nicht vergehen.
(Johannes 20,29)

Thema der folgenden Überlegungen ist die Frage: Was ist unter einem Zeichentyp beziehungsweise Zeichenvorkommnis zu verstehen? Unter Zeichen werden hier, wie bereits eingangs erwähnt, keine natürlichen Zeichen verstanden, sondern künstliche. Mögliche Antworten auf die Ausgangsfrage hängen im besonderen davon ab, welchen Standpunkt man zu folgenden weiterführenden Fragen einnimmt:

(F1) Was sind die Identitätsbedingungen von Typen?
(F2) Was für eine Beziehung besteht zwischen Typ und Vorkommnis?
(F3) Was sind die notwendigen und/oder hinreichenden Bedingungen dafür, daß ein Einzelding Vorkommnis eines bestimmten Typs ist?
(F4) Wie kann man erkennen, ob ein Einzelding Vorkommnis eines bestimmten Typs ist?
(F5) Wie können wir Typen erkennen?
(F6) Was sind die sprachlich relevanten Merkmale von Typen und Vorkommnissen?

Die Frage (F1) steht dabei deshalb an oberster Stelle, weil Antworten auf alle anderen Fragen nur schwerlich gegeben werden können, wenn nicht klar ist, was ein Typ ist beziehungsweise worin die Identität oder Nichtidentität von Typen besteht. So können wir beispielsweise nur dann zu Recht davon sprechen, daß eine Person einen ganz bestimmten Typ (und keinen anderen) erkennt, wenn wir die Identitätsbedingungen des in Frage stehenden Typs bestimmen können. Ähnliches trifft auch für weiterführende Fragen (F2)-(F6) zu: So kann die Relation zwischen Typ und Vorkommnis nur genauer bestimmt werden, wenn hinreichend klar ist, was die Relata sind. Die letzte Frage (F6) ist schließlich deshalb wichtig, weil es uns ja nicht um die allgemeine Beziehung zwischen abstraktem und konkretem Gegenstand geht, sondern um die Besonderheit von sprachlichen Zeichen.

Neben diesen F-Fragen, gibt es sicherlich noch zahlreiche weitere interessante Fragen zu diesem Thema. Ich vertrete jedoch die Ansicht, daß jede sinnvolle Typ-Vorkommnis-Auffassung sich an ihren Antworten auf diese Fragen messen lassen muß. Daher stelle ich zur Beantwortung dieser Fragen unterschiedliche Auffassungen darüber, was Typen und Vorkommnisse sind, vor und zeige ihre Stärken und

Schwächen auf. Die vorgestellten Auffassungen beginnen mit streng platonistischen Typauffassungen und enden mit zum Nominalismus neigenden Auffassungen. Statt dieser Folge ließen sich sicherlich auch andere finden, zum Beispiel eine an Morris (1938) orientierte, die von syntaktischen über semantische bis hin zu pragmatischen Typauffassungen reicht (und in einem gewissen Sinne halte auch ich diese Folge ein). Wichtig ist mir jedoch, ein Verständnis zu hinterfragen, das im blinden Vertrauen auf die Existenz des platonischen Paradieses besteht, um der tatsächlichen Bezugnahme auf Sprachliches gerecht zu werden, ohne - wie es zuweilen gemacht wird - einfach platonische Entitäten zu postulieren. Nicht zuletzt auf Grund dieser Zielsetzung scheint es nahezuliegen, die Typ-Vorkommnis-Unterscheidung als bloßen Spezialfall des Verhältnisses von abstrakten zu konkreten Einzeldingen zu betrachten. Stimmt man diesem Gedanken zu, findet man sich unversehens innerhalb der altehrwürdigen Universaliendebatte wieder. Ich werde mich dieser Betrachtungsweise auch nicht verschließen, möchte aber darauf verweisen, daß uns gerade das Verhältnis von Vorkommnis zu Typ Einblick in die besagte Debatte gewährt. Warum?

0 Platonismus versus Nominalismus

Verkürzt man den Nominalismus zu einer These, so lautet diese: Alles, was existiert, sind konkrete Einzeldinge. Ungeachtet dessen, ob man diese These für wahr oder falsch hält, stellt sich die Frage, was der Nominalist unter »konkreten Einzeldingen« versteht. In Wolfgang Stegmüllers Ausführungen zur Universaliendebatte lesen wir dazu Folgendes:

> Der Unterschied [zwischen Universalie[10] und Einzelding] ist ein so grundlegender, daß er sich weder definitorisch noch auf sonstigem Weg auf etwas Ursprüngliches zurückführen läßt. Wir müssen voraussetzen, daß der Hörer den Unterschied verstanden hat, nachdem wir als Beispiele von konkreten Dingen Atome, Moleküle, Zellen, Regenwürmer [...] und ähnliches anführten und als Beispiele von abstrakten Gegenständen Klassen oder Mengen, [...] Propositionen und ähnliches. (Stegmüller 1956, 53)

Der springende Punkt für Stegmüller liegt also darin, daß wir (nur?) anhand von Beispielen erklären, was konkrete Einzeldinge respektive abstrakte Gegenstände sind. Blickt man vor diesem Hintergrund auf die philosophische Praxis, so fällt auf, daß die paradigmatischen Beispiele auf der einen Seite Vorkommnisse und auf der anderen Seite Typen sind. Sie sind, scheinbar wie kaum etwas anderes, dazu geeignet, den Unterschied zwischen konkretem Einzelding und Universalie zu erklären.[11] Wenn dieser Anschein nicht trügt, liegt es nahe, am Beispiel der Typ-

---

[10] Stegmüller verwendet die Ausdrücke »Universalie« und »abstrakter Gegenstand« gleichbedeutend. Ich schließe mich ihm hier an.

[11] Vgl. Strawson 1959, 233f.

Vorkommnis-Unterscheidung den Einstieg in die Universaliendebatte zu suchen und nicht umgekehrt. Und dann lassen sich meine Ausgangsfrage und die Fragen (F1)-(F4) stellvertretend für folgende verstehen: Was ist überhaupt unter einem abstrakten Gegenstand und konkretem Einzelding zu verstehen? Was sind die Identitätsbedingungen von abstrakten Gegenständen? Welche Beziehung besteht zwischen abstraktem Gegenstand und konkretem Einzelding? Was sind die notwendigen und/oder hinreichenden Bedingungen dafür, daß ein konkretes Einzelding Instanz eines bestimmten abstrakten Gegenstands ist? Wie kann man erkennen, ob ein konkretes Einzelding Instanz eines bestimmten abstrakten Gegenstands ist?

Vor dem Hintergrund dieser Fragen lassen sich die in der gegenwärtigen Debatte vertretenen Positionen schematisch folgendermaßen darstellen:

<table>
<tr><td colspan="3">Platonismus</td><td>Nominalismus</td></tr>
<tr><td>Strenger Platonismus</td><td>Aristotelischer Platonismus</td><td>Konzeptualismus</td><td></td></tr>
<tr><td>Hyperplatonismus</td><td colspan="2"></td><td></td></tr>
</table>

NOMINALISMUS: Es existieren nur konkrete Einzeldinge. Die Rede über abstrakte Gegenstände – soweit sinnvoll – läßt sich auf die Rede über konkrete Einzeldinge zurückführen. Eine solche Reduktion mag zwar heute noch nicht in allen Bereichen gelungen sein, aber es sprechen keine prinzipiellen Gründe gegen sie.[12]
PLATONISMUS: Es existieren abstrakte Gegenstände.[13]
HYPERPLATONISMUS: Es existieren nur abstrakte Gegenstände. Konkrete Gegenstände sind nur Schimären und besitzen keine »wirkliche« Existenz.[14] Der Hyperplatonismus unterscheidet sich von den folgenden Positionen insofern, als er die Existenz konkreter Gegenstände prinzipiell ablehnt.
STRENGER PLATONISMUS: Abstrakte Gegenstände existieren unabhängig von Instanziierungen und besitzen eine geistunabhängige Existenz.[15]

---

12 Sicherlich läßt sich der Nominalismus auch noch in zahlreiche unterschiedliche Positionen aufteilen, aber zunächst soll es genügen, ihn bloß als Gegenposition zum Platonismus darzustellen. (Einen Überblick über mögliche nominalistische Positionen geben Schantz und Scholz (dies., im Erscheinen) und zur Reduktion Niebergall (im Erscheinen)).

13 In formalen Systemen zeigt sich nach Stegmüller der Platonismus darin, daß abstrakte Gegenstandsvariablen (zum Beispiel Klassen- und Funktionsvariablen) verwendet werden (kritisch hierzu Niebergall (wie Anm. 12)).

14 Möglicherweise kann Plato in bestimmten Lesarten dem Hyperplatonismus zugerechnet werden.

15 Eine andere Definition des strengen Platonismus gibt Stegmüller, der darunter diejenige Position versteht, »nach welcher Klassen keinen Konstruktionsprinzipien [im Gegensatz zum konstruktiven Konzeptualismus, J.St.] zu genügen brauchen, sondern aus dem alle Universalien ›an sich‹ enthaltenden Ozean von uns nach Belieben herausgefischt werden können.« (Stegmüller 1956, 101). Vgl. zudem zur Frage, ob die geistunabhängige Existenz notwendiges

ARISTOTELISCHER PLATONISMUS: Abstrakte Gegenstände - sprich Universalien - bedürfen immer einer Realisierung in konkreten Einzeldingen.[16]

KONZEPTUALISMUS: Abstrakte Gegenstände sind geistabhängig.[17]

Die genannten Spielarten des Platonismus verraten uns demnach noch nichts darüber, was abstrakte Gegenstände sind. Sie geben gewissermaßen nur die Rahmenbedingungen vor. So erhalten wir zunächst keine überzeugenden Antworten auf die Fragen (F1)-(F4). Ebensowenig informativ sind die skizzierten Positionen hinsichtlich der Frage, welche Gegenstände zu den abstrakten zu zählen sind. So kann beispielsweise ein strenger Platonist Extensionalist sein und nur Mengen in seinem Universum akzeptieren oder aber er ist Intensionalist und kann Propositionen und Eigenschaften akzeptieren. Für unsere Fragestellung bedeutet dies zum Beispiel, daß es möglich ist, Ausdruckstypen rein extensional als Mengen aufzufassen oder aber intensional als Gestalttypen. Darüber hinaus kann der Konzeptualist oder Nominalist die Redeweise von Klassen zulassen, insoweit sie sich in Sprechweisen übersetzen lassen, die mit ontologisch sparsameren Voraussetzungen - wie sie vom Konzeptualisten[18] oder Nominalisten akzeptiert werden - auskommen. Vertritt man beispielsweise die Auffassung, daß zwei Vorkommnisse genau dann zum selben Typ gehören, wenn sie gestaltgleich sind, läßt sich der Ausdruck »gestaltgleich« sowohl im Sinne des platonistischen Intensionalisten oder Extensionalisten wie auch des Konzeptualisten oder Nominalisten deuten (siehe unten). Diese Verträglichkeiten verschiedener ontologischer Positionen mit unterschiedlichen Auffassungen darüber, welche Merkmale[19] relevant dafür sind, daß zwei Vorkommnisse typgleich sind, vermehren natürlich die möglichen Positionen, die gegenüber denen zur Typ-Vorkommnis-Unterscheidung eingenommen werden können. Bedenkt man zudem die zahlreichen Auffassungen darüber, wie sich wechselseitig das Verhältnis von Typ zu Vorkommnis bestimmen läßt,[20] dann führt dies zu einer kaum mehr übersichtlich darstellbaren Menge von möglichen, zum Teil eng miteinander verwobenen Positionen. Gerade vor dem Hintergrund dieses Wirrwarrs ist es jedoch sinnvoll, zumindest drei Ebenen auseinanderzuhalten, nämlich die

---

Merkmal eines strengen Platonismus sein muß, Hale 1987, Kap. 2.III; Kap. 7.I u. Kap. 8.IV. Zu beachten ist im weiteren, daß der strenge Platonismus insofern mit dem Hyperplatonismus vereinbar ist, insoweit er keine Aussagen über konkrete Gegenstände trifft.

16 Nach Stegmüller ist der Gegensatz zwischen strengem und aristotelischem Platonismus letztendlich »fiktiv« (ebd., 117), weil im Fall einer Formalisierung beide Auffassungen auf abstrakte Gegenstandsvariablen zurückgreifen müssen.

17 Ich ordne an dieser Stelle den Konzeptualismus dem Platonismus zu, aber wie noch zu sehen sein wird (I.2.1 f.), sind einige seiner Spielarten stark nominalistisch eingefärbt.

18 Vgl. hierzu besonders Stegmüllers Charakterisierung des konstruktiven Konzeptualismus (ebd.).

19 Ich spreche im folgenden häufig von Merkmalen anstatt von Eigenschaften, um anzudeuten, daß ich möglichst wenige ontologische Verpflichtungen eingehen will. Ein Platonist mag statt dessen von Eigenschaften sprechen.

20 Vgl. zu dieser Problematik im besonderen Wollheims Übertragungstheorie (I.4.1) und Brombergers Auffassung von Typen als quasi-natürliche Arten (I.4.2).

ontologische, die erkenntnistheoretische und die sprachphilosophische. Die zur Ontologie zugehörigen Fragen sind die Ausgangsfrage, die lautet: »Was ist überhaupt unter einem Zeichentyp beziehungsweise Zeichenvorkommnis zu verstehen?« und die Fragen (F1) und (F2). Zur Erkenntnistheorie gehören die Fragen (F3), (F4) und (F5). Zur Sprachphilosophie zählt schließlich die Frage (F6): »Was sind die sprachlich relevanten Merkmale von Typen und Vorkommnissen?«

Wie zu zeigen sein wird, lassen sich diese Fragen häufig nur bedingt unabhängig voneinander beantworten. Ungeachtet dieser und zahlloser weiterer Schwierigkeiten bei der Darstellung dieses komplexen Themas ist es wichtig, ein wesentliches Ziel dieser Untersuchungen zur Typ-Vorkommnis-Unterscheidung nicht aus dem Auge zu verlieren: Es soll aufgezeigt werden, daß die möglichen Positionen, die man gegenüber der Typ-Vorkommnis-Fragestellung einnimmt, eng damit zusammenhängen, was man unter metasprachlicher Bezugnahme verstehen kann. Keine der vorgestellten Positionen kann dabei, wie ich zeigen werde, restlos überzeugen. Die einzelnen Positionen gewinnen gleichwohl ihre Stärke dadurch, daß sie bestimmte Aspekte der Sprache beleuchten, die bei unserer Verwendung von Sprachen und Symbolsystemen allgemein von Bedeutung sind.

1 Platonistische Typauffassungen

Das entscheidende Merkmal platonistischer Auffassungen ist der Gedanke, daß Typen abstrakte Gegenstände sind, die für den strengen Platonisten unabhängig von tatsächlichen Realisierungen, das heißt Vorkommnissen, existieren.

Am radikalsten gehen dabei HYPERPLATONISTEN von der Annahme aus, daß nur abstrakte Gegenstände existieren und Vorkommnisse bestenfalls Schimären sind. Inwieweit der Hyperplatonismus Aufschluß darüber zu geben vermag, welche Rolle Zeichen bei der sprachlichen Verständigung zwischen Menschen spielen, ist eine heikle Frage. Für den Hyperplatonisten ist »sprachliche Verständigung zwischen Menschen« eine bloße Redensart, da Menschen als sterbliche raumzeitliche Wesen wie andere vergängliche konkrete Dinge auch im hyperplatonischen Universum keinen Platz haben. Für den Hyperplatonisten stellt sich jedoch die Frage, worin Sprache besteht. Die Antwort lautet, daß Sprache, als abstrakter Gegenstand aufgefaßt, etwas Ewiges und Unvergängliches ist, das ganz unabhängig von Menschen, deren Fähigkeiten, Wünschen und Absichten existiert. Unklar bleibt jedoch, ob es im hyperplatonischen Universum überhaupt so etwas wie Sprachverwender gibt und worin die Kommunikation in dieser Welt bestehen soll.

Bei genauerer Betrachtung gewinnt man zudem den Eindruck, daß sich die Position des Hyperplatonisten letztlich in den Behauptungen erschöpft, (a) die Existenz von Vorkommnissen zu leugnen und/oder (b) Typen zweiter Stufe anzunehmen, von denen Typen erster Stufe Vorkommnisse sind. Mit der Behauptung (a) werden zwar Antworten auf die Fragen (F2)-(F6) umgangen, aber der Preis dafür ist eine zutiefst unbefriedigende Position. Unklar bleibt überdies, wie eine plausible Antwort auf die Frage (F1) für den Hyperplatonisten lauten kann. Gleiches trifft für den Hyperplatonisten zu, der die Behauptung (b) vertritt. Auch bei ihm bleibt offen, worin die Identitätsbedingungen von Typen bestehen sollen. Hinzu kommt jedoch der Verdacht, daß sich hinter der Rede »von Typen zweiter Stufe« nur eine willkürliche Veränderung der üblichen Redeweise verbirgt: Statt von »Vorkommnissen« spricht der Hyperplatonist von »Typen erster Stufe« und statt von »Typen« von »Typen zweiter Stufe«.

Plausibler als der Hyperplatonismus erscheinen dagegen STRENG PLATONISTISCHE TYPAUFFASSUNGEN. Ihnen zufolge sind Zeichen abstrakte Gegenstände, die sich als Abstrakta grundlegend von ihren raumzeitlichen Instanziierungen, das heißt Vorkommnissen, unterscheiden. So mag eine x-beliebige Folge von Schallwellen ein Vorkommnis eines Zeichens sein, aber sie selbst ist kein Zeichen. Der strenge Platonist unterscheidet also Zeichen von ihren Vorkommnissen, und letztere sind keine »echten« Zeichen (auch wenn sie fälschlicherweise in der Umgangssprache so genannt werden). Nur Zeichen, die (i) unabhängig von möglichen Realisierungen und (ii) geistunabhängig sind, verdienen es nach Auffassung des strengen Platonisten, »Zeichen« genannt zu werden. Vereinbar mit einem solchen strengen Platonismus sind gleichwohl zahlreiche Typauffassungen. Hilfreich an dieser Stelle ist es zudem, extensionalistische von intensionalistischen Varianten der streng platonistischen Typauffassungen zu unterscheiden, das heißt mengentheoretische von semantischen Typauffassungen sowie Gestalttypauffassungen.

1.1 Mengentheoretische Typauffassungen

Nach mengentheoretischer Typauffassung sind Typen Mengen. Dabei spielt es keine Rolle, ob die Mengen beziehungsweise ihre Elemente Bezug nehmen oder nicht. Entscheidend ist vielmehr, daß Typen Abstrakta sind, die völlig losgelöst von tatsächlichen Vorkommnissen und deren wahrnehmbaren Merkmalen bestehen. Auch wenn es also kein Vorkommnis des Typs gibt, der aus einer Million aneinandergereihter *A*s besteht, gibt es den Typ als Menge. Ein Grund für die mengentheoretische Typauffassung besteht darin, daß Formalsprachler zuweilen den Wunsch haben, über Ausdrücke zu quantifizieren, ganz unabhängig von möglichen Realisierungen.[21] Das Motiv mag verständlich sein, gleichwohl stellt sich

[21] Ein weiteres Motiv des Platonisten ist seine Sorge, daß möglicherweise nur endlich viele konkrete Ausdrücke zur Verfügung stehen. Beispielsweise schreibt Ulrich Blau: »Was immer die konkreten Ausdrücke sein mögen, wir müssen damit rechnen, daß in diesem Universum nur endlich viele vorkommen und fast alle gewünschten Typen leer sind. Hängt die Existenz formaler Sprachen von kosmischen Zufällen ab? Müssen wir sicherheitshalber die flüchtigen konkreten Ausdrücke noch modal aufweichen [...]? Unvergleichbar sicherer als die möglichen Konkreta sind die wirklichen Abstrakta.« (Blau 1994, 368)

die Frage, was die Elemente von Typen sind. Die naheliegende Antwort scheint zu lauten: die jeweiligen Vorkommnisse. Aber wie können sich dann zwei Typen voneinander unterscheiden, die keine Vorkommnisse besitzen? So läßt sich annehmen, daß weder ein Vorkommnis des Typs *eine Million aneinandergereihte As*, noch ein Vorkommnis des Typs *eine Million plus eins aneinandergereihte As* existiert. Ungeachtet dieser Tatsache ist der Wunsch jedoch zumindest verständlich, diese beiden Typen voneinander zu unterscheiden. Die Frage ist, wie dies ohne einen Schuß Intensionalität beziehungsweise Modalität[22] für den Extensionalisten möglich sein soll, da sich ja die beiden Typen, als Mengen aufgefaßt, in ihrer Extension nicht voneinander unterscheiden.

Eng verwandt mit dem PROBLEM DER LEEREN TYPEN (das heißt Typen ohne Vorkommnisse beziehungsweise für den Mengentheoretiker Mengen ohne Extension) ist das PROBLEM DER AMBIGEN AUSDRÜCKE. Nach nicht völlig unplausibler Auffassung ist im Deutschen der Ausdruck

Bank

sowohl Vorkommnis des Typs Ausdruck für Sitzgelegenheit, bestehend aus den Buchstaben »B« ^ »a« ^ »n« ^ »k«[23], wie auch des Typs Ausdruck für Kreditinstitut, bestehend aus den Buchstaben »B« ^ »a« ^ »n« ^ »k«. Wie kann ein Vertreter der mengentheoretischen Typauffassung unter der genannten Voraussetzung, daß die Bezugnahme von Zeichen keine Rolle spielt, diese Unterscheidung treffen?[24]

Selbst wenn die Probleme der leeren Typen und der ambigen Ausdrücke eine Lösung erführen, stellt sich jedoch das Problem, daß die streng platonistische und somit auch die mengentheoretische Typauffassung nur schwer mit dem gewöhnlichen Sprachgebrauch vereinbar ist.[25] Betrachten wir hierzu die folgenden beiden Redewendungen:

(i) Beim Wort »Uhu« steht rechts und links vom Buchstaben H ein U.
(ii) Das Wort »Uhu« endet mit dem gleichen Buchstaben, mit dem es anfängt.

Zumindest zwei Schwierigkeiten stellen sich hier für den Anhänger der mengentheoretischen Typauffassung: (1) Wie läßt es sich rechtfertigen, einem abstrakten Gegenstand eine räumliche Eigenschaft zuzuschreiben? (2) Wie kann der Sachverhalt erklärt werden, daß in einer Zeichenfolge ein Zeichen mehrmals vorkommt?[26]

Mögliche Antworten auf die erste Frage sind:

(a) Die Eigenschaft *Rechts-von* und *Links-von* trifft nicht nur auf konkrete Gegenstände zu, sondern auch auf abstrakte.

---

22 Ein, wenn auch nicht sonderlich attraktiver Ausweg, besteht darin, anstatt von tatsächlichen von möglichen Vorkommnissen zu sprechen.

23 »^« steht für »verknüpft mit«.

24 Ich werde auf das Problem der ambigen Ausdrücke unter I.1.6 erneut zu sprechen kommen.

25 Siehe I.4.

26 Vgl. hierzu Simons 1982, 196; Goldstein 1984, 3; Wetzel 1993, 215.

(b) Es gibt zwei Eigenschaften *Rechts-von* (beziehungsweise *Links-von*). Die erste trifft auf konkrete und die zweite auf abstrakte Gegenstände zu.

(c) Der Satz (i) ist elliptisch aufzufassen und folgendermaßen zu analysieren:

(i*) Bei Vorkommnissen des Worts »Uhu« steht notwendigerweise rechts und links vom Buchstaben H ein U.

Gegen die drei Antworten läßt sich folgendermaßen argumentieren: In den Antworten (a) und (b) wird eine Eigenschaft zweiter Stufe postuliert, die noch mehr Fragen aufwirft als das zu klärende Problem. Die Antwort (c) macht von der Typ-Vorkommnis-Unterscheidung Gebrauch, die in dieser Form in der Umgangssprache nicht zu finden ist, philosophisch fragwürdig ist und zur Analyse von (i) nicht vonnöten. Überdies setzt die Antwort (c) eine Antwort auf die Frage (2) voraus.

Auf diese Frage mit der üblichen Antwort zu reagieren, daß mehrmals Vorkommnisse eines bestimmten Typs in der Zeichenfolge vorkommen, ist dem Platonisten verwehrt, da nach seiner Auffassung eine Zeichenfolge ein abstrakter Gegenstand ist, der als solcher keine materiellen Realisierungen enthalten kann. Was soll es aber dann heißen, daß in einer Zeichenfolge mehrmals ein bestimmter abstrakter Typ vorkommt? Einen abstrakten Typ zweiter Stufe anzunehmen, von dem die abstrakten Typen erster Stufe Realisierungen sind, führt zum Regreß, denn wir müßten auch für diese wieder höherstufige Typen annehmen und so fort.[27]

Eine brauchbarere Lösung schlägt Willard Van Orman Quine vor.[28] Für ihn sind Typen Folgen und damit Mengen von komplexen Ausdrücken, die vom Anfangsbuchstaben des Ausdrucks bis zum jeweiligen Buchstaben reichen.[29] So unterscheiden sich beispielsweise die beiden »a«'s in »Faa« dadurch, daß das erste »a« vom Typ

Fa

ist, das heißt der Folge

---

[27] Goldstein (ebd.) ist der Auffassung, daß dieser Regreß durch eine falsche Anführungstheorie, nämlich die Eigennamentheorie, zustande kommt und der Regreß vermittels einer geeigneten Theorie, nämlich der Goldsteins (siehe unten), in der Anführungskomplexe keine Typen bezeichnen, verschwindet. Ich muß gestehen, daß mir Goldsteins Argument nicht klar ist. Denn selbst wenn wir annehmen, daß Anführungskomplexe keine Namen von Typen sind, besteht das Problem weiterhin, sofern wir annehmen, daß es Typen gibt, in denen bestimmte Buchstabentypen mehrmals vorkommen. So läßt sich behaupten, daß im Wort (aufgefaßt als Typ), das aus den Buchstaben *U* gefolgt von *H*, gefolgt von *U* besteht, der Buchstabe *U* zweimal »vorkommt«. Gegen meinen Vorschlag läßt sich jedoch, wie ich durch die Anführungszeichen schon angedeutet habe, einwenden, daß Buchstabentypen in diesem Sinne nicht vorkommen. Aber wie kann man dann jemandem erklären, daß am Ende und Anfang des Worts jeweils der Buchstabe *U* steht?

[28] Quine 1961, 297.

[29] Solche Ausdrücke können dann mit Gödelzahlen identifiziert beziehungsweise durch Gödelziffern bezeichnet werden.

<»F«, »a«>

zugehört, während das zweite vom Typ

Fa

ist, das heißt der Folge

<»F«, »a«, »a«>

zugehört. Gegen Quines Vorschlag lassen sich zumindest zwei Einwände erheben:

Erstens, Quines Analyse kann keine befriedigende Erklärung für Sätze wie

> Wittgenstein beginnt sein bekanntes Werk mit einem Satz, in dem dreimal der erste Buchstabe unseres Alphabets vorkommt

geben, da die Analyse von einem Ausdruck, der mehrmals »vorkommt«, zu sprechen verbietet (vorkommen können eben nur Vorkommnisse und keine Ausdruckstypen).

Zweitens, wie läßt sich das erste »a« in »Faa« von dem Typ »Fa« unterscheiden? Wie gezeigt ist ja das erste »a« in »Faa« vom Typ »Fa«. Wie aber können wir dann das erste »a« in »Faa« von dem zusammengesetzten Typ »Fa« unterscheiden?[30]

Durch eine leichte Modifikation läßt sich Quines Lösung gegenüber dem zweiten Einwand immunisieren. Die Modifikation besteht darin, daß man einen Buchstaben als Tripel auffaßt, wobei der erste Teil des Tripels der komplexe Ausdruck ist, der zweite das Anfangssegment des Ausdrucks und der dritte Teil der jeweilige Buchstabe. Aber dieser modifizierte Lösungsansatz läßt zunächst ungeklärt, worin die Gleichheit oder zumindest Ähnlichkeit zwischen den beiden »a«s in »Faa« besteht, die durch folgende Tripel repräsentiert werden:

<»Faa«, »Fa«, »a«>
<»Faa«, »Faa«, »a«>

Keine Lösung bietet, wie bereits gesagt, der Gedanke, einen Typ zweiter Stufe zu postulieren, von dem die beiden »a«s abstrakte Vorkommnisse erster Stufe sind. Quines Antwort, die auf einem Mengenplatonismus beruht, läuft auf die Behauptung hinaus, daß uns der zweite und dritte Buchstabentyp im Typ »Faa« deshalb ähnlich oder gleich vorkommen, weil beide Folgen beziehungsweise Tripel sind, die an letzter beziehungsweise dritter Stelle dieselbe Menge enthalten. Daß in meinem Beispiel die beiden Tripel an erster Stelle den gleichen Ausdruck enthalten, ist Zufall; bei »Ga« und »Fa« wäre dies nicht der Fall.[31] In diesem Beispiel würden die beiden Tripel folgendermaßen aussehen:

---

30 Vgl. Simons 1982, 196f.

31 Eine formal leicht modifizierte Theorie entwickelt Wetzel (1993). Für sie ist ein Ausdruck ebenfalls ein Tripel, an erster Stelle steht jedoch die Ziffer, die angibt, an welcher Stelle des komplexeren Ausdrucks y der jeweilige Ausdruck x steht, an zweiter Stelle steht der zumindest einmal vorkommende Ausdruck x und an letzter der komplexe Ausdruck y. Für unser Beispiel bedeutet dies, daß das erste a in »Faa« der Tripel <2, »a«, »Faa«> ist und das zweite der Tripel <3, »a«, »Faa«> (ebd., 219).

<»Ga«, »Ga«, »a«>
<»Fa«, »Fa«, »a«>

Diese Variante der mengentheoretischen Typauffassung läßt zwar formal an Klarheit nichts zu wünschen übrig, das heißt, es gibt klare Identitätsbedingungen für Typen, aber auf die Fragen (F3) - was sind die notwendigen und/oder hinreichenden Bedingungen dafür, daß ein Einzelding Vorkommnis eines bestimmten Typs ist? - und (F4) - wie kann man erkennen, ob ein Einzelding Vorkommnis eines bestimmten Typs ist? - erhalten wir keine befriedigenden Antworten. Fragen dieser Art stehen jedoch üblicherweise im Zentrum der Typ-Vorkommnis-Unterscheidung. Was ein Vertreter eines mengentheoretischen Typbegriffs daher noch liefern muß, ist eine Theorie, die Aufschluß über Vorkommnisse und ihr spezielles Verhältnis zu Typen gibt.[32]

1.2 Gestalt- oder Musterauffassungen

Auf den ersten Blick weit anschaulicher als eine mengentheoretische Typauffassung sind Auffassungen, die mit dem Begriff der Gestalt zu erklären versuchen, was Typen sind und wie ihr Verhältnis zu Vorkommnissen zu deuten ist. Typen sind nach Ansicht des Gestalttheoretikers gewissermaßen Muster, die man an die Vorkommnisse anlegen kann, um anschließend zu überprüfen, ob das jeweilige Muster paßt. Unter Muster werden hierbei graphische und phonetische Muster gefaßt. Was ist aber an dieser Stelle genau unter Muster zu verstehen? Sind Muster konkrete Einzeldinge, Abstrakta oder aber wahrnehmbare Merkmale von Gegenständen? Eine naheliegende Antwort lautet, daß Muster Gestaltformen sind, die unabhängig von ihrer Realisierung existieren.[33] So existiert die Form des 333333332347-Ecks ganz unabhängig von ihrer Realisierung.

Vertritt man einen solchen GESTALTPLATONISMUS, dann sind Typen Gestalten, die völlig unabhängig von möglichen Vorkommnissen existieren. Ein Vorteil dieser Position besteht darin, daß man beliebig viele und beliebig fein strukturierte Typen zur Verfügung hat, die für jede nur erdenkliche Sprache als Typen dienen können.

Der Nachteil liegt jedoch in den Schwierigkeiten, die typisch für den strengen Platonismus sind: Erstens, platonistische Auffassungen bieten kaum eine prakti-

---

32 Szabó nennt dies das »type/token problem« (1999, 146).

33 Vgl. beispielsweise Blaus Auffassung von IDEALEN AUSDRÜCKEN: »Diese sind nicht in Raum und Zeit, aber nicht ganz so abstrakt wie die Gödelmengen und dafür der inneren Anschauung unmittelbar zugänglich - das heißt in einfachen Fällen. Wir verwenden sie dann als innere Muster, um zum Beispiel bei der Kontrolle eines Beweises die graphische Gleichheit wahrgenommener konkreter Ausdrücke zu prüfen. Diese Fähigkeit, ideale Gestalten zu erfassen (von innen betrachtet), das heißt, innere Muster zu bilden (von außen betrachtet), ist ein Teil der geometrischen Intuition, der platonischen Quelle der Mathematik, die vermutlich nicht ganz auf reine Mengenintuition zurückführbar ist.« (1994, 369)

kable Lösung dafür an, wie man von den Typen hinab zu den Vorkommnissen gelangt (und die Berufung auf intuitive Einsicht, innere Muster und dergleichen erklären wenig, wenn man einigermaßen mit Buchstaben, Ziffern etc. umgehen kann, ohne sich deshalb auf intuitive Einsicht oder innere Muster beziehen zu können). Zweitens, platonistische Auffassungen und somit auch der Gestaltplatonismus geben uns so gut wie keine Antwort auf die Frage, ob zwei Vorkommnisse vom selben Typ sind. Das heißt drittens, es bleibt letztlich offen, wie wir von den Vorkommnissen hinauf zu den Typen gelangen. Ein Grund für die fehlende Transparenz des Aufstiegs von Vorkommnis zu Typ ist, wie wir im Fall des Gestaltplatonismus sehen können, daß streng platonistische Positionen keine befriedigende Antwort darauf geben, welche wahrnehmbaren Eigenschaften ein Vorkommnis haben muß, damit es von einem bestimmten Typ ist. Nur zu behaupten, ein Vorkommnis muß beispielsweise die 333333332347-Eck-Eigenschaft haben, damit es unter den 333333332347-Typ fällt, ist erkenntnistheoretisch wertlos, solange nicht brauchbare Kriterien dafür angeboten werden, die angeben, wie man feststellen kann, ob ein Vorkommnis die betreffende Eigenschaft hat.

1.3 »Aristotelische« Typauffassungen

Der wesentliche Unterschied der von mir so genannten ARISTOTELISCHEN gegenüber der STRENGEN PLATONISTISCHEN TYPAUFFASSUNG besteht darin, daß Typen nach der aristotelischen Auffassung nicht unabhängig von tatsächlichen Vorkommnissen existieren können. Vertreter einer solchen Auffassung sind Hugly und Sayward. Ihnen zufolge sind Typen Mengen,[34] die jedoch immer hinsichtlich eines jeweils bereits existierenden Zeichenvorkommnisses gebildet werden.[35] Dadurch hoffen sie, dasjenige Problem zu lösen, das Anhänger der mengentheoretischen Typauffassung mit der Frage »Wie wird die Extension der Mengen festgelegt?« aufgeworfen haben. Hugly und Sayward schlagen vor, mit Hilfe des Ausdrucks »ist physikalisch ähnlich hinsichtlich der Form zu« Klassen zu bestimmen.[36] Durch diesen Kunstgriff ist es den beiden Autoren möglich, Schwächen des strengen Platonismus zu umgehen: Wir müssen jetzt nicht mehr abstrakte Gegenstände, beispielsweise »innere« Bilder, mit konkreten Gegenständen vergleichen, sondern können uns auf die übliche Praxis des Vergleichs konkreter Gegenstände verlas-

---

[34] Hugly und Sayward sprechen von Klassen [»classes«] und nicht von Mengen [»sets«]. Ich schließe mich im folgenden ihrer Redeweise an, ungeachtet dessen, daß zwischen beiden Redeweisen kein inhaltlicher Unterschied besteht.

[35] Dies. 1981, 184ff.

[36] Der Schritt von einer extensionalistischen zu einer intensionalistischen Typauffassung ist an dieser Stelle natürlich schnell getan, nämlich dann, wenn man die Auffassung vertritt, daß der Ausdruck »ist physikalisch ähnlich hinsichtlich der Form zu« für eine Relation, das heißt Eigenschaft, steht. Letzteres dürfte auch die Auffassung der beiden Autoren sein, aber meines Erachtens läßt sich ihre Auffassung auch rein extensionalistisch deuten.

sen.[37] Für die beiden Autoren bedeutet dies, daß sie als Ausgangspunkt bestimmte paradigmatische atomare Zeichen setzen, zu denen die anderen Zeichen der jeweiligen Klasse in der erwähnten Relation stehen.

Betrachten wir zum näheren Verständnis der Ansicht Huglys und Saywards folgende Inskription

0

Handelt es sich dabei um ein Zeichenvorkommnis oder ist es nur ein Oval? Diese Frage läßt sich offensichtlich nicht ohne eine nähere Bestimmung des Kontexts, in dem das Zeichen verwendet wird, beantworten. Daher wird in der Diskussion zumeist - soweit die Kontextabhängigkeit von Zeichen überhaupt gesehen wird - davon ausgegangen, daß die Frage nach der Beziehung von Typ und Vorkommnis nur vor dem Hintergrund einer gegebenen Sprache sinnvoll zu stellen ist. Teilt man diese Auffassung, dann wird deutlich, daß die Verwendung der Ausdrücke »Typ« und »Vorkommnis« nur in Bezug auf Zeichen sinnvoll ist. Sicherlich kann man auch die Ansicht vertreten, daß es so etwas wie Autotypen und Hirnzustandstypen gibt, und deren Instanziierungen als Vorkommnisse bezeichnen. Eine solche Redeweise ist jedoch parasitär, soweit man nicht die Meinung teilt, daß es so etwas wie eine Auto- oder Hirnzustandssprache gibt.[38]

Ein Problem besteht an dieser Stelle natürlich darin, genauer zu spezifizieren, was unter »einer Sprache« zu verstehen ist. Für Hugly und Sayward besteht eine Sprache zumindest aus den Klassen der Namen, Variablen, Prädikaten und Verknüpfungsregeln, mit deren Hilfe Formeln und Sätze rekursiv erzeugt werden können. Diese Grundbestimmungen einer Sprache reichen jedoch offensichtlich nicht aus, um zu erklären, wann ein Einzelding Vorkommnis eines bestimmten Typs ist. Stellen wir uns beispielsweise vor, die Sprache, die wir verwenden, enthält als atomare Zeichen neben dem lateinischen Alphabet noch die arabischen Ziffern, dann bleibt weiterhin offen, ob es sich bei der obigen Inskription um ein Zeichenvorkommnis der arabischen Ziffer »Null« oder des Buchstaben *O* handelt.

Um Schwierigkeiten dieser und anderer Art zu umgehen, schlagen Hugly und Sayward vor, die Beziehung *ein Vorkommnis von* als eine vierstellige Relation zu bestimmen,[39] die zwischen einem wahrnehmbaren Einzelding, einem Ausdruck, einer Sprache und einem Vorkommnissystem besteht. Unter einem VORKOMMNISSYSTEM (»tokening system«, ebd., 186) ist eine Menge von Regeln zu verstehen, die für jeden gegebenen Ausdruck festlegen, wie ein Sprecher der Sprache ein wahr-

---

37 Der strenge Platonist wird natürlich behaupten, daß wir zu dieser Praxis so etwas wie abstrakte Gegenstände in seinem Sinne voraussetzen müssen, während der Nominalist leugnen wird, daß wir dazu überhaupt irgendwelcher Annahmen über abstrakte Gegenstände bedürfen. Wie zu sehen sein wird, neigen Hugly und Sayward eher einer platonistischen Sicht zu.

38 Die Ansicht, daß bestimmte konkrete Hirnzustände Vorkommnisse von Typen sind, ist bekanntermaßen heutzutage recht beliebt. Solche Auffassungen sind jedoch nur schwer vereinbar mit dem wahren Kern, der in pragmatischen Typauffassungen steckt (siehe unter I.2).

39 Diese Beziehung läßt sich meines Erachtens auch rein extensional deuten.

nehmbares Einzelding hervorbringen kann, das Vorkommnis des in Frage stehenden Ausdrucks ist. Diese Regeln sollen von der Art sein, daß es einem normalen Sprecher unter normalen Umständen möglich ist, ein solches Vorkommnis zu erstellen. Als Beispiel für so eine Regel geben Hugly und Sayward folgendes Beispiel an:

Für jeden Ausdruck des Deutschen gilt, von diesem Ausdruck kann ein Vorkommnis erstellt werden durch das Hinschreiben einer Marke von ähnlicher Form wie diese eine:

Z

(Ebd., 186)[40]

Regeln dieser Art seien jedoch keine hinreichenden, sondern nur notwendige Bedingungen dafür, daß etwas ein Vorkommnis sei. Hinzukommen müsse, daß die Hörer beziehungsweise Leser der Sprache das jeweilige Einzelding als Vorkommnis des entsprechenden Ausdrucks erkennen.

Das so skizzierte System von Hugly und Sayward gibt offensichtlich keine eindeutige Antwort auf unsere Frage, um was für ein Vorkommnis es sich bei obigem Oval handelt. Der Grund ist, daß es de facto keine Regeln gibt, die eindeutig bestimmen, wie die Ziffer Null und wie ein Vorkommnis des Buchstabens *O* zu erstellen ist. Diese Schwierigkeit rührt unter anderem daher, daß die Erklärung durch die Relation »ist physikalisch ähnlich hinsichtlich der Form zu«, die zwischen den einzelnen Vorkommnissen einer Klasse bestehen soll, wenig aussagekräftig ist und dies liegt wiederum im Begriff der ÄHNLICHKEIT begründet. Denn was heißt es schon, daß zwei Dinge einander ähnlich sind? Ohne eine nähere Explikation des Kontexts beziehungsweise des relevanten Ähnlichkeitsbegriffs ist Huglys und Saywards Verwendung des Ähnlichkeitsbegriffs wenig hilfreich.

Nun ließe sich vielleicht mit Hugly und Sayward argumentieren, daß der Ausdruck *Null* und der Buchstabe *O* Ausdrücke unterschiedlicher Sprachen sind und daher die Frage, ob es sich um eine Ziffer oder einen lateinischen Buchstaben handelt, schon im kontextuellen Vorfeld geklärt werden muß. Aber selbst wenn wir dies den beiden Autoren zugestehen, bliebe das Problem für folgende Inskription bestehen:

d

Handelt es sich bei dieser Inskription um ein Vorkommnis des ersten oder vierten Buchstaben des Alphabets? Man könnte im Sinne Huglys und Saywards antworten, die Beziehung *ein Vorkommnis von* sei nicht nur als eine vierstellige, sondern als eine fünfstellige Relation zwischen einem wahrnehmbaren Einzelding, einem

40 Die Schreibweise der beiden Autoren legt fälschlicherweise nahe, »Z« als exemplifizierendes Vorkommnis zu deuten. Was die beiden Autoren jedoch meinen, ist, »Z« als Variable zu sehen, die über Ausdrucksvorkommnisse läuft. (Zum Problem der Anführung von Variablen siehe Fn. 270.)

Ausdruck, einer Sprache, einem Vorkommnissystem und einer Schrift zu verstehen. Kann man dagegen aber nicht einwenden, daß die Bestimmung der relevanten Schriftart schon in den Regeln des jeweiligen Vorkommnissystems enthalten sein muß? Bejaht man diese Frage, dann droht die Konsequenz, daß für jede Handschrift ein eigenständiges Vorkommnissystem zur Verfügung stehen muß. Diese Konsequenz läßt sich mit der hypersemantischen Auffassung[41] insofern vergleichen, als im radikalsten Fall zu jedem Vorkommnis ein Typ angenommen wird, unter den genau nur dieses eine Vorkommnis fällt. Die Redeweise vom Typ würde sich somit im hier erörterten Zusammenhang gewissermaßen erübrigen, da wir von keinen zwei Zeichenvorkommnissen mehr behaupten könnten, daß sie vom selben Typ sind. Über die Zeit betrachtet, würden ähnliche Schwierigkeiten selbst für ein einziges Vorkommnis auftauchen. So könnte beispielsweise in den Regeln eines Vorkommnissystems festgelegt sein, welcher Kontrast zwischen Zeichen und Zeichenhintergrund bestehen muß, damit das Zeichen zum Vorkommnissystem dazugehört. Nun könnte es passieren, daß bereits nach einer sehr kurzen Zeit der Hintergrund minimal vergilbt und daher das Zeichen nicht mehr zum Vorkommnissystem gehört. Dies würde es eventuell erforderlich machen, wieder neue Regeln und somit gegebenenfalls ein neues Vorkommnissystem zu erschaffen.

Hugly und Sayward versuchen diese und ähnliche Schwierigkeiten zu umgehen, indem sie darüber hinaus eine Homomorphie zwischen den abstrakten Zeichen einer Sprache und ihren Realisierungen beziehungsweise Vorkommnissen, die bestimmten Vorkommnissystemen genügen, annehmen. Diese Homomorphie ist Garant dafür, daß Vorkommnisse von den unterschiedlichsten Formen, gegebenenfalls auch mit den unterschiedlichsten Bedeutungen oder Bezugnahmeobjekten als typgleich gelten. Wichtig ist allein, daß die Sprache - was aber für Hugly und Sayward nichts anderes bedeutet als eine abstrakte Struktur - sich in eine andere Struktur abbilden läßt beziehungsweise partiell tatsächlich abgebildet ist.

Nimmt man die Position Huglys und Saywards ein, dann spricht nichts gegen die Vorstellung, daß sich ein Teilbereich des Deutschen zufälligerweise in der chinesischen Bevölkerung abbilden läßt. Dies könnte beispielsweise zur Folge haben, daß eine Sitzung des Zentralkomitees der kommunistischen Partei als ein Vorkommnis des *Tractatus* von Wittgenstein gilt. Wichtig dabei ist nur, daß es zumindest einen Sprecher und einen Hörer gibt, welche dieses ausgefallene Vorkommnissystem beherrschen, das heißt, dieses »Vorkommnis« in irgendeiner Art zu verwenden wissen und in ihm ein Vorkommnis des *Tractatus* erkennen. Wer will aber hier im Ernst noch behaupten, daß es sich bei der besagten Sitzung um ein Vorkommnis eines Ausdrucks des Deutschen handelt?[42] Weder können wir

---

41 Siehe unter I.1.6.

42 Huglys und Saywards Beispiel ist das Morsealphabet, aber ich hoffe mit meinem Beispiel - das ich in Anlehnung an Ned Blocks Funktionalismuskritik gewählt habe - die Konsequenzen des Ansatzes der beiden Autoren noch deutlicher aufzuzeigen.

bestimmte phonologische noch morphologische Merkmale, die für das Deutsche typisch sind, auf dieses »Vorkommnis« übertragen. Zudem gehen enorm viele andere Merkmale des Deutschen verloren, die in der alltäglichen Verwendung wichtig sind.[43]

Wir können also festhalten, daß ein Typbegriff, der im wesentlichen auf dem Begriff der Homomorphie gründet, zahlreichen wichtigen Merkmalen unserer Umgangssprache gar nicht oder kaum gerecht wird. Wenig hilfreich ist in diesem Zusammenhang der Versuch Huglys und Saywards, Vorkommnisse eines Vorkommnissystems über einen nicht näher spezifizierten Ähnlichkeitsbegriff zu typisieren.

Halten wir vorläufig fest: Die Schwierigkeiten, die der strenge Platonist mit dem Auf- und Abstieg von Typ zu Vorkommnis hat, versuchen Hugly und Sayward zu umgehen, indem sie die Eigenschaften, die dafür verantwortlich sind, daß ein Einzelding ein Vorkommnis eines bestimmten Typs ist, im Vorkommnis selbst lokalisieren - ganz im Sinne des aristotelischen Diktums »universalia in res«. Jedoch auch ein Mustertypbegriff, der auf einem aristotelischen Eigenschaftsverständnis beruht, läßt zunächst offen, wie wir uns das Verhältnis von Universale und Einzelding (sprich Typ und Vorkommnis) zu denken haben. Aufschlußreich ist ein solches Verständnis für unsere Fragestellung gleichwohl, insofern es deutlich macht, daß der Typ nach aristotelischer Auffassung zu seiner Existenz immer eines Vorkommnisses bedarf. Peter Simons vergleicht dieses Verhältnis mit einem Lächeln und einem Gesicht. Das Lächeln kann nicht unabhängig von einem konkreten Gesicht existieren.[44]

Nun könnte man natürlich an dieser Stelle versucht sein, analog zum Lächeln Eigenschaften zu bestimmen, deren Vorliegen dafür hinreichend und notwendig sind, daß ein Einzelding Vorkommnis eines bestimmten Typs ist. Wählt man diese Strategie, sieht man sich folgenden Schwierigkeiten ausgesetzt:

(1) Wie ich bereits mehrfach angedeutet habe, scheint es ein vergebliches Unterfangen zu sein, solche notwendigen und hinreichenden Bedingungen zu finden.[45]

---

43 Vgl. Simons 1982, 199f.; Goldstein 1984, 1.

44 Simons sieht hier die Verbindung zu Freges Konzeption, daß Begriffe ungesättigt sind, das heißt, immer eines Gegenstandes bedürfen (ebd., 201). Szabó (1999) faßt Simons' wie auch alle anderen Positionen, die versuchen, mittels des Begriffs der Ähnlichkeit oder gemeinsam geteilter Eigenschaften das Typ-Vorkommnis-Verhältnis zu erklären, unter den Begriff »instantiation view« zusammen (147). Zu dieser Position sieht Szabó als einzige Alternative seine eigene, die auf dem von ihm so genannten »representation view« beruht. Dahinter steht die Auffassung, daß Vorkommnisse ihre Typen repräsentieren (149 ff.). Ein Vorteil dieser Auffassung sei die Möglichkeit, daß manche Vorkommnisse Typen repräsentieren können, die nicht existieren (163). Warum dies ein Vorteil sein soll, bleibt mir zugebenermaßen verborgen. Prinzipielle Unklarheit besteht zudem darin, wie es zu dieser Repräsentation kommt, beziehungsweise was darunter genau zu verstehen ist.

45 Einige triviale notwendige Eigenschaften lassen sich sicherlich finden, zum Beispiel jedes Zeichenvorkommnis besitzt die Eigenschaften, mit sich selbst identisch und sinnlich wahrnehmbar zu sein. Nur helfen uns diese Bestimmungen kaum bei der Frage weiter, welche

(2) Selbst wenn man die gesuchten Eigenschaften fände, stünde man im aristotelischen Modell vor dem prinzipiellen Problem, die einfachen, das heißt nichtzusammengesetzten, Eigenschaften zu bestimmen, die Bedingung dafür sind, daß ein Einzelding die Eigenschaft besitzt, von einem bestimmten Typ zu sein.

Die zweite Schwierigkeit ist offensichtlich von fundamentaler Art, sie wird uns jedoch erst dann beschäftigen, wenn wir eine Lösung für die erste gefunden haben. Solange diese nicht zur Verfügung steht, ist eine Lösung für die zweite Schwierigkeit für die folgenden Überlegungen nicht vonnöten. Wenden wir uns daher vorerst weiteren Vorschlägen zu, die Lösungen für die erste der genannten Schwierigkeiten versprechen.

1.4 Typ-Äquivalenzklassen-Auffassungen

Nach Nelson Goodman sind Typen ÄQUIVALENZKLASSEN ([2]1976, 132). Für die Äquivalenzrelation gelten folgende Bedingungen: Sie ist symmetrisch, transitiv und reflexiv. Eine Äquivalenzrelation zwischen Vorkommnissen eines Typs wird nach Goodman durch die Austauschbarkeit der Vorkommnisse untereinander ohne syntaktische Auswirkungen garantiert.[46] Das bedeutet:

(i) Jedes Vorkommnis eines Typs kann durch sich selbst ausgetauscht werden (Reflexivität).

(ii) Wenn ein Vorkommnis *a* durch ein Vorkommnis *b* ausgetauscht werden kann, dann kann auch *b* durch *a* ausgetauscht werden (Symmetrie).

(iii) Wenn *a* durch *b* und *b* durch *c* ausgetauscht werden kann, dann kann auch *a* durch *c* ausgetauscht werden (Transitivität).

Gegen Goodmans Vorschlag lassen sich folgende Einwände erheben:

(1) Ein Austausch dieser Art kommt in der Praxis so gut wie nie vor, daher ist es kaum einzusehen, einen solchen <u>möglichen</u> Austausch zur Grundlage einer tiefgehenden Unterscheidung zu machen.

(2) Ein Austausch ist technisch häufig gar nicht möglich. So läßt sich weder der zweite Buchstabe des Zeichens

co

Eigenschaften ein Einzelding besitzen muß, damit es Vorkommnis eines bestimmten Zeichens ist.

46 So schreibt Goodman: »Das wesentliche Merkmal eines Charakters [Typ] in einer Notation [Typstruktur] ist, daß seine Vorkommnisse frei miteinander ohne syntaktische Auswirkungen austauschbar sind.« ([2]1978, 131.) Gleiche Auffassung vertreten u. a. Sharpe (1979, 439); Walther (1974, 52 f.); sowie hinsichtlich von Phonemtypen Bußmann (1983, Stichwort »Phonem«). Ohne daß dies Goodman extra betont, gilt das Kriterium der Austauschbarkeit erst recht hinsichtlich der semantischen Auswirkungen, das heißt, wenn man ein Vorkommnis durch eines ersetzt, das semantische Auswirkungen mit sich bringt, dann kann das zweite Vorkommnis nicht vom selben Typ sein wie das erste.

durch den zweiten Buchstaben des bekannten Namenszugs »Hollywood« in den Hügeln von Los Angeles austauschen noch vice versa.[47] Wenn dem aber so ist, dann gilt die geforderte Äquivalenzklassenrelation zwischen den beiden Vorkommnissen nicht, und dies würde zu dem ungewollten Schluß führen, daß es sich bei ihnen um Vorkommnisse unterschiedlicher Typen handelt.

(3) Selbst wenn technische Schwierigkeiten der genannten Art nicht bestünden, wäre es praktisch unmöglich, in allen Kontexten zu überprüfen, ob eine Austauschbarkeit ohne »syntaktische Auswirkungen« tatsächlich möglich ist. Wie müßte man beispielsweise vorgehen, wenn man überprüfen wollte, ob das Vorkommnis

d

in allen Kontexten für den vierten Buchstaben des Alphabets ausgetauscht werden kann? Schon bei jeder mittelgroßen Bibliothek würde dieses Vorhaben in der Praxis mit hoher Wahrscheinlichkeit scheitern. Dies deutet an, daß die Austauschbarkeit bestenfalls ein nicht einholbares Ideal ist.

(4) Hinzu kommt, daß es ziemlich unklar bleibt, was Goodman unter »syntaktischen Auswirkungen« versteht beziehungsweise ob dieser Begriff ohne Rückgriff auf die Typ-Vorkommnis-Unterscheidung erklärt werden kann. So könnte man zum Beispiel versucht sein, in der obigen Inskription das O durch folgendes O zu ersetzen:[48]

©

Wie aber soll man in diesem Fall nachweisen, daß beide Inskriptionen typgleich sind? Der Verdacht liegt nahe, daß man hierzu bereits eines Typbegriffs bedarf, anhand dessen sich entscheiden läßt, ob bei dieser Ersetzung syntaktische Auswirkungen bestehen oder nicht. Gleiches gilt für die folgenden Inskriptionen.

Oc

oder

co

oder

©

Handelt es sich bei diesen Vorkommnissen um typgleiche? Verneint man dies und führt als Grund syntaktische Auswirkungen an, so ergibt sich daraus die Frage, worin die syntaktischen Auswirkungen bestehen. Eine Antwort scheint schnell

---

47 Ähnliches gilt für Laute: So läßt sich ein bestimmter Laut in einem komplexen Lautvorkommnis nicht durch einen sehr lauten oder leisen »ersetzen« (soweit die Redeweise vom Ersetzen in Lautvorkommnissen überhaupt sinnvoll ist).

48 Der aufmerksame Leser wird sicherlich erkennen, daß ich hier mit »O« O-Vorkommnisse bezeichne und nicht etwa Typen. Zudem wird er bemerken, daß ich ein wenig schummle, denn ich habe ja nicht nur das O, sondern auch das C ersetzt.

gefunden: Die drei Vorkommnisse sind nicht typgleich, weil sich beispielsweise im folgenden Vorkommnis

cola

die beiden ersten Buchstaben nur durch eines der obigen Vorkommnisse ohne syntaktische Auswirkungen ersetzen lassen. Aber steht hinter dieser Antwort nicht letztlich nur das Argument, daß die Inskriptionen

©la
Ocla
cola

nicht typgleich sind und kann hiergegen nicht der vorige ad infinitum Einwand erhoben werden? Dieser Einwand besitzt offensichtlich die Struktur der Iterierbarkeit, wie sie typisch für Einwände des Skeptikers ist, und mit Wittgenstein läßt sich entgegnen, daß ein Zweifel ohne Ende ein philosophisch leerlaufendes Rad ist. Ernster zu nehmen ist dagegen der Einwand, der auf dem Gedanken beruht, daß Austauschbarkeit Regeln voraussetzt und diese Regeln nichts anderes als die gesuchten Typen sind. Dieser Einwand beruht auf einer syntaktischen Typauffassung.

1.5 Syntaktische Typauffassungen

Nach dieser Auffassung sind syntaktische Verknüpfungsregeln als Typen zu betrachten. Dahinter steht die Idee - wie bereits bei Hugly und Sayward gesehen -, daß eine Sprache aus Regeln besteht, die festlegen, wie aus atomaren Zeichen komplexe Zeichen entstehen.[49] Eine rein SYNTAKTISCHE TYPAUFFASSUNG läßt zunächst also offen, wie Klassen von atomaren Zeichen gebildet werden, und beschäftigt sich im wesentlichen nur mit den Regeln (Typen), die festlegen, wie komplexe Zeichen erzeugt werden.

Eine wichtige Frage hinsichtlich der syntaktischen Typauffassung lautet, inwieweit zu den genannten Regeln auch solche gehören, die festlegen, durch welche Zeichenvorkommnisse ein konkretes Zeichen ersetzt werden kann: Derjenige, der ein komplexes Zeichenvorkommnis produziert, muß ja nicht nur wissen, aus welchen Zeichenvorkommnissen und in welcher Reihenfolge ein komplexes Zeichen zusammengefügt werden kann, sondern muß überdies wissen, auf welche Weise er möglicherweise ein Vorkommnis durch ein anderes ersetzen kann. Nur wenn er letzteres Wissen besitzt, ist er ein kompetenter Sprachverwender.

Stellen wir uns zum Beispiel vor, ein Vorschulkind namens Stan weiß, daß es seinen Namen hervorbringen kann, wenn es aus dem Titelbalken der täglich gelesenen Zeitung seiner Eltern, der *Abendpost*, den ersten, den vierten und die letz-

---

49 Welchen ontologischen Status man innerhalb dieser Auffassung Regeln und somit Typen zuordnet, bleibt erst einmal unbestimmt.

ten beiden Buchstaben ausschneidet und in der richtigen Reihenfolge zusammenfügt. Dies gelingt Stan dagegen nicht, wenn in der Schlagzeile im gleichen Schrifttyp der Ausdruck »Einbahnstraße« steht. Dieses Beispiel spricht meines Erachtens dafür, REGELN DER AUSTAUSCHBARKEIT zu den syntaktischen Regeln zu zählen, da sie als Bedingung der Möglichkeit die Grundlage der syntaktischen Typauffassung bilden. Nur wenn jemand weiß, welche Vorkommnisse an der relevanten Stelle zu stehen haben, er also weiß, welche Vorkommnisse austauschbar sind, ohne syntaktische Auswirkungen nach sich zu ziehen, kann er diejenigen syntaktischen Regeln beherrschen, die nötig sind, um einen komplexen Ausdruck hervorzubringen. Die für unseren Zusammenhang entscheidenden Fragen bleiben gleichwohl folgende: Erstens, ist der Begriff der syntaktischen Austauschbarkeit ohne syntaktische Folgen bestimmbar? Zweitens, ist eine solche Bestimmung möglich, ohne bereits auf einen Typbegriff zurückzugreifen?[50]

Daß diese Fragen entscheidend für den syntaktischen Typbegriff sind, wird noch in einer anderen Hinsicht deutlich, nämlich wenn man sich dem Begriff der VERKNÜPFUNG zuwendet. Dies bedeutet, danach zu fragen, was es heißt, wenn jemand die Verknüpfungsregeln beherrscht. Um diesen Punkt zu verdeutlichen, wenden wir uns erneut Stan zu. Stellen wir uns vor, daß er im Laufe seines Lebens nicht nur die Fähigkeit erlernt, aus *Abendpost*-Vorkommnissen seinen Namen zu basteln, sondern zudem die Fähigkeit erwirbt, typgleiche Vorkommnisse von atomaren Buchstaben zu erkennen. Diese neu erworbene Fähigkeit führt offensicht-

---

50 Goodman sieht wohl auch die eine oder andere Schwäche seines Vorschlags und schwächt ihn daher ab: »Mit anderen Worten ausgedrückt: Vorkommnisse [»instances«] von einem Charakter in einer Notation zu sein, muß eine hinreichende Bedingung für Marken schaffen, »wahre Kopien« oder Replika voneinander zu sein oder in derselben Weise buchstabiert zu werden. Zudem muß eine wahre Kopie von [...] einer wahren Kopie einer Inskription *x* immer eine wahre Kopie von *x* sein.« (Ebd., 131 f.) Kann uns aber Goodmans Kopie- beziehungsweise Replikabegriff bei der Beseitigung unserer Schwierigkeiten helfen? Ich glaube nicht. Betrachten wir hierzu noch folgende Textstelle: »Eine notwendige Bedingung für eine Notation ist Charakter-Indifferenz der Vorkommnisse eines Charakters. Zwei Marken sind charakter-indifferent, wenn jede ein Vorkommnis ist (das heißt, zum gleichen Charakter gehört) und keine von beiden zu einem Charakter gehört, zu dem die andere nicht gehört. Charakter-Indifferenz ist eine typische Äquivalenzrelation: reflexiv, symmetrisch und transitiv.« (Ebd.) Goodmans Vorschlag ist jedoch nicht sonderlich hilfreich, solange wir nämlich keine Merkmale finden, die uns erlauben festzustellen, ob zwei Vorkommnisse zur selben Äquivalenzklasse gehören. Die Äquivalenzrelation allein kann uns hier nicht weiterhelfen. Zum schwierigen Verhältnis der Begriffe »Replika« und »Kopie« vgl. Schönrich (1990, 168 ff.), dem zufolge auch Peirce keine akzeptable Explikation des Begriffs der Replika anbieten kann: »Es sieht so aus, als habe Peirce dem Phänomen der Replika-Bildung all die Überhangsprobleme zugewiesen [...]. Der Ausdruck »Replika« wird nachgerade zur Chiffre einer »Urfunktion der Repräsentation«, die all die Defizite zu begleichen hat, die sich bei einer kritischen Bilanz der Problemlage der einzelnen Subzeichen [und damit der Peirceschen Zeichentheorie, J. St.] ergaben.« (Ebd., 170.) In ein ähnliches Horn, wenn auch bezogen auf grundlegende Strukturen der Grammatik, stößt Hutton mit seiner Frage »Ist Grammatikalität eine Eigenschaft von Typen oder Vorkommnissen?« (1990, 138) und seinem anschließenden Versuch zu klären, was Typen beziehungsweise Vorkommnisse sind (ebd., Kap. 6).

lich noch nicht automatisch dazu, daß Stan aus den atomaren Vorkommnissen komplexe erstellen kann. So mag er beispielsweise statt

Cola

©la

schreiben und der Überzeugung sein, es handle sich um zwei typgleiche komplexe Zeichenvorkommnisse. Was Stan offensichtlich noch nicht erlernt hat, sind die VERKNÜPFUNGSREGELN, die Voraussetzung dafür sind, daß jemand Goodmans Kriterium der Austauschbarkeit für Zeichenäquivalenz beherrscht.

Wendet man sich aus der Perspektive der Logik oder Sprachphilosophie dieser Problemstellung zu, findet man meistens nur das Zeichen »$\wedge$«, das als eine Abkürzung für die Relation »verknüpft mit« dient. Wie wir uns aber die Verknüpfung im Detail vorzustellen haben, dazu erfahren wir so gut wie nichts. Da wir mit linierten und karierten Schulheften aufgewachsen sind, mag es uns offenkundig erscheinen, daß es sich hierbei nur um eine lineare Ordnung handeln kann. Diese Ordnung wird auf ideale Weise durch das linierte und karierte Schulheft repräsentiert, welches uns von klein auf dazu abrichtet, Vorkommnisse von etwa gleicher Größe, im richtigen Abstand, linear geordnet zu produzieren. Diese Abrichtung geschieht allgemein dadurch, daß wir Regeln (die bestimmte Ausnahmen zulassen) erlernen, zum Beispiel:

(R1) Schreibe nicht mehr als eine Ziffer in ein Kästchen.

(R2) Wenn Du eine Ziffer mit mehr als einer Stelle schreibst, darf üblicherweise kein Freikästchen zwischen den einzelnen Ziffern stehen.

Worauf aber beziehen sich in (R1) und (R2) die Ausdrücke »Ziffer« und »Kästchen«? Die Frage ist nicht leicht zu beantworten, weil einerseits die Regeln offenkundig praktische Anleitungen sind - die sich somit auf konkrete Kästchen und Ziffern beziehen -, andererseits die hinter der linearen Ordnung (oder Struktur) stehende Idee stark platonisch eingefärbt ist - es gibt so etwas wie eine lineare Ordnung, die die Anordnung von komplexen Ausdrücken (aufgefaßt als Abstrakta) vorgibt. Diese Spannung zwischen Konkretem und Abstraktem findet sich auch in der Antwort auf die Frage wieder, nämlich: In (R1) und (R2) beziehen sich die Ausdrücke »Ziffer« und »Kästchen« auf alle Ziffern und alle Kästchen. Wählt man diese naheliegende Antwort, droht durch die Hintertür die Typsprechweise wieder eingeführt zu werden, nämlich dann, wenn man zur Erklärung, was unter »Ziffer« und »Kästchen« zu verstehen ist, auf Kästchen- und Ziffertypen zurückgreift und sich nicht mit konkreten zufriedengibt.[51] Kurz gesagt: Spricht man von linearer Struktur oder Zeichenverknüpfung, dann liegt der Verdacht nahe, so etwas

[51] Dies geschieht im besonderen dann leicht, wenn man glaubt, daß man sich mit »alle« auf unendlich viele Zeichen und Kästchen bezieht, also auf mehr als tatsächlich vorhandene. Die Regeln beziehen sich dann nicht mehr auf konkrete Dinge, sondern auf Abstrakta.

wie eine abstrakte Struktur respektive einen bestimmten Typ von einer Struktur anzunehmen.

Ungeachtet der Vermutung, daß wir zur Erläuterung, was unter »Austauschbarkeit ohne syntaktische Auswirkungen« zu verstehen ist, bereits auf Typbegriffe zurückgreifen müssen, scheint für Ziffern in Kästchen auf den ersten Blick tatsächlich Goodmans Austauschbarkeitskriterium zu gelten. Bei genauerem Hinsehen jedoch, das beispielsweise unterschiedliche Handschriften berücksichtigt, läßt uns das Kriterium bereits im Stich.

Die Schwierigkeit, vor der wir hier stehen, ähnelt der, die uns bereits im Zusammenhang mit Huglys und Saywards Erklärungsversuch begegnet ist. Das heißt, von Austauschbarkeit ohne syntaktische Auswirkungen können wir bestenfalls bei eng gewählten, konkreten Sprachen und konkreten Vorkommnissystemen sprechen. So ist es häufig möglich, daß ein Buchstabenvorkommnis in einer Schriftart ein »d« ist, während es in einer anderen ein »a« ist. Innerhalb sehr eingeschränkter Systeme können wir sicherlich notwendige und hinreichende Bedingungen angeben, die ein Vorkommnis erfüllen muß, damit es Vorkommnis eines bestimmten Typs ist. Man denke zum Beispiel nur daran, wie Computerschriftarten von Programmierern festgelegt werden. Aber ein solch eingeschränkter Typbegriff ist offensichtlich nur bedingt der gesuchte und dies zumindest aus zwei Gründen:

(I) Nehmen wir an, ein Buchstabentyp besteht aus einer Klasse von Vorkommnissen, die hinsichtlich einer Sprache, eines Vorkommnissystems und einer Schriftart bestimmt ist. Das heißt, jedes Vorkommnis besitzt bestimmte Merkmale, die dafür ausschlaggebend sind, daß es hinsichtlich einer Sprache, eines Vorkommnissystems und einer Schriftart als Vorkommnis eines bestimmten Typs gilt. Wenn dies die einzigen Bedingungen dafür sind, daß ein Einzelding Vorkommnis eines Typs ist, dann hindert mich nichts daran zu behaupten, daß folgende Inskription Vorkommnis des ersten Buchstaben des lateinischen Alphabets ist:

,

Ich muß dazu nur eine geeignete Schriftart erfinden. Aber ob eine solche willkürliche Erfindung oder Festlegung sowohl unserer Intuition wie auch unserer Praxis genügt, bleibt fraglich.[52]

(II) Aber selbst wenn eine Festlegung möglich wäre, bestünde die eigentlich interessante Frage darin, zu erklären, wie es dazu kommt, daß gegebenenfalls die Inskriptionen

A

und

,

---

[52] Vgl. I.2.2.

vom gleichen Typ sein können, nämlich Vorkommnisse des ersten Buchstaben unseres Alphabets. Offensichtlich kann uns hier eine erneute Rückführung auf die Form oder Gestalt nicht weiterhelfen.

Zusammenfassung:

Im ersten Teil der Untersuchung zum Typ-Vorkommnis-Verhältnis wurden unterschiedliche platonistische Positionen dargestellt. Dabei bestand trotz aller Unterschiede insofern eine Gemeinsamkeit, als semantische Merkmale keine und pragmatische kaum eine Rolle spielten. Im Mittelpunkt des Interesses standen vielmehr Struktur-, Form- und Gestaltmerkmale und der Versuch, Typen und Vorkommnisse mengentheoretisch zu fassen.

Es lassen sich nun anhand der Begriffspaare »extensional« versus »intensional« und »internalistisch« versus »externalistisch« die verschiedenen Positionen näher bestimmen:

Theorien sind INTERNALISTISCH, insoweit keine relationalen Eigenschaften der Vorkommnisse zu anderen Vorkommnissen desselben Typs von Bedeutung sind. So ist zum Beispiel für den Gestaltplatonisten nur die interne Struktur eines Vorkommnisses dafür verantwortlich, daß es von einem bestimmten Typ ist, während für Hugly und Sayward die externen Eigenschaften, das heißt, die Relation zu anderen Vorkommnissen, von Belang sind. Gleiches trifft für Goodmans Äquivalenzklassenauffassung zu, sie unterscheidet sich aber von jener Huglys und Saywards dadurch, daß die jeweiligen Äquivalenzklassen rein extensional bestimmt sind. Für gewisse Formen der mengentheoretischen Typauffassung ist dagegen allein die Zugehörigkeit zu einer Menge ausschlaggebend dafür, daß ein Vorkommnis von einem bestimmten Typ ist, ungeachtet externer Beziehungen zu anderen Vorkommnissen. So kann zum Beispiel der Fall auftreten, daß ein Vorkommnis einziges Element einer Menge ist und daher externe Beziehungen zu anderen Vorkommnissen keine Rolle dafür spielen, von welchem Typ das in Frage stehende Vorkommnis ist. Ebenso ist es möglich, daß zwar ein Typ mehrere Vorkommnisse besitzt, aber deren Beziehungen untereinander sind nicht von Belang dafür, daß die Vorkommnisse dem gleichen Typ angehören.

Die bisher vorgestellten platonistischen Positionen lassen sich somit in etwa folgendermaßen tabellarisch darstellen:

	extensional	intensional
internalistisch	Mengentheoretische Typauffassung	Gestaltplatonismus
externalistisch	Goodmans Äquivalenzklassen-auffassung	Huglys und Saywards aristotelische Typauf-fassung

Während in den bisherigen Überlegungen im wesentlichen Gestalt- und syntaktische Merkmale im Vordergrund standen, werden im folgenden Theorien vorgestellt, die stärker semantische und pragmatische Merkmale berücksichtigen.

1.6 Semantische Typauffassungen

Fragt man sich, wie es möglich ist, daß ein Zeichenvorkommnis der Art

München

auf etwas Bezug nimmt, scheint es klar zu sein, daß das Vorkommnis nicht als physischer Gegenstand, beispielsweise auf Grund der Tintenverteilung auf dem Papier, Bezug nimmt. Hinzukommen muß eine wie auch immer näher zu erläuternde Eigenschaft, die nach Auffassung des strengen Platonisten eben gerade keine physische oder wahrnehmbare sein kann.[53] Für den Platonisten, der die Frage der Bezugnahme im geschilderten Sinn sehr ernst nimmt, ist es vielmehr die Teilhabe an einer Idee, das Besitzen einer Eigenschaft, das Ausdrücken eines Sinns etc., die es dem Einzelding ermöglichen, als Vorkommnis eines Zeichens auf etwas Bezug zu nehmen. Für das obige Ausdrucksvorkommnis bedeutet dies, daß es nach Auffassung des semantischen Platonisten deshalb Bezug nimmt, weil es als Vorkommnis unter den Typ *München* fällt, der wiederum die Stadt München bezeichnet. Diese Bezugnahmerelation von Ausdrucksvorkommnis zu Bezugnahmeobjekt ist aber bestenfalls eine indirekte, die immer eines abstrakten Zeichens (das heißt, Typs) bedarf, von dem allein im eigentlichen Sinne gesagt werden kann, daß es Bezug nimmt.

Platonistische Typauffassungen der soeben skizzierten Art führen zur SEMANTISCHEN TYPAUFFASSUNG. Hinter dieser, ebenfalls dem Platonismus verpflichteten, Auffassung steht der Gedanke, daß Typen unabhängig von möglichen Realisierungen existieren, Bezug nehmen und anhand ihrer Bezugnahme individuiert werden.

Zwei Vorkommnisse gehören für Anhänger dieses Modells dann zum selben Typ, wenn sie »vermittels« dieses Typs auf dasselbe Bezug nehmen. Entscheidende Bedeutung kommt dabei dem Gedanken zu, daß die beiden Vorkommnisse nur dann Bezug nehmen können, wenn der entsprechende Typ existiert und sie mittels dieses Typs Bezug nehmen. Würde kein entsprechender Typ existieren, wäre es ihnen unmöglich, Bezug zu nehmen. Gleiches trifft, wie bereits erwähnt, für Typen nicht zu. Diese nehmen Bezug, ungeachtet möglicher Realisierungen.

Für den überzeugten Anhänger dieser Auffassung bedeutet dies, daß die äußere Form des Vorkommnisses keinerlei Rolle dafür spielt, von welchem Typ das Vor-

[53] Die gesuchte Eigenschaft kann für den Platonisten keine kausale sein, wie dies bei Spuren der Fall ist, noch kann es die wahrgenommene Ähnlichkeit sein, wie im Fall von Bildern (so zumindest nach Auffassung einiger). Es muß vielmehr eine nicht wahrnehmbare »abstrakte« Relation sein.

kommnis ist. So können dieser Auffassung zufolge die beiden folgenden Ausdrücke vom selben Typ sein:

München
MONACO

Wichtig ist allein, daß beide Vorkommnisse mittels dieses Typs - das heißt der platonischen Entität - auf das gleiche Bezug nehmen. Zusammenfassend läßt sich sagen, daß dieser Auffassung zufolge Typen Entitäten sind, die auf etwas näher zu Bestimmendes Bezug nehmen.[54]

Zwei schwerwiegende Probleme ergeben sich aus dem semantischen Typbegriff:

Erstens, wie lassen sich mit Hilfe der Bezugnahme Typen individuieren? Sind zum Beispiel die Vorkommnisse »Munich«, »München«, »die Hauptstadt von Bayern« und »die Stadt, in der ich wohne« vom selben Typ?[55]

Eine Lösung für diese Schwierigkeit bietet vorderhand eine HYPERSEMANTISCHE TYPAUFFASSUNG: Ihr zufolge handelt es sich bei den beiden Typen

München

und

die Hauptstadt von Bayern

um zwei unterschiedliche Typen, weil in ihnen zwei verschiedene Gegebenheitsweisen - im Fregeschen Sinne - zum Ausdruck kommen.[56] Die Schwierigkeit für den Hypersemantiker (wie bekanntermaßen auch für Frege) besteht darin, festzulegen, wann zwei Ausdrücke auf die gleiche beziehungsweise auf unterschiedliche Weise auf etwas Bezug nehmen. Diese Schwierigkeit betrifft im besonderen Eigennamen, die nichts über die Weise verraten, wie sie auf ihren Träger Bezug nehmen; das bekannte Beispiel aus der Literatur hierzu lautet:

Tullius

und

---

54 Nach Bronsteins Interpretation (1936, 51) vertritt beispielsweise Peirce einen semantischen Platonismus (anderer Meinung hierzu sind Harris und Hutton, vgl. Fußnote 70 in II.2.2). So sei Peirce der Auffassung, daß ein Vorkommnis (Peirce spricht auch von *Sinzeichen* oder *Replika*) den Typ, von dem es eine Inskription ist, bezeichnet (ders., CP 4.537). Zu dieser speziellen Bezeichnungsfunktion gehöre jedoch, daß der bezeichnete Typ selbst wiederum ein Objekt bezeichnen muß. Für Bronsteins Interpretation spricht, daß nach Peirce ein Zeichen notwendigerweise als eine triadische Relation - was in der Nachfolge oft übersehen wird - gedacht werden muß, die aus Zeichenmittel, Objekt und Interpretant besteht: »Ein Zeichen oder Repräsentamen ist etwas, was für jemanden für etwas in einer bestimmten Hinsicht oder Fähigkeit [capacity] steht.« (CP 2.228.) Das heißt: Ein Legizeichen (Typ) ist ein Zeichenmittel, das mittels eines Interpretanten auf ein Objekt Bezug nimmt.

55 Dieses Problem erinnert in vielen Zügen an die Schwierigkeit, Propositionen zu individuieren beziehungsweise Aussagen über deren Struktur zu treffen (vgl. dazu Richard 1990, insbes. Kap. 1 und 2).

56 Vgl. ders. 1892a.

Cicero

Der Hypersemantiker, welcher der allgemein akzeptierten Intuition gerecht werden will, daß die beiden genannten Namensvorkommnisse, obwohl sie auf dieselbe Person Bezug nehmen, nicht vom selben Typ sind, versucht, wie gesehen, den Unterschied mit der Weise des Gegebenseins zu erklären.[57] Die Schwierigkeit des Hypersemantikers besteht gleichwohl darin, wie das Beispiel Cicero zeigt, Kriterien dafür anzugeben, wann zwei Typen auf unterschiedliche Arten einen Gegenstand denotieren. EXEMPLIFIZIEREN[58] beispielsweise die beiden folgenden Vorkommnisse

Stefan

und

Stephan

ebenso wie die beiden Namensvorkommnisse im vorhergehenden Beispiel unterschiedliche Typen? Oder nehmen sie auf dieselbe Weise des Gegebenseins auf die betreffende Person Bezug und sind damit vom selben Typ?

Selbst wenn man auf diese Fragen eine plausible Antwort wüßte, stünde man sogleich vor einer zweiten Schwierigkeit, nämlich der Frage (F4): Wie kann man erkennen, ob ein Einzelding Vorkommnis eines bestimmten Typs ist? Antwortet man auf diese Frage aber: »Indem man feststellt, auf was das Vorkommnis Bezug nimmt«, verletzt man die Annahme des semantischen Platonisten, daß Typen und nicht Vorkommnisse Bezug nehmen. Antwortet man dagegen: »Anhand der äußeren Form oder Gestalt, die das Vorkommnis aufweist«, dann geht der Witz des semantischen Platonismus verloren, der ja gerade mit der Bezugnahmerelation und nicht mit Hilfe physischer Merkmale festlegen will, ob zwei Vorkommnisse vom selben Typ sind.

Problematisch für den semantischen Platonisten sind überdies Indexikalia und ambige Ausdrücke. Beispielsweise sind nach allgemeiner Auffassung in den Sätzen

Eine Bank ist eine Sitzgelegenheit.
Eine Bank ist ein Geldinstitut.

die beiden Wortvorkommnisse an zweiter Stelle typgleich, obwohl die Vorkommnisse Unterschiedliches denotieren.[59] Dieser Schwierigkeit kann man begegnen, indem man nicht nur allein im gedruckten oder geäußerten Einzelding das Vorkommnis des Typs sieht, sondern zudem den Kontext der Äußerung mit einbe-

---

57 Eine ähnliche Vorstellung, wenn auch bezogen auf Glaubenskontexte, vertritt Schiffer, demzufolge es »Typen des Gegebenseins« gibt (1992, 503).
58 Auf den Begriff der Exemplifikation gehe ich noch ausführlich unter II.2.1.6.6 ein.
59 Vgl. Hutton 1990, 78f.

zieht.[60] Dies führt jedoch offensichtlich zu einer enormen Vermehrung der Typen. So gibt es dann beispielsweise nicht mehr einen Typ

hier

sondern unüberschaubar viele, da eine Veränderung des Kontexts immer eine Veränderung des Typs mit sich führen kann.[61]

Eine weitere Schwäche des semantischen Typbegriffs liegt zudem darin, daß Einzeldinge nur Vorkommnisse eines Typs sein können, wenn von diesem Typ gilt, daß er Bezug nimmt. Das heißt entweder: (a) Typen, die nicht Bezug nehmen, sind keine »echten« Typen und besitzen daher auch keine »echten« Vorkommnisse; oder: (b) Vorkommnisse, die nicht Bezug nehmen, sind vom selben Typ, nämlich Vorkommnisse des Typs, der auf nichts Bezug nimmt. Wie aber ist dieser Gedanke des semantischen Platonisten mit dem Umstand verträglich, daß es gerade die Eigenart von zahlreichen Zeichentypen ist (man denke beispielsweise an Buchstaben, Phoneme sowie nichtbezugnehmende Ausdrücke allgemein), daß sie nicht Bezug nehmen? Der Anhänger einer semantischen Typauffassung kann hierauf Folgendes antworten:

Buchstaben wie auch Phoneme sind Namen von Lauten.[62] Daraus folgt nach der Auffassung des semantischen Platonisten, daß Vorkommnisse von Buchstaben und Phonemen mit Buchstaben- und Phonemtyp auf Laute beziehungsweise Lautfolgen Bezug nehmen,[63] und gleiches gilt allgemein für Vorkommnisse von nichtbezugnehmenden Ausdrücken. So denotiert nach dieser Auffassung der schriftliche Ausdruck »Zentaur« nicht einen fiktionalen Gegenstand, sondern eine Lautfolge, nämlich den Wortlaut des Ausdrucks »Zentaur«.

Angenommen, man akzeptiert die Antwort des semantischen Platonisten, dann bleibt gleichwohl die Frage offen, wie es dazu kommt, daß konkrete Lautfolgen Bezug nehmen können. Mögliche Antworten sind: Lautfolgentypen sind Zeichen und nehmen als solche auf Vorstellungen der Seele,[64] auf sich selbst oder andere abstrakte Gegenstände, wie Mengen, Bezug.[65]

---

60 Vgl. Perry, der zwischen Äußerungen (konkreten Handlungen) und Zeichenvorkommnissen in der Hinsicht unterscheidet, daß bei Äußerungen der Kontext relevant ist. Dies führt ihn dazu, bei indexikalischen Äußerungen von »types of indexical contexts« zu sprechen (1997, 592ff. und § 4).

61 Diesem Problem kann man begegnen, indem man Typen höherer Ordnung annimmt, zu denen verschiedene »Sub«-Typen gehören, die jeweils nach gegebenem Kontext variieren. Wie aber zu sehen sein wird, widersprechen solche beliebig fein strukturierbaren Typen unserer Praxis (vgl. I.2.1).

62 Der Unterschied zwischen Phonem und Laut erklärt sich unter anderem daraus, daß nicht jeder Lautunterschied zu einem unterschiedlichen Phonemtyp führt.

63 Diese Auffassung vertritt zum Beispiel Stebbing (1935, 7).

64 Dies ist die Antwort Aristoteles' (*Peri Hermeneias,* 1.1).

65 Generell läßt sich feststellen, daß in philosophischen und logisch-mathematischen Theorien eher von der Schriftsprache ausgegangen wird, während linguistische Theorien sich zumeist auf die Lautsprache beziehen. (Zur wechselseitigen Beeinflußung von Wort- und Schriftsprachen bei der Wort(typ)bildung vgl. Coulmas 1981, Kap. 5.)

Fassen wir kurz zusammen: Platonistisch-semantische Typauffassungen bieten vorderhand eine Erklärung dafür, was sprachliche Ausdrücke sind und wie sie zu ihrer Bezugnahme gelangen. Positiv verstärkend kommt hinzu, daß sie weder mit unendlich vielen noch unendlich fein strukturierten Typen Probleme haben. Bei genauerer Betrachtung kranken sie jedoch an den prinzipiellen Schwächen des Platonismus, im besonderen an der Frage des Aufstiegs beziehungsweise Abstiegs von Typ zu Vorkommnis und vice versa. Diese Schwäche ist unter anderem damit zu erklären, daß platonistische Positionen, wie bisher dargestellt, den Gebrauch von Zeichen nicht oder nur ungenügend berücksichtigen und somit auch keine befriedigenden Antworten auf die Fragen (F2)-(F6) geben können. Diese Lücken versuchen konzeptualistische und pragmatische Positionen zu schließen, indem sie die Rolle des Handelnden und dessen Geistes beim Schaffen sogenannter Abstrakta betonen.[66]

2 Pragmatisch-konzeptualistische Typauffassungen

Wendet man sich pragmatisch-konzeptualistischen Typauffassungen zu, muß zunächst betont werden, daß diese Auffassungen sehr wohl mit der allgemeinen ontologischen Position des Platonismus vereinbar sein können, insofern sie beispielsweise nur leugnen, daß sprachliche Typen Abstrakta im Sinne des strengen Platonismus sind. Ungeachtet dieser und zahlreicher anderer möglichen Positionen und Abgrenzungsversuche ist festzuhalten, daß den folgenden Auffassungen zumeist ein gewisser Antiplatonismus eigen ist.

2.1 Typintentionalismus

Wie gesehen, zeigt sich eine Schwäche der bisher vorgestellten platonistischen Positionen darin, daß sie keine befriedigenden Antworten auf die Fragen (F3) »Was sind die notwendigen und/oder hinreichenden Bedingungen dafür, daß ein Einzelding Vorkommnis eines bestimmten Typs ist?« und (F4) »Wie kann man erkennen, ob ein Einzelding Vorkommnis eines bestimmten Typs ist?« geben. Ein naiver Intentionalist kann dagegen folgende Antworten geben:

(A3) Es ist allein die Absicht des Verwenders, die festlegt, ob ein Einzelding Vorkommnis eines bestimmten Typs ist, und (A4) um zu erkennen, von welchem Typ ein Vorkommnis ist, müssen wir nur wissen, mit welcher Absicht es der Produzent des Vorkommnisses verwendet hat.

Ein solch NAIVER TYPINTENTIONALISMUS, der allein in der Absicht eines Zeichenverwenders eine notwendige und hinreichende Bedingung dafür sieht, daß ein

66 Dies schließt natürlich nicht aus, semantische Merkmale ebenfalls zu berücksichtigen.

Einzelding Vorkommnis eines bestimmten Typs ist, ist sicherlich abzulehnen.[67] Bloß zu behaupten, daß der Stuhl, auf dem ich sitze, deshalb ein »A« ist, weil ich es beabsichtige, führt zu einer nicht akzeptablen Beliebigkeit. Damit ein Typintentionalismus überzeugt, müssen die Bedingungen angegeben sein, welche über die Absicht des Zeichenverwenders hinaus erfüllt sein müssen, damit ein Einzelding ein Vorkommnis eines bestimmten Typs ist. Aber worauf sollen diese Bedingungen beruhen, wenn nicht auf Merkmalen, die der Gegenstand besitzt?

Wir sind somit erneut bei der Frage angelangt, welche notwendigen und hinreichenden Bedingungen erfüllt sein müssen, damit ein Gegenstand Vorkommnis eines bestimmten Typs ist. Wir sind jedoch in unserem Bemühen weitergekommen, insofern klar geworden sein sollte, daß uns interne und externe Merkmale des Gegenstandes nur bedingt weiterhelfen können.

Wie aber kann ein Intentionalist diesen Schwierigkeiten entgehen? Nun, er muß zum einen erklären, warum die Absicht des Zeichenverwenders notwendigerweise zur Produktion eines Vorkommnisses gehört, und zum anderen, welche Bedingungen vorliegen müssen, damit jemand die Absicht haben kann, ein Vorkommnis eines bestimmten Typs zu produzieren. Formeigenschaften allein genügen dafür nicht. Sicherlich kann jemand, wie im Beispiel oben, innerhalb eines eng gesteckten Rahmens ein Vorkommnis eines bestimmten Typs produzieren, indem er bestimmte Formregeln anwendet, wie beispielsweise folgende: Wenn du ein O erstellen willst, zeichne den Umriss eines aufrechten Ovals in ein Kästchen. Aber Formregeln dieser Art können uns offensichtlich nicht zur Beantwortung der Frage dienen, inwiefern Vorkommnisse unterschiedlicher Schriftarten vom selben Typ sind. Was uns an dieser Stelle vielleicht weiterhelfen kann, ist die sogenannte FUNKTIONALE ROLLE[68] von Vorkommnissen.

2.2 Funktionale Typauffassungen

Um zu verdeutlichen, was ich hier unter »funktionaler Rolle« verstehe, sei an Enkodierungsrätsel in Zeitschriften erinnert. Der Witz dieser Rätsel besteht darin, Sätze einer bekannten Sprache, die in Vorkommnissen einer unbekannten Schriftart niedergeschrieben sind, in eine bekannte Schriftart zu »übersetzen«. Im Einzelfall heißt dies, daß die Zeile der unbekannten Zeichenvorkommnisse in einen Satz

---

67 Vgl. Cappelen, der daher vorschlägt, eine »Necessity Thesis« von einer »Sufficiency Thesis« zu unterscheiden (1999, 92).

68 Den Ausdruck »funktionale Rolle« verwende ich in Anlehnung an Sellars; vgl. »syntactical role« (1949/50, § 3); »linguistic role« (1950, 25 ff.); »linguistic type« (1964, 28); und »functional role« (1974, 425). Als Vorläufer von Sellars kann MacIver gelten, der zwischen »semantischem« und »formalem Typ« unterscheidet (1936, 61 f.), wobei der semantische Typ in etwa dem entspricht, was Sellars unter »funktionaler Rolle« versteht.
Um Mißverständnissen vorzubeugen: Wenn ich hier auch Sellars im Zusammenhang mit dem Typintentionalismus diskutiere, will ich damit nicht behaupten, daß Sellars Intentionalist war.

der deutschen Sprache mit lateinischen Buchstaben überführt werden soll. Voraussetzung für Rätsel dieser Art ist, daß der Leser weiß, daß es sich bei dem zu überführenden Satz um einen sinnvollen deutschen Satz handelt, der sich mit Hilfe von Buchstaben des lateinischen Alphabets niederschreiben läßt. Das Rätsel besteht also im wesentlichen darin, daß in der zu enträtselnden Zeile unübliche Formen für unsere üblichen lateinischen Buchstaben verwendet werden. So kann zum Beispiel statt eines

d

ein

♥

stehen.[69]

Würde es sich dagegen beispielsweise bei der Zielschrift um üblicherweise nicht verwendete Zeichen für die normalerweise verwendete Lautschrift oder übliche logische Notationen handeln oder um einen Satz einer unbekannten Sprache, dann würde es einem Leser, der diese Zusatzinformation nicht hätte, kaum gelingen, das Rätsel zu lösen.

Wie nun löst der Leser das Rätsel? Meiner Auffassung nach indem er überprüft, inwiefern ein Zeichenvorkommnis der Rätselzeile möglicherweise einer funktionalen Rolle eines Buchstaben des Alphabets genügt.[70] So wird er von einem Zeichen, das sehr häufig vorkommt, erst einmal ausschließen, daß es ein X oder ein Y ist. Er wird überprüfen, welche Zeichen eines Typs direkt aufeinanderfolgen und anhand der Wortlänge dadurch bestimmte Buchstaben ausschließen. So kann er zum Beispiel ausschließen, daß es sich bei dem Zeichen »∇« in der komplexen Zeichenfolge

♥©*©♠ ♣♠♦ ♥©*©♠ ♥⊕∇∇©♠

um den Buchstaben *Y* des Alphabets handelt, da es zumindest meines Wissens kein Wort gibt, in dem der Buchstabe *Y* direkt zweimal aufeinanderfolgt.

Er wird im weiteren Annahmen darüber treffen, von welcher grammatikalischen Kategorie die einzelnen Wörter sind. Diese Annahmen werden ihn dann zu weiteren Annahmen darüber führen, um was für Buchstaben es sich handelt. All diese Annahmen kann er nur vor dem Hintergrund seiner Kenntnis der funktionalen

---

69 Statt dieses Beispiels kann man auch solche wählen, in denen Ziffern für Buchstaben stehen, oder man denke an Geheimcodes, die mit Hilfe von Dechiffrierungsmaschinen entschlüsselt werden.

70 Im Gegensatz zu meinem Gebrauch verwendet Sellars den Begriff der funktionalen Rolle nur bezogen auf Worte, aber meiner Meinung nach zeigt dieses Beispiel, daß sich der Begriff auch auf atomare Zeichen anwenden läßt. Ein Anhänger einer inferentiellen Semantik, wie Robert Brandom (1994), mag dagegen einwenden, daß dieser Begriff gerade ein semantischer und kein syntaktischer Begriff ist. Meines Erachtens zeigen aber gerade Überlegungen zur Typ-Vorkommnis-Unterscheidung, daß sich syntaktische nicht strikt von semantischen Merkmalen unterscheiden lassen.

Rolle von Buchstaben treffen. Darunter fällt beispielsweise die Kenntnis, daß zur funktionalen Rolle des Buchstaben *d* gehört, im Deutschen jeweils das erste Zeichen der bestimmten Artikel zu sein.

Entscheidend ist natürlich, um es noch einmal zu betonen, daß der Leser weiß, es handelt sich um einen sinnvollen deutschen Satz. Würde es sich dagegen bei der Rätselzeile nur um eine Übersetzung einer sinnlosen Reihe des üblichen lateinischen Alphabets handeln, wäre sie ohne weitere Informationen nicht zu enträtseln. Auf diesen Punkt hinzuweisen ist wichtig, weil er zeigt, inwiefern morphologisches (zum Beispiel typische Verbformen und ihre Endungen), grammatikalisches (zum Beispiel Wortstellung), semantisches (zum Beispiel das Verstehen der Bedeutung von anderen Worten vor dem Hintergrund bereits bekannter Worte) und pragmatisches Wissen (wir können zum Beispiel Sätze und Ausdrücke aus bestimmten thematischen Bereichen ausschließen) bereits bei der Typisierung von Buchstaben berücksichtigt wird. Dies wird noch offensichtlicher, wenn man sich Übersetzungen unbekannter Sprachen zuwendet. Auch dies tun wir vor dem Hintergrund funktionaler Rollen. Nur muß es sich dabei nicht um die funktionale Rolle von Buchstaben handeln, sondern um die funktionale Rolle von Worten oder gar von Sätzen. Erinnert sei dazu an Quines bekanntes Beispiel der Lautäußerung »gavagai«.

Nehmen wir an, Quines Beispiel liege eine tatsächliche Feldforschung zugrunde. Worauf beziehen wir uns dann mit dem Anführungskomplex:

»gavagai«

Nehmen wir mit dem Wort auf die Zeichenfolge G gefolgt von A, gefolgt von V und so weiter Bezug? Wohl kaum. Nehmen wir damit auf ein bestimmtes Lautmuster der Art

gahvahgei

Bezug? Wohl schon eher. Aber der springende Punkt scheint zu sein, daß wir uns damit auf eine Klasse von Zeichen beziehen, die in einer bestimmten Situation dazu verwendet werden, auf Hasen, unabgetrennte Hasenteile oder ähnliches Bezug zu nehmen.

Vertritt man eine solche Auffassung, dann sind Typen weder Klassen von sich äußerlich ähnlichen Einzeldingen noch bestimmte wahrnehmbare Muster, sondern Klassen von Einzeldingen, mit denen bestimmte sprachliche Handlungen vollzogen werden können (an dieser Stelle besteht offensichtlich eine starke Parallele zu semantischen Typauffassungen). Es sind also weniger die internen Merkmale[71] eines Einzeldings, die dazu führen, daß es ein Vorkommnis eines bestimmten Typs ist, sondern seine relationalen Merkmale.

---

71 Zu den internen Merkmalen gehören beispielsweise solche, die am Einzelding relativ problemlos wahrnehmbar sind.

Unter Typ muß in diesem Zusammenhang kein seltsamer abstrakter Gegenstand verstanden werden. Eine mögliche Auffassung besteht darin, einen Typ als eine Klasse von Einzeldingen zu betrachten, die in einer bestimmten Relation zueinander stehen. Als Beispiel für eine solche Relation kann Davidsons »samesayer«-Relation[72] gelten oder noch allgemeiner die »Typgleich-Relation«. Relationen dieser Art können rein extensional gedeutet werden. Eine weitere Möglichkeit besteht darin, diese Relationen nominalistisch zu deuten und beispielsweise die Ausdrücke »gleichsagend« oder »typgleich« als metasprachliche Ausdrücke aufzufassen, die auf bestimmte Vorkommnisse anwendbar sind. Von Typen wird in diesem Fall gar nicht mehr gesprochen, sondern bestenfalls von der Extension von Ausdrücken, und unter Ausdrücken sind hier Vorkommnisse zu verstehen.[73]

Ungeachtet dieser möglichen ontologischen Modellierungen folgt aus dem Funktionalismus, wie bisher entwickelt, daß vollkommen verschiedene Einzeldinge, wie Laut- oder Buchstabenfolgen, Schilder, Piktogramme, Bilder und Gerüche, vom selben Typ sein können, solange sie nur zur selben Klasse von sprachlichen Handlungen verwendet werden beziehungsweise dieselbe funktionale Rolle besitzen.

Eine Frage in diesem Zusammenhang lautet, was unter sprachlicher Handlung zu verstehen ist. Existiert vielleicht nicht doch so etwas wie ein sprachlicher Handlungstyp?[74]

Was ist beispielsweise von folgendem intentionalen Typbegriff zu halten:

Es gibt verschiedene Grundtypen von Sprachhandlungen wie Fragen, Behaupten, Taufen, Grüßen etc. Diese Typen lassen sich nun weiter durch die Absichten, die mit ihnen einhergehen, klassifizieren. So kann man zum Beispiel die zwei Behauptungssatztypen

> Dort ist ein Hase.

und

> Dort ist ein Kaninchen.

voneinander unterscheiden. Diese beiden Typen unterscheiden sich nach Ansicht des Intentionalisten weniger dadurch, daß einmal »Hase« und das andere Mal »Kaninchen« dasteht, sondern dadurch, daß sie unterschiedlich verwendet werden. Das heißt, ein Vorkommnis des einen Typs wird dazu verwendet, zu behaupten, daß dort ein Hase ist, und das andere Vorkommnis wird dazu verwendet, zu behaupten, daß dort ein Kaninchen ist.[75] Wichtig für den intentionalen Typbegriff

---

72 Ders. 1984b.

73 Vgl. I.5.

74 Die Auffassung, daß Kunstwerke gleich sprachlichen Zeichen auch Handlungstypen sind, vertritt Currie (1989, insbes. Kap. 4).

75 Eine ähnliche Auffassung vertritt Kaplan (1990), vgl. hierzu Cappelen (1999).

ist dabei, daß mit diesen beiden unterschiedlichen Behauptungen auch unterschiedliche Absichten einhergehen.

Ein Problem für die skizzierte Auffassung sind Synonyme und Homonyme.[76] So kann ein typgleiches Vorkommnis mit folgendem Vorkommnis

Bank

dazu verwendet werden, sowohl auf ein Geldinstitut als auch auf eine Sitzgelegenheit Bezug zu nehmen. Kurz gesagt, mit ein und demselben Vorkommnis, zum Beispiel :

Auf der Bank liegt dein Geld sicher.

können zwei unterschiedliche Handlungen vollzogen werden. Dies legt den Schluß nahe, daß neben dem Vorkommnis der Kontext wesentlich für die sprachliche Handlung ist.[77] Die Hinzunahme des Kontextes macht es natürlich noch schwieriger zu präzisieren, wann zwei Handlungen typgleich sind beziehungsweise welche Veränderungen von bestimmten Parametern dazu führen, daß zwei Handlungen nicht mehr typgleich sind.

Ein Problem in diesem Zusammenhang ist, wie wir das Verhältnis von funktionaler Rolle zu intentionalem Typ bestimmen. Einiges spricht sicherlich dafür, wie Sellars funktionale Rollen ohne Rückgriff auf Absichten zu individuieren. So können wir, um ein Beispiel Goodmans heranzuziehen, die Funktion der Eisenbahnschwelle erklären, ohne dabei auf die Absicht des Schwellenlegers oder des Eisenbahndirektors zurückzugreifen;[78] ähnliches gilt für die funktionale Rolle von Buchstaben.[79] Wenn wir uns aber Ausrufe- oder Fragezeichen zuwenden, dürfte es schwieriger sein, die Rolle von Zeichen ohne einen Rückgriff auf Absichten zu erklären.

Eine weitere Schwierigkeit liegt zudem in der Frage begründet, inwiefern der intentionale Typbegriff notwendigerweise auf dem funktionalen gründen muß. Läßt sich zum Beispiel nicht annehmen, daß ein intentionaler Typbegriff auf einen Gestalttypbegriff aufbaut? So kann man doch behaupten, daß jemand, der eine

---

[76] Vgl. dazu die Kritik von MacDonald (1936, 78) an MacIver und den Kommentar dazu von Hutton (1990, 42).

[77] Perry unterscheidet daher Äußerungen, worunter er sprachliche Handlungen versteht, die Bedeutung besitzen (»meaning«), von Vorkommnissen, die einen Inhalt (»content«) haben (1997, 593-596). So kann jemand zwei unterschiedliche Äußerungen mittels desselben Vorkommnisses vollziehen. (Hierzu muß er nach Perrys Auffassung gegebenenfalls nicht einmal das Vorkommnis selbst produzieren, sondern nur darauf hinweisen. So ist zum Beispiel denkbar, daß mich jemand fragt, wohin ich verreise, und ich darauf antworte, indem ich auf ein Vorkommnis des Worts »Schweiz« deute.) Im einfachsten Fall, zum Beispiel Deklarativsätzen, die weder Indexikalia enthalten noch Vorkommnis zweier Sprachen sind, können Perrys Auffassung zufolge Bedeutung und Inhalt miteinander identisch sein.

[78] 1984, 88.

[79] Ein beliebtes Gegenbeispiel in diesem Zusammenhang sind die Ameisenspuren im Sand, die nach Auffassung vieler das Vorkommnis eines Worts oder Satzes sind, auch wenn die Ameisen nicht beabsichtigten, einen Satz zu schreiben.

bestimmte Absicht sprachlich ausdrücken will, schon auf bestimmte Gestalttypen, die unabhängig von seiner Absicht bestehen, zurückgreifen muß, damit er seine Absicht überhaupt ausdrücken kann.

Wählt man eine solche Strategie, erübrigt sich der eine oder andere Typbegriff (beispielsweise der intentionale oder Gestalttypbegriff), da entweder die Form oder die Absicht allein bestimmt, was »typgleich« zu bedeuten hat. Ob sich auf die gleiche Weise völlig losgelöst voneinander der intentionale und funktionale Typbegriff erklären lassen, erscheint dagegen - siehe Beispiel das Frage- und Ausrufezeichen - fraglich.

Vertritt man gleichwohl einen intentionalen Typbegriff, der auf der Idee beruht, daß sprachliche Typen über die funktionale Rolle bestimmt werden, droht das alte Problem von Henne und Ei, ob also das Zuschreiben von Absichten nicht bereits Sprache voraussetzt, aber das Zuschreiben selbst schon wieder Absichten bedingt und so fort.[80] Dieses Problem ist natürlich nicht einfach zu klären. Wichtig für meine Überlegungen ist jedenfalls, daß es einen Typbegriff gibt, der nicht auf Gestalteigenschaften beruht, sondern auf semantische und pragmatische Merkmale von Vorkommnissen. Eine weitere Schwierigkeit beim intentionalen Typbegriff besteht schließlich darin, sprachliche Handlungen von nichtsprachlichen abzugrenzen[81] und dies ohne Rückgriff auf einen syntaktischen oder semantischen Typbegriff.

2.3 Gebrauchstheorien

Betrachtet man die Geschichte des Typbegriffs, fällt auf, daß neben der Gestalt und den syntaktischen Merkmalen eines Zeichens von Anfang an auch semantische und pragmatische Merkmale eine Rolle spielten. So identifizierte bereits

---

80 Nach Cappelen mussen wir zwangsläufig bei der Zuschreibung von Absichten »absichtslos« produzierte sprachliche Vorkommnisse voraussetzen und dürfen, um nicht in einen Regreß zu geraten, nicht erneut auf Absichten zurückgreifen: »Wie sollen wir innerhalb des Rahmens ihrer [einer Person] zeichen-produzierenden Absichten charakterisieren, was sie zu produzieren beabsichtigt, das heißt, wie muß sie (die Zeichenproduzentin) von einem Vorkommnis von »Alice schläft« denken? Die Antwort *muß* in nichtintentionalen Begriffen gegeben werden. Wenn dies nicht der Fall ist, das heißt, wenn ihre Absichten von der Form *Ich beabsichtige X mit der Absicht t zu produzieren* (oder: *Ich beabsichtige t-beabsichtigen zu produzieren*) sind, würde dies die Frage nur eine Stufe zurück versetzen: Wie muß sie von *X* denken, innerhalb des Rahmens ihrer Absichten zweiter Ordnung? Zum Charakterisieren ihrer Absichten müssen wir an einem Punkt eine nichtintentionale Charaktersierung, von dem was sie zu produzieren gedenkt, verwenden. Dieses Argument zeigt, daß nichtintentionale Charakterisierung von dem, was sie zu produzieren versucht, auch für *die Zeichenproduzentin* möglich sein muß.« (1999, 96f.; siehe zudem S. 99.)

81 Auch ein Schlag ins Gesicht kann meine Absicht ausdrücken, aber ich drücke sie in diesem Fall nicht sprachlich aus, das heißt, der intentionale Typbegriff bedarf zu seiner Erklärung nicht nur des Rückgriffs auf Absichten, sondern auch auf Sprache.

Peirce Typen mit Gesetzen, Regeln und Verhaltensgewohnheiten.[82] Gerade Peirces letzter Vorschlag, nämlich daß Typen Verhaltensgewohnheiten sind, scheint mir ein interessanter Gedanke und soll im folgenden näher untersucht werden.

Eine Verhaltensgewohnheit der gesuchten Art kann erstens darin bestehen, daß Personen übereinstimmen, welche Einzeldinge typgleiche Vorkommnisse sind. Unter »Übereinstimmung« muß an dieser Stelle nicht notwendigerweise eine explizite Übereinstimmung in Hinsicht auf Urteile verstanden werden, sondern auch eine stillschweigende Übereinstimmung im Umgang mit Zeichenvorkommnissen. Hierzu zählt beispielsweise die Übereinstimmung, die wir beim Grüßen, das heißt, im Umgang mit Grußworten, beobachten können. Zweitens kann die gesuchte Verhaltensgewohnheit darin bestehen, daß die Personen einer Sprachgemeinschaft wissen, nach welchen Regeln typgleiche Einzeldinge produziert werden.[83] Ein Wissen dieser Art ist eine Voraussetzung für eine korrekte Klassifizierung und damit Typisierung: Nur wenn jemand weiß, wie ein Vorkommnis eines bestimmten Typs erzeugt wird, kann er erkennen, ob das vorliegende Vorkommnis unter diesen Typ fällt. Der letzte Punkt ist heikel, so können wir uns Zeichen aus unbekannten Kulturen vorstellen, von denen wir keine Ahnung haben, wie sie erzeugt werden. Nehmen wir beispielsweise an, daß wir mit Schriftzeichen aus einem uns unbekannten Material konfrontiert werden. Dann wissen wir möglicherweise nicht, wie wir aus dem unbekannten Material ein einzelnes Zeichen erzeugen (zum Beispiel formen) können. Damit wir aber den Gegenstand aus dem unbekannten Material

---

82 Ders., CP 2.246 u. 2.292. Zur Kritik an Peirces Typbegriff vgl. Harris (1996, 188 ff.) und zu der an dem Peirceschen Zwiespalt zwischen pragmatischer und idealistisch-platonischer Typauffassung Hutton (1990, Kap. 1) und Buczynska-Garwicz (1984, 40).

83 Bereits bei Peirce findet sich dieser Gedanke, daß es gerade die Kenntnis des Typs ist, die den Zeichenverwender befähigt, Replika (Vorkommnisse) eines Typs zu produzieren: »Wir sprechen davon, das Wort »Mann« zu schreiben oder auszusprechen, aber es ist nur eine *Replika* oder eine Verkörperung des Worts, das ausgesprochen oder geschrieben wird. Das Wort selbst hat keine Existenz, obwohl es ein reales Sein hat [»it has a real being«], *bestehend in* der Tatsache, daß Existierendes mit ihm übereinstimmen *wird*. Es ist ein allgemeines Muster einer Folge von vier Lauten oder vier Representamens von Lauten, welche zu einem Zeichen werden, bedingt durch das Bestehen einer Verhaltensgewohnheit [»habit«] oder erworbenem Gesetzes, die verursachen, daß als Bedeutung der Replikas des Worts ein Mann interpretiert wird [»will causes replicas of it to be interpreted as meaning a man or men«]. Das Wort und seine Bedeutung sind beides allgemeine Regeln. Jedoch nur das Wort alleine schreibt in sich selbst die Qualitäten seiner Replikas vor [Hervorhebung J.St.].« (2.292.) Die Fähigkeit der Replikabildung beruht also darauf, daß die Vorkommnisse als Sinzeichen Qualitäten besitzen (Peirce spricht vom *tone* oder vom *Qualizeichen*), die dafür verantwortlich sind, daß sich zwei Vorkommnisse in ihrer zeichenhaften Materialität (dazu zählen im allgemeinen nicht das Gewicht und der Geruch von Zeichen) ähnlich sind. Ein solcher Gestalt- oder syntaktischer Typbegriff wird also nicht über semantische oder pragmatische Merkmale bestimmt, sondern über die Regel, die es ermöglicht, Replikas vom selben Typ zu produzieren beziehungsweise zu erkennen. Unklar bleibt bei Peirce, inwiefern diese Regeln formulierbar sind und das Erstellen von ganz speziellen Typen ermöglichen. Ist es beispielsweise denkbar, eine Replika eines Typs anzufertigen, von dem es nur eine Replika geben kann, und legen die Regeln fest, ob »0« und »O« Vorkommnisse der Ziffer Null oder des Buchstabens *O* sind?

als Zeichen erkennen können, müssen wir wissen, unter welchen Umständen der Gegenstand als Zeichen funktioniert.

Dieses Wissen schließt auch ein, daß wir den Gegenstand als Zeichen, das heißt als Vorkommnis eines Typs, unter geeigneten Umständen verwenden können. So ist beispielsweise vorstellbar, daß jemand Laute produzieren kann, die gemeinhin als Sätze gelten, die Laute aber immer unter Umständen produziert, in denen sie niemand versteht. Der Grund dafür mag sein, daß die Person die Laute immer viel zu leise (keiner kann sie hören) oder viel zu laut (den Hörern dröhnt das Trommelfell) äußert. Dieses Beispiel zeigt, daß zur PRODUKTION eines Zeichens nicht nur die bloße Herstellung eines Zeichens oder die Wiederverwendung eines bereits vorhandenen Zeichens genügt, sondern die richtige Einschätzung der Umstände der Zeichenverwendung nötig ist.

Versteht man unter Typ eine so skizzierte Verhaltensgewohnheit, dann erübrigt sich die Redeweise vom Typ als platonische oder abstrakte Entität. Eine Verhaltensgewohnheit in diesem Sinne ist eine gesellschaftliche Praxis (zum Beispiel Konvention oder Gesetz), die langsam entsteht und sich verändern und wieder verschwinden kann.[84] Die Verhaltensgewohnheit ist insofern als eine gesellschaftliche Praxis zu betrachten, als sie nicht privat gilt, sondern in der von vielen geteilten Übereinstimmung in Urteilen und im Umgang mit Zeichen besteht. In den meisten Fällen besteht Einigkeit darüber, ob zwei Vorkommnisse typgleich sind.[85] Wir erkennen gewissermaßen unmittelbar, wann es sich beispielsweise um ein »a« oder um ein »o« handelt, da wir normalerweise spätestens in der Schule dazu abgerichtet werden, zu erkennen, ob zwei Vorkommnisse typgleich sind. Der ABC-Schüler wird eben dazu abgerichtet, unter den verschiedensten Gegenständen und Lauten zum Beispiel den Buchstaben »A« zu erkennen.[86]

Sicherlich liegt es an dieser Stelle nahe, dieses Abrichten mit Hilfe eines Gestaltbegriffs zu erklären: jemand beherrscht den Buchstaben *A*, wenn er die Gestalt-A

---

[84] Was ich hier wie auch im folgenden versuche, ist, Merkmale des Peirceschen Begriffs der Verhaltensgewohnheit und Wittgensteins Regelbegriff miteinander zu verbinden. Zur Fragwürdigkeit dieses Unternehmens vgl. Cappelens Überlegungen zum Begriff »convention« (1999, 99).

[85] Damit soll nicht geleugnet werden, daß es Fälle gibt, in denen wir mühsam Buchstaben entziffern müssen, aber diese Fälle sind die äußerst seltenen Ausnahmen, die nur vor dem Hintergrund einer stabilen Regelkonformität möglich sind.

[86] Dieses unmittelbare Erkennen von Vorkommnissen widerspricht dem Gedanken, daß Typisierung in einer Sprechergemeinschaft gewissermaßen beliebig grob oder fein vollzogen wird. Voraussetzung für Typisierung ist vielmehr eine mehr oder weniger robuste Praxis, in der unklare Fälle die Ausnahme sind. Wir wissen eben in den meisten Fällen, ob ein Vorkommnis ein *a* oder ein *d* ist, obwohl es keinen festen Punkt im Formverlauf gibt, an dem ein *d* »beginnt« und ein *a* »aufhört«. Wäre dagegen in einer Sprechergemeinschaft immer ein langes Überlegen oder Forschen dazu nötig, um bei jedem beliebigen Vorkommnis festzustellen, ob es von einem bestimmten Typ ist, dann wäre eine Sprache wie unsere nicht möglich, bei der das absichtslose Verstehen – unmittelbar vollzogen – der Normalfall ist.

internalisiert hat.[87] Deutlich muß hier aber sein, in welchem Sinne der Gestaltbegriff zu einer Erklärung beiträgt. Stellen wir uns beispielsweise vor, jemand kann in den unterschiedlichsten Handschriften und Schriftarten ohne Schwierigkeiten jeweils den Buchstaben A erkennen. Zu diesem Erkennen ist es natürlich nötig, daß er die einzelnen Vorkommnisse mit ihren jeweiligen Merkmalen erkennt, daraus folgt aber nicht, daß er die, sprich eine bestimmte, Gestalt erkennt. Das läßt sich auch auf Autos übertragen. Ein Kind kann Autos erkennen, aber das Kind muß dazu weder eine Definition vom Begriff »Auto«, noch Kenntnisse von der Autogestalt besitzen. Als Außenstehende können wir dem Kind allein auf Grund seines Verhaltens diese unterschiedlichen Fähigkeiten (Auto- und Buchstabenerkennen) zuschreiben und brauchen zur Begründung unseres Urteils keinen Gestaltbegriff oder ähnliches. Akzeptiert man diese Strategie, kann auf die Annahme von abstrakten Typen verzichtet werden. Ein »A« zu erkennen unterscheidet sich nicht prinzipiell davon, ein Auto zu erkennen, die Ehefrau zu erkennen etc. Es handelt sich in allen drei Fällen um Verhalten (erkennen, daß ...), das eine soziale Praxis (des Schreibens, bestimmte Formen des Zusammenlebens) voraussetzt, und zur Erklärung dieser unterschiedlichen Verhaltensformen bedarf es keiner abstrakten Gegenstände. Überspitzt formuliert: ein A-schreiben ist kein B-schreiben und ein A-erkennen ist kein B-erkennen, aber daraus folgt nicht, daß A ungleich B ist, sondern bestenfalls, daß das Ergebnis von A-schreiben verschieden vom Ergebnis von B-schreiben ist.

Werden solche Verhaltensgewohnheiten angenommen, die zumeist - wie geschildert - unmittelbar vollzogen werden, erübrigt sich in der Regel die Frage: »Woher weißt du, daß dieses »A« ein Vorkommnis des ersten Buchstaben des Abc ist?« Falls die Frage aber sinnvoll gestellt werden kann, wird die richtige Antwort in vielen Fällen sein: »Ich kann schreiben« oder »Ich kenne das Abc«. Ungewöhnliche Antworten wären: »Weil der Buchstabe anderen ähnlich ist« oder »Weil er ein auf den Kopf gestelltes V mit einem waagrechten Strich ist«.

Erinnert sei in diesem Zusammenhang an den Fall des Analphabeten: Während der Analphabet sehr wohl seinen Namen (ab)malen kann, kann er ihn nicht (ab)schreiben. Ein Grund dafür ist, daß beim Abmalen die Ähnlichkeit wichtig ist (auch wenn es schwierig bis unmöglich ist, aufschlußreich zu erklären, worin sie in diesem Fall besteht), während sie beim Schreiben keine relevante Rolle spielt. Jemand kann schreiben, auch wenn so gut wie niemand seine Schrift entziffern kann, umgekehrt vermag ein Analphabet jede erdenkliche Handschrift nachzuahmen, ohne deshalb schreiben zu können.

In diesem und für den weiteren Zusammenhang ist es nützlich, auf ein Begriffspaar hinzuweisen, mit dem sich auch der Unterschied zwischen Malen und Schreiben deutlicher fassen läßt.

---

[87] Für den Platoniker mag dies bedeuten, daß er die Idee der Gestalt erfaßt hat, und für den Konzeptualisten, daß er die Gestalt gebildet hat.

3 Exkurs: Digitale Typen versus analoge Bilder

Innerhalb der Diskussion zum Unterschied von Bildern und Texten werden häufig zwei Begriffsexplikationen von »digital« und »analog« ins Feld geführt.[88] Die eine stammt von Nelson Goodman und die andere von Fred Dretske.

Voraussetzung für Goodmans Verwendung der Begriffe »analog« und »digital« sind seine Ausdrücke »syntaktisch dicht« und »syntaktisch endlich differenziert«. Zu beachten ist im weiteren, daß für Goodman nie ein Vorkommnis für sich betrachtet analog oder digital beziehungsweise »syntaktisch dicht« oder »syntaktisch endlich differenziert« ist, sondern immer nur ein Schema.[89]

Ein Schema ist für Goodman SYNTAKTISCH DICHT, wenn es aus unendlich vielen Zeichen (Typen im Sinne von Äquivalenzklassen) besteht, und für diese gilt, daß zwischen zwei Zeichen immer noch ein drittes ist (ders. ²1976, 136). Goodmans Beispiel hierfür ist die Säule eines Quecksilberthermometers. Zwischen jeweils zwei Ständen der Säule läßt sich ein dritter - also ein weiteres Zeichen - denken. SYNTAKTISCH ENDLICH DIFFERENZIERT ist ein Schema, wenn gilt: Für zwei Zeichen Z und Z' und für jede Marke M (Vorkommnis), die nicht tatsächlich zu beiden gehört, ist es theoretisch möglich, zu bestimmen, daß M entweder nicht zu Z oder nicht zu Z' gehört (ebd., 135 f.).

Ein Schema ist Goodmans Auffassung zufolge ANALOG, wenn es syntaktisch dicht ist. Eines seiner Beispiele dafür ist das Zifferblatt ohne Einteilungen einer Waage. Das Zifferblatt mit all seinen möglichen Zeigerstellungen ist syntaktisch dicht, da die Stellung des Zeigers nie eindeutig und absolut präzise angegeben werden kann. DIGITAL ist dagegen ein Schema, welches syntaktisch endlich differenziert ist. Goodmans Beispiel dafür ist das Zifferblatt einer Waage, das in fünfzig Felder eingeteilt ist und bei dem die genaue Stellung des Zeigers innerhalb der einzelnen Felder keine Rolle spielt.[90]

Dretskes Begriff der Analogizität unterscheidet sich seiner eigenen Auffassung zufolge grundlegend von jenem Goodmans.[91] Dretske will mit seinem Begriff sowohl Wahrnehmungsinhalte als auch Bildinhalte charakterisieren. Sein Gedanke dabei ist, daß Wahrnehmungen und Bilder Repräsentationen sind, die durch eine Quelle verursacht werden. Eine Repräsentation kann neben Informationen über ihre Quelle noch weitere Informationen besitzen. Wenn eine Repräsentation nur die Quelle, beispielsweise die Tatsache, daß *s F* ist, verrät, dann ist sie DIGITAL,

88 Vgl. Lopes 1992, 69f. und 112-115.

89 Unter einem »Schema« versteht Goodman sämtliche Zeichen (und Zeichenkombinationen) einer Sprache, eines Bildsystems und ähnliches.

90 Ist ein System digital, bedeutet dies nicht notwendigerweise, daß es nicht teilweise analog ist (ebd., 162). Zum Beispiel ist es vorstellbar, daß ein Teil des Zifferblatts digital und ein anderer analog ist.

91 Vgl. ders. 1981, 135ff.

wenn sie weitere Tatsachen anzeigt, dann ist sie ANALOG.[92] So verrät uns nach Dretske der Satz »In der Tasse ist Kaffee« weniger als ein Bild mit einer mit Kaffee gefüllten Tasse. Das Bild könne uns zudem beispielsweise die Form der Tasse und die Menge des Kaffees zeigen. Zusammenfassend läßt sich somit sagen: Goodman zielt mit seinem Begriffspaar auf syntaktische Merkmale von Zeichen, während Dretske semantische Merkmale im Auge hat.

Ungeachtet der Verschiedenheit der Begriffsbestimmungen Goodmans und Dretskes läßt sich mit ihren beiden Explikationen erklären, worin der Unterschied zwischen der bloßen Replikation eines Vorkommnisses und dem Abmalen eines solchen besteht: Während es beim Schreiben im Normalfall[93] nur darauf ankommt, ein typgleiches Vorkommnis zu produzieren, versucht der Analphabet eine Kopie zu erstellen, die möglichst in jedem Merkmal dem zu kopierenden Vorkommnis entspricht. Schließlich weiß der Analphabet nicht, welche Merkmale dafür ausschlaggebend sind, daß ein Vorkommnis typgleich mit einem anderen ist. Dies führt dazu, daß der Analphabet versucht ist, alle möglichen Merkmale des in Frage stehenden Vorkommnisses zu kopieren. Während der Schriftkundige beispielsweise einzig versucht, ein Vorkommnis zu produzieren, das das Merkmal besitzt, ein *A* zu sein, versucht der Analphabet ein Zeichen zu erstellen, das in allen Merkmalen einem konkreten *A*-Vorkommnis entspricht. Er muß dazu gegebenenfalls unendlich viele Merkmale beachten, weil ja jedes Merkmal des zu kopierenden Zeichens Informationen beinhalten kann, die für den Inhalt des Zeichens bedeutsam sind. Soweit zur Lektion, die wir mit Hilfe von Dretskes Begriff der Analogizität lernen können.

Indem aber der Analphabet versucht ist, unendlich vielen Merkmalen in seiner Zeichenproduktion gerecht zu werden, ist sein Ergebnis ein Zeichen, von dem er nie sicher sein kann, daß es die *entscheidenden* Merkmale besitzt, die es als Vorkommnis eines bestimmten Typs besitzen muß. Dem Analphabeten droht also immer, daß seiner Kopie das entscheidende Merkmal fehlt. Seine Kopie kann daher für ihn selbst immer nur eine Annäherung - Bild eines anderen Vorkommnisses -, aber keine gelungene Replika, das heißt selbst Vorkommnis, sein. Ein Grund dafür ist, daß bei einer gelungenen Replika die möglichst vollkommene Ähnlichkeit zu einer andern Replika nicht die entscheidende Rolle spielt. Soweit die Lektion Goodmans.

Diese Überlegungen, die sich vor dem Hintergrund der Ausdrücke »analog« und »digital« anbieten, verdeutlichen, daß Nachahmen und Kopieren wenig mit der

---

[92] Die relevante Stelle bei Dretske lautet: »Ich werde sagen, daß ein Signal (Struktur, Ereignis, Zustand) die Information, daß *s F* ist, in *digitaler* Form mit sich führt, nur und nur dann, wenn das Signal keine weiteren Informationen über *s* mit sich führt, außer denjenigen, die schon in *s'* haben von *F* beinhaltet sind. Wenn das Signal weitere Informationen über *s* mit sich führt, die nicht in *s'* haben von *F* schon beinhaltet sind, dann werde ich sagen, daß das Signal diese Informationen in *analoger* Form mit sich führt.« (Ebd., 137)

[93] Kalligraphien und ähnliches sollen uns hier vorerst nicht beschäftigen.

Replikation[94] eines typgleichen Vorkommnisses zu tun haben. So ist zum Beispiel ein Foto zuerst einmal nicht typgleich mit seinem Sujet, auch wenn es ihm sehr »ähnlich« sein mag. Entscheidend ist vielmehr die Art und Weise der Produktion eines Einzeldings, die dazu führt, in ihm ein typgleiches Vorkommnis zu einem anderen zu sehen. Hierzu kann unter Umständen gehören, daß der Zeichenhersteller nur dann das Vorkommnis eines Zeichens eines Alphabets produzieren kann, wenn ihm alle Zeichen(typen) des Alphabets bekannt sind. Weiß er beispielsweise nicht zu unterscheiden, ob es sich bei dem folgenden Zeichen

ß

um den zweiten Buchstaben unseres Alphabets handelt oder um ein scharfes S, dann kann dies gegebenenfalls dazu führen, daß man ihm die Fähigkeit abspricht, Buchstaben unseres Alphabets produzieren zu können. Diese Forderung zu verallgemeinern ist jedoch zu stark in Anbetracht von Zeichensystemen, wie zum Beispiel der chinesischen Schriftsprache, für die gilt, daß nur die wenigsten Zeichenverwender alle Zeichen kennen.

Vertritt man die Auffassung, daß sich die Redeweise von Typen auf eine von Verhaltensgewohnheiten reduzieren läßt, ist die Frage, welchen ontologischen Status solche Verhaltensgewohnheiten haben, erst einmal zweitrangig. Wichtig ist in diesem Zusammenhang nur, daß es sich um eine beobachtbare regelgeleitete Praxis handelt: Mitglieder einer Sprechergemeinschaft verwenden Zeichen (Gegenstände). Die Verwendung unterliegt bestimmten Regeln,[95] die zuweilen natürlich mißachtet werden und in Einzelfällen manchen Mitgliedern nicht bekannt sind (zum Beispiel Legasthenikern).

Als Sprachtheoretiker können wir bestimmte Zeichenvorkommnisse zu einer Klasse zusammenfassen. Wir können dabei die Klassenbildung dadurch begründen, daß wir auf bestimmte funktionale Rollen, Mustererkennungen oder ähnliches hinwiesen, die für die Verwendung der Zeichen(vorkommnisse) in der Kommunikation bedeutsam oder gar konstituierend sind. Wir können überdies auf unsere Grundschulpraxis verweisen, in der den Schülern das lateinische Alphabet vermittelt wird. Teil dieser Praxis ist, daß die fortgeschrittene Schülerin schnell lernt, den zittrigen Buchstaben in den Briefen ihrer Großmutter, obwohl einem *b* nur sehr wenig ähnlich, als *b* zu erkennen.

---

94 Kaplan verwendet hierfür den Ausdruck »repetition« und meint damit ein unmittelbares Wiederholen von Worten (1990, 102ff.), das er u. a. folgendermaßen beschreibt: »Die Identifikation eines Worts geäußert oder geschrieben, welches einer hört oder liest, ist keine Sache der Ähnlichkeit. Es ist eher eine Sache der intrapersonalen Kontinuität, eine Sache der Absicht: Was ist Wiederholung? [...] Es ist dasjenige, [...] wenn wir *wiederholen*, was jemand gesagt hat. Wir zielen dabei nicht darauf, die Äußerung zu imitieren, sondern wir wollen sie standardisieren.« (Ebd., 104.) Und wenig später schreibt Kaplan folgerichtig: »Aber das erste, was wir vergessen sollten, ist die Idee, daß wir durch Schauen oder Hören feststellen können, ob [...] ein physikalischer Gegenstand« von einem bestimmten Typ ist. Vgl. hierzu Cappelen (1999, 93) sowie oben I.2.3

95 Zum ontologischen Status von Regeln vgl. I.5.

Aber widerspricht mein letztes Beispiel nicht der Auffassung, daß wir Einzeldinge als typgleich mit anderen Vorkommnissen unmittelbar erkennen? Muß die Schülerin nicht lange rätseln, bis sie erkennt, daß die zittrigen Linien im Brief ihrer Großmutter ein *b* darstellen sollen? Müssen wir zudem bei längeren Texten nicht zuweilen Buchstabe für Buchstabe vergleichen, bevor wir feststellen können, ob er vom selben Typ ist wie ein zuvor gelesener?

Natürlich gibt es Fälle, in denen unklar ist, ob ein Zeichen typgleich mit einem anderen ist. Aber solche Fälle sind die Ausnahme und können nur vor dem Hintergrund einer stabilen Verhaltensgewohnheit als Problemfälle diskutiert werden.[96] Diese stabile Verhaltensgewohnheit zeigt sich bei einfachen Fällen in der Übereinstimmung, das heißt, es wird unmittelbar erkannt, um was für ein Zeichen es sich handelt. So wird kaum ein Leser erst einmal daran zweifeln, daß die beiden letzten Buchstaben in der Zeichenfolge

Faa

typgleich sind.

Können wir uns aber nicht vorstellen, daß das erste *a* nicht typgleich mit dem zweiten ist? Und wenn sich dies jemand vorstellen könnte, was wäre damit gezeigt?[97] Nun dann ließe sich bestenfalls zeigen, daß in einer anderen Sprechergemeinschaft eine andere Typisierung möglich wäre. Aber dies muß auch gar nicht geleugnet werden. Sicherlich ist es denkbar, daß in einer anderen Sprachgemeinschaft die Vorkommnisse, die unmittelbar erkannt werden, nicht mit den Vorkommnissen übereinstimmen, die bei uns unmittelbar erkannt werden. Aber eine solche bloße Möglichkeit ist kein Beleg dafür, daß Typisierung nicht auf unmittelbar erfolgter Übereinstimmung beruht.

Sprechen aber nicht längere und kompliziertere Wörter gegen die Annahme, in der unmittelbar erfolgten Übereinstimmung die Grundlage der Typbildung zu sehen? Kann man tatsächlich auf die gleiche Weise erkennen, daß »Infiltrationsästhesie« typgleich mit »Infiltrationsästhesie« ist, und daß »a« und »a« typgleich sind? Nein, denn viele Menschen, die das Alphabet beherrschen, können nicht auf einen Blick erkennen, ob es sich bei den beiden erstgenannten Vorkommnissen um dasselbe Wort handelt. Was bei längeren zusammengesetzten Worten, Gedichten oder gar Büchern hinzukommt, ist eine Praxis, die regelt, wie aus atomaren Zeichen komplexe Zeichen aufgebaut werden. Eine solche Praxis ist in unserer Schriftsprache, beispielsweise aber auch in der Sprache der Mathematik gegeben. Zu dieser Praxis gehört es – wie gezeigt[98] –, daß sprachliche Zeichen linear ange-

[96] In dieser Hinsicht besteht eine starke Analogie zur Peirceschen Descarteskritik: Nicht der Zweifel kann der Ausgangspunkt des Forschens sein, sondern die Übereinstimmung der Verhaltensgewohnheiten (vgl. Peirces *Fixation of Belief*).

[97] Zum Begriff der Vorstellbarkeit in philosophischen Gedankenexperimenten vgl. Steinbrenner 1998c.

[98] Vgl. syntaktische Typauffassung I.1.5.

ordnet sind, daß die Abstände zwischen den Zeichen nicht zu groß sein dürfen, Zeichen sich nicht überlappen sollen usw. Diese Praxis zeigt sich auch darin, daß wir gewissermaßen unmittelbar schreiben und sprechen, das heißt, wir denken weder beim Schreiben noch beim Sprechen darüber nach, wie groß die Abstände zwischen den einzelnen Lauten und Buchstaben oder Wörtern sein müssen. Tolerierbare Ausnahmen berühren dabei diese Praxis nicht, und fast jeder Versuch einer Dechiffrierung setzt eine stabile Praxis im Sprechen und Schreiben voraus. Jedenfalls besteht zumeist die Voraussetzung dafür, daß zwei komplexere Äußerungen typgleich sind, in der Übereinstimmung erstens der Behandlung von atomaren Zeichen und zweitens der Konkatenation von atomaren Zeichen.[99]

Zusammenfassung:

Die Stärke der skizzierten Auffassung, welche die Typ-Vorkommnis-Unterscheidung mit Hilfe des Begriffs der Verhaltensgewohnheiten zu erklären versucht, liegt darin, daß sie zum einen dem Gebrauchsaspekt von Zeichenvorkommnissen stärker Rechnung trägt als die vorher besprochenen Theorien, und daß sie zum anderen weniger ontologischen Ballast mit sich trägt. Somit umgeht sie die Schwierigkeiten, die andere Theorien mit der Beantwortung der Fragen (F1) »Was sind die Identitätsbedingungen von Typen?« und (F2) »Was für eine Beziehung besteht zwischen Typ und Vorkommnis?« haben.

Wenig Erhellendes trägt sie dagegen zu der Erklärung bei, wie das Vorhandensein von nicht unmittelbar erkannten typgleichen Vorkommnissen zu verstehen ist.[100] Eine weitere Schwäche, welche diese Auffassung aber mit allen bisher vorgestellten Typtheorien teilt, besteht darin, keine Anwort auf die Frage (F3) zu geben, das heißt, notwendige und/oder hinreichende Bedingungen dafür anzugeben, ob zwei Einzeldinge beziehungsweise zwei Handlungen typgleich sind.

Richard Wollheims Übertragungstheorie und Sylvain Brombergers Theorie, nach der Typen quasi natürliche Arten sind, versuchen die beiden letzten Probleme zu lösen. Beide Autoren gehen dabei von der Annahme aus, daß es bestimmte Merkmale sind, die wir vom Einzelding auf den Typ übertragen (und ihn somit gewissermaßen konstituieren). Wenn die Theorien der beiden Autoren zutreffen, wären die Antworten auf die Fragen (F3) und (F4) gefunden: (A3) Diejenigen Eigenschaften, die vom Vorkommnis auf den Typ übertragen werden, sind hinreichende und notwendige Bedingungen dafür, daß das Vorkommnis von einem bestimmten Typ ist; und (A4) wir müssen an einem Vorkommnis genau diese Eigenschaften erkennen, um festzustellen, ob das Einzelding von dem betreffen-

[99] Damit soll nicht ausgeschlossen werden, daß neben der Bottom-up-Strategie in der Praxis auch eine Top-down-Strategie besteht, wir also aus unserer Kenntnis komplexerer Strukturen Zeichen niedrigerer Struktur unmittelbar erkennen. Zur Problematik der Bottom-up-Strategie hinsichtlich von Lauten und Worten vgl. Hutton 1990, 158f.

[100] Hierzu gehört auch das Lernen von unbekannten Schriftzeichen fremder Sprachen durch die Vermittlung der Anführung. Prinzipiell unterscheidet sich dieses Lernen aber nicht von unserem Lernen von Buchstaben in der Grundschule.

den Typ ist. Im folgenden stehen also weniger ontologische als erkenntnistheoretische Fragen im Mittelpunkt.[101]

4 Erkenntnistheoretisch orientierte Typauffassungen

4.1 Übertragungstheorie

Ausgangspunkt von Wollheims Überlegungen zur Typ-Vorkommnis-Unterscheidung ist seine Kritik an der These, daß Kunstwerke physikalische Gegenstände sind. Gegen diese These spricht nach Wollheim, daß Kunstwerke, wie zum Beispiel Gedichte oder Musikstücke, ungeachtet aktueller physikalischer Realisierungen existieren können. So kann ein Lied weiterhin existieren, auch wenn es nur in den Köpfen »realisiert« ist. Zudem kann man nicht behaupten, daß sich beispielsweise ein Gedicht deshalb verändert, weil neue Exemplare dazukommen oder andere verschwinden. Wollheim kommt auf Grund solcher Überlegungen zu dem Schluß, daß literarische Kunstwerke wie auch Musikstücke Typen sind, deren Drucke beziehungsweise Aufführungen Vorkommnisse des entsprechenden Typs sind:

> *Ulysses* und der *Rosenkavalier* sind Typen, mein Exemplar des *Ulysses* und die heutige Aufführung des *Rosenkavaliers* sind Vorkommnisse dieser Typen. Es stellt sich daher die Frage: Was ist ein Typ? (Wollheim 1980, 65)

Offenkundig gilt, daß Typen keine Einzeldinge (*particulars*) sind, sondern von derselben Art wie Klassen oder Universalien. Entitäten dieser Art nennt Wollheim GENERISCHE ENTITÄTEN (ebd.). Unter generische Entitäten fallen ELEMENTE.[102] Daran schließt sich die Frage an, ob man die Beziehungen, die zwischen den verschiedenen generischen Entitäten und ihren Elementen bestehen, näher klassifizieren kann. Wollheim schlägt vor, zwischen drei Arten von generischen Entitäten zu unterscheiden: Klassen, Universalien und Typen.

Am losesten ist die Verbindung zu ihren Elementen bei Klassen. Sie werden rein extensional zusammengefaßt. So lassen sich beispielsweise alle roten Dinge zur Klasse der roten Dinge zusammenfassen. Enger stehen Element und Universale zueinander. Letztere sei in jedem ihrer Elemente präsent. Röte sei in allen roten Dingen. Am engsten sei jedoch die Verbindung zwischen Typ und Vorkommnis:

> Denn so ist nicht nur der Typ in allen seinen Vorkommnissen präsent, gleich einem Universale in all ihren Instantiierungen, sondern zumeist denken und sprechen wir über den

---

[101] Und auch eine Antwort auf die Frage (F6) »Was sind die sprachlich relevanten Merkmale von Typen und Vorkommnissen?« wäre gefunden: (A5) Es sind diejenigen Eigenschaften, die vom Vorkommnis auf den Typ übertragen werden, die sprachlich relevant für die Typbildung sind beziehungsweise dafür, daß das Vorkommnis von einem bestimmten Typ ist.

[102] Wollheim äußert sich nicht dazu, ob die leere Menge auch eine generische Entität ist und es damit generische Entitäten gibt, die keine Elemente besitzen.

Typ auch so, als ob er selbst eine Art Vorkommnis wäre, wenn auch ein eigentümlich wichtiges oder vorrangiges. In vieler Hinsicht behandeln wir die rote Fahne so, als ob sie eine rote Fahne wäre (vgl. »Wir wollen die Rote Fahne hoch halten.«). (66)

Der für unsere Fragestellung entscheidende Punkt in Wollheims Gedankengang ist, daß sich generische Entitäten darin unterscheiden lassen, inwieweit Elemente und die sie umfassenden generischen Entitäten die gleichen Prädikate TEILEN beziehungsweise inwieweit die Prädikate ÜBERTRAGEN werden können.[103] Während Klassen höchstens zufälligerweise Eigenschaften mit ihren Elementen teilen[104] – Wollheims Beispiel ist die Klasse der großen Dinge, die zufälligerweise groß ist –, teilen Universalien und Typen notwendigerweise Eigenschaften mit ihren Elementen. So könne man von roten Dingen wie auch der Röte sagen, daß sie erheiternd seien. Entsprechendes gilt für den Typ *rote Fahne*, der mit seinen Vorkommnissen die Eigenschaft teilt, rechteckig zu sein. Zudem können jedoch bei Typen im Gegensatz zu Universalien weitaus mehr Eigenschaften ihrer Elemente auf sie selbst übertragen werden. Und schließlich käme hinzu:

Der [...] Unterschied ist der, daß im Fall der Universalien keine der Eigenschaften, die eine Instantiierung einer bestimmten Universalie notwendigerweise besitzt, das heißt, die sie kraft dessen besitzt, eine Instantiierung dieser Universale zu sein, auf die Universalie übertragen werden kann. Im Fall von Typen dagegen werden alle und nur diese Eigenschaften auf den Typ übertragen, die ein Vorkommnis eines bestimmten Typs notwendigerweise besitzt, das heißt, die es kraft dessen besitzt, ein Vorkommnis dieses Typs zu sein. (67)

So sei beispielsweise die Röte nicht rot, während der Union Jack notwendigerweise farbig und rechteckig sei. Es sind also nach Wollheim die übertragbaren Eigenschaften von Vorkommnissen, welche die Identität von Typen konstituieren.[105] Die Schwierigkeit besteht gleichwohl darin, zu bestimmen, welche Eigenschaften eines Vorkommnisses für die Konstituierung des Typs relevant sind. Eine Lösung dieser Schwierigkeit wird nach Wollheim davon abhängen, was die charakteristischen Umstände sind, unter denen wir Typen postulieren.

Für Wollheim werden Typen im wesentlichen unter denjenigen Umständen postuliert, bei denen »wir eine Klasse von Einzeldingen mit einem Stück menschlicher Erfindung in Beziehung setzen können: Diese Einzeldinge können dann als Vorkommnis eines bestimmten Typs angesehen werden.« (Ebd., 67 f.) Wollheim hält seine Bestimmung mit Absicht vage, damit sie ein großes Spektrum von Fällen beinhalten kann. Am einen Ende des Spektrums stehen dabei Fälle, in denen ein Einzelding produziert und anschließend kopiert wird (beispielsweise das Aus-

103 »Zwei Gegenstände A und B teilen eine Eigenschaft *f*, wenn sie *f* sind. Wenn dagegen A *f* ist, weil B *f* ist, dann wird die Eigenschaft *f* von B auf A übertragen« (ebd.).

104 Eine Ausnahme dazu mag vielleicht die Reflexivität sein, weil für Klassen wie auch ihre einzelnen Elemente notwendigerweise gilt, daß sie mit sich selbst identisch sind.

105 Es läßt sich natürlich fragen, ob Wollheims Typbegriff, der auf dem Gedanken der Übertragbarkeit beruht, sich auf atomare Zeichen wie zum Beispiel Buchstaben sinnvoll anwenden läßt oder nur auf Kunstwerke und andere komplexe Zeichenstrukturen Anwendung finden kann.

sehen von Madonna, hier herrscht für mögliche Replikas relative Freizügigkeit), und am anderen Ende steht der Fall, in dem es eine Reihe von relativ präzisen Anweisungen gibt, die, wenn sie befolgt werden, eine unendliche Anzahl von Einzeldingen entstehen lassen (zum Beispiel die Replika eines Menuetts). Unklar bleibt jedoch bei Wollheim, wie wir im Einzelfall erkennen können, ob zwei Vorkommnisse vom selben Typ sind. Diese Schwierigkeit zeigt sich auch darin, daß es für uns auf den ersten Blick nicht ersichtlich ist, welche Artefakte zur Typbildung nicht taugen und warum Wollheim beispielsweise Bilder als Vorkommnisse von Typen ausschließt.[106] Warum zum Beispiel kann jemand den Typ *Madonna* kopieren und damit ein Vorkommnis dieses Typs sein, während gleiches für eine Kopie eines bekannten Gemäldes nicht möglich ist?[107]

Die Resultate der Überlegungen Wollheims können somit bestenfalls dazu verwendet werden, die Fragen (F1) »Was sind die Identitätsbedingungen von Typen?« und (F2) »Was für ein Verhältnis besteht zwischen Typ und Vorkommnis?« zu beantworten. Offen bleiben jedoch weiterhin die Fragen: (F3) Was sind die notwendigen und/oder hinreichenden Bedingungen dafür, daß ein Einzelding Vorkommnis eines bestimmten Typs ist? (F4) Wie kann man erkennen, ob ein Einzelding Vorkommnis eines bestimmten Typs ist? (F5) Wie können wir Typen erkennen?[108]

Will man die Frage (F4) beantworten, steht man vor folgender Schwierigkeit: Um zu erkennen, ob ein Einzelding Vorkommnis eines bestimmten Typs ist, müssen wir wissen, welche Eigenschaften dafür verantwortlich sind, daß es Vorkommnis eines bestimmten Typs ist. Hierzu müssen wir, dies scheint zumindest naheliegend, die Eigenschaften kennen, die notwendigerweise dem Typ zukommen. Um diese aber erkennen zu können, müssen wir eine Antwort auf die Frage (F3) besitzen, das heißt, wissen, welche Eigenschaften eines Vorkommnisses notwendigerweise auf den Typ übertragen werden. Aber woher wissen wir, welches die gesuchten notwendigen Eigenschaften sind, ohne daß wir bereits den Typ kennen und somit eine Antwort auf die Frage (F5) besitzen?

Eine Lösung, die Wollheim in seinen Beispielen andeutet, sieht folgendermaßen aus: Ein Artefakt dient als paradigmatischer Ausgangsfall, dem anschließend durch eine wie auch immer geregelte Vervielfältigung weitere typgleiche Vorkommnisse zugesellt werden. Durch welche Regeln respektive Kriterien wird nun aber bestimmt, welche nachfolgenden Vorkommnisse mit dem paradigmatischen Ausgangsfall typgleich sind? Oder anders gesagt: Welche Eigenschaften sind dafür hinreichend, daß zwei Vorkommnisse typgleich sind, und welches sind dafür die notwendigen Eigenschaften?

---

[106] Vgl. dazu Hutton 1990, 75ff., Currie 1989 sowie Steinbrenner 1998b.

[107] Man denke zum Beispiel an den Bild-»Typ« *Letztes Abendmahl*.

[108] Die Frage (F6) - Was sind die sprachlich relevanten Merkmale von Typen und Vorkommnissen? - findet bei Wollheim eine Antwort, insofern es die übertragbaren Eigenschaften sind, die sprachlich relevant für Typ und Vorkommnis sind.

4.2 Typen als quasi-natürliche Arten

Eine Antwort, die zum Teil Goodmans Gedanken der Äquivalenzklasse wie auch Wollheims Idee der Übertragung verpflichtet ist, gibt Sylvain Bromberger (1988). Nach Bromberger gilt das folgende PLATONISCHE RELATIONSPRINZIP:

> Vorkommnisse bilden eine quasi-natürliche Art, und ihr Typ ist der Archetyp dieser quasi-natürlichen Art. (Ebd., 5)

QUASI-NATÜRLICHE ARTEN sind Gruppierungen, Klassen o. ä., die in vieler (aber nicht jeder) Hinsicht wie natürliche Arten sind. So unterscheiden sich die Elemente von quasi-natürlichen Arten von natürlichen Arten dadurch, daß sie Artefakte sind. Zusätzlich gilt von jedem Element einer quasi-natürlichen Art, daß es jeweils ein *Modell* eines anderen Elements dieser Klasse ist und vice versa.[109] Bromberger geht dabei von folgender Modelldefinition aus:

> M ist ein Modell von O relativ zu einem Quadrupel $<Q_m, Q_o, P, A>$ gdw.
> in diesem Quadrupel Q_m eine nicht-leere Menge von Fragen über M ist,
> Q_o eine nicht-leere Menge von Fragen über O ist,
> P Elemente von Q_m Elemente von Q_o zuordnet,
> A ein Algorithmus ist, der Antworten auf jedes Element von Q_m in Antworten auf das Element von Q_m übersetzt, gepaart durch P, und korrekte Antworten auf erstere in korrekte Antworten auf letztere übersetzt. (Ebd., 7)[110]

Wir stellen also anhand von Fragen und deren Beantwortung fest, ob zwei Vorkommnisse Modelle voneinander sind. Ein Problem, vor dem Bromberger steht, ist anzugeben, welches die relevanten Fragen sind, anhand derer wir Modellgleichheit feststellen, und in welcher Hinsicht Unterschiede zwischen den einzelnen Modellen bestehen dürfen. So können zwei Vorkommnisse eines Satzes wie beispielsweise

> Ich liebe sie.

in unterschiedlichen Kontexten zwei verschiedene Wahrheitswerte und damit unterschiedliche Antworten auf mögliche Fragen besitzen und dennoch nach allgemeiner Auffassung vom selben Typ sein. Fragen dieser Art, die davon abhängen, von welchem Typ ein Vorkommnis ist, und die dennoch unterschiedliche Antworten ermöglichen, nennt Bromberger »*w-projizierbare Fragen für N*« (=Q_w), wobei *N* die Variable für eine quasi-natürliche Art ist. w-projizierbare Fragen sind von Fragen zu unterscheiden, die für jedes Modell jeweils die gleiche Anwort haben; diese nennt Bromberger »*projizierbare Fragen für N*« (=Q_p) (ebd., 8). Auf das obige Beispiel bezogen, wäre somit die Frage »Aus wie vielen Buchstaben besteht der Ausdruck?« eine projizierbare Frage.

---

109 Diese Bedingung erinnert natürlich stark an Goodmans Äquivalenzklassen.

110 In Brombergers Modellbegriff findet sich somit Goodmans Idee der Äquivalenzklasse wieder, das heißt, jedes Modell einer Klasse steht in der Äquivalenzrelation zu allen anderen Modellen derselben Klasse.

Schließlich unterscheidet Bromberger von projizierbaren und w-projizierbaren Fragen noch solche, die sich nur auf Individuierungsmerkmale von Vorkommnissen beziehen, zum Beispiel »Wer hat das Vorkommnis geäußert?«, »Wann wurde das Vorkommnis geäußert?« etc. Fragen dieser Art nennt Bromberger »Individuierungsfragen« (=Q_i) (ebd., 9). Antworten auf Individuierungsfragen haben für Bromberger offensichtlich nichts damit zu tun, von welchem Typ das betreffende Vorkommnis ist.

Vor dem Hintergrund dieser drei verschiedenen Fragearten definiert Bromberger seinen Begriff einer quasi-natürlichen Art.

> Eine Klasse von Gegenständen konstituiert eine quasi-natürliche Art relativ zu einem Tripel $<Q_p/A_p\ Q_w\ Q_i>$ - wobei Q_p, Q_w und Q_i nicht leere Mengen von Fragen sind und A_p eine nicht leere Menge von Antworten ist, die auf Mitglieder von Q_p passen - gdw. es die größte Klasse von Objekten ist, für die Fragen in Q_p projizierbar sind, die in Q_w w-projizierbar sind und die in Q_i individuierend sind und die Mitglieder von A_p als Antworten auf die Mitglieder von Q_p enthalten, die auf jene passen. (Ebd., 10f.)

Der Begriff der quasi-natürlichen Art ist nach Bromberger relativ, das heißt, keine Klasse von Dingen ist absolut (ebd.). So kann beispielsweise eine Klasse von Dingen eine quasi-natürliche Art in Hinsicht auf mehr als eine Menge von Fragen sein.

Aufbauend auf seiner Definition der quasi-natürlichen Art definiert Bromberger den Begriff des ARCHETYPS:

> R ist ein Archetyp von Q - wobei Q eine quasi-natürliche Klasse relativ zum Tripel $<Q_p/A_p, Q_w, Q_i>$ ist - gdw. R A_p als Antworten auf Q_p liefert und keine Antworten auf Q_w oder Q_i liefert. (Ebd., 12)

Das entscheidende Merkmal an Brombergers Begriff des Archetyps ist also, daß er auf seinem Begriff der quasi-natürlichen Art aufbaut, dabei aber die w-projizierbaren Fragen und Individuierungsfragen ausblendet. Es sind also, um die Wollheimsche Terminologie heranzuziehen, nur die projizierbaren Fragen, die von den Vorkommnissen auf den (Arche)Typ »übertragbar« sind.

Aus den bisherigen Überlegungen ergibt sich nun folgende Reformulierung des platonischen Relationsprinzips:

> Wenn T der Archetyp der quasi-natürlichen Art relativ zum Tripel $<Q_p/A_p, Q_w, Q_i>$ ist, dann ist die Antwort auf jede Frage in Q_p mit Bezug gezielt auf T das passende Element von A_p mit Bezug gezielt auf T. (Ebd.)[111]

Leider lassen sich in Brombergers Ansatz kaum die relevanten Fragen finden, deren Anworten festlegen, wann zwei Vorkommnisse vom selben Typ sind. Wie müssen beispielsweise die Fragen lauten, die festlegen, ob folgende Vorkommnisse vom selben Typ sind?

A
a

[111] Es sind also die Eigenschaften, die von Antworten auf Q_p-Fragen den Vorkommnissen zugeschrieben werden, die den betreffenden Archetyp konstituieren oder, im Jargon Wollheims ausgedrückt, von den Vorkommnissen auf den Typ übertragen werden.

A
A

Die Schwierigkeit dabei ist, solche Fragen zu finden, die nicht zu willkürlichen oder unbrauchbaren Typen führen beziehungsweise einen Typ bereits voraussetzen.

Eine wesentliche Schwäche von Brombergers Ansatz besteht zudem darin, daß er auf die Forderung hinausläuft, Vorkommnissen eines bestimmten Typs sollten notwendige und hinreichende Eigenschaften gemeinsam sein,[112] damit sie eben Vorkommnisse von dem jeweiligen Typ sind. Diese Forderung ist in der Typ-Vorkommnis-Diskussion aber altbekannt, und durch ein kompliziertes Frage-Antwort-Spiel, das festlegt, welches die relevanten Eigenschaften sind, nicht leichter einzulösen.

Zusammenfassung:

Wollheim und Bromberger sind beide speziell an der Frage interessiert, welche Eigenschaften von Vorkommnissen auf Typen übertragen werden können. Ließen sich diese Frage überzeugend klären, wären Antworten auf die Fragen (F1)-(F4) gefunden: (A1) Die Identität von Typen wird durch diejenigen Eigenschaften bestimmt, die von ihren Vorkommnissen auf sie übertragen werden. (A2) Diese Übertragung konstituiert auch die spezielle Beziehung zwischen Typ und Vorkommnis. (A3) Die übertragbaren Eigenschaften sind notwendige und hinreichende Bedingungen dafür, daß ein Vorkommnis vom relevanten Typ ist. (A4) Anhand der übertragbaren Eigenschaften kann man erkennen, von welchem Typ ein Vorkommnis ist. Die Stärke der Theorien beider Autoren besteht darin, mit ihren Begriffen der Übertragbarkeit beziehungsweise der w-Projizierbarkeit den Kreis der typrelevanten Eigenschaften einzukreisen, aber beide Theorien lassen uns spätestens dann im Stich, wenn die de facto wesentlichen Eigenschaften bestimmt werden sollen.

5 Streng nominalistische Auffassungen

Zwei wichtige Gründe für eine streng nominalistische Auffassung sind erstens die Skepsis gegenüber abstrakten Gegenständen und zweitens unser Wissen darum, daß uns Einzeldinge, und hier im besonderen raumzeitliche Entitäten von der Art, zu denen auch Zeichenvorkommnisse zu rechnen sind, noch am wenigsten Kopfzerbrechen bereiten. Es sind Gegenstände von Größe und Form, mit denen wir täglich Umgang haben. Wir haben wenig Probleme, auf Gegenstände dieser Art zu deuten, sie herzustellen, auszutauschen etc.

112 Dies bedeutet bei Bromberger letztlich, daß auf bestimmte Fragen (zum Beispiel »Aus wie vielen Buchstaben besteht das Vorkommnis?«) die gleichen Antworten (zum Beispiel »Das Wort besteht aus vier Buchstaben«) gegeben werden.

Betrachtet man die bisher vorgestellten platonistischen Typauffassungen, stellt man fest, daß diese die Skepsis des Nominalisten gegenüber abstrakten Gegenständen bestätigen. So besteht eine grundlegende Schwierigkeit dieser Positionen darin, die Extension von Typen auf eine informative Weise zu präzisieren. Dieses Unvermögen zeigt sich auch darin, daß uns platonistische Auffassungen wenig Aufschlußreiches darüber mitteilen, wie der Auf- beziehungsweise Abstieg von Typ zu Vorkommnis zu verstehen ist. Der Eindruck bei platonistischen Ansätzen ist häufig, daß bei Erklärungslücken abstrakte Gegenstände, in unserem Fall Typen, propagiert werden, die aber bei genauerem Hinsehen zu zahlreichen Problemen führen. Zudem liefert keine der dargelegten platonistischen Auffassungen hinreichende und notwendige Bedingungen dafür, wie die Extension von Typen in der Praxis eindeutig festgelegt werden kann. Typauffassungen, welche die genannte Schwierigkeit noch am elegantesten umschiffen, sind solche, für die unter einen Typ immer nur ein Vorkommnis fällt (zum Beispiel die hypersemantische Typauffassung). Aber gerade bei Auffassungen dieser Art stellt sich die Frage, wozu man überhaupt noch einen Typ postuliert respektive worin sich dieser in einer aufschlußreichen Weise von seinem Vorkommnis unterscheidet. Schließlich ist ein Grund für das Unbehagen gegenüber dem Platonismus, daß er pragmatischen Aspekten nicht gerecht wird. Dies trifft besonders auf platonistische Auffassungen von Ausdrücken zu: diese erscheinen in ihrer Form, Verwendungsweise etc. wie kaum etwas anderes abhängig von der menschlichen Willkür. Gerade letztere Kritik führt, wie dargestellt, zu konzeptualistischen und pragmatischen Typauffassungen. Diesen Auffassungen zufolge sind Typen entweder Konstrukte menschlichen Tuns, oder die Existenz von Typen wird prinzipiell geleugnet (und bestenfalls die Redeweise von Typen aus heuristischen Gründen zugelassen).

Das Fazit des strengen Nominalisten aus den dargelegten Überlegungen, ist jedoch radikaler: Seiner Auffassung nach sollten wir nur über Vorkommnisse und nicht über Typen sprechen. Dies schließt natürlich nicht aus, daß wir über alle *A*s sprechen können. Nur sprechen wir dabei nicht über Mengen oder Klassen, sondern beispielsweise über die Fusion (ein über die Welt verstreutes Aggregat) aller A-Vorkommnisse. Wie aber läßt sich dann folgender Satz im Sinne des strengen Nominalisten analysieren?

(1) Der Buchstabe »a« ist ein Vokal.

Offensichtlich wollen wir in diesem Fall weder behaupten, daß die Fusion aller A-Vorkommnisse, noch daß allein (!) das angeführte Buchstabenvorkommnis ein Vokal ist. Eine Möglichkeit, die Schwierigkeit an dieser Stelle zu lösen, besteht darin zu behaupten, daß das angeführte Vorkommnis alle As repräsentiert.[113] Ein anderer Ausweg wird von Sellars (ders. 1963 und 1974) angeboten:

---

[113] Dies ist ein Gedanke, der sich in etwa bei Berkeley findet: »daß das einzelne Dreieck, welches ich betrachte, gleichgültig ob es von dieser oder jener Art ist, geradlinige Dreiecke aller Art repräsentiert oder statt ihrer steht und in diesem Sinne allgemein ist.« (1710, § 15)

(1*) Alle »a«s sind Vokale.

In dieser Formulierung fungiert »›a‹s«[114] als DISTRIBUTIVER AUSDRUCK analog zu »Uhus« in

(2) Alle Uhus sind Vögel.

In (2) sprechen wir nach Sellars' Auffassung nicht über einen abstrakten Gegenstand (etwa die Menge der Uhus), sondern über alle Uhus auf der Welt, im gleichen Sinne wie in

Alle Uhus im Münchner Zoo sind müde.

über alle Uhus im Münchner Zoo.

Die Redeweise von Typen läßt sich somit für Sellars insofern aufgeben, als Typen - wie alle Abstrakta - seiner Auffassung nach (1963, 627) sprachliche Ausdrücke sind. Die entscheidende Frage ist nun natürlich die, was sprachliche Ausdrücke sind. Antwortet man »Typen«, ist man offensichtlich nicht weitergekommen. Lösen läßt sich dies Problem auf zweierlei Weise:

(I) Man faßt Typen als sprachliche Ausdrücke zweiter Stufe auf, also als metasprachliche Ausdrücke. In diesem Sinn ist das Vorkommnis

»a«s

ein Typ,[115] mit welchem man auf alle a-Vorkommnisse Bezug nehmen kann. Von diesem Typ, der sprachlicher Ausdruck zweiter Stufe ist, läßt sich wiederum ein Typ zweiter Stufe bilden, der sprachlicher Ausdruck dritter Stufe ist und so fort.

(II) Typen bestehen aus Vorkommnissen, die von distributiven metasprachlichen Ausdrücken denotiert werden, die von der Art »›*x*‹s« sind.[116]

Betrachten wir die beiden Lösungsvorschläge vor dem Hintergrund folgenden Beispiels:

(4*) »Uhu«s haben drei Buchstaben.

Offensichtlich hat der Ausdruck

» ›Uhu‹ «s

mehr als drei Buchstaben, damit zeigt sich, daß die Lösung (I) falsch ist. Was mit (4*) dagegen ausgedrückt werden soll, ist, daß jedes Vorkommnis, das durch den Ausdruck »›Uhu‹s« bezeichnet wird, aus drei Buchstaben besteht und letzteres ist offenkundig zutreffend. Somit scheint die Lösung (II) die richtige zu sein. Sie

---

[114] Zu Sellars' sehr spezieller Auffassung von Anführungskomplexen vgl. II.2.1.6.

[115] In einem gewissen Sinn wird damit die Unterscheidung zwischen Vorkommnissen und Typen aufgelöst.

[116] Sellars wählt statt der Formulierung » ›*x*‹ s« an anderer Stelle (1963, 653 f.) folgende » ›___‹ s«; damit will er deutlich machen, daß nicht das kursive X angeführt wird, sondern eine Ausdrucksvariable.

kann jedoch nur dann akzeptiert werden, wenn man Sellars' Idee der distributiven Ausdrücke beipflichtet, das heißt unter anderem der Umformulierung von

(4) »Uhu« hat drei Buchstaben.

beziehungsweise

(4') Das Wort »Uhu« hat drei Buchstaben.

zu (4*). Eine Zustimmung beziehungsweise Ablehnung der Sellarsschen Umformulierung hängt offenbar davon ab, welche Auffassung man bezüglich Anführungskomplexen vertritt.

Ohne an dieser Stelle die Überlegungen aus den folgenden Kapiteln schon vorwegzunehmen und tiefer in die Anführungsproblematik einzudringen, können wir festhalten, daß Sellars Typen durch distributiv metasprachliche Ausdrücke bezeichnet, wobei gilt, daß die Ausdrücke auf dem Mittel der Anführung im Sellarsschen Sinne beruhen. Bezeichnet werden durch diese Ausdrücke nach Sellars entweder Vorkommnisse, die form- oder funktionsgleich sind.[117] Ein wesentlicher Punkt dabei ist, um an die gebrauchstheoretische Typauffassung[118] anzuschließen, daß die Verwender der entsprechenden Vorkommnisse zwar diese Vorkommnisse geregelt verwenden,[119] sich aber bei ihrem Tun nicht bewußt sein müssen, daß sie sich regelkonform verhalten. So mögen ältere Kinder grammatisch korrekt sprechen, aber sie sind sich der Regeln nicht bewußt. Das bedeutet beispielsweise, daß die Kinder die Regeln zwar beherrschen, sie aber nicht weitervermitteln, das heißt lehren können.

Sprachliche Regeln als metasprachliche Typen aufgefaßt (das heißt Ausdrücke, mit deren Hilfe der Gebrauch von sprachlichen Ausdrücken geregelt wird) existieren erst dann als metasprachliche Typen, wenn diese Regeln metasprachlich kodifiziert sind.[120] Diese Regeln sind normativ, insofern sie vorschreiben, wie Vorkommnisse eines Typs zu gebrauchen sind.[121] In diesem Zusammenhang ist ein wichtiger Punkt, daß sich diese metasprachlich kodifizierten Regeln wiederum metasprachlich normativ begründen lassen und so fort. Entscheidend ist dabei, daß diese Regeln auf Grund ihrer Normativität immer sprachimmanent sind und nicht etwa zeitlos außerhalb einer Sprache Bestand haben können.

Ein schwerwiegendes Argument nicht nur gegen Sellars, sondern gegen jede nominalistische Typauffassung ist, daß wir die Existenz von Zeichen (und dies betrifft natürlich auch Metazeichen) häufig nicht an ihre Realisierungen binden

---

117 Im ersten Fall verwendet Sellars *-Anführung (»*___*s«) und im zweiten •-Anführung (»•___•s«).

118 Siehe I.2.3.

119 Ders. 1969 und 1974, 422 ff.

120 Hieraus folgt trivialerweise nicht, daß sprachliche Regeln immer metasprachlich kodifiziert sein müssen, sondern nur, daß metasprachliche Typen im erläuterten Sinn immer metasprachlich kodifiziert sein müssen.

121 Wie gesehen, findet sich ein ähnlicher Gedanke bereits bei Peirce (vgl. Anm. 83).

wollen. Diese Kritik wird vor allen Dingen von Logikern und Mathematikern geäußert, welche die Richtigkeit ihrer Behauptungen wohl kaum von »kosmischen Zufällen«[122] abhängen lassen wollen.

Weitere Probleme, die jedoch nicht nur nominalistische Typauffassungen, sondern den Nominalismus allgemein betreffen, sind folgende:

Die grundlegende ontologische Kategorie des Nominalisten, nämlich die Kategorie der konkreten Einzeldinge, ist gegenüber skeptischen Einwänden kaum weniger anfällig als abstrakte Gegenstände. Dies betrifft vor allem folgende Fragen: Was sind die Identitätsbedingungen von konkreten Einzeldingen? Welche Merkmale besitzen konkrete Einzeldinge? Wie können wir konkrete Einzeldinge erkennen? Auf welche Weise lassen sich konkrete Einzeldinge zu Fusionen, Aggregaten und anderen Ganzheiten zusammenfassen?

Die Schwierigkeiten, die sich dem strengen Nominalisten bei der Beantwortung dieser Fragen stellen, ähneln offensichtlich den anderen vorgestellten Typauffassungen. Nur betreffen sie nicht mehr abstrakte, sondern konkrete Gegenstände, für die aber, wie im Fall von Fusionen oder Aggregaten, unsere Alltagsintuitionen auch nicht allzu weit reichen.

Ein grundsätzlich besonders schwerwiegendes Problem ist für den Nominalisten, inwieweit er alltägliche und sinnvolle Redewendungen über Abstrakta in eine nominalistische Sprache übersetzen kann. Sollte sich herausstellen, daß dies aus prinzipiellen Gründen unmöglich ist, spräche dies dafür, Abstrakta auch in anderen Bereichen zuzulassen.[123]

6 Kurze Zusammenfassung der Typauffassungen

Meine Ausgangsfrage war: Worauf nehmen metasprachliche Äußerungen Bezug? Meine vorläufige Antwort lautet: Auf Vorkommnisse und Typen. Die daran anschließende und für diesen Teil der Arbeit zentrale Frage war: Was ist überhaupt unter einem Zeichentyp beziehungsweise Zeichenvorkommnis zu verstehen? Zur Beantwortung dieser Frage stellten sich folgende weitere Fragen:

(F1) Was sind die Identitätsbedingungen von Typen?

(F2) Was für eine Beziehung besteht zwischen Typ und Vorkommnis?

(F3) Was sind die notwendigen und/oder hinreichenden Bedingungen dafür, daß ein Einzelding Vorkommnis eines bestimmten Typs ist?

(F4) Wie kann man erkennen, ob ein Einzelding Vorkommnis eines bestimmten Typs ist?

---

[122] Vgl. Anm. I.21.

[123] Ein weiteres Argument gegen den Nominalismus ist überdies, daß die Mathematik und somit große Teile der Wissenschaft, nur auf den ersten Blick ohne Abstrakta auskommen (vgl. Stegmüller 1956). Zu Lösungsversuchen vgl. Niebergall (im Erscheinen).

(F5) Wie können wir Typen erkennen?

(F6) Was sind die sprachlich relevanten Merkmale von Typen und Vorkommnissen?

Keine dieser Fragen konnte eindeutig und überzeugend beantwortet werden. Ungeachtet dessen wurden eine Reihe von Positionen vorgestellt, die Ausdruck bestimmter Vorstellungen davon sind, was Sprache ist, wie sie funktioniert und welche ihre Bestandteile sind. Diese unterschiedlichen Positionen lassen sich grob - und mit einem Schuß Willkür - zwei Rubriken zuordnen. Zur ersten Rubrik zählen Positionen, die dem Platonismus zuneigen, und zur zweiten diejenigen, die eher mit einem Nominalismus vereinbar sind.

Zu den platonistischen Typauffassungen zählen in der Reihenfolge ihrer Darstellung:

1 Streng platonistische Typauffassungen, die von der Annahme ausgehen, daß Typen unabhängig von möglichen Realisierungen, das heißt, Vorkommnissen existieren. Ihre Stärke ist, daß sie uns erlauben, alle nur erdenklichen Typen anzunehmen. Diese Freiheit ist jedoch gleichzeitig die Schwäche platonistischer Typbegriffe. Die fehlende Reglementierung ist Grund dafür, daß sowohl das Verhältnis von Typ zu Vorkommnis wie auch das Erkennen von Typen, Vorkommnissen und ihrer Beziehung zueinander unterbestimmt ist.

1.1 Mengentheoretische Typauffassungen sind formal zwar die ansprechendsten, aber sie teilen in weiten Zügen die Schwäche platonistischer Auffassungen. Im besonderen gilt dies für anschauliche und pragmatische Merkmale von Zeichen.

1.2 Gestalttypauffassungen zeigen an, in welcher Richtung ein Platonismus das Verhältnis von Typ zu Vorkommnis spezifizieren kann. Sie übersehen aber in ihrer Fixierung auf Gestalteigenschaften semantische und pragmatische Aspekte von Typen.

1.3 Aristotelische Typauffassungen gehen allgemein von der Annahme aus, daß Typen nicht unabhängig von Vorkommnissen existieren können. Nach Auffassungen dieser Art sind interne Merkmale von Vorkommnissen dafür relevant, festzulegen, welchem Typ sie angehören. Die Schwächen dieser Auffassungen bestehen darin, daß sie (a) nur ungenügend bestimmen können, welches die relevanten internen Eigenschaften sind, und (b) der Tatsache nicht gerecht werden, daß interne Eigenschaften allein häufig nicht ausreichen, zu bestimmen, von welchem Typ ein Vorkommnis ist.

Eine Spezialform der aristotelischen Typauffassungen ist die Mustertypauffassung. Sie teilt mit der platonistischen Gestalttypauffassung die Schwäche, daß sie zahlreiche Merkmale, die typisch für Zeichen sind, nicht beachtet. Gleichwohl sind aristotelische und somit auch die Mustertypauffassung anschaulicher als die Gestalttypauffassung und andere platonistische Auffassungen, insofern sie die relevanten Eigenschaften nicht in einem platonischen Himmel verorten, sondern in den Vorkommnissen selbst.

1.4 Äquivalenzklassentypauffassungen gehen insoweit über manche aristotelische Auffassungen hinaus, als auch externe Merkmale (zum Beispiel Austauschbarkeit) zur Typbildung herangezogen werden dürfen. Eine große Schwierigkeit besteht jedoch für die Äquivalenzklassentypauffassung darin, Kriterien anzubieten, anhand derer entschieden werden kann, ob ein Vorkommnis zu einem bestimmten Typ, das heißt zu einer bestimmten Äquivalenzklasse, gehört.

1.5 Syntaktische Typauffassungen werden dem Aspekt gerecht, daß Ausdrucksvorkommnisse zumeist verknüpft werden und die Art und Weise der Verknüpfung bestimmt, von welchem Typ der dadurch entstehende komplexe Ausdruck ist. Die Schwächen dieser Auffassungen liegen zum einen darin, daß sie wenig aussagekräftig hinsichtlich atomarer Zeichen sind und zum anderen semantischen und pragmatischen Aspekten bei der Typbildung nur bedingt gerecht werden können.

1.6 Semantisch-platonistische Typauffassungen teilen die Stärken wie auch Schwächen platonistischer Typauffassungen, mit der Einschränkung, daß sie erlauben, wichtige Merkmale von Typen und ihren Vorkommnissen zu bestimmen. Dies gelingt semantischen Typauffassungen dadurch, daß sie über die Bezugnahme Typen und die eventuell dazugehörigen Vorkommnisse individuieren. Die Crux dieser Auffassungen liegt darin, daß sie (i) durch ihre Spezifizierung auf semantische Merkmale zahllose andere Merkmale (zum Beispiel der Form, der Syntax) ausschließen, auf die in der Diskussion häufig Bezug genommen wird; und daß sie (ii) auf Zeichen, die nicht Bezug nehmen, nur schwer oder überhaupt nicht anwendbar sind.

2 Platonistische Auffassungen, wie beschrieben, besitzen eine gemeinsame Schwäche: Sie werden nur sehr begrenzt der Tatsache gerecht, daß ein wesentliches Merkmal von Zeichen darin besteht, daß sie von Menschen verwendet und für deren Zwecke geschaffen werden. Diese Schwäche versuchen pragmatisch-konzeptualistische Typauffassungen zu vermeiden. Zu diesen gehören:

2.1 Intentionale Typauffassungen. Sie sind ohne eine weitere Ausbuchstabierung nur bedingt brauchbar. Sie weisen aber zu Recht auf die wichtige Rolle von Absichten bei der Verwendung von Ausdrücken und damit bei der Typbildung hin.

2.2 Funktionale Typauffassungen. Sie versuchen Vorkommnisse mit Hilfe des Begriffs der funktionalen Rolle zu typisieren. Die Stärke dieser Auffassungen besteht darin, daß sie erlauben, zahlreiche Merkmale der Verwendung von Zeichen in der Sprache in die Typbildung einfließen zu lassen. Gegen funktionale Typauffassungen spricht die Tatsache, daß wir häufig Vorkommnisse einer uns fremden Sprache ohne Kenntnis ihrer funktionalen Rolle nicht erkennen oder gar herstellen können.

2.3 Gebrauchstheoretische Typauffassungen. Der Vorteil dieser Auffassungen besteht darin, sich auf eine beobachtbare Praxis zu beziehen und keine unnötigen ontologischen Annahmen heranzuziehen. Der Nachteil der Auffassungen ist darin zu sehen, daß sie nur bedingten Erklärungswert hinsichtlich unbekannter und sehr komplizierter Vorkommnisse besitzt.

4 Theorien, die weniger an ontologischen denn sprachanalytischen und im besonderen erkenntnistheoretischen Fragen der Typbildung interessiert sind, sind jene von Wollheim und Bromberger:

4.1 Wollheims Übertragungstheorie ist relativ explizit hinsichtlich der Beziehung zwischen Typen und Vorkommnissen. Aber wie die meisten anderen Auffassungen gibt auch sie wenig Auskunft zu den Fragen (F3)-(F5).

4.2 In Brombergers Typauffassung, der zufolge Typen quasi-natürliche Arten sind, wird eine interessante Strategie entworfen, aber bei genauerer Betrachtung bleibt offen, was die relevanten Fragen sind, die uns erlauben, Typen und damit auch ihren Vorkommnissen die entscheidenden Merkmale zuzuschreiben.

5 Nominalistische Auffassungen versuchen, ohne abstrakte Gegenstände auszukommen, um damit Problemen zu entgehen, die mit Abstrakta verbunden sind. Schwierigkeiten können für nominalistische Auffassungen dadurch entstehen, daß umgangssprachliche Sätze, in denen explizit oder implizit auf Abstrakta Bezug genommen wird, nominalistisch interpretiert werden. Hinzu kommt, daß die meisten mathematischen und logischen Theorien explizit oder implizit Typen voraussetzen.

Allgemein läßt sich konstatieren, daß die dargestellten Typauffassungen keine eindeutigen und überzeugenden Antworten auf die obigen Fragen geben. Doch ungeachtet ihrer Mängel besitzen die vorgestellten Positionen zweifelsohne auch gewisse Stärken. Diese bestehen darin, daß sie bestimmte Aspekte bezüglich des Typbegriffs hervorheben, die für Sprache allgemein als relevant angesehen werden. Zu diesen Aspekten sind im besonderen Gestalt, Syntax und funktionale Rolle von Ausdrücken zu zählen.

Weitere charakteristische Aspekte der Sprache, die teilweise auch ihren Ausdruck in den unterschiedlichen Typauffassungen finden, sind folgende: Zur Kommunikation sind sinnlich wahrnehmbare Zeichen vonnöten. Wir besitzen die Möglichkeit, immer neue Sätze und Ausdrücke zu bilden. Sprache muß regelgeleitet sein. Eine Sprache besteht aus atomaren Zeichen und Konkatenationsregeln.

Keine Typauffassung nimmt offensichtlich auf alle diese Aspekte von Sprachen Bezug.[124] Die eine leugnet, daß semantische oder gar pragmatische Aspekte für die Typbildung von entscheidender Bedeutung sind, die andere sieht in Typen eher so etwas wie natürliche Arten, die sich weiterentwickeln, vergehen und so fort.[125] Diese Vielzahl von Typauffassungen ist nun für meine Überlegungen deshalb von Wichtigkeit, weil sie das Gebiet absteckt und die Gegenstände bestimmt, auf die sich metasprachliche Bezugnahme beziehen kann. So kann zum Beispiel für je-

---

[124] Am ehesten läßt sich dies vielleicht noch von Peirces Typbegriff behaupten, aber das macht diesen Begriff zugleich auch sehr unhandlich, da ziemlich alles in ihn hineingelesen werden kann.

[125] Vgl. Kaplan 1990.

manden, der Zeichen als sinnlich wahrnehmbare Einzeldinge auffaßt, unter Umständen das physische Gewicht der Zeichen eine Rolle spielen und somit die Bezugnahme auf dieses Gewicht den Ausschlag dafür geben, daß wir etwas als metasprachliche Bezugnahme anerkennen. Ein Vertreter des mengentheoretischen Typbegriffs wird dies leugnen. Für ihn muß metasprachliche Bezugnahme zumindest implizit auf Mengen Bezug nehmen. Schließlich mag ein eher empirisch-soziologisch arbeitender Sprachwissenschaftler behaupten, daß metasprachliche Bezugnahme sich immer auf gesellschaftlich gewachsene Verhaltensgewohnheiten beziehen muß.

Man könnte nun versucht sein, die Aspekte der Sprache, die durch die unterschiedlichen Typauffassungen unterstrichen werden, zusammenzufassen, um somit ein mehr oder minder vollständiges Bild der Sprache zu erlangen. Hierzu wäre es wünschenswert, diejenigen Aspekte beziehungsweise Merkmale heranzuziehen, von denen man annimmt, daß Sprache sie notwendigerweise besitzt.[126] Bei diesem Versuch wird man wahrscheinlich schnell zu dem Minimalkonsens gelangen, daß Sprache ohne Zeichen nicht vorstellbar ist. Viel weiter wird man aber kaum kommen. So wird beispielsweise der Hyperplatonist so unproblematische Behauptungen wie »Sprache dient kommunikativen Zwecken« leugnen. Und selbst der Minimalkonsens fordert bei näherem Hinsehen die Frage heraus: Was sind Zeichen?

Damit sind wir zu unserer Ausgangsfrage zurückgekehrt. Wir sind jedoch ein ganzes Stück in unserem Bemühen weitergekommen, da wir durch die unterschiedlichen Typauffassungen wesentliche Aspekte der Sprache kennengelernt haben. Überdies können wir festhalten, daß die verschiedenen Typauffassungen Ausdruck unterschiedlicher Auffassungen darüber sind, was Sprache ist. Kurz gesagt: in den verschiedenen Einstellungen bezüglich der Typ-Vorkommnis-Unterscheidung spiegeln sich unterschiedliche metasprachliche Positionen wider. Dieser Gedanke wird noch deutlicher, wenn wir uns im nächsten Abschnitt der metasprachlichen Bezugnahme und hier im besonderen Theorien der Anführung zuwenden: all diese Theorien gehen von der Annahme aus, daß Anführungsausdrücke auf Ausdrücke Bezug nehmen. Zu Unterschieden bei diesen Theorien führen zum einen die Frage, zu welcher Kategorie von Ausdrücken die Anführungsausdrücke gezählt werden, und zum anderen die unterschiedlichen Auffassungen hinsichtlich der Art der Ausdrücke, auf die Bezug genommen wird.

Vor dem Hintergrund der Überlegung, daß die unterschiedlichen Typauffassungen Ausdruck jeweils verschiedener metasprachlicher Positionen sind, entsteht - wie oben angedeutet - leicht der Wunsch, die Stärken der einzelnen Auffassungen und damit der dahinterstehenden Positionen miteinander zu verbinden. Dagegen spricht aber, daß keines der Merkmale (Gestalt, Bezug, Regelhaftigkeit etc.), auf

[126] Einen Ansatz in dieser Richtung, der aber für die Typ-Vorkommnis-Diskussion nur von sehr begrenztem Interesse ist, bietet David Lewis in seinem Aufsatz *Languages and Language* (1975).

welche die unterschiedlichen Positionen zu Recht pochen, Sprachlichem notwendigerweise zuzukommen hat. So mögen zwar eventuell der Platonist und Empirist in der These übereinstimmen, daß Sprache regelhaft ist. Aber ihre Vorstellung davon, was eine sprachliche Regel ist, wird sich hoffnungslos voneinander unterscheiden, und ihre Übereinstimmung besteht letztlich nur in der Wortwahl.

7 Objekte metasprachlicher Bezugnahme

Fragt man nun vor diesem relativ grob gezeichneten Bild, was die Denotate metasprachlicher Bezugnahme sind, lautet die Antwort: Das kommt auf den Typbegriff an. Diese Antwort kann jedoch auf Grund der Vielzahl von Typbegriffen und ihren möglichen Kombinationen nur bedingt überzeugen. Ungeachtet dieser Schwierigkeiten seien jedoch für das Folgende fünf Grundarten von Objekten metasprachlicher Bezugnahme bestimmt.

- Kommunikative Verhaltensgewohnheiten (zum Beispiel das Grüßen)
- Typen als platonische Entitäten (zum Beispiel Gödelzahlen)
- Vorkommnisse beziehungsweise bestimmte ihrer Merkmale unter Berücksichtigung des jeweiligen Typbegriffs (das heißt Gestaltformen, syntaktische Strukturen, semantische Merkmale etc.)
- Konkrete Zeichen (zum Beispiel Gemälde und Skulpturen), bei denen es fragwürdig ist, ob sie Vorkommnis eines Typs sind
- Œuvre, Merkmale von Zeichen (zum Beispiel »dreisilbig«, »expressionistisch« etc.), unscharf begrenzte Zeichenansammlungen (mittelalterliche Kunst, Texte zur Mathematik, Reklamemittel etc.)

Vor dem Hintergrund dieser fünf Arten von Bezugnahmeobjekten lassen sich vier Bedingungen angeben, anhand derer sich Weisen der Metabezugnahme grob unterscheiden lassen. Teilweise offen bleibt bei diesen Unterscheidungsvorschlägen zunächst, auf welche der genannten Bezugnahmeobjekte sich im folgenden der Ausdruck »Zeichen« bezieht:

(M1) Metazeichen nehmen auf Zeichen als Zeichen Bezug.

Mit (M1) sollen Fälle wie

> Alle in meinem Regal stehenden Gegenstände wiegen mehr als 250 Gramm.

ausgeschlossen werden, da es unklar ist, um welche Art von Gegenständen es sich handelt. Die Bedingung (M1) wird nur dann erfüllt, wenn klar ist, daß die Gegenstände, auf die Bezug genommen wird, zeichenhafte Qualitäten besitzen. So genügt der folgende Satz (M1),

> Mittelalterliche Kunst war immer religiös motiviert.

wenn auch das Bezugnahmeobjekt des Satzes diffus bleibt, weil unklar ist, welche Werke (Vorkommnisse, Typen, Skulpturen etc.) zur mittelalterlichen Kunst zu zählen sind.

Gleichwohl werden mit (M1) weder bildliche noch musikalische Zeichen als Bezugnahmeobjekte metasprachlicher Bezugnahme ausgeschlossen. Zudem schließt (M1) Bilder, Musikstücke, Diagramme etc. ein, die auf welche Weise auch immer auf andere Zeichen Bezug nehmen.

(M2) Auf Zeichen als Zeichen Bezug zu nehmen, heißt, auf Zeichentypen oder Zeichenvorkommnisse Bezug zu nehmen.

Die Bedingung (M2) soll sicherstellen, daß sich die Metabezugnahme auf konkrete oder abstrakte Gegenstände bezieht, für die wir zumindest Identitätsbedingungen zur Verfügung haben, wie sie zum Beispiel einige der zuvor dargestellten Typ-Vorkommnis-Auffassungen bereithalten. Für Metabezugnahmen, die (M2) erfüllen, bedeutet dies, sie geben uns explizite Informationen darüber, auf welchen Zeichentyp beziehungsweise Zeichenvorkommnisse Bezug genommen wird. Je nach vorausgesetzter Typauffassung bedeutet dies, daß wir erfahren, von welcher Gestalt, syntaktischen Struktur, funktionalen Rolle etc. das entsprechende metasprachliche Bezugnahmeobjekt ist. Somit genügt folgender Beispielsatz der Bedingung (M2):

Walsers Gedicht beginnt mit dem Buchstaben »e«, gefolgt vom Buchstaben »i«.

Ausgeschlossen wird mit (M2) die Metabezugnahme beispielsweise auf verzweigte Œuvre oder unübersichtliche Nachlässe als Ganzes. So genügt folgender Satz der Bedingung (M2) nicht:

Walsers Mikrogramme konnten lange nicht entziffert werden.

Der Grund für das Ungenügen liegt darin, daß bis heute unklar ist, welche beschriebenen Zettel zu den Mikrogrammen gezählt werden können und bei welchen Zeichen es sich überhaupt um Buchstaben handelt.

Mit (M2) soll also sichergestellt werden, daß man sich metabezugnehmend nur auf solche sprachliche Entitäten beziehen kann, deren Gebrauch einigermaßen geregelt ist. Ein solcher geregelter Gebrauch ist deshalb wichtig, weil er die Grundlage für Identitätsbedingungen von Zeichentypen und Vorkommnissen ist. Dies bedeutet beispielsweise, daß es eine juristische Praxis gibt, die festlegt, was zu einem künstlerischen Nachlaß gehört etc. Vertritt man die Auffassung, daß Bilder und Skulpturen Vorkommnisse (oder Typen) sind, dann werden sie als mögliche Bezugnahmeobjekte durch (M2) nicht ausgeschlossen.

(M3) Auf Zeichen als Zeichen Bezug zu nehmen heißt: auf Vorkommnisse Bezug zu nehmen.

(M3) unterscheidet sich von (M2) dadurch, daß die Objekte, auf die Bezug genommen wird, raumzeitliche Objekte sind, für die relativ klare Identitätsbedingungen vorhanden sind und die häufig durch Hinweise bestimmbar sind, wie zum

Beispiel »Ein Vorkommnis mit den gleichen Merkmalen wie dieses, nur an dem Ort Soundso«. Die Bedingung (M3) kann somit im Gegensatz zu (M2) von einem Nominalisten[127] problemlos akzeptiert werden.

(M4) Nur auf Typen oder Vorkommnisse, die zu digitalen[128] Symbolsystemen gehören, kann echt metasprachlich Bezug genommen werden.

Mit (M4) soll die metasprachliche Bezugnahme auf Zeichen analoger Zeichensysteme ausgeschlossen werden. Vertritt man die Auffassung, daß alle Vorkommnisse beziehungsweise Typen notwendigerweise zu digitalen Symbolsystemen gehören, unterscheidet sich die Bedingung (M4) nicht von der Bedingung (M2). Explizit ausgeschlossen werden sollen mit (M4) Bilder, Diagramme, stufenlose Meßinstrumente etc. als mögliche metasprachliche Bezugnahmeobjekte. Nicht berührt von (M4) und damit ungeklärt bleibt jedoch der Status von musikalischen Notationen, Tanznotationen etc. Ungeachtet dieser Grenzfälle schließt (M4) somit den Bereich »echter« metasprachlicher Bezugnahme stark ein. Dies scheint mir jedoch gerechtfertigt, weil beinahe alle ernstzunehmenden Theorien der Metasprachlichkeit von dieser Annahme ausgehen.[129]

Festzuhalten für die weiteren Überlegungen ist, daß keine der Bedingungen von (M1) bis (M4) Aufschluß darüber gibt, welche Form die Ausdrücke beziehungsweise Zeichenvorkommnisse haben, mit deren Hilfe metasprachlich Bezug genommen wird. Die vier Bedingungen helfen nur, die möglichen metasprachlichen Bezugnahmeobjekte näher zu spezifizieren. So gilt für jedes metasprachliche Bezugnahmeobjekt, das (M4) genügt, daß es auch (M2) erfüllt. Betrachten wir dazu folgendes Zeichenvorkommnis:

Uhu

Dieses Zeichenvorkommnis ist Vorkommnis des digitalen Symbolsystems der lateinischen Buchstaben und es gehört zum Beispiel nach einer syntaktischen Typauffassung zum syntaktischen Typ, der aus der Verknüpfung der Buchstaben »U«^»h«^»u« besteht. Gleichwohl gilt für jedes Vorkommnis, das Vorkommnis eines digitalen Typs ist, daß es ein Zeichenvorkommnis ist, ganz ungeachtet der Frage, ob man die Unterscheidung digital versus analog trifft. Das obige Vorkommnis genügt somit den Bedingungen (M4), (M3), (M2) und (M1).

Wählt man als Bezugnahmeobjekt dagegen den Typ *Uhu*, so genügt dieses Zeichen der Bedingung (M4) und somit auch (M2) und (M1), aber offensichtlich nicht der Bedingung (M3), da der Typ *Uhu* kein Vorkommnis ist.

Verwirft man die Unterscheidung digital versus analog und vertritt zudem eine »Hyper«-Gestalttypauffassung, der zufolge jeder noch so kleine wahrnehmbare Unterschied zwischen zwei Vorkommnissen Grund dafür ist, sie verschiedenen

[127] Siehe I.0.1.
[128] Der Ausdruck »digital« ist hier im Sinne Goodmans zu lesen (siehe I.3).
[129] Vgl. Günther 1992.

Typen zuzuordnen, dann genügt das obige Vorkommnis sowohl den Bedingungen (M3), (M2) und (M1), aber nicht der Bedingung (M4). Ist dagegen der »Hyper«-Gestalttyp *Uhu* das Bezugnahmeobjekt, dann genügt dieser Typ nur den Bedingungen (M2) und (M1). Besteht schließlich das Bezugnahmeobjekt zum Beispiel aus allen Werbemitteln, die in München in den letzten zehn Jahren produziert wurden, dann genügt dieses Bezugnahmeobjekt nur der Bedingung (M1).

Wichtig ist es zudem für die weiteren Überlegungen, noch einmal auf folgendes hinzuweisen: Mit Hilfe der Bedingungen (M2)-(M4) läßt sich eine Einteilung von metasprachlichen Bezugnahmeobjekten vornehmen, die erst einmal relativ neutral hinsichtlich möglicher Präferenzen von Typ-Vorkommnis-Auffassungen geschieht. Zieht man jedoch solche Auffassungen hinzu, hat dies offensichtlich starke Auswirkungen bezüglich möglicher metasprachlicher Bezugnahmeobjekte. Im folgenden Kapitel soll dies im besonderen am Beispiel von Anführungstheorien verdeutlicht werden.

II. Metasprachliche Bezugnahme

In diesem Teil gehe ich folgenden beiden Fragen nach: (a) Welche Form müssen sprachliche Ausdrücke haben, um sich mit ihnen auf andere Ausdrücke beziehen zu können, und (b) welche Formen der Bezugnahme - Anführung, Zitation, Variation, Anspielung, Erwähnung etc. - werden zur metasprachlichen Bezugnahme verwendet?[130]

Zur Beantwortung dieser Fragen werde ich im Abschnitt II.1 prinzipielle Möglichkeiten der Metabezugnahme vorstellen und dabei Metasprachlichkeit in ihren unterschiedlichen Formen charakterisieren. Hierzu (II.1.1) zeige ich auf, wie mit Namen, Kennzeichnungen, Prädikaten und Sätzen metasprachlich Bezug genommen werden kann. Im Anschluß daran werde ich meinen Leitgedanken genauer vorstellen, der lautet: Das Paradigma metasprachlicher Bezugnahme ist die Bezugnahme mittels der Präsentation, das heißt der Anführung, des Zitats und der Erwähnung. Diese drei Formen der metasprachlichen Bezugnahme beruhen auf der Präsentation eines Ausdrucks, mittels deren zahlreiche sprachliche Merkmale exemplifiziert werden können. Alle anderen Fälle metasprachlicher Bezugnahme sind dagegen abgeschwächte Formen, da sie immer nur auf einige ausgewählte sprachliche Merkmale Bezug nehmen. Um meinen Leitgedanken genauer darzustellen, ist es von Bedeutung, die Zusammenhänge zwischen drei metasprachlichen Bezugnahmeweisen, nämlich dem Zitieren, dem Anführen und dem Erwähnen, möglichst präzise darzustellen (II.2). Hierzu wird es nötig sein, sehr ausführlich auf Anführungstheorien zu sprechen zu kommen (II.2.1). Ein Grund dafür ist die simple Tatsache, daß jedes Zitat eine Anführung enthalten muß.

Anschließend zeige ich, daß alle weiteren Formen der metasprachlichen Bezugnahme als Abschwächungen gegenüber dem Anführen und Zitieren aufgefaßt werden können. Dies betrifft im besonderen die indirekte Rede (II.3.1), die uns zwar ähnlich dem Zitat verrät, <u>was</u> eine Person gesagt hat, aber im Gegensatz zum Zitat offenläßt, <u>wie</u> es die Person gesagt hat. Schließlich werde ich auf metasprachliche Bezugnahmeweisen zu sprechen kommen (II.3.2), die ohne weiteres Zusatzwissen als metasprachliche Ausdrücke nicht zu erkennen sind, hierzu zählen vor allem die Variation und die Anspielung.

Ich versuche bei meiner Schilderung der unterschiedlichen metasprachlichen Bezugnahmeweisen soweit wie möglich pragmatische Überlegungen, zum Beispiel die Rolle von Intentionen, Institutionen etc., außer acht zu lassen und mich auf die wesentlichen syntaktischen und semantischen Merkmale metasprachlicher

---

[130] Inwiefern sich diese beiden Fragen strikt trennen lassen, ist eine weitere Frage.

Bezugnahme zu konzentrieren.[131] Gerade diese Merkmale werden uns jedoch erlauben, die Zusammenhänge, die zwischen den unterschiedlichen Formen der metasprachlichen Bezugnahmen bestehen, besonders deutlich zu erkennen.

1 Grundformen der Metabezugnahme

In meinen bisherigen Überlegungen habe ich mehr oder minder präzise die Ausdrücke »Metabezugnahme« und »metasprachliche Bezugnahme« verwendet und darunter sprachliche wie nichtsprachliche Symbolsysteme beziehungsweise deren Zeichen gefaßt. Für das Folgende aber, in dem weniger die Bezugnahmeobjekte als vielmehr die Bezug nehmenden Zeichen im Zentrum der Überlegungen stehen, seien die folgenden grundlegenden begrifflichen Unterscheidungen getroffen:

- Der Ausdruck *METAZEICHEN* umfaßt alle Zeichen, die auf Zeichen Bezug nehmen.
- Der Ausdruck *SPRACHLICHES METAZEICHEN* umfaßt alle sprachlichen Zeichen, die auf Zeichen Bezug nehmen.
- Mit dem Ausdruck *METABEZUGNAHME* nehmen wir auf die Bezugnahmerelation zwischen Zeichen allgemein Bezug.
- Mit dem Ausdruck *METASPRACHLICHE BEZUGNAHME* nehmen wir auf die Bezugnahmerelation zwischen Ausdrücken, das heißt digitalen Zeichen und Zeichen allgemein, Bezug.

Vor dem Hintergrund dieser vier Begriffsbestimmungen und aus den bisherigen Überlegungen lassen sich nun sechs Grundformen der Metabezugnahme skizzieren, die sicherlich Grenzfälle zulassen, aber gleichwohl im Laufe der weiteren Untersuchung an Kontur gewinnen werden:

(MBw) METABEZUGNAHME IM WEITEN SINN: Eine Bezugnahmerelation dieser Art liegt bei allen zeichenhaften Gebilden vor, die auf zeichenhafte Gebilde als zeichenhafte Gebilde Bezug nehmen.

Unter ZEICHENHAFTEN GEBILDEN seien alle nichtnatürlichen Entitäten gefaßt (Texte, Bilder, Œuvre, Musikstücke, Kunststile, Typen, Vorkommnisse etc.), die in einem relativ weiten Sinn Bezug nehmen. Für zeichenhafte Gebilde besitzen wir im Gegensatz zu Zeichen nur bedingt präzise Individuationsprinzipien. Beispielsweise sind Œuvre, über deren Umfang keine Einigkeit besteht, zeichenhafte Gebilde, aber keine Zeichen in dem hier intendierten Sinn. Jedoch handelt es sich beispielsweise auch bei folgendem Satz um eine MBw:

> In Nietzsches Werk finden sich zahlreiche Anspielungen auf Texte Schopenhauers.

[131] Zur Pragmatik der metasprachlichen Bezugnahme vgl. Künne (1985) und hier im besonderen 5.2.

Ebenso handelt es sich bei Kunstwerken der Nazarener, die auf den frühen Raffael anspielen, um MBw. Ausgeschlossen von der MBw sind natürliche Zeichen wie Spiegelbilder, Rauch und so weiter. Ein Spiegel, in dem sich ein Bild spiegelt, genügt der MBw nicht. Gleiches gilt für Ausdrücke (Namen, Kennzeichnungen, Sätze etc.), die zwar auf ein Zeichen Bezug nehmen, dabei aber nicht erkennen lassen, daß es sich bei dem Bezugnahmeobjekt um ein Zeichen handelt. Dies trifft zum Beispiel für folgenden Ausdruck zu:

Diese fünf Tintenflecken auf dem Papier

Variationen dagegen, wie sie beispielsweise in der Musik und bildenden Kunst häufig anzutreffen sind, fallen unter die Metabezugnahme im weiten Sinne. So können Variationen eines Künstlers auf ein bestimmtes Œuvre eines anderen Künstlers anspielen und dadurch Bezug nehmen. Unklar mag dabei sein, welche Bilder genau zu den Variationen zu zählen sind und welche Werke bzw. Gegenstände genau zu dem Œuvre dazuzuzählen sind.

Ebenso ist die MBw mit (M1)-(M4) verträglich, das heißt, es wird auf zeichenhafte Gebilde Bezug genommen, welche die Bedingung (M1) erfüllen. Somit kommen auch Vorkommnisse und Typen wie zuvor beschrieben[132] als Bezugnahmeobjekte in Frage.

(MBe) METABEZUGNAHME IM ENGEN SINN: Mittels dieser Bezugnahme nehmen alle *Zeichen* Bezug, die auf Zeichen als Zeichen Bezug nehmen.

Unter die MBe fallen Zeichen, das heißt Entitäten, für die wir relativ klare Identitätsbedingungen besitzen. Das betrifft gleichermaßen die Bezug nehmenden Zeichen wie die Bezugnahmeobjekte. Diffuse platonische Entitäten (zum Beispiel »der Rilkesche Sprachduktus«), unspezifizierte Verhaltensgewohnheiten (zum Beispiel »die Pollocksche Malhandlung«), ausufernde Œuvre etc.[133] werden dagegen ausgeschlossen. MBe ist somit nur möglich, wenn die Bezugnahmeobjekte der MBe zumindest der Bedingung (M2) genügen.

(MSBw) METASPRACHLICHE BEZUGNAHME IM WEITEN SINN: Diese Bezugnahmeweise besteht zwischen sprachlichen Zeichen, deren Bezugnahmeobjekte zumindest der Bedingung (M1) genügen. So handelt es sich bei folgenden Beispielen jeweils um MSBw:

(i) Walsers Mikrogramme waren lange nicht entzifferbar.
(ii) Das Wort »Wort« besteht aus vier Buchstaben.

(MSBe) METASPRACHLICHE BEZUGNAHME IM ENGEN SINN: Unter diese Art der Bezugnahme fallen alle sprachlichen[134] Zeichentypen oder -vorkommnisse, die auf Zeichentypen oder -vorkommnisse als Zeichen Bezug nehmen.

---

[132] SieheI.6.

[133] Zugegebenermaßen sind meine Bestimmungen vage, aber für mein Ziel ausreichend, das darin besteht, zumindest eine grobe Einteilung der Metabezugnahmeweisen zu geben und den harten Kern der metasprachlichen Bezugnahme herauszuarbeiten.

[134] Im folgenden erspare ich mir diesen Zusatz (vgl. I).

MSBe schließt somit die Bezugnahme auf Bilder, Diagramme etc. aus. Die Bezugnahmeobjekte der MSBw sind Zeichen, die der Bedingung (M4) genügen.

(MSBs) METASPRACHLICHE BEZUGNAHME IM STRIKTEN SINN: Diese Art von Bezugnahme trifft auf alle Ausdrücke zu, die auf Ausdrucksvorkommnisse oder -typen unter Mithilfe von Anführungszeichen oder ähnlicher graphischer Mittel Bezug nehmen.

Die Bezugnahmeobjekte der MSBs genügen der Bedingung (M4), wenn sichergestellt ist, daß Anführungskomplexe auf Vorkommnisse und Typen Bezug nehmen. Ein typisches Beispiel für MSBs ist Satz (ii).

(MSBp) METASPRACHLICHE BEZUGNAHME MITTELS PRÄSENTATION: Alle Ausdrücke, Zeichenhandlungen, die unter Verwendung von Anführungszeichen oder ähnlicher graphischer Mittel Bezug nehmen und dabei mittels eines präsentierten Vorkommnisses auf das Vorkommnis selbst, ein Vorkommnis vom selben Typ oder den Typ Bezug nehmen.

Wenn man von der Annahme ausgeht, daß nur sprachliche Zeichen präsentiert werden können, genügt MSBp allen bisher skizzierten Formen der Metabezugnahme und metasprachlichen Bezugnahme. Läßt man dagegen auch zu, daß Sachpreise wie Autos, Blumensträuße etc. mit Hilfe von Anführungszeichen präsentiert werden, dann handelt es sich bei MSBp nicht einmal um eine Metabezugnahme im weiten Sinne. In dieser Hinsicht unterscheidet sich MSBp von den vorhergehenden Formen, die jeweils aufeinander aufbauen, das heißt: metasprachliche Bezugnahme im strikten Sinne schließt metasprachliche Bezugnahme im engen Sinne ein, diese schließt metasprachliche Bezugnahme im weiten Sinne ein und MSBw schließt Metabezugnahme im engen und im weiten Sinne ein. Metabezugnahme im engen Sinn schließt wiederum die im weiten Sinne ein.

Die skizzierten Grundformen der Metabezugnahme sollen im folgenden dazu dienen, gebräuchliche Weisen der Metabezugnahme und im besonderen der metasprachlichen Bezugnahme besser zu verstehen und interne Zusammenhänge zwischen ihnen aufzuzeigen. Dabei soll das Augenmerk im wesentlichen auf metasprachliche Bezugnahmeformen gerichtet sein.[135]

1.1 Namen, Kennzeichnungen und Prädikate

Offensichtlich kann auf jedes Objekt mittels sprachlicher Ausdrücke Bezug genommen werden. Die üblichen Formen, die hierzu in Frage kommen, sind die Benennung, die Kennzeichnung und die Prädikation.

Unter NAMEN sollen im folgenden Ausdrücke verstanden werden, die konkrete Einzeldinge oder Abstrakta bezeichnen, aber dabei keinen »deskriptiven Gehalt« besitzen, das heißt, dem Leser oder Hörer nichts darüber verraten, welche Merk-

---

[135] Vgl. dazu auch Carnap ^{2}1968, 107ff.

male der Namensträger besitzt. Typische Beispiele für Namen in diesem Sinne sind Eigennamen, wie zum Beispiel

Udo

Mit dem Namen »Udo« können sowohl Menschen, Pferde, Computer, Schrifttypen und vieles mehr bezeichnet werden.

Ein weiteres Merkmal von Namen ist, daß sie aufgrund von Konventionen Bezug nehmen. Dabei gilt üblicherweise, daß die Bezugnahme eines Namens nicht von seinen Bestandteilen abhängt. So trägt Frege den Namen »Gottlob« auf Grund einer Konvention und nicht weil sich sein Name aus den Worten »Gott« und »lob« zusammensetzt.[136]

Von Namen allgemein unterscheidet man - wie bereits angedeutet - als Spezialfall Eigennamen. Ein Gedanke, der nach Auffassung vieler hinter dieser Unterscheidung steht, ist, daß Eigennamen im Gegensatz zu allgemeinen Ausdrücken konkrete Einzeldinge bezeichnen. Wendet man sich jedoch Namen von Kunstwerken zu, wie » »Urfaust« « oder fiktionalen Gegenständen, wie »Sherlock Holmes«, erkennt man sogleich, daß dieses Unterscheidungsmerkmal nur bedingt trägt.

Wenig vielversprechend, wenn auch vielfach vorgeschlagen (vgl. Bußmann 1983, 114), ist der Gedanke, daß Eigennamen unabhängig von ihrem Verwendungskontext innerhalb einer Sprache immer eindeutig Bezug nehmen. Dies gilt bestenfalls für Eigennamen, die nur einen Träger besitzen. Jeder Blick in das Telefonbuch einer größeren Stadt verrät aber schnell, daß es zahlreiche Eigennamen gibt, die mehr als einen Träger besitzen und daher immer Kontexte denkbar sind, in denen nicht eindeutig bestimmt ist, worauf ein Eigenname Bezug nimmt.[137]

Ungeachtet dieser Problematik kann man jedoch offensichtlich allgemeine wie singuläre Ausdrücke dazu verwenden, um sich auf zeichenhafte Gebilde zu beziehen. Typische Beispiele für metasprachliche Namen sind universelle Termini wie »Essay«, »Zeichentyp« etc.

Neben metasprachlichen Namen dieser Art gibt es gleichwohl solche, die schon durch ihre Form (Kursivschrift oder eingefaßt in Anführungszeichen) andeuten, daß es sich bei ihnen um metasprachliche Namen handelt, nämlich TITEL.[138] Titel können der MSBw zugeordnet werden. Sie können als Namen sowohl auf Sprachliches (Titel von Texten) wie auch Zeichen allgemein (zum Beispiel Titel von Kunstwerken) Bezug nehmen. Ihre Weise der Bezugnahme unterscheidet sich dem ersten Anschein nach nicht von gewöhnlichen Namen. Bei etwas genauerem Hinsehen stellt man jedoch fest, daß Titel im Gegensatz zu gewöhnlichen Namen

---

136 Kompliziertere Fälle sind Städtenamen wie »Frankfurt«. Ehemals handelte es sich bei diesem Ausdruck um eine Kennzeichnung. Heutzutage jedoch, da keine Furt durch den Main geht, handelt es sich um einen Eigennamen.

137 Vgl. dazu I.1.6.

138 Eine weitere Art von Titeln, nämlich solche, die gesellschaftliche Positionen, wie zum Beispiel akademische Würden, anzeigen, sollen uns hier nicht beschäftigen, sondern nur Titel von Werken.

zumindest in schriftlichen Äußerungen durch Anführungszeichen oder auch andere graphische Merkmale als Titel gekennzeichnet sind. Zudem ist es nicht unüblich, daß Titel im Gegensatz zu gewöhnlich verwendeten Namen ihr Bezugnahmeobjekt in bestimmten Zügen beschreiben. Erinnert sei zum Beispiel an folgende Titel: »Kunst und Illusion: Zur Psychologie der bildlichen Darstellung«; »spruch mit kurzem o«; »Frühstück im Freien«.[139] Obwohl jedoch Titel, wie auch Zitate und Anführungskomplexe (die häufig auch als Namen aufgefaßt werden), in der Schriftsprache zumeist durch Anführungszeichen oder graphische Merkmale gekennzeichnet sind, unterscheiden sich Titel in einer wesentlichen Hinsicht von letzteren. So nimmt beispielsweise der Ausdruck

»Faust«

als Titel aufgefaßt nicht auf das Wort »Faust«, sondern auf Goethes Theaterstück Bezug.[140] Faßt man den Ausdruck dagegen als Anführungskomplex auf, dann nimmt er nach allgemeiner Auffassung auf das Wort »Faust« Bezug. Dies zeigt an, daß Titel dasjenige, worauf sie Bezug nehmen, nicht in dem Sinne präsentieren wie Zitate, Anführungen oder Erwähnungen. Titel zählen daher nicht zur MSBp, sondern zur MSBw, beispielsweise in der bildenden Kunst, oder zur MSBs, wenn es sich um Titel von Texten handelt. Denn wenn auch gilt, daß Titel nicht zur MSBp zählen, handelt es sich bei ihnen gleichwohl um MSBw, da sie der Bedingung (M2) und somit auch der Bedingung (M1) genügen. Der Grund dafür ist, daß Titel auf Werke Bezug nehmen, die entweder Vorkommnisse (zum Beispiel Werke der bildenden Künste) oder Typen (zum Beispiel Werke der Literatur) sind.[141]

Somit kann festgehalten werden, daß sich Titel von gewöhnlichen Namen durch vier Merkmale unterscheiden: (i) Sie werden im Text durch Anführungszeichen oder ähnliche graphische Mittel gekennzeichnet und (ii) verraten sie häufig etwas über ihr Bezugnahmeobjekt. Hinzu kommt (iii), daß Titel konventionelle nichtnatürliche Zeichen sind, die zumeist von einem Autor verliehen werden[142] und (iv) zählen Titel nicht wie angeführte Namen zur MSBp.

Wenden wir uns nun Ausdrücken zu, bei denen nicht auf den ersten Blick ersichtlich ist, daß es sich um metasprachliche Namen handelt. Hierzu zählen Ausdrücke, wie die zuvor erwähnten, zum Beispiel »Roman« oder »Zeichentyp«. Mit Ausdrücken dieser Art kann man sich auf Sprachliches als Sprachliches beziehen,

---

[139] Titel dieser Art können gleichfalls als Kennzeichnungen aufgefaßt werden (siehe unten).

[140] Können wir aber nicht behaupten, daß » »Faust« « nur den Titel, das heißt, die ersten fünf Buchstaben von Goethes Theaterstück denotiert und nicht das ganze Stück? Wie sieht es aber dann mit dem » ›Frühstück im Freien‹ « aus? Zu dem Bild von Manet gehört der Ausdruck nicht in derselben Weise als Teilausdruck wie »Faust« zu Goethes Theaterstück. Gleiches gilt für andere nichtsprachliche Kunstwerke. Daher kann der Versuch, Titel als Spezialform der Anführung zu betrachten, nicht überzeugen.

[141] Vgl. Steinbrenner 1998b.

[142] Der Schöpfer des Titels muß nicht, wie zahlreiche Beispiele zeigen, Schöpfer des Denotats des Titels sein.

wobei zwischen Ausdrücken unterschieden werden kann, mit denen man sich sowohl auf die pure Stofflichkeit eines Zeichens beziehen kann, zum Beispiel »das Buch wiegt 400 Gramm«, als auch auf seine Zeichenhaftigkeit, »das Buch enthält lauter Lügen«, und Ausdrücke wie zum Beispiel »Satzbedeutung«, die sich offenkundig immer auf Sprachliches als Sprachliches beziehen. Hinzu kommen Ausdrücke, bei denen die Intuitionen darüber stark auseinandergehen, ob diese Unterscheidung strikt durchführbar ist: Kann zum Beispiel ein Roman 400 Gramm wiegen oder höchstens das Buch, das den Roman enthält?

Im folgenden sollen uns aber vor allem die MSBe beschäftigen. Diese Einschränkung erlaubt natürlich, auch Kennzeichnungen oder Prädikationen als MSBe zuzulassen.

(1) Das Wort, das aus der Verkettung des ersten und des zweiten Buchstaben des Alphabets besteht.

(1) ist eine KENNZEICHNUNG, aber keine MSBs, da es das Wort »ab« nicht anführt, sondern nur kennzeichnet.

(1') Das Wort, das aus der Verkettung der Laute Ah und Beh besteht.

(1') ist eine MSBe, da es nicht mit Hilfe von Anführungszeichen auf das Wort »ab« Bezug nimmt, und es ist somit keine MSBp, da es weder die Buchstaben »a« und »b« noch das Wort »ab« präsentiert. (An dieser Stelle wird deutlich, daß MSBp tatsächlich von einem sehr engen Sinn der metasprachlichen Bezugnahme ausgeht.)

Metasprachliche Kennzeichnungen, wie beschrieben, bestehen darin, daß ein Gegenstand mit Hilfe eines Prädikats charakterisiert wird: Dasjenige x mit der Eigenschaft Y. Ein typischer Fall von Kennzeichnungen sind X-ALS-M-BESCHREIBUNGEN. In solchen Beschreibungen wird etwas als etwas beschrieben, wobei erst einmal offen bleibt, ob das Beschriebene existiert. Für unseren Zusammenhang können wir hierbei drei Fälle unterscheiden:

(A) Ein metasprachlicher Name *x* wird dazu verwendet, auf ein Zeichen Bezug zu nehmen und diesem wird ein Merkmal *M* zugeschrieben, das nicht metasprachlich ist. Ein Beispiel für eine solche x-als-M-Beschreibung ist:

(a) der Roman, der am 21. Mai 1959 fertiggestellt wurde

Während der Ausdruck »Roman« ein metasprachlicher Name ist, trifft dies für den Ausdruck »der am 21. Mai 1959 fertiggestellt wurde« nicht zu.

(B) Einem Gegenstand *x* wird ein zeichenhaftes Merkmal *M* zugeschrieben, wobei der Gegenstand x nicht durch einen metasprachlichen Ausdruck benannt wird:

(b) das Urinal, das von Duchamp zum Kunstwerk erhoben wurde

(C) Ein Gegenstand *x* wird durch einen metasprachlichen Namen benannt, und dem Gegenstand wird ein zeichenhaftes Merkmal *M* zugeschrieben:

(c) das Klavierstück, das wohl komponiert wurde[143]

Bei (a), (b) und (c) handelt es sich um Kennzeichnungen, für die allgemein gilt,[144] daß mit ihnen keine Existenzbehauptungen einhergehen müssen (wenn auch eine solche häufig präsupponiert wird). Ungeachtet der Frage, ob die Kennzeichnung auf einen existierenden Gegenstand Bezug nimmt oder nicht, ist ein entscheidender Punkt, daß Gegenstände gewissermaßen probehalber konstruiert werden. Dies geschieht, indem einem Substantiv eine satzwertige Partizipialkonstruktion angehängt wird.[145] Typische Beispiele dafür sind »dasjenige Zeichen, das die und die Eigenschaft besitzt« oder »der Roman, der 83516 Wörter enthält«. Formulierungen dieser Art können der MSBw, aber nicht der MSBe zugeordnet werden. Die Gründe dafür sind: (i) Es ist nicht sicher, daß unter die Merkmale, auf die Bezug genommen wird, Vorkommnisse fallen und (ii) ob die beschriebenen Merkmale auf einen Typen zutreffen.[146] So ist es unsicher, ob die Kennzeichnung »der Roman, der 83516 Wörter enthält« auf ein Romanvorkommnis oder einen Romantyp zutrifft.[147]

Während Fälle der Art (A) keines metasprachlichen PRÄDIKATS bedürfen, sind für Fälle der Art (B) und (C) metasprachliche Prädikate notwendig.

Es ist sinnvoll, an dieser Stelle eine weitere Unterscheidung zu treffen:
In Fällen der Art (B) und (C) kommen zwar metasprachliche Prädikate vor, aber es handelt sich nicht um Fälle METASPRACHLICHER PRÄDIKATION. Eine solche liegt nur dann vor, wenn tatsächlich über einen Gegenstand oder Gegenstände ausgesagt wird, daß sie bestimmte zeichenhafte Merkmale besitzen. Ein typischer Fall metasprachlicher Prädikation ist folgender:

(2) Das Wort »Ausdruck« ist zweisilbig.

---

[143] Gegen die Beispiele (a)-(c) läßt sich einwenden, daß die Idee der x-als-M-Beschreibung bei einer logischen Analyse aufgegeben wird. Man betrachte dazu:
(b') der Gegenstand, der urinalhafte, den Duchamp zum Kunstwerk erhob.
(b'') der Gegenstand, den Duchamp zum Kunstwerk erhob, der urinalhafte .
Ungeachtet dieser Analyse läßt sich aber auf der Sprachoberfläche von Kennzeichnungen zwischen Namen und Attributen unterscheiden, ein Unterschied, der m.E. durch die logische Analyse ungerechtfertigt nivelliert wird. Wenn ich zum Beispiel sage: »Gerhard, der längste Philosoph auf Erden«, will ich mit dieser Kennzeichnung nicht genau auf denjenigen Gegenstand Bezug nehmen, der als einziger die Eigenschaft der Gerhardhaftigkeit besitzt, sondern auf die Person Gerhard.

[144] Ausnahmen sind Kennzeichnungen der Form »das x, das existiert«.

[145] Dies gilt zumindest für das Deutsche. Zur Struktur von Kennzeichnungen allgemein vgl. Neale 1982.

[146] Die Merkmale mögen zwar von der Art sein, daß man sie im Sinne der Übertragungstheorie (I.4) auf Typen übertragen kann, aber daraus folgt nicht, daß ein Typ existiert, auf den sie tatsächlich übertragen werden können.

[147] Die Unsicherheit, ob überhaupt ein Romantyp existiert, der 83516 Wörter enthält, wird einen Platonisten mit einem übervollen platonischen Himmel wenig rühren, da er seiner Auffassung nach unbeschwert behaupten kann, daß ein solcher Romantyp existiert.

Offensichtlich ist der Teilausdruck »ist zweisilbig« eine metasprachliche Prädikation, das heißt, die Prädikation trifft auf den Ausdruck »Ausdruck« zu. Auf den Ausdruck »Ausdruck« lassen sich alle Formen der metasprachlichen Bezugnahme anwenden.

Eine spezielle Klasse von metasprachlichen Prädikaten bilden SAGENS-PRÄDIKATE. Zu diesen gehören beispielsweise die Verben »sprechen«, »sagen«, »belügen«, »übereinstimmen mit«, »bezweifeln«, »fragen«, »versprechen«, »zustimmen«. Unter die Sagens-Prädikate fallen alle Verben, die wir dazu verwenden können, uns auf die Rede eines anderen zu beziehen.[148] Wir können dabei unterscheiden, welche wir sowohl im Zusammenhang mit der direkten wie auch indirekten Rede benutzen können. Hierzu zählt zum Beispiel »fragen«:

Er fragt: »Kannst du mir bitte dein Auto leihen?«

Oder alternativ:

Er fragt mich, ob ich ihm mein Auto leihen könne.

Für transitive Sagens-Prädikate gilt, daß nicht allein das Prädikat oder die Daß-Phrase metasprachlich Bezug nimmt, sondern der ganze Satz. So leistet in

Peter sagt, daß die Sonne scheint.

weder »Peter sagt« noch »daß die Sonne scheint« die metasprachliche Bezugnahme auf Peters Äußerung, sondern der gesamte Satz.[149] Sicherlich läßt sich darüber streiten, ob Sätze Bezug nehmen und wenn, worauf sie Bezug nehmen. Untersucht man jedoch metasprachliche Bezugnahmeweisen, ist es ratsam, nicht nur Namen, Kennzeichnungen und Prädikate zu analysieren, sondern auch Sätze.

2 Formen der metasprachlichen Bezugnahme im strikten Sinn

Wie die Überlegungen zu Werktiteln zeigen (siehe oben), liegt nicht bei jedem korrekten Gebrauch von Anführungszeichen bereits eine MSBp vor. Das bedeutet, daß wir nicht bereits auf syntaktischer Ebene feststellen können, ob ein Ausdruck zur MSBp zu zählen ist. So verwenden wir Anführungszeichen auch, um anzuzeigen, daß wir nicht das Wort selbst verwenden, sondern als Titel, um auf ein Werk Bezug zu nehmen. Der Titel dient dabei als Name des Werks, aber im Gegensatz zum Zitat, der Anführung und der Erwähnung, nimmt der Titel nicht auf das zwischen den Anführungszeichen stehende Vorkommnis beziehungsweise auf

[148] Für einige dieser Verben gilt dabei, daß wir uns mit ihnen nicht nur auf Äußerungen beziehen können, sondern auch auf nicht verbales Verhalten. So kann sich zum Beispiel »zweifeln« und »zustimmen« ebenso auf Gesten oder ähnliches beziehen.

[149] Siehe II.3 und hier speziell meine Ausführungen zum schwachen Kompositionalitätsprinzip.

dessen Typ Bezug. Genau dies wird aber von Zitaten, Anführungen und Erwähnungen geleistet. Wie dies im einzelnen geschieht, soll nachfolgend geklärt werden. Hierzu werden in einem ersten Schritt die Gemeinsamkeiten und Unterschiede der metasprachlichen Bezugnahmeweisen mittels der Präsentation aufgezeigt.[150]

Versucht man den Begriff des ZITATS von Metasprachlichem gemeinhin abzugrenzen, können unter anderem zwei Merkmale genannt werden: (1) Während metasprachliche Äußerungen im engen Sinne sich auf Sprachliches beziehen (siehe oben), sind Zitate nach vorherrschender Auffassung auch in anderen Zeichensystemen anzutreffen. So ist es üblich, von Film-, Musik-, Bild- und anderen Zitaten zu sprechen. Gleichwohl stellt sich die Frage, ob es sich in diesen Fällen um Zitate im eigentlichen Sinne handelt oder nur um eine parasitäre oder metaphorische Redeweise.[151] (2) Wendet man sich dem Zitatbegriff in der Jurisprudenz zu, gewinnt man überdies den Eindruck, daß es sich um einen normativen Begriff handelt. Als Zitat wird dort nur das Zeichen anerkannt, das bestimmten Merkmalen genügt. An erster Stelle sei hier (a) die Kenntlichmachung (Quellenangabe und Belegcharakter[152]) eines Zeichens als Zitat genannt[153] und an zweiter Stelle (b) die Länge des Zitats. Steht zum Beispiel in einem Filmbeitrag die Länge des »zitierten« Werkes in keinem Verhältnis zu Inhalt und Länge des Beitrages, wird das »zitierte« Werk nicht als Zitat anerkannt. Das heißt, damit etwas ein Zitat ist, muß es bestimmten Rechtsnormen genügen.[154] Genügt ein Zeichen diesen Normen nicht, besitzt es nicht den Status eines Zitats.

Halten wir vorläufig fest: Zitate sind nach landläufiger Meinung auch außerhalb sprachlicher Zeichensysteme anzutreffen, und zumindest in der Rechtsprechung ist der Zitatbegriff ein normativer Begriff, der die Kenntlichmachung und eine bestimmte Länge des Zitats erfordert.[155]

Der Punkt (2a) wirft überdies ein interessantes Licht auf den Unterschied zwischen einem fehlgeschlagenen Zitat und einer fehlgeschlagenen metasprachlichen Bezugnahme: Während das fehlgeschlagene Zitat ungeachtet seines Scheiterns auf

---

150 Wenn im folgenden von »Zitieren«, »Anführen« und »Erwähnen« die Rede ist, dann werden diese Ausdrücke immer unter ihrer metasprachlichen Verwendungsfunktion (und hier im besonderen unter der MSBp) betrachtet, das heißt, andere Verwendungsweisen, die mit den Ausdrücken einhergehen, wie »jemand wird herbeizitiert«, »jemand wird angeführt« oder »jemand erwähnt jemanden«, sollen nicht untersucht werden (vgl. hierzu Harth 2000, I.1).

151 Vgl. Steinbrenner 1999 und II.3.2.

152 Vgl. Schulz 1998, § 3.3.4.

153 Zum Problem der bildlichen Kenntlichmachung eines Bildes als Zitat vgl. Ringboom 1992.

154 Hierzu zählt im besonderen das Urheberrecht (vgl. Schulz 1998 und Zembylas 1997, Kap. 1).

155 Gegen den Gedanken, in der Kenntlichmachung eine notwendige Bedingung von Zitaten zu sehen, wird häufig angeführt, daß sehr Bekanntes auch ohne Kenntlichmachung zitiert werden kann und trotzdem als Zitat funktioniert (und daher die Kenntlichmachung bestenfalls in juristischen Kontexten von Belang ist). Dies möchte ich gar nicht abstreiten, aber darauf hinweisen, daß die Kenntlichmachung in diesen Fällen häufig genau deshalb überflüssig ist, weil jeder die Quellenangabe kennt und somit der Belegcharakter implizit und »versteckt« vorhanden ist.

das gleiche Zeichen wie das gelungene Zitat Bezug nehmen kann, gilt gleiches für die mißlungene metasprachliche Bezugnahme nicht. Betrachten wir dazu folgende Fälle:

(1) »Wovon man nicht sprechen kann, darüber muß man nachdenken.« (Wittgenstein)

(2) »Wovon man nicht sprechen kann, darüber muß man schweigen.« (Heidegger)

(3) Rom besteht aus drei Buchstaben.

Bei (3) handelt es sich nach allgemeiner Auffassung um einen Kategorienfehler und keine metasprachliche Bezugnahme.[156] Dagegen nimmt der Anführungskomplex in (2) auf einen Satz Bezug, den Wittgenstein geäußert hat, wenn auch in (2) fälschlicherweise der Eindruck erweckt wird, daß Heidegger der Autor dieses Satzes ist. Ebenso ist (1) ein fehlgeschlagenes Zitat, soweit gilt, daß Wittgenstein den in (1) enthaltenen Satz nie geäußert hat. Ungeachtet dessen nimmt der Anführungskomplex nach allgemeiner Auffassung auf einen Satz Bezug, und somit ist (1) eine metasprachliche Bezugnahme. Dieser Sachverhalt spricht dafür, in der gelungenen metasprachlichen Bezugnahme eine notwendige Bedingung zumindest für das Zitat zu sehen.

Zweckdienlich erscheint es mir, den Begriff des Zitats, so wie bisher beschrieben, von dem der ERWÄHNUNG und Anführung zu unterscheiden. Der Begriff der Erwähnung[157] als technischer Begriff der Sprachphilosophie - und nur dieser soll uns hier beschäftigen - bezieht sich eindeutig auf sprachliche Vorkommnisse oder Typen und nicht auf nichtsprachliche Symbolsysteme. In dieser Hinsicht kann er erst einmal vom Begriff des Zitats unterschieden werden. Hinzu kommt, daß erwähnte Ausdrücke zwar auch wie Zitate und im Gegensatz zu gewöhnlich gebrauchten Ausdrücken kenntlich gemacht werden sollten,[158] aber sie besitzen keine Quellenangabe. Präziser ausgedrückt: Fügt man einer Erwähnung eine Quellenangabe hinzu, dann wird aus ihr entweder ein gelungenes oder fehlgeschlagenes Zitat.

Gleiches trifft, wenn auch in einem weniger strikten Sinne, auf ANFÜHRUNGEN zu. Während sich Zitate immer auf bereits vorhandene Äußerungen beziehen müssen - ich kann kein nicht geäußertes Zeichen zitieren -, können Anführungen alle nur erdenklichen sinnvollen und sinnlosen Zeichenfolgen, die zu digitalen Symbolsystemen gehören, anführen. Auf diesen Unterschied zwischen Anführun-

---

156 Andere Auffassungen vertreten Identitätstheoretiker (siehe II.2.1.4).

157 Wenn man Kutschera vertrauen darf, dann hat Quine die Terminologie »Gebrauch« - »Erwähnung« (engl. »use« - »mention«, letzteren Ausdruck übersetzt Kutschera mit »Anführung«; 1975, 29, Fn. 2) eingeführt. Die Unterscheidung sei jedoch schon viel älter und wird in der scholastischen Suppositionstheorie sehr ausführlich behandelt (ebd., und Harth 2000).

158 Daß dies nicht immer der Fall ist, dafür steht der bekannte Beispielsatz Quines: »Giorgione wurde aufgrund seiner Größe so genannt.«

gen und Zitaten wird meines Wissens in der Literatur nicht eingegangen. Ein Grund dafür dürfte sein, daß sich diese Unterscheidung im Englischen nicht so einfach treffen läßt (»quotation« hat die Bedeutung von »Anführung« sowie »Zitat«). Zumindest im Deutschen ist diese Unterscheidung aber sehr wohl zu finden. Ein weiterer Unterschied zwischen Anführung und Erwähnung besteht schließlich darin, daß nur Ausdrücke erwähnt werden können, die gebraucht werden können, das heißt, die sinnvoll sind, während auch unsinnige Zeichenfolgen angeführt werden können.[159]

Fassen wir vorläufig zusammen:

ZITATE sind der MSBw zuzuordnen. Zitiert werden können nach landläufiger Meinung Zeichen aus den unterschiedlichsten Symbolsystemen in den unterschiedlichsten Zeichensystemen.[160] Wichtig jedoch ist: (i) zitiert werden können nur bereits verwendete - das heißt, gegebenenfalls auch sinnlose - Zeichen und (ii) die Kenntlichmachung als Zitate, das heißt, eine Quellenangabe ist obligatorisch.

ERWÄHNUNGEN fallen unter MSBe. Sie bedürfen keiner Kenntlichmachung, dafür muß aber der erwähnte Ausdruck verwendet werden können.[161]

ANFÜHRUNG ist der Fall MSBs schlechthin. Angeführt werden können alle sinnvollen und sinnlosen sprachlichen Zeichen und Zeichenkomplexe, das heißt, Zeichen, die zu digitalen Zeichensystemen gehören.[162]

Die von mir getroffenen Unterscheidungen zwischen Zitaten, Erwähnungen und Anführungen wirken zugegebenermaßen ein wenig künstlich, aber sie erscheinen mir sinnvoll, auch ungeachtet dessen, daß sie in der gewöhnlichen Umgangssprache und Literatur nicht immer so scharf getroffen werden.[163] Wichtig für die folgenden Überlegungen ist gleichwohl, trotz der Unterschiede, eine Gemeinsamkeit von sprachlichen Zitaten und Erwähnungen: Sie bedürfen beide der Anführungen. So muß man, um die Worte eines anderen zu zitieren, diese Worte anführen. Gleiches gilt für die Erwähnung: Um ein bestimmtes Wort zu erwähnen, muß ich es anführen. Wir beschäftigen uns daher im folgenden mit der Frage, zu welcher semantischen Kategorie Anführungskomplexe respektive Anführungsausdrücke gehören.

---

[159] Eine zu starke Forderung wäre, daß nur Ausdrücke erwähnt werden können, die zuvor tatsächlich verwendet wurden. So lassen sich gewöhnliche komplexe Ausdrücke denken, die zufälligerweise noch nie verwendet wurden, aber erwähnt werden können. Zu beachten ist, daß Erwähnung und Anführung zusammenfallen, wenn man die Auffassung vertritt (vgl. II.2.1.2.1), daß nur sinnvolle Ausdrücke angeführt werden können.

[160] Vgl. II.3.2.

[161] Und diese Verwendung des Ausdrucks darf nicht in ferner Zukunft möglich sein, sondern sie muß zum Zeitpunkt seiner Erwähnung gestattet sein.

[162] Zum Verhältnis von Anführung zur MSBp siehe II.2.1.6.

[163] Auf die Frage, ob Zitate und Anführungen letztendlich nur eine Spezialform metasprachlicher Namen oder Kennzeichnungen sind, gehe ich unter II.2.1f. ein.

Bevor ich mich dieser Frage zuwende, für das Folgende einige kurze terminologische Klärungen und Festsetzungen:

Derjenige sprachliche Ausdruck, auf den mittels Anführung Bezug genommen wird, wird der ANGEFÜHRTE AUSDRUCK genannt. Den Ausdruck, der mittels Anführung auf den angeführten Ausdruck Bezug nimmt, werde ich den ANFÜHRUNGSAUSDRUCK nennen. Wenn der Anführungsausdruck aus dem angeführten Ausdruck und umschließenden Anführungszeichen gebildet wird, dann ist der Anführungsausdruck ein ANFÜHRUNGSKOMPLEX. Ein Satz, der einen Anführungsausdruck enthält, ist ein ANFÜHRUNGSSATZ.

2.1 Theorien der Anführung

Die Frage, die im folgenden beantwortet werden soll, lautet: Zu welcher semantischen Kategorie gehören Anführungsausdrücke?

Die vier wichtigsten Antworten in der Literatur auf diese Frage lauten: Anführungsausdrücke sind

1. Namen
2. Kennzeichnungen
3. Indexikalia
4. von derselben Kategorie wie die jeweils angeführten Ausdrücke

Im folgenden stelle ich Theorien vor, nämlich die Eigennamentheorie, die Buchstabiertheorie, die Demonstrativtheorie und die Identitätstheorie, die jeweils auf einer der vier Antworten beruhen. Parallel dazu wird ein Anforderungskatalog entwickelt, dem jede vernünftige Anführungstheorie genügen sollte. Wie zu sehen sein wird, erfüllt keine der vier vorgestellten Theorien den Anforderungskatalog. Daher werden am Ende dieses Absatzes neben der Funktionstheorie noch verschiedene Varianten der Präsentationstheorie dargestellt, die den Anforderungen besser genügt, im besonderen gilt dies für die von mir vertretene Multifunktionstheorie, die abschließend im Detail entwickelt wird.

2.1.1 Eigennamentheorien

Der Grundgedanke der Eigennamentheorie lautet: Anführungskomplexe sind als Eigennamen der angeführten Ausdrücke aufzufassen, und daher besitzen die einzelnen Bestandteile von Anführungskomplexen keine »eigenständige Bedeutung«. Letzteres ließe sich daran erkennen, daß gleichbedeutende Ausdrücke in Anführungskomplexen nicht salva veritate ersetzbar sind. So läßt sich in

> Peter sagt: »Der Mond scheint.«

der Ausdruck »Mond« ebensowenig durch den Ausdruck »Erdtrabant« ersetzen wie im Wort

Mondamin

während dies im Satz

Der Mond kreist um die Erde.

unbeschadet der Wahrheit des Satzes möglich ist.

Nach Auffassung des Eigennamentheoretikers ist ein entscheidendes Merkmal von Anführungskomplexen ihre Undurchsichtigkeit (»opacity«),[164] das heißt die Nichtsubstituierbarkeit von bedeutungsgleichen Ausdrücken. Von einer brauchbaren Anführungstheorie muß daher gefordert werden, daß sie dem Merkmal der Undurchsichtigkeit Rechnung trägt. Diese Forderung des Eigennamentheoretikers sei im folgenden die UNDURCHSICHTIGKEITSANFORDERUNG genannt.

Die Eigennamentheorie war bis in die 70er und 80er Jahre die bestimmende Anführungstheorie. Als ihr Entdecker und erster Vertreter wird gemeinhin Alfred Tarski genannt. Daß diese lange Zeit weithin geteilte Auffassung zutreffend ist, wird in neuerer Zeit angezweifelt.[165] Ungeachtet dieser Zweifel finden sich im entscheidenden Text von Tarski, *Der Wahrheitsbegriff in den formalisierten Sprachen,* für unsere Überlegungen einige Gedanken, die mit Sicherheit zumindest historisch die Quelle der Eigennamentheorie sind. So sind nach Tarski (i) Anführungskomplexe Anführungsnamen und (ii) Anführungsnamen Einzelnamen und damit Eigennamen.[166] Der entscheidende Passus bei Tarski lautet:

Die Anführungsnamen kann man so wie einzelne Worte einer Sprache behandeln, also wie syntaktisch einfache Ausdrücke; die einzelnen Bestandteile dieser Namen - die Anführungszeichen und die in den Anführungszeichen stehenden Ausdrücke - erfüllen dieselbe Funktion, wie die Buchstaben oder Komplexe der aufeinanderfolgenden Buchstaben in den einzelnen Wörtern, sie besitzen also in diesem Zusammenhang keine selbständige Bedeutung. Jeder Anführungsname ist dann ein konstanter Einzelname eines bestimmten Ausdrucks, [...], und zwar ein Name von demselben Charakter wie die Eigennamen der Menschen; so bezeichnet zum Beispiel der Name »»p«« einen Buchstaben des Alphabets. (Ders. 1973, 273)

Neben Tarski gelten vor allen Dingen Willard V. O. Quine, Patrick Suppes (1957) und Nelson Goodman (1978) als die bekanntesten Vertreter der Eigennamentheorie. Die meines Wissens früheste Stelle in Quines Werk, die erlaubt, ihn als Eigennamentheoretiker[167] zu bezeichnen, lautet:

Anführung ist eine mehr graphische und brauchbarere Methode, besitzt aber ein gewisses anomales Merkmal, das zur besonderen Vorsicht mahnt: Vom Standpunkt der logischen Analyse muß jede Anführung als ein einzelnes Wort oder Zeichen aufgefaßt werden, dessen Teile nicht mehr gelten als Serifen oder Silben. Eine Anführung ist keine Beschreibung,

---

[164] Der Begriff der Undurchsichtigkeit in diesem Zusammenhang wurde von Quine geprägt (siehe unten).

[165] Vgl. Bennett 1988, Richard 1986 und Harth 2000.

[166] Inwieweit Einzelnamen beziehungsweise Eigennamen bei Tarski möglicherweise auch als Kennzeichnungen aufzufassen sind, sei dahingestellt.

[167] Quine hat neben der Eigennamentheorie noch die Buchstabiertheorie vertreten (vgl. II.2.1.2).

sondern eine Hieroglyphe, sie bezeichnet ihren Gegenstand nicht mittels anderer Gegenstände, sondern sie bildet ihn ab. Die Bedeutung des Ganzen hängt nicht von der Bedeutung der Worte ab, aus denen es besteht. Der Personenname im ersten Wort der Aussage:

[c] »Cicero« hat sechs Buchstaben

gehört logisch nicht mehr zur Aussage als das Verhältniswort »ab« im letzten Wort. (1961, 26)

Quine möchte ebenso wie seine Vorgänger Frege[168] und Tarski mit seiner Analyse von Anführungskomplexen sicherstellen, daß für diese das Substitutionsprinzip – und somit die Undurchsichtigkeitsanforderung – nicht gültig ist. So können wir offensichtlich im Satz [c] »Cicero« nicht durch »Tullius« ersetzen:

»Tullius« hat sechs Buchstaben.

Quine nennt Kontexte, in denen das Substitutionsprinzip nicht gilt, »undurchsichtig«:

Anführung ist ein Bezug nehmender undurchsichtiger Kontext par excellence. Intuitiv gesprochen, was innerhalb eines Bezug nehmenden undurchsichtigen Kontextes vorkommt, sieht aus wie ein orthographischer Zufall ohne logischen Status, wie etwa das Vorkommen von »cat« in »cattle«. (1966, 161)

Der entscheidende Gedanke der Eigennamentheorie besteht also darin, den Anführungskomplex als Eigennamen aufzufassen, der logisch unstrukturiert ist.

Von allen Anführungstheorien ist die Eigennamentheorie sicherlich die meistzitierte, wie auch die häufigst kritisierte. So wird einerseits in den Einführungen zur Sprachphilosophie oftmals nur die Eigennamentheorie erwähnt (zum Beispiel Kutschera 1975), und andererseits wird sie in beinahe jedem nachfolgenden sprachphilosophischen Aufsatz zum Thema »Anführung« kritisiert. Dies geht so weit, daß die Eigennamentheorie beispielsweise von Paul Saka als ein völliger Fehlschlag (»utter failure«, 1998, 114) bezeichnet wird.

Im folgenden seien die wichtigsten Einwände gegen die Eigennamentheorie vorgestellt. Einige dieser Einwände sind prinzipieller Natur und können nicht nur gegen die Eigennamentheorie angeführt werden, sondern auch gegen zahlreiche alternative Theorien. Ein wichtiges Merkmal mancher dieser Einwände ist zudem, daß sich hinter ihnen Anforderungen an Anführungstheorien verbergen, die jede brauchbare Theorie beachten sollte.

SEARLES EINWAND

Searles Auffassung zufolge gebrauchen wir Eigennamen ausschließlich, um auf nicht gegenwärtige Gegenstände Bezug zu nehmen:

Ein Eigenname kann nur dann ein Eigenname sein, wenn ein genuiner Unterschied zwischen Namen und benanntem Ding vorliegt. Wenn sie die gleichen sind, hat der Begriff des Benennens und Bezugnehmens keine Anwendung. (1969, 75)

---

[168] Ders. ^{5}1980a, 43.

Dieses Merkmal von Eigennamen sei jedoch bei Anführungskomplexen nicht anzutreffen, da ja der Ausdruck, auf den Bezug genommen wird, zwischen den Anführungszeichen präsentiert würde.[169] Die Eigennamentheorie beruhe somit auf einem falschen Begriff des Eigennamens.

Searles Einwand beruht offensichtlich auf seinem Eigennamenbegriff, den der Eigennamentheoretiker nicht teilen muß. Hinzu kommt, daß unklar bleibt, was Searle unter einem »genuinen Unterschied« versteht. Besteht zum Beispiel nicht ein genuiner Unterschied zwischen dem Wort »kurz« und kurzen Wörtern? Und besteht nicht überdies ein genuiner Unterschied zwischen dem Anführungsvorkommnis »›kurz‹« und dem Typ »kurz«?

ZUFÄLLIGKEITSEINWAND

Die Eigennamentheorie muß zugestehen, daß man die Anführungskomplexe durch irgendwelche Namen ersetzen könnte, die genau das gleiche wie Anführungskomplexe leisten, nämlich auf einen Ausdruck Bezug zu nehmen.[170] So ließe sich zum Beispiel im Satz

> Das Wort »Rom« bezeichnet die Hauptstadt Italiens.

der Anführungskomplex »Rom« durch den Namen »Anna« ersetzen. Wäre eine solche Ersetzung möglich, würde dies zu folgendem Satz führen:

> Das Wort Anna bezeichnet die Hauptstadt Italiens.

STRUKTURIERTHEITSEINWAND

Die Eigennamentheorie geht ungerechtfertigterweise davon aus, daß der angeführte Ausdruck syntaktisch und logisch auf die gleiche Art unstrukturiert ist, wie zum Beispiel »labam« in »alabama«. Das heißt, die Annahme der Eigennamentheorie, Anführungszeichen seien als zwei atomare Zeichen aufzufassen, die sich analog zum Buchstaben »a« in unserem Beispiel verhalten, ist ungerechtfertigt. Der Strukturiertheitseinwand steht in engem Zusammenhang zu folgendem Einwand:

EINWAND DER PRODUKTIVITÄT

Zu diesem Einwand gelangt man angesichts zweier Probleme, nämlich dem Problem der Vorwärts-Produktivität und jenem der Umgekehrten-Produktivität.
(i) Problem der Vorwärts-Produktivität[171]

Die Eigennamentheorie wird der Tatsache nicht gerecht, daß gerade Anführungskomplexe dazu verwendet werden können, Ausdrücke, die wir nie zuvor angeführt, gehört oder gesehen haben, anzuführen. So können wir beispielsweise Ausdrücke uns fremder Sprachen anführen (sozusagen den richtigen Eigennamen

---

169 Vgl. Präsentationstheorie II.2.1.6.
170 Vgl. Davidson 1984a, 83.
171 Saka nennt dieses Problem das »forward productivity problem« (1998, 114).

gebrauchen, obwohl wir ihn noch nie gehört haben), soweit uns das Alphabet bekannt ist.[172] Ebenso verwendet man die Anführung dazu, neue Zeichen einzuführen, wie zum Beispiel:

> Das Zeichen »•« soll im folgenden die Abkürzung für »Anführungskomplex« sein.[173]

Die Eigennamentheorie kann jedoch die Tatsache, daß es uns möglich ist, jeden Ausdruck (ohne vorherige Festsetzung oder Taufe) anzuführen, nicht überzeugend erklären.[174] So kann man beispielsweise das Wort »Uhu« nehmen, es in Anführungszeichen » »Uhu« « setzen und hat damit einen neuen bezeichneten Ausdruck konstruiert. Dieses Mittel ist uns jedoch - in gewöhnlichen Sprachen - nur mit Anführungszeichen möglich und nicht mit anderen atomaren Zeichen beziehungsweise Zeichenpaaren.[175]

(ii) Problem der Umgekehrten-Produktivität[176]

Die Eigennamentheorie kann überdies keine befriedigende Antwort darauf geben, warum aus unserer Kenntnis des Anführungskomplexes unsere Kenntnis des angeführten Ausdrucks folgt.[177] Ein Grund dafür ist, daß die Eigennamentheorie

---

172 Die Einschränkung, daß man nur Buchstaben eines Alphabets anführen kann, gilt in der Praxis zugegebenermaßen nur beschränkt. Ungeachtet dessen ist die Einschränkung zumindest als Ideal wichtig, weil sie Voraussetzung für die Identität von Anführungskomplexen ist, das heißt, Anführungskomplexe setzen die Wiederholbarkeit von Zeichen voraus, die wiederum auf der Typ-Vorkommnis-Unterscheidung beruht (vgl. I, insbes. Abschnitt 3). So kann zum Beispiel eine Person, die ein geschriebenes klein geschriebenes O nicht von einem klein geschriebenen A unterscheiden kann, keinen der beiden Buchstaben zitieren.

173 Gerade bei der Einführung von neuen Ausdrücken per Anführung ist es natürlich ein Problem sicherzustellen, daß die nachfolgende Verwendung des neuen Zeichens brauchbaren Typ-Vorkommnis-Konzeptionen genügt. Bei sehr einfach zu erstellenden Zeichen ist dies offensichtlich eher garantiert als bei sehr komplizierten Zeichen. So ist es beispielsweise weitaus schwieriger, Vorkommnisse von komplizierten chinesischen Schriftzeichen zu produzieren, als ein Vorkommnis des Buchstabens *O*. Vgl. zu diesem Problem auch Harth, der die von mir nicht geteilte Auffassung vertritt: »Anführung ist, so denke ich, keine Methode, um eine neue Notation einzuführen - sei es, um sie in der eigenen Sprache zu verwenden oder um eine künstliche Sprache aufzubauen.« (2000, 132)

174 Davidson spricht meines Erachtens anstatt vom »Problem der Vorwärts-Produktivität« davon, daß jede vernünftige Anführungstheorie »the *devices* of quotation« (1984a, 89) erklären muß.

175 Vgl. Davidson 1984a, 83.

176 Saka spricht vom »reverse productivity problem« (115). Eng verwandt mit diesem Problem ist nach Sakas Ansicht Anscombes Puzzle: »Wenn mir gesagt wird, »Der Name dieses Manns ist »Schmidt« «, dann wird dieser Name erwähnt und nicht gebraucht, und ich höre den Namen seines Namens, aber nicht seinen Namen [...]. Deshalb ist es unmöglich, den Namen von jemanden mitzuteilen.« (Anscombe 1957, 49.) Der Fehler, den Anscombe jedoch nach Saka begeht, besteht darin anzunehmen, daß der Name »Schmidt« in der Prämisse erwähnt wird. Diesem »Fehler« könne man jedoch entgehen, wenn man das Benennen durch Anführung vom Erwähnen unterscheiden würde (siehe II.2.1.6.3).

177 Auch hier spielt erneut die Kenntnis des Alphabets eine Rolle. Ein Leser eines Anführungskomplexes kann nur dann erkennen, worauf der Komplex Bezug nimmt, wenn er weiß, von welchem Typ die Vorkommnisse sind, aus denen der angeführte Ausdruck besteht. (Dies gilt natürlich nur insofern man nicht annimmt, daß Anführungszeichen im Sinne der Reichen-

nicht erklären kann, wie die Struktur des Anführungskomplexes mit dessen Bedeutung zusammenhängt.[178] Dies ist ein oft wiederholter Einwand, der aber meines Erachtens Tarski nicht und auch Quine nur teilweise trifft, weil diese beiden Theoretiker nicht daran interessiert waren, wie bestimmte Eigennamen beziehungsweise Anführungskomplexe zu ihrem jeweiligen Bezugnahmeobjekt gelangen. Beider Interesse galt vielmehr der Frage nach der semantischen Kategorie von Anführungskomplexen und nicht der Frage, wie Anführungskomplexe ihre Bedeutung erhalten.

EINWAND DER BUCHSTABIERBARKEIT

Die Denotate von Anführungskomplexen muß man buchstabieren können.[179] Gewöhnliche Gegenstände dagegen, die von Namen bezeichnet werden, kann man im Normalfall nicht buchstabieren. Zudem gilt selbst für Ausnahmen, in denen Texte durch Namen bezeichnet werden (zum Beispiel bezeichnet der Ausdruck »Bibel« einen Text), nicht, daß der buchstabierte Wortlaut im Namen selbst enthalten ist, wie dies der Fall bei Anführungskomplexen ist.[180] Hinzu kommt, daß Eigennamen nicht im selben Sinne wie Zitate »lesbar« sind.[181] So spielt bei Eigennamen üblicherweise die syntaktische Struktur für ihre Bezugnahme keine Rolle, während es bei Zitaten wichtig ist, daß die syntaktische Struktur, die zwischen den Anführungszeichen lesbar ist, von der gleichen Art ist wie die syntaktische Struktur des Ausdrucks, auf den Bezug genommen wird. Die Eigennamentheorie geht aber nach Ansicht zahlreicher ihrer Kritiker[182] ungerechtfertigterweise davon aus, daß es nur ein »glücklicher Zufall« sei, daß der »Eigenname« (der Anführungskomplex) ein Vorkommnis des angeführten Typs enthält.

ABBILDEINWAND

Eng verwandt mit den Einwänden der Buchstabierbarkeit und der Produktivität ist der Vorwurf an die Eigennamentheorie, daß sie nicht erklären kann, wie Anführungskomplexe ihr Denotat gewissermaßen abbilden.[183] So weiß der Betrachter aufgrund des Abbildmerkmals, daß der Ausdruck » »Barcelona« « den Ausdruck

---

bachschen »token quotes« zu lesen sind, das heißt, der Anführungskomplex nimmt auf das Vorkommnis, das zwischen den Anführungszeichen steht, Bezug.)

178 Vgl. Davidson 1984a, 85.

179 Und Buchstabieren setzt zu einem gewissen Grade auch immer die Kenntnis des Alphabets voraus, zu dem die zu buchstabierenden Zeichen gehören (vgl. Anm. 177).

180 Vgl. Davidson 1984a, 83.

181 Vgl. Günther 1992, 130.

182 Vgl. zum Beispiel Bennett 1988, 401; Günther 1992, 128.

183 Vgl. dazu unter anderem Anscombe 1957, Davidson 1984a, Garcia-Carpintero 1994, 255. Wie später noch deutlicher zu sehen sein wird, gehen Kritiker, die mit dem Abbildmerkmal argumentieren, zumindest implizit davon aus, daß Abbildungen im Gegensatz zu Eigennamen und Kennzeichnungen nicht konventionell Bezug nehmen. Genau dies wird jedoch von Bild-Symboltheoretikern geleugnet (vgl. Steinbrenner 1998d).

»Barcelona« denotiert. Würden wir anstatt des Namens »Barcelona« den Namen »Vilar« als Namen für »Barcelona« wählen, wäre dies nicht möglich.

EINWAND DER SIMULTANITÄT

Die Eigennamentheorie wird der Tatsache nicht gerecht, daß wir häufig gleichzeitig einen Ausdruck erwähnen und gebrauchen. Das bekannteste Beispiel dazu stammt von Quine (1943):

(1) Giorgione wurde aufgrund seiner Größe so genannt.

Quine versucht die Schwierigkeit zu umgehen, indem er behauptet, daß (1) elliptisch und eigentlich äquivalent zu folgender Behauptung sei:

(2) Giorgione wurde wegen seiner Größe »Giorgione« genannt.

Leider begründet Quine weder, warum wir Satz (1) elliptisch auffassen sollen, noch gibt er Transformationsregeln an, mit deren Hilfe wir Sätze der Form (1) in solche der Form (2) umwandeln können. Dazu kommt, wie Davidson (1984a) sowie Cappelen und Lepore (1997) gezeigt haben, daß es Fälle gibt, in denen es völlig unklar ist, wie sie ergänzt werden sollen. Davidsons Beispiel ist:

(3) Quine sagt, daß Anführung »... seltsam ist«.

In diesem Fall funktioniert der Anführungskomplex als Prädikat und nicht wie ein Name. Für den Eigennamentheoretiker dagegen könnte in (3) statt »›... seltsam ist‹ « ebenso »XYZ« stehen, insofern XYZ der Name des Ausdrucks »... seltsam ist« wäre. Dies hätte jedoch folgende ungewünschte Formulierung zur Folge:

(3*) Quine sagt, daß Anführung XYZ.

Eine Anführungstheorie für die Umgangssprache sollte für Fälle der Art (1) und (3) offensichtlich eine Erklärung finden und nicht Sätze der Art (3*) zulassen.[184]

FINITISMUSEINWAND

Wenn alle Anführungskomplexe Namen sind, dann kann es unendlich viele Namen geben, da beispielsweise durch Iteration unendlich viele Anführungsnamen erzeugt werden können. Würde es aber unendlich viele Eigennamen geben, dann könnten wir keine Wahrheitstheorie für Sprachen entwickeln, die Anführungskomplexe enthält. Der Grund dafür ist, daß nach Davidsons Auffassung (1984a, 83) eine Wahrheitstheorie, die eine unendliche Anzahl von semantisch primitiven (das heißt semantisch nicht weiter zerlegbaren) Namen zur Grundlage hat, nicht funktionieren kann. Praktisch heißt dies, daß eine Sprache, die aus unendlich vielen primitiven Namen besteht, für endliche Wesen nicht erlernbar ist (ders. 1984c, 9) und daher die Eigennamentheorie mit der Lernbarkeit von Sprachen in Konflikt gerät.

[184] Vgl. auch oben Zufälligkeitseinwand.

Ob dieser Einwand Davidsons einen Vertreter der Eigennamentheorie trifft, ist aus drei Gründen fraglich: Erstens läßt sich ein Platonismus, der davon ausgeht, daß es im platonischen Himmel unendlich viele Namen gibt, bestreiten. Zweitens, wählt man statt dessen einen Nominalismus, dann muß man, damit Davidsons Einwand stichhaltig bleibt, voraussetzen, daß sich unendlich viele Namen erzeugen lassen. Eine solche Annahme setzt jedoch eine unendlich große Welt voraus, und auch dies läßt sich bestreiten. Schließlich läßt sich Davidsons Voraussetzung, daß eine brauchbare Wahrheitstheorie finitistisch sein muß, ebenso bestreiten.

REDUNDANZEINWAND[185]

Dieser Einwand beruht auf der Tatsache, daß wir nicht nur in der mündlichen Sprache[186] häufig ohne Anführungszeichen auskommen. Folgt aber daraus nicht, daß Anführungszeichen überflüssig sind, weil alleine schon aus dem Kontext heraus die gegenüber dem üblichen Gebrauch veränderte Bedeutung des angeführten Ausdrucks ersichtlich ist? Nehmen wir einmal an, es sei tatsächlich zutreffend, daß Anführungszeichen überflüssig sind, dann besteht aufgrund der Redundanz der Anführungszeichen kein grundlegender Unterschied zwischen den Ausdrücken »Uhu« und »»Uhu««. Wird dieser Einwand stark gemacht, führt er zur Identitätstheorie,[187] die besagt, daß kein tiefgreifender Bedeutungsunterschied zwischen angeführten und nichtangeführten Ausdrücken besteht.[188]

Kann aber gegen den Einwand nicht vorgebracht werden, daß die Anführungszeichen gewissermaßen implizit durch den Kontext vorgegeben sind, auch wenn sie de facto nicht dastehen? Aber wie sieht ein solcher Kontext genauer aus und wie läßt er sich iterieren? Ungeachtet dessen, wie man auf diese Fragen reagiert, sollte doch klar sein, daß eine brauchbare Anführungstheorie eine Antwort auf den Einwand geben muß.

AMBIGUITÄTSEINWAND[189]

Während uns bei gewöhnlichen Eigennamen deren Individuation auf der syntaktischen Ebene auf den ersten Blick keine Mühe bereitet, trifft dies für Anführungskomplexe nicht zu. So wirft es zumeist keine Probleme auf - nicht nur in formalen Sprachen -, ein Vorkommnis eines Eigennamens auf syntaktischer Ebene zu

---

185 Saka spricht stattdessen vom Interpunktionsproblem (1998; siehe auch Demonstrativtheorie II.2.1.3).

186 So ist es eine Tatsache, daß Anführungszeichen in Schriftsprachen häufig nicht vorhanden sind und auch in unserer Sprache erst seit dem Beginn des 18. Jh. ein geregelter Gebrauch vorliegt (vgl. Weyers 1992, 19-25).

187 Vgl. Washington 1992, 588.

188 Inwieweit die Redundanzanforderung berechtigt ist, thematisiere ich ausführlicher unter II.2.1.3.

189 Vgl. Boolos 1995.

identifizieren. Schwieriger gestaltet sich dies jedoch unter Umständen bei Anführungen, wie folgendes Beispiel verdeutlicht:

(1) »Tarski«»Quine«

Um wieviel Anführungen beziehungsweise Eigennamen handelt es sich in der Zeile (1)? Ist der angeführte Ausdruck

Tarski«»Quine

oder sind es die Ausdrücke »Tarski« und »Quine«?

Das Problem entsteht jedoch nicht nur dann, wenn zwei Anführungen (oder doch nur eine?) aneinandergereiht sind, sondern auch im folgenden Fall:

(2) Eigennamentheoretiker behaupten, »Frege«, »Tarski« und »Quine« seien Eigennamen.

Auch in diesem Fall ist es unklar, um wie viele Anführungen es sich handelt. Handelt es sich um einen Anführungskomplex, nämlich

Frege«, »Tarski« und »Quine

oder um zwei

»Frege«, »Tarski« <u>und</u> »Quine«

beziehungsweise

»Frege« <u>und</u> »Tarski« und »Quine«

oder gar um drei?

»Frege« <u>und</u> »Tarski« <u>und</u> »Quine«

Nur bedingt hilft zudem die mehr oder minder willkürliche Regel weiter, nach der Anführungskomplexe der Form (1) nicht gebildet werden dürfen. Ein Grund dafür ist, daß diese Regel folgende sinnvolle Behauptung verbietet.

(3) Der folgende Ausdruck kann nicht angeführt werden:
Tarski»»Quine

Dieses Verbot ist jedoch äußerst fragwürdig, weil (3) nach allgemeiner Konvention (Einrückung ist in Fällen dieser Art äquivalent mit Anführung) in folgenden Ausdruck umgewandelt werden kann:

(4) Der folgende Ausdruck kann nicht angeführt werden:
»Tarski»»Quine»

Aber diese Folgerung will der Anhänger der Regel ja genau mit Hilfe seiner Regel vermeiden. An dieser Stelle hilft augenscheinlich auch der Vorschlag nicht weiter, daß Anführungszeichen paarweise auftreten und immer die äußersten (und von da an nach innen gehend) Paare bilden müssen. Gegen diesen Vorschlag[190] spricht, daß Texte denkbar sind, die mit einer Anführung beginnen und mit einer Anfüh-

[190] Vgl. Blau 1994, 372ff.

rung enden. Offensichtlich handelt es sich aber bei diesen Texten nicht um eine einzige lange Anführung.

Der Ambiguitätseinwand trifft, wie wir noch sehen werden, nicht nur die Eigennamentheorie, sondern stellt für fast alle Anführungstheorien ein schwerwiegendes Problem dar. Denn offensichtlich sollte ja jede Theorie bemüht sein, Identitätskriterien für die Gegenstände in ihrem Objektbereich zu besitzen. Jedoch ist zum Beispiel auch unklar, ob es sich in (5) um einen (Zuname und Vorname) oder zwei Eigennamen handelt:

(5) Albert, Ulrich

Es scheint daher eine zu starke prinzipielle Anforderung an eine Anführungstheorie zu sein, sie müsse den Ambiguitätseinwand entkräften. Aber ungeachtet dessen trifft der Ambiguitätseinwand sicherlich die Eigennamentheorie im besonderen, weil diese vor dem schwerwiegenden Problem steht, sinnvolle Identitätsmerkmale von Eigennamen auf syntaktischer Ebene festzulegen.[191]

Kurze Zusammenfassung: Betrachtet man die unterschiedlichen Einwände, die gegen die Eigennamentheorie erhoben werden, läßt sich feststellen, daß man zwischen Einwänden unterscheiden kann, die sich speziell nur gegen bestimmte Merkmale der Eigennamentheorie wenden, und solchen, die prinzipielle Anforderungen an Anführungstheorien stellen. Gerade diejenigen Einwände, hinter denen prinzipielle Anforderungen stehen, sind offensichtlich für unsere weiteren Überlegungen von besonderer Bedeutung. Folgende Einwände beziehungsweise Anforderungen, die auf diesen beruhen, sind hier zu nennen:

UNDURCHSICHTIGKEITSANFORDERUNG: Ein entscheidendes Merkmal von Anführungskomplexen ist ihre Undurchsichtigkeit, das heißt die Nichtsubstituierbarkeit von bedeutungsgleichen Ausdrücken innerhalb von Anführungsausdrücken. Eine brauchbare Anführungstheorie muß daher dem Merkmal der Undurchsichtigkeit Rechnung tragen.

PRODUKTIVITÄTSANFORDERUNG: Faßt man die beiden Produktivitätsprobleme zusammen, gelangt man zur Produktivitätsanforderung. Unter dieser ist die Forderung zu verstehen, daß Anführungstheorien uns zum einen erklären sollen, warum es uns ein leichtes ist, durch das Mittel der Anführung Ausdrücke zu benennen, und zum anderen, warum wir bei Anführungskomplexen ihr Denotat gewissermaßen sogleich erkennen.

BUCHSTABIERANFORDERUNG: Die Denotate von Anführungskomplexen muß man buchstabieren können (gewöhnliche Gegenstände dagegen, die von Namen bezeichnet werden, kann man im Normalfall nicht buchstabieren).

---

[191] Ein zusätzliches Problem besteht darin, daß der Eigennamentheoretiker Anführungskomplexe nicht mit derselben Selbstverständlichkeit zerlegen kann wie beispielsweise der Funktionstheoretiker, der dadurch eine Möglichkeit besitzt, die Ambiguität aus der Welt zu schaffen (vgl. Blau 1994 und Boolos 1995 sowie II.2.1.5).

ABBILDANFORDERUNG: Anführungsausdrücke »bilden« ihre Denotate, das heißt die angeführten Ausdrücke, ab.

ALLGEMEINHEITSANFORDERUNG:[192] Abbild- und Produktivitätsanforderung sind nah verwandt mit der Allgemeinheitsanforderung, die besagt, daß eine brauchbare Anführungstheorie nicht ausschließen darf, daß jeder Ausdruck angeführt werden kann.

SIMULTANITÄTSANFORDERUNG:[193] Eine brauchbare Anführungstheorie muß erklären können, wie es möglich ist, daß Ausdrücke zuweilen gleichzeitig gebraucht und erwähnt werden.

ENDLICHKEITSANFORDERUNG: Ungeachtet möglicher prinzipieller Entgegnungen auf den Finitismuseinwand (siehe oben) muß eingeräumt werden, daß es üblich ist, von einem begrenzten Lexikon einer Sprache (das heißt endlich vielen semantisch primitiven Namen) auszugehen, da sonst nicht nur nach Davidsons Ansicht eine Sprache nicht erlernbar wäre. Daher soll im folgenden an Anführungstheorien die zusätzliche Forderung gestellt werden, daß Anführungstheorien von einem endlichen Lexikon auszugehen haben.

REDUNDANZANFORDERUNG: Eine Anführungstheorie sollte der Tatsache gerecht werden, daß in zahlreichen Sprachen keine Anführungszeichen (beziehungsweise graphische Äquivalente) vorhanden sind und trotzdem Ausdrücke angeführt werden können.

Die zahlreichen Schwächen der Eigennamentheorie führen Bennett zu dem Schluß, daß weder Frege noch Tarski und Quine tatsächlich diese Theorie vertreten haben. So habe Quine eigentlich nicht sagen wollen, daß ein Anführungskomplex sein Denotat benenne (»names«), sondern es bezeichne (»designates«) (ebd.).[194] Ungeachtet dessen gäbe es natürlich auch Namen, die ihr Denotat beschrieben (zum Beispiel Karl der Fünfte). Im Gegensatz zu solchen mnemonischen Namen seien jedoch Anführungskomplexe nicht nur durch pure Regularitäten mit ihrem Denotat verbunden, sondern durch Regeln (ebd.).

Bennetts Interpretation kann sicherlich, soweit sie Tarski betrifft, zugestimmt werden. Bei Quine sprechen dagegen einige Textstellen (siehe oben) dafür, ihn als einen Vertreter der Eigennamentheorie zu sehen. Ungeachtet jedoch der Frage, wer tatsächlich die Eigennamentheorie vertreten hat, ist es eine Tatsache, daß die Eigennamentheorie als ernstgenommene Position in der Literatur ein Gemeinplatz ist.

---

192 Boolos (1995, 289) spricht vom »requirement of universality«.

193 Diesen Ausdruck habe ich in Anlehnung an Saka (1998, 115) übernommen.

194 Bennetts Bemerkung ist ein Indiz dafür, in Quine eher den Buchstabiertheoretiker denn den Eigennamentheoretiker zu sehen (siehe unten).

2.1.1.1 Richards lexikalische Eigennamentheorie

Eine neuere Verteidigung der Eigennamentheorie unternimmt Mark Richard in seinem Aufsatz *Quotation, Grammar, and Opacity* (1986).[195] Richard verfolgt dabei die Strategie, die Eigennamentheorie Tarskis von jener Quines zu unterscheiden und zu zeigen, daß die Tarskische Variante im Gegensatz zu derjenigen Quines gegen die typischen Einwände immun ist.

Ausgangspunkt der Unterscheidung Richards ist Quines Analyse der Undurchsichtigkeit des Bezugs. Für Quine ist eine grammatikalische Konstruktion undurchsichtig, wenn in ihr bestimmte Ausdrücke nicht durch extensionsgleiche ersetzt werden können (siehe oben). Nach dieser Definition sind neben Anführungskomplexen unter anderem arabische Numerale und Zuschreibungen von propositionalen Einstellungen undurchsichtig. Richards Auffassung zufolge ist es in diesem Zusammenhang jedoch hilfreich, zumindest zwei Sorten von Undurchsichtigkeit zu unterscheiden: Die eine Undurchsichtigkeit betrifft GRAMMATIKALISCHE und die andere LEXIKALISCHE Konstruktionen. Diese Unterscheidung glaubt Richard in den Theorien von Tarski und Quine nachweisen zu können.

Fest steht für Richard, und hier folgt er Quine, daß wir von Undurchsichtigkeit nur bezüglich einer Grammatik oder grammatischen Struktur sprechen können. Würde unsere Sprache nur aus atomaren Zeichen (zum Beispiel Portraits) bestehen, für die es keine Regeln gibt, die festlegen, wie komplexe Zeichen zu erzeugen sind, würde es gegenüber dieser Sprache keinen Sinn machen, von Undurchsichtigkeit zu sprechen. So schreibt auch Quine: »referentielle Durchsichtigkeit hat mit Konstruktion zu tun« (1960, 144). Für Quine sind dabei, wie bereits dargelegt, Anführungen undurchsichtige Kontexte par excellence. Wenn dem aber so ist, entsteht eine Spannung zur gleichfalls von Quine vertretenen These, daß beispielsweise ein Ausdruck der Form »»oheirf« « ein vollkommen wohlgeformter Anführungsnamen ist. Die Spannung entsteht, weil auf der einen Seite dieser Name im gewöhnlichen Sinne keine grammatikalische Konstruktion ist (und die Frage nach der Undurchsichtigkeit sich daher nicht stellt) und auf der anderen Seite »»oheirf«« ein wohlgeformter undurchsichtiger Ausdruck ist (und daher nach Quine eine grammatikalische Konstruktion sein muß). Die Frage, die sich nun jedoch nach Richards Ansicht stellt, lautet: Aus welchen grammatikalischen Kategorien setzt sich der undurchsichtige Ausdruck zusammen?[196] Laut Richard vertritt Quine hinsichtlich dieser Frage folgende Auffassung:

---

[195] Leider gilt auch für diesen Aufsatz, wie überhaupt in der Diskussion zur Anführung, daß aktuelle Aufsätze von den nachfolgenden Kritikern der jeweiligen Theorie - in diesem Fall der Eigennamentheorie und hier zum Beispiel Washington, Garcia-Carpintero und Müller - häufig nicht zur Kenntnis genommen werden. So wird meines Wissens der Aufsatz von Richard nur von Saka 1998 und Harth 2000 erwähnt.

[196] Sicherlich könnte man an dieser Stelle auch behaupten, daß der Ausdruck keine grammatikalische Konstruktion ist, sondern bloß ein Eigenname. Dies würde jedoch Quine nach Ri-

Buchstaben etc. sind Einträge im Lexikon, sagen wir von der Kategorie *Konkatenate*. Konkatenation ist eine grammatikalische Konstruktion, mit der Kategorie Konkatenate als Wertebereich und der Kategorie Konkatenaten als Funktionsbereich. Anführung ist eine grammatikalische Konstruktion, welche die Klasse der Konkatenaten in die Klasse der Ausdrücke projiziert. (Richard 1986, 386)[197]

Eine solche Auffassung hätte jedoch zur Folge, daß beinahe jeder Ausdruck ambig wäre, weil er gleichzeitig unterschiedlichen Kategorien angehört. So wäre beispielsweise unklar, ob mit dem Anführungskomplex » »Tullius« « der Ausdruck *Tullius* oder seine Konkatenaten (das heißt, das Zeichen, das durch die Konkatenation der Konkatenate »T«, der Konkatenate »u« etc. erzeugt wird) angeführt werden. Gleichzeitig würde der Unterschied zwischen bloßem Oberflächenvorkommnis und grammatikalischem Vorkommnis verschwinden. Zum Beispiel wäre »er« in »Römer« genauso grammatikalischer Bestandteil wie »Tullius« in »Tullius ist ein Römer«. Offensichtlich widerspricht dies jedoch Quines Intentionen, für den ein solches Vorkommen ja gerade nur ein »orthographischer Zufall« ist. Schließlich spricht gegen diese Auffassung daß »eghi« in » »eghi« « gleich »rot« in » ›rot‹ « ein grammatikalisch bedeutsamer Ausdruck wäre.

Die genannten Schwierigkeiten sind nach Richard Argumente dafür, Quine folgende »offizielle Auffassung« zuzuschreiben:

Der Wertebereich der Anführung ist die Menge aller Konkatenaten, eingeschlossen, aber nicht ausschließlich, die Verbindung von allen grammatikalischen Kategorien der Sprache. (Die Konkatenation wird dabei selbst nicht als *grammatikalische* Konstruktion aufgefaßt. Sie ist eher eine Operation, die aus einer endlichen Basis eine Menge der Elemente erzeugt, welche den Wertebereich einer Konstruktion bestimmt.) Das Ergebnis der Anwendung der Anführung ist ein Anführungsname, in dem jeder Ausdruck (grammatikalisch) vorkommt, der im Operanden der Operation der Anführung (grammatikalisch) vorkam. (Ebd., 387)

Die grammatikalische Operation besteht in dieser Version nicht darin, Konkatenaten aus Zeichen zu bilden (wie im Fall der Operation der Konkatenation), sondern in der Anführung bereits konkatenierter Ausdrücke. Entscheidend für die so umschriebene Position Quines ist, daß Anführung als grammatikalische Operation aufgefaßt wird (und nicht etwa als bloße Konkatenation).

Offensichtlich stünde die offizielle Quinesche Auffassung im Konflikt mit dessen Finitismus, da es unendlich viele Ausdrücke geben kann, auf welche die Operation der Anführung angewendet werden kann. Quine könne sich jedoch vielleicht insofern von dieser Schuld frei machen, als von diesen Ausdrücken (zum

chards Auffassung zur Annahme eines unendlich großen Lexikons zwingen und damit zu einer Verletzung der Endlichkeitsanforderung.

197 Eine Konkatenation besteht für Richard also nicht in einem Zeichen, das aus atomaren Konkatenaten zusammengesetzt ist, vielmehr handelt es sich bei einer Konkatenation um eine Operation, deren Ergebnis Konkatenaten sind, die durch eine Konkatenation zusammengesetzt wurden. Richards Redeweise ist insofern unüblich, da unter Konkatenation üblicherweise ein zusammengesetztes Zeichen verstanden wird und nicht die Operation, die die Zusammensetzung erzeugt.

Beispiel allen sinnlosen Konkatenaten) nicht eigentlich gesagt werden kann, daß sie im Lexikon stehen (ebd.).

Im Anschluß an seine sehr persönliche Darstellung der offiziellen Quineschen Position kommt Richard zu dem irrigen Schluß, daß für Quine zwischen den Ausdrücken (1) und (2) beziehungsweise (2) und (3) ein tiefgehender Unterschied bestünde:

(1) »nine is the number of nuggets.«
(2) canine
(3) Nine is identical with the sum of three and six.

Während (1) und (3) aus syntaktischer Perspektive gleich seien, sei (2) dazu »vollkommen verschieden« (ebd., 387)! Richard übersieht an dieser Stelle, daß für Quine der tiefgehende Unterschied nicht zwischen (1) und (2) beziehungsweise (2) und (3) besteht, sondern zwischen (1) und (3) beziehungsweise (2) und (3). Dieser Unterschied besteht, wie oben dargelegt, eben deshalb, weil »nine« in (1) und (2) nicht substituierbar ist, während in (3) Substitutionen möglich sind. Dieses Mißverständnis führt Richard im Anschluß dazu, Quines Redeweise vom »orthographischen Zufall« als »merkwürdig« und »buchstäblich falsch« (ebd., 388) zu bezeichnen. Richard übersieht hier gerade den springenden Punkt bei Quine, nämlich daß das Vorkommen von »nine« in (1) und (2) gewissermaßen nur ein orthographischer Zufall ist, während gleiches für (3) nicht zutrifft.

Was aber treibt Richard zu dieser seltsamen Interpretation? Meines Erachtens ist der Grund dafür Richards Wunsch, Quine vom Finitismus-Vorwurf Davidsons zu befreien. Dazu müssen aber die Ausdrücke (oder Zeichenreihen), auf welche die Operation der Anführung angewendet wird, um dem Finitismus zu genügen, begrenzt werden. Kein Mittel dazu ist für Richard, wie dargelegt, die Konkatenation von bloßen Buchstaben und sinnlosen Zeichenreihen als grammatikalische Operationen anzusehen. Daher will er die Konkatenation von sinnvollen Ausdrücken mit Hilfe grammatikalischer Regeln von bloßen Zeichenreihen unterscheiden. Nach Richard ist bei Quine eine Unterscheidung dieser Art ebenfalls zu finden.[198] Richard unterscheidet von der hier skizzierten Quineschen Eigennamentheorie Tarskis Version. Sein Beleg für diese Unterscheidung ist die bereits bekannte Zitatstelle. Sie sei hier erneut angeführt:

> Die Anführungsnamen kann man so wie einzelne Wörter einer Sprache behandeln, also wie syntaktisch einfache Ausdrücke; die einzelnen Bestandteile dieser Namen - die Anführungszeichen und die in den Anführungszeichen stehenden Ausdrücke - erfüllen dieselbe Funktion wie die Buchstaben oder die Komplexe der aufeinanderfolgenden Buchstaben in den einzelnen Wörtern, sie besitzen also in diesem Zusammenhang keine selbständige Bedeutung [Hervorhebung J. St.]. Jeder Anführungsname ist dann ein konstanter Einzelname eines bestimmten Ausdrucks (nämlich des in Anführungszeichen gefaßten Ausdrucks). (Tarski 1973, 272f.)

[198] Wie wir sehen werden, besteht hier eine Parallele zu Geachs Buchstabiertheorie (siehe II.2.1.2.1).

Diese Stelle verdeutlicht nach Richard (1986, 389), daß für Tarski die Erzeugungsregeln für Anführungskomplexe nicht grammatikalischer, sondern LEXIKALISCHER Natur sind.

Richard vertritt nun die Auffassung, daß Tarskis Theorie, um die folgenden beiden Axiome erweitert, zu einer überzeugenden Anführungstheorie führt:

(A) Für Konkatenate *e* ist linkes Anführungszeichen lq gefolgt von *e*, gefolgt von rechtem Anführungszeichen rq ein Individuumausdruck.

(B) Für Konkatenate *e*, linkes Anführungszeichen lq gefolgt von *e*, gefolgt von rechtem Anführungszeichen rq, denotiert *e*. (Ebd., 390)

Richard gesteht zwar zu, daß man auch die Quinesche Theorie um die gleichen Axiome erweitern könnte, aber bei Quine würden diese Regeln grammatikalische Konstruktionen erzeugen, während bei Tarski lexikalische Konstruktionen erzeugt würden.

Grundlage für Richards Unterscheidung bei sprachlichen Konstruktionen ist folgender Gedankengang:

Es gibt keinen Grund anzunehmen, daß die einzigen Arten von Strukturen, die eine Grammatik kenntlich machen, grammatikalische oder Oberflächenstrukturen sind, wobei letztere mit dem korrespondieren, was Quine bloßen orthographischen Zufall nennt. Eine Grammatik kann zudem das kenntlich machen, was wir *lexikalische* oder *produktive* Strukturen nennen können; eine Art von Vorkommnis [»occurence«] von einem Ausdruck in einem anderen können wir *lexikalisches* oder *produktives* Vorkommnis nennen. Darunter ist etwa folgendes zu verstehen: Ein *e* kommt produktiv in *e'* vor (relativ zu einer Grammatik für eine Sprache), wenn *e* und *e'* Ausdrücke der Sprache sind und eine Spezifikation des Lexikons eine Regel beinhaltet (eine produktive Konstruktion, wenn man will), welche *e'* aus *e* erzeugt. (Ebd., 391 f.)

Wenn man Tarskis Anführungsnamen eine solche lexikalische oder produktive Struktur zuschreibt, dann trifft der Endlichkeitseinwand seine Eigennamentheorie nicht.

Was aber können wir uns genauer unter solchen Strukturen vorstellen? Ein Merkmal, das Richard vorschlägt, lautet: Für grammatikalische, nicht aber für lexikalische Vorkommnisse gilt notwendigerweise Freges Kompositionalitätsprinzip (ebd., 392). Richard gibt im weiteren folgende Beispiele lexikalischer Regeln: Füge jeweils an »x« einen Strich an, und der erzeugte Ausdruck ist eine neue Variable. Sein zweites Beispiel sind arabische Numerale (ebd., 393). Für sie gilt ebenso wie für Anführungskomplexe, daß nicht in sie hineinquantifiziert werden kann, zum Beispiel »∃x (x09 = 309)«.

Inwieweit die beiden Beispiele Richards überzeugen, sei dahingestellt.[199] Der entscheidende Punkt jedoch ist: Wenn es Beispiele für Strukturen gibt, die zwischen

[199] Zu einer ausführlichen Kritik an Richards Gedanken, Anführungen als lexikalische Konstruktionen aufzufassen, vgl. Harth (2000, 96–99). Er plädiert dafür, Richard wie folgt zu interpretieren: Im Fall der Anführung von wohlgeformten Ausdrücken handelt es sich um einen grammatikalisch komplexen Ausdruck und im Fall der Anführung von nicht wohlgeformten Ausdrücken um einen grammatikalisch primitiven Ausdruck.

grammatikalischen und bloß orthographisch zufälligen anzusiedeln sind, dann zeigen sie: (i) Der Finitismus-Einwand ist gegenüber der Eigennamentheorie ungerechtfertigt; (ii) Anführungsnamen sind nicht von der Art wie A-Worte (zum Beispiel »Alabama«, »Alberta« oder »Anna«), das heißt orthographische Zufälligkeiten, sondern sie sind vielmehr nach lexigraphischen Regeln (in unserem Fall (A) und (B)) gebildet. Richards Auffassung zufolge gehen aber die Kritiker der Eigennamentheorie (und hier hat er im besonderen Davidson im Auge) ungerechtfertigterweise davon aus, daß unter »Struktur« immer nur grammatikalische oder Oberflächenstrukturen zu verstehen seien (ebd., 399).

Es ist Richards Verdienst, in diesem Zusammenhang darauf hingewiesen zu haben, daß neben grammatikalischen und Oberflächenstrukturen möglicherweise noch eine weitere relevante Struktur existiert, mit der das Mittel der Anführung erklärt werden kann (inwieweit dabei seine Interpretation von Quine und Tarski im Detail überzeugt, muß uns an dieser Stelle nicht interessieren). Sein Ansatz wird jedoch im Gegensatz zur üblichen Eigennamentheorie nicht nur der Undurchsichtigkeitsanforderung, sondern zudem - dank den Regeln (A) und (B) - der Produktivitätsanforderung, der Buchstabieranforderung, der Abbildanforderung und der Allgemeinheitsanforderung gerecht.

Was uns Richard leider nicht geliefert hat, ist eine Theorie, die die Simultanitätsanforderung, die Redundanzanforderung, oder auch den Ambiguitätseinwand erfüllt. Aber wie wir noch sehen werden, teilt die Richardsche Eigennamentheorie dieses Manko mit beinahe allen bekannten Theorien.

2.1.2 Buchstabiertheorien

Eng verwandt mit Eigennamentheorien sind BUCHSTABIERTHEORIEN. Als ihr »Erfinder« gilt ebenso wie für die Eigennamentheorie Alfred Tarski.[200] Der Buchstabiertheorie zufolge ist ein Anführungskomplex eine Kennzeichnung (zum Beispiel nach Tarski ein strukturell-deskriptiver Name)[201] des angeführten Ausdrucks mit Hilfe von Buchstabennamen und Konkatenationen.

---

[200] Im Gegensatz zur Eigennamentheorie hat Tarski aber die Buchstabiertheorie trotz seiner Kritik (1973, § 1) tatsächlich vertreten (ebd., § 3).

[201] Buchstabiertheorien neueren Zuschnitts gehen dabei zumeist von einem mengentheoretischen beziehungsweise syntaktischen Typbegriff (siehe I.1.1 und I.1.5) aus. Bei Tarski selbst ist die Sache unklar. So schreibt er: »Die Aussagen (Sätze) behandeln wir hier stets als eine bestimmte Art von Ausdrücken, also als sprachliche Gebilde. Wenn man jedoch die Termini »Ausdruck«, »Aussage« als Namen konkreter Schriftzeichenreihen interpretiert, so erscheinen verschiedene Formulierungen, die in dieser Arbeit enthalten sind, nicht ganz korrekt und erwecken den Anschein eines verbreiteten Fehlers, der in der Identifizierung gleichgestalteter Ausdrücke besteht [...] Um derartige Vorwürfe zu vermeiden [...], die unter anderem mit der Notwendigkeit des Gebrauchs des Gleichgestaltigkeitsbegriffs verbunden wären, ist es bequem festzusetzen, daß Termini wie »Wort«, »Ausdruck«, »Aussage« u. s. w. niemals konkrete Zeichenreihen, sondern ganze Klassen von solchen Zeichenreihen bezeichnen werden, die mit der gegebenen Zeichenreihe gleichgestaltet [Hervorhebung J. St.]

Neben Tarski ist der bekannteste Vertreter der Buchstabiertheorie Quine. Im Gegensatz zu Tarski vertritt Quine jedoch die Auffassung, daß die Eigennamentheorie eine brauchbare Alternative zur Buchstabiertheorie darstellt:

> Zitieren führt, wie wir sehen, zu nicht bezeichnenden Positionen [das heißt zu keinen rein extensionalen Ausdrücken]. Nun gibt es ein alternatives Mittel, das demselben Zweck dient wie das Zitieren, für das dies jedoch nicht zutrifft, nämlich das Buchstabieren. Anstelle von [»Tullius war ein Römer«] können wir genausogut sagen:
> te^uh^el^el^ih^uh^es^Abstand^weh^ah^er^Abstand^eh^ih^en^
> Abstand^er^öh^em^eh^er. (Quine 1960, 143)

Den Vorteil der Methode des Buchstabierens sieht Quine unter anderem darin, daß sie lehrreich ist, da sie hervorhebt, daß alle Anführungskomplexe nicht bezeichnende Vorkommnisse sind, die als Oberflächenerscheinungen durch einen leicht durchzuführenden Notationswechsel zum Verschwinden gebracht werden können (ebd.).

> Für die Vorzüge der Definition als einer Methode, auf zwei Hochzeiten gleichzeitig zu tanzen, sind das Zitieren und die Verkettung zwei höchst anschauliche Beispiele. Das Zitieren, das mittels bildhafter Schreibung Namen von sprachlichen Gebilden erzeugt, erweist sich dadurch als überaus praktisch, daß sein Bezugsgegenstand offen zutage tritt. Hinsichtlich einiger Zwecke einer systematischen Theorie hat das Zitieren jedoch wiederum den Nachteil, daß die Namen, die es hervorbringt - abgesehen von ihrer Länge - logisch unstrukturiert sind. Dagegen rührt der wesentliche Vorzug des Buchstabierens daher, daß es eine angemessene Zerlegung ermöglicht. (Ebd., 189f.)

Eine wesentliche Stärke der Buchstabiertheorie liegt darin, daß sie zwischen den Anführungszeichen eine syntaktische Struktur »abzulesen« ermöglicht.[202]

Buchstabiertheorien, die davon ausgehen, daß Anführungskomplexe, wie in Quines Beispiel, in Atomarzeichen zerlegbar und damit buchstabierbar sind, nennt Saka PHONOLOGISCH oder ORTHOGRAPHISCH (ders. 1998, 116).[203] Theorien, die dagegen davon ausgehen, daß man ganze Worte konkateniert, nennt Saka LEXIGRAPHISCH (ebd.).

2.1.2.1 Geachs lexigraphische Buchstabiertheorie

Eine Kritik und Weiterentwicklung erfuhr die Buchstabiertheorie durch Geachs LEXIGRAPHISCHE BUCHSTABIERTHEORIE. Ausgangspunkt seiner Überlegungen ist der Gedanke, daß Zuschreibungen von mentalen Handlungen auf der oratio obliqua beruhen beziehungsweise letztere logische Voraussetzung der Beschreibung mentaler Zuschreibungen sind. Geach sieht hierin einen Zirkel, da wir zur Analyse

---

sind, nur in diesem Sinne werden wir die Anführungsnamen als individuelle Namen von Ausdrücken behandeln.« (1973, § 1, Fn. 5)

202 Buchstabiertheorien werden daher im Gegensatz zur gewöhnlichen Eigennamentheorie somit der Buchstabieranforderung gerecht.

203 Der Ausdruck »lexigraphisch« wird meines Wissens in diesem Zusammenhang erstmals von Washington (1992, 582) verwendet.

der oratio obliqua seiner Auffassung zufolge mentaler Begriffe bedürfen. So müßten wir zum Beispiel zur Analyse des Satzes:

Peter behauptet, daß der Morgenstern ein Planet ist.

den Begriff »behaupten« erklären, und dies ginge nicht ohne Rückgriff auf mentale Begriffe (ders. 1957, 79 f.). Dieser Zirkel wäre jedoch dann aufgelöst, wenn gezeigt werden kann, daß die oratio obliqua durch die oratio directa ersetzt werden kann, deren psychologische Anwendung (»psychological application«) sich logisch sekundär zu ihrer Anwendung auf wahrnehmbare Objekte verhält (ebd., 80). Innerhalb dieses Problemkreises kommt Geach nun auf die Anführung zu sprechen.

Für Geach steht fest, daß in der gesprochenen Sprache nichts den Anführungszeichen entspricht (ebd., 81). Seinen Zeitgenossen - und hier hat er besonders Quine im Blick - wirft er vor, daß sie fälschlicherweise dem angeführten Ausdruck logisch oder syntaktisch keine Bedeutung beimessen. So würden sie »man« in:

»man is mortal«

genauso wenig Bedeutung zuschreiben, wie »man« in »emancipate«.[204] Diese Auffassung sei jedoch offensichtlich falsch. Es würde vielmehr gelten:

Eine angeführte Folge von Ausdrücken ist immer eine Folge von angeführten Ausdrücken; die Anführungszeichen, durch die ein komplexer Ausdruck eingefaßt ist, sind als Anwendung auf jeden syntaktisch eigenständigen Teil des Ausdrucks zu lesen. Und wenn wir darin fehlgehen, sie zu lesen, weil wir die syntaktischen Teile des angeführten Ausdrucks nicht unterscheiden können, dann verstehen wir den Anführungskomplex nicht - wir wissen nicht *wovon* der Anführungskomplex handelt. (Ebd., 82)

Geach schlägt daher vor, den Anführungskomplex

»man is mortal«

folgendermaßen zu analysieren:

»man« ^ »is« ^ »mortal«

Nur durch diese Analyse glaubt Geach, die logische und die syntaktische Struktur von aus mehreren Ausdrücken zusammengesetzten Anführungskomplexen gesichert zu wissen.

Ein Problem in Geachs Analyse ist die Verwendung von Anführungszeichen in derselben. Wie können diese Anführungszeichen gedeutet werden? Wie soll man beispielsweise den Ausdruck » »man« « analysieren?

Geachs Vorschlag geht dahin, die Unterscheidung zwischen Erwähnung und Gebrauch eines Wortes aufzuheben und die Anführung eines Wortes als Gebrauch anzusehen (ebd., 86),[205] bei dem gegebenenfalls die Substituierbarkeit (»Leibniz

---

[204] Wie wir gesehen haben, wurde diese Auffassung nicht nur von Quine, sondern schon zuvor von Tarski vertreten.

[205] So schreibt Geach in *Logical Matters*: »Worte sind als Worte wiedererkennbar, egal ob sie in Anführungszeichen gekleidet sind oder nicht. Anführungszeichen sind nur ein modernes

Law«, ebd., 84), nicht erlaubt ist. Wenn aber der Gebrauch eines angeführten einzelnen Ausdrucks sich nicht prinzipiell vom Gebrauch desselben nicht angeführten Ausdrucks unterscheidet, dann ist es nur folgerichtig, daß sich purer Unsinn Geach zufolge nicht anführen läßt, sondern bestenfalls nur zu parodieren ist (ebd., 85). Dieser Punkt ist wichtig, weil er klarmacht, daß nach Geach Nonsens weder angeführt noch zitiert, noch erwähnt werden kann.[206] Hierin unterscheidet sich Geachs lexigraphische von der phonologischen Buchstabiertheorie. Dieser Unterschied beruht unter anderem darauf, daß Geach in diesem Zusammenhang einen semantischen Typbegriff vertritt (das Denotat eines atomaren Anführungskomplexes ist ein bedeutungsvoller Ausdruck)[207], während bei der phonologischen Buchstabiertheorie das Denotat zumeist als Menge oder syntaktische Struktur aufgefaßt wird.

Die phonologische Buchstabiertheorie genügt ebensowenig wie die Eigennamentheorie der Simultanitätsanforderung.[208] Zudem werden beide Varianten der Buchstabiertheorie gleichfalls der Produktivitäts- und Abbildanforderung nicht gerecht: So lassen sich in der lexigraphischen Theorie Geachs überhaupt nur korrekt geschriebene Ausdrücke einer Sprache anführen, aber keine willkürlich gebildeten Zahlenreihen oder fehlerhafte Ausdrücke. Stimmt man Geachs Position an diesem Punkt zu, hat dies zur Folge, daß ein Lehrer einen fehlerhaft geschriebenen Ausdruck aus einem Diktat eines Schülers, zum Beispiel

Die Sone scheindt

nicht anführen kann! Ebenso kann ich zum Beispiel meinem Briefpartner nicht mehr mit Hilfe der Anführung mitteilen, daß auf meiner Computertastatur die Zeichenkombination

#&∀

nicht funktioniert. Solch eine Einschränkung der Anführungspraxis ist meines Erachtens nicht akzeptabel.

Ein weiteres Problem der Theorie Geachs besteht zudem hinsichtlich der Frage, inwieweit man fremdsprachige Ausdrucke zitieren kann. Der Auffassung Corey Washingtons (1992, 600) zufolge kann man nach Geachs Theorie überhaupt keine fremdsprachigen Ausdrücke zitieren. Für Washingtons Geach-Interpretation

---

Mittel, um einen bestimmten Gebrauch der Worte anzuzeigen.« (1972, 207) Wie noch zu sehen sein wird, ist die Kritik an der Erwähnen-Gebrauchen-Unterscheidung ein Motiv, das sich durch die Diskussion Anführung zieht. Meines Wissens ist es jedoch Geachs Verdienst, als erster diese Unterscheidung kritisiert zu haben (vgl. außerdem Anscombe 1957; Christensen 1967).

206 Geachs Position ist in dieser Hinsicht sicherlich nur schwer zu akzeptieren (siehe unten). Ihre Stärke gewinnt seine Position jedoch meines Erachtens daher, daß sie den engen Zusammenhang zwischen direkter und indirekter Rede besser darzustellen vermag als die meisten anderen Anführungstheorien (vgl. Steinbrenner 2001b).

207 Siehe I.6.

208 Vgl. Davidson 1984a, 89; Saka 1998, 116.

spricht, daß fremdsprachige Ausdrücke in der heimischen Sprache in einem gewissen Sinne nicht »gebraucht« und damit auch nicht angeführt werden können. Dies widerspräche jedoch unserer Anführungspraxis. So führt Geach auch selbst fremdsprachige Ausdrücke an:

The word »ja« is a personal pronoun in Polish; the word »ja« is a sign of affirmation in German: Ergo, some word that is a personal pronoun in Polish is a sign of affirmation in German. (1957, 86)[209]

Für Geach ist diese Folgerung gleichwohl inakzeptabel, weil »ja« im Polnischen und »ja« im Deutschen zwei verschiedene Wörter sind. Wir können uns zwar vorstellen, daß ein Mann gleichzeitig auf Polnisch und Deutsch etwas gefragt wird und mit »ja« auf beide Fragen gleichzeitig antwortet, aber er verwendet dabei für Geach zwei unterschiedliche Wörter.[210] Ein Wort anführen heißt aus Geachs Sicht, das Wort zu gebrauchen; und eine Anführung des polnischen Wortes »ja« ist nicht zugleich eine Anführung des deutschen Wortes »ja« (ebd.). Wie aber kann dann unsere Praxis der Anführung von fremdsprachigen Ausdrücken plausibel erklärt werden?

Eine Möglichkeit, Geachs Position zu retten, besteht in der Behauptung, daß in Anführungskomplexen, die fremdsprachige Ausdrücke enthalten, diese Ausdrücke gebraucht werden. Diese Lösung hätte jedoch die unangenehme Folge, daß wir innerhalb eines Satzes Wörter aus unterschiedlichen Sprachen gebrauchen.

Die lexikographische Anführungstheorie krankt nach Washington (1992, 599)[211] überdies an der Forderung Geachs, daß jeder angeführte Ausdruck immer auf dasselbe Wort referieren muß und daher nicht auf einen ambigen Ausdruck referieren kann.[212] Dies zieht nach sich, daß uns zum Beispiel die Bemerkung (1) nicht erlaubt ist:

(1) »Bank« ist ein ambiger Ausdruck.

Meines Erachtens überzeugt die Geach-Interpretation von Washington an dieser Stelle nicht völlig. Der Grund dafür ist, daß nicht eindeutig klar ist, ob Geach zufolge ambige Ausdrücke nicht angeführt werden können. Was Geach dagegen unzweifelhaft fordert, ist, daß weder sinnlose Ausdrücke beziehungsweise Buchsta-

---

209 Dem Beispiel zuliebe habe ich bei diesem Zitat auf die Übersetzung verzichtet. Beachtet werden sollte aber, daß es sich bei dem Zitat um die Anführung einer Anführung handelt.

210 Deutlich wird hier einmal mehr, daß im Gegensatz zu Quine und Tarski, die von einer syntaktischen oder Gestalttypauffassung ausgehen, Geach eine semantische Typauffassung vertritt.

211 Wenig überzeugend ist meines Erachtens Sakas These (1998, 117), daß Bennett (siehe unten) in dieser Hinsicht die gleiche Auffassung wie Geach vertritt. Sakas Beleg dafür ist folgendes Zitat Bennetts: »Einer mag gelegentlich zwischen Anführungszeichen etwas hinkritzeln und glauben, damit auf eine Gestalt Bezug zu nehmen, aber es bloß als scherzhafte Erweiterung der Konvention der Anführung betrachten.« (1988, 405) Offensichtlich spricht aber Bennett an dieser Stelle nicht von sinnlosen Buchstabenreihen, sondern von etwas, bei dem es zweifelhaft ist, ob es überhaupt ein Zeichen ist.

212 Wie gesehen, ist dies eine typische Schwäche der semantischen Typauffassung (vgl. I.1.6).

benfolgen noch - wie gesehen - gleichzeitig zwei Ausdrücke aus unterschiedlichen Sprachen angeführt werden können, die zufälligerweise aus denselben Buchstaben bestehen.[213]

Ein ganzes Bündel von Argumenten gegen die Buchstabiertheorie ergibt sich zudem daraus, daß sie eine willkürliche Benennung der elementaren Zeichen des angeführten Ausdrucks ermöglicht. So läßt sich nach Davidson (1984a) mit Hilfe der Buchstabiertheorie beispielsweise der Anführungskomplex »Alice swooned« folgendermaßen reformulieren:

alc ^ sw

In dieser Reformulierung wird »alc« als der Name von »Alice« und »sw« als der Name von »swooned« aufgefaßt. Aber während bei der normalen Anführung auf den ersten Blick ersichtlich ist, worauf sie sich bezieht, ist dies bei der Reformulierung nicht möglich beziehungsweise geht das einfache Mittel der Anführung verloren (ebd., 87).

Die genannten Schwierigkeiten hängen eng mit dem Problem zusammen, das die Abbildanforderung für die Buchstabiertheorie darstellt: Zwar ist nach der Buchstabiertheorie auf der Satz- oder komplexen Ausdrucksebene eine Isomorphie zwischen strukturell-deskriptiven Namen und Denotat gewährleistet, aber gleiches gilt auf der Elementarzeichenebene nicht. So läßt sich

$\Box\forall(x)\ (x=x)$

zwar durch folgenden strukturell-deskriptiven Namen bezeichnen:

Box^Allquantor^Klammer^Ix^Klammer^Freistelle^Klammer ...

Aber offensichtlich gilt, daß »Box« kein »Abbild« von »□« im Gegensatz zu »»□«« ist.

Für Davidson zeigt sich diese Schwäche der Buchstabiertheorie vor allem, wenn man versucht, neue Notationen oder Notationen fremder Sprachen, zum Beispiel Khmer oder Chinesisch, anzuführen. Ob dieser Einwand die Buchstabiertheorie prinzipiell trifft, scheint zumindest auf den ersten Blick fraglich: So bleibt dem Buchstabiertheoretiker zumindest die Möglichkeit, die elementaren Zeichen so präzise zu beschreiben, daß der Hörer oder Leser dank der Beschreibung in der Lage ist, die beschriebenen Zeichen zu erkennen beziehungsweise selbst anzufertigen.[214] Selbst eine noch so präzise Beschreibung kann jedoch nur schwer folgendem Umstand gerecht werden: Während wir zumeist das Denotat eines Anführungskomplexes aufgrund seiner Ähnlichkeit zum angeführten Ausdruck erkennen können, gilt gleiches für strukturell-deskriptive Kennzeichnungen nicht. Washington erklärt dieses Phänomen damit, daß Kennzeichnungen wie auch Eigennamen

---

213 Vgl. Washington 1992, 600.

214 Erinnert sei zum Beispiel an das Ziffernsystem der Inkas, das ohne Mühe beschrieben werden kann.

durch Festsetzung (»stipulation«) ihr Denotat zugewiesen bekommen, während gleiches für Anführungskomplexe nicht zutrifft (1992, 586).[215] Eigennamen- wie auch Buchstabiertheorie gleichen sich an diesem Punkt, insofern beide Theorien der Produktivitätsanforderung nicht genügen - und dies betrifft im besonderen das Problem der Umgekehrten-Produktivität.

Als weitere Schwierigkeit kommt hinzu, daß wir möglicherweise mündliche oder schriftliche Zeichen anführen können, obwohl wir sie nicht hinreichend beschreiben können. Searles Beispiel dafür ist: »Der Klang eines kalifornischen Eichelhähers ist ...« (1969, 76), wobei der Sprecher anstatt der Pünktchen wie ein Eichelhäher pfeift. Gegen dieses Beispiel läßt sich einwenden, daß ein Vogellaut nicht angeführt werden kann, weil kein Notationssystem vorhanden ist, in dem der Laut ein Vorkommnis ist. Gleichwohl lassen sich komplizierte Schriftzeichen denken, für die wir keine adäquate Beschreibung besitzen.[216]

Eine weitere Schwäche der Buchstabiertheorie sieht Davidson darin, daß sie der Undurchsichtigkeitsanforderung nicht gerecht wird. Das heißt, während für gewöhnliche Anführungskomplexe gilt, daß in sie nicht hineinquantifiziert werden kann, trifft das auf die mit Hilfe der Buchstabiertheorie analysierten Anführungskomplexe nicht zu. Davidsons Beispiele hierfür sind:

»Alice swooned« ist ein Satz.
Hieraus können wir nicht folgern:
(∃x)(»x swooned« ist ein Satz).
Noch können wir, angenommen »alc« benennt »Alice«, daraus folgern:
»alc swooned« ist ein Satz.
noch:
alc⁀»swooned« ist ein Satz.
Aber wir können (mit Hilfe der Geachschen Version der Buchstabiertheorie) von:
[1] »Alice swooned« ist ein Satz.
übergehen zu:
[2] »Alice«⁀»swooned« ist ein Satz.
und von da zu:
[3] alc⁀»swooned« ist ein Satz.
und dann zu:
[4] (∃x)(alc⁀x ist ein Satz).
oder:
[5] (∃x)(x⁀»swooned« ist ein Satz). (1984a, 87f.)

Meines Erachtens sind zwei Schritte in Davidsons Geach-Interpretation falsch: Wir können erstens nicht einfach von [2] zu Folgerung [3] gelangen! Erinnern wir uns:

---

[215] Washington versucht in seiner eigenen Identitätstheorie (siehe unten) das Problem des Bezugs dadurch zu lösen, daß der angeführte Ausdruck auf sich selbst Bezug nimmt. Davidsons Lösung in seiner Demonstrativtheorie (siehe unten) dagegen ist, daß die Anführungszeichen auf eine Gestaltform Bezug nehmen.

[216] Ob wir für diesen Einwand komplizierter Schriftzeichen bedürfen, ist fraglich. Wahrscheinlich reicht hierzu schon Sakas Beispiel: »α« ist ein griechischer Buchstabe (1998, 116). Das heißt, während die meisten Sprecher dank des Mittels der Anführung diesen Buchstaben anführen können (Problem der Vorwärts-Produktivität), verstehen die meisten Hörer dank dieses Mittels, welches Zeichen denotiert wird (Problem der Umgekehrten-Produktivität).

Geachs Auffassung zufolge handelt es sich bei einem Anführungskomplex, der einen einzelnen Ausdruck anführt, nicht um einen Namen des angeführten Ausdrucks, sondern nur um einen unterschiedlichen Gebrauch des angeführten Ausdrucks. Wir könnten in diesem Fall, befänden wir uns nicht, um mit Geach zu sprechen, in »modernen Zeiten«, auch die Anführungszeichen weglassen. Weil aber »alc« ungleich »Alice« ist (der erste Ausdruck ist ein Name eines Namens und der zweite der Name einer Person, ungeachtet der Anzahl möglicher Anführungszeichen, in denen der Name »Alice« eingeschachtelt ist), dürfen wir sie nicht miteinander vertauschen.

Zweitens geht Davidson nicht weniger fehl an dieser Stelle in seiner Quine-Interpretation:

In der Quineschen Version der Theorie können wir von
[6] »Alice« ist ein Wort.
übergehen zu:
[7] (∃*x*)(∃*y*)(*x*^»l«^»i«^*y*^»e« ist ein Wort). (1984a, 87f.)

Davidson übersieht, wie seine Folgerung von [6] zu [7] zeigt, gewissermaßen den Witz der Quineschen Theorie, wenn er den Anführungskomplex » »Alice« « in [6] folgendermaßen ersetzt

[6*] »A«^»l«^»i«^»c«^»e« ist ein Wort.

Quines Ziel war es ja gerade, die Anführungszeichen zu eliminieren und nicht – wie es der Fall in Davidsons Interpretation ist – zu vermehren. Eine korrekte Ersetzung im Quineschen Sinne von [6] sollte daher nicht bei [6*] stehen bleiben, sondern lauten:

[6**] Der Ausdruck, bestehend aus Ah, gefolgt von Ell, gefolgt von Ie, gefolgt von Ceh, gefolgt von Eh, ist ein Wort. [217]

Bennett schlägt in diesem Zusammenhang folgende Reformulierung vor (1988, 410):

[6***] Den Ausdruck, den man erhält, wenn man Ah gefolgt von Ell, gefolgt von Ie, gefolgt von Ceh, gefolgt von Eh schreibt, ist ein Wort.

Aus [6***] leitet Bennett nun folgendes ab:

[8] Es gibt einen Buchstabentyp *x*: Der Ausdruck, bestehend aus *x* gefolgt von Ell, gefolgt von Ie, gefolgt von Ceh, gefolgt von Eh, ist ein Wort.

Ich kann nun nicht erkennen, was an [6**] oder [8] zu bemängeln ist, solange man sich nur klar ist, daß man hier von Typen und nicht von Vorkommnissen spricht. Anderer Ansicht an diesem Punkt ist Bennett. Für ihn läßt die Buchstabiertheorie (ebd.) folgende Folgerung zu:

---

[217] Wählt man diese Schreibweise, wird zugleich deutlich, daß die Buchstabiertheorie, zumindest was die atomaren Zeichen betrifft, eine verkappte Eigennamentheorie ist, insofern sie für jeden Buchstaben einen Eigennamen (zum Beispiel Lauttyp) angibt.

[9] Für einen Buchstabentyp *x*: »*x*lice« ist ein Wort.

Die Formulierung [9] sei jedoch unsinnig und daher sei die orthographische Buchstabiertheorie unhaltbar.[218] Dunkel bleibt mir jedoch, wie Bennett zu [9] gelangt. Es gilt ja gerade nach Voraussetzung, daß »*x*« ungleich »A« ist beziehungsweise die Variable *x* für den Buchstabennamen »Ah« steht, der den Buchstaben »A« benennt. Die korrekte Formulierung müßte daher lauten:

[9*] Ah verbunden mit »lice« ist ein Wort.

beziehungsweise

[9**] Es gibt einen Buchstabentypen *x*: *x* verbunden mit »lice« ist ein Wort.

Meiner Auffassung nach sind die Formulierungen [6**], [8], [9*] und [9**] harmlose Formulierungen, gegen die sich nichts einwenden läßt, solange man sich - wie bereits bemerkt - im klaren darüber ist, daß man damit keine konkreten Vorkommnisse beschreibt, sondern Typen.

Zu einem anderen Schluß kommt Davidson, wenn auch nur auf die Ableitungen von [1] nach [5] und [6] nach [7] bezogen:

> Diese Ableitungen zeigen deutlich, daß Anführungszeichen in der Buchstabiertheorie keine entscheidende Rolle spielen; und ferner, daß diese Theorie keine Theorie der Funktionsweise des Zitierens in natürlichen Sprachen ist. (1984a, 88)

Inwiefern Davidsons Einwand Anhänger der Buchstabiertheorie trifft, ist äußerst fraglich. Für einen Anhänger der orthographischen Buchstabiertheorie wie Quine ist es ja gerade eine Stärke dieser Theorie, daß strukturell-deskriptive Namen im Gegensatz zu Anführungskomplexen extensional handhabbar und somit durchsichtig sind.

Ein weiterer Einwand Davidsons lautet (ebd., 89), daß die Buchstabiertheorie bestenfalls nur die syntaktische Struktur wiedergibt, aber genau wie die Eigennamentheorie dem eventuell gegebenen *Gebrauchs*aspekt nicht gerecht wird (ebd., 89). Dieser, wie auch der Einwand Davidsons, daß die Buchstabiertheorie der Simultanitätsanforderung nicht genügt, kann die lexikalische Theorie Geachs wenig treffen, weil er ja gerade den Gebrauchsaspekt bei der Anführung von einzelnen Ausdrücken betont beziehungsweise die Gebrauchs-Erwähnung-Unterscheidung nicht akzeptiert. Die Einwände Davidsons können somit bestenfalls die orthographische Buchstabiertheorie treffen.

BESCHRÄNKTHEITSEINWAND [219]

Schwerwiegendere Probleme für die Buchstabiertheorie werfen dagegen die beiden folgenden Fragen auf:

---

[218] Bennett nennt diesen Einwand *Quantifikationseinwand* (1988, 410).

[219] Den Begriff habe ich von Bennett übernommen (1988, 413).

(i) Was sind die kleinsten Elemente, die ein Anführungskomplex, aufgefaßt als Kennzeichnung, denotieren kann?[220] Sind es zum Beispiel atomare Zeichen eines Alphabets, Pixel bei einer Computerschrift, Geraden und Kurven bei einer gewöhnlichen Handschrift etc.?

(ii) Inwiefern wird durch den Anführungskomplex bestimmt, auf welche Weise diese kleinsten Elemente miteinander konkateniert sind? So ist es zum Beispiel nicht ausgeschlossen, daß die Abstände zwischen den Buchstaben und Wörtern ebenso wie die vertikalen Beziehungen für die verwendeten Ausdrücke von Bedeutung sind (zum Beispiel bei Reimen). Die Schwierigkeit für die Buchstabiertheorie besteht in diesem Zusammenhang darin, daß sie immer nur bestimmte *beschränkte* Merkmale der angeführten Ausdrücke kennzeichnen beziehungsweise wiedergeben kann.[221]

KONKATENATIONSPROBLEM

Bei genauerem Hinsehen stellt man fest, daß sich hinter dem Begriff der Konkatenation prinzipielle Schwierigkeiten der Buchstabiertheorie verbergen: So beruhen nach Washington (1992, 598) die meisten syntaktischen Theorien auf dem Gedanken, daß Beziehungen von Konstituenten und Subkonstituenten einer Sprache nicht alleine durch linear geordnete Buchstabenfolgen repräsentiert werden können. Daher können in der orthographischen Buchstabiertheorie komplexere Anführungskontexte nicht angemessen ausgedrückt werden. Washington zufolge findet sich dieser Einwand gegen die Buchstabiertheorie bereits bei Geach. Washington versucht, seine These mit der bereits zitierten Textstelle bei Geach zu belegen:

> Eine angeführte Folge von Ausdrücken ist immer eine Folge von angeführten Ausdrücken; die Anführungszeichen, durch die ein komplexer Ausdruck eingefaßt ist, sind zu lesen als Anwendung auf jeden syntaktisch eigenständigen Teil des Ausdrucks. Und wenn wir darin fehlgehen, sie zu lesen, weil wir die syntaktischen Teile des angeführten Ausdrucks nicht unterscheiden können, dann verstehen wir den Anführungskomplex nicht - wir wissen nicht, *wovon* der Anführungskomplex ist. (1957, 82)

Der Einwand Washingtons ähnelt dem, den er gegen die Demonstrativtheorie erhebt (siehe unten), nämlich, daß zum Verständnis einer Anführung in den meisten Fällen ein Verständnis der Bedeutung des angeführten Ausdrucks gehört.

Neben dieser von Washington erwähnten Schwierigkeit, besteht zusätzlich noch folgende, wie ich meine fundamentalere Schwierigkeit hinsichtlich des Begriffs der Konkatenation: Woraus besteht eine gelungene Konkatenation? Im Falle von uns bekannten, horizontal geordneten Konkatenationen mag diese Frage noch relativ einfach zu beantworten sein, aber wenn wir an komplizierte Partituren oder Strukturbäume in der Linguistik denken, ist eine Antwort schon weitaus schwieriger.

---

220 Diese Schwierigkeit hängt offensichtlich mit dem oben beschriebenen Abbildmerkmal von Anführungskomplexen zusammen.

221 Vgl. zu diesem wie auch dem Konkatenationsproblem I.1.5.

Das heißt, die Buchstabiertheorie setzt nicht nur voraus, daß wir genau wissen, welche Zeichen zu einem Alphabet gehören, damit wir sie buchstabieren können, sondern darüber hinaus detaillierte Kenntnis darüber, nach welchem Konkatenationsmodell die elementaren Zeichen zusammengesetzt werden.

2.1.3 Demonstrativtheorien

Eine der heutzutage meistdiskutierten Anführungstheorien ist Davidsons Demonstrativtheorie (ders. 1984a, 90).[222] Seiner Theorie liegt der Gedanke zugrunde, daß der angeführte Ausdruck - in einem noch näher zu erläuternden Sinn - nicht zu dem Anführungskomplex gehört.

Davidson ist im Gegensatz zu Tarski und dem frühen Quine daran interessiert, eine allgemeine Theorie der Anführung zu entwickeln. Das heißt, nicht eine Theorie, die mehr oder minder nur im engen Bereich der Logik anwendbar ist, sondern auch allgemein auf Anführungen in den Alltagssprachen. Sie soll überdies immun gegen die Einwände sein, wie er sie gegen die bisher vorgestellten Theorien erhoben hat.

Ungeachtet der unterschiedlichen Zielsetzung Davidsons gegenüber seinen Vorläufern und seiner teilweise merkwürdigen Interpretation deren Ansätze ist Davidsons Aufsatz sicherlich ein Meilenstein in der Diskussion zur Anführung. Dies betrifft nicht nur seinen eigenen Ansatz, sondern ebenso ist es sein Verdienst, die bisherigen Ansätze und Theorien geordnet[223] und in wesentlichen Punkten kritisiert zu haben.

Davidson beginnt seinen Aufsatz *Quotation* mit folgender Bemerkung:

> Anführung ist ein Mittel, um auf typographische oder phonetische Formen durch Aufzeigen von Mustern, das sind Inskriptionen oder Äußerungen, die solche Formen haben, Bezug zu nehmen. (Ebd., 79)

Nach Davidson ist seine Charakterisierung weit genug, um nicht nur geschriebene Anführungszeichen, sondern auch mit Fingern angedeutete zu umfassen. Andererseits sei sie aber vage genug, um zahlreiche Probleme offenzulassen. Für Davidson ist die Anführung ein ganz zentrales Mittel der sprachlichen wie auch sprachphilosophischen Kommunikation, an dem nichts verkehrt ist, auch wenn die meisten Philosophen sich nur dunkel darüber auslassen (ebd., 80).

---

[222] Davidson hat seine Theorie in seinen John Locke Lectures 1970 in Oxford das erste Mal vorgestellt. Vorläufer seiner Gedanken finden sich bei Sellars (1949/1950) sowie 1967 in Christensens Aufsatz *The Alleged distinction between Use and Mention*. Meiner Kenntnis geht jedoch erstmals Saka (1998, 117) explizit auf Christensen ein. Zu den Nachfolgern der Theorie Davidsons zählt Saka Partee (1973), Goldstein (1984), Garcia-Carpintero (1994) und Cappelen/LePore (1997). Unerwähnt von Saka bleibt der Ansatz Künnes (1983 und 1984). Anderer Auffassung als Saka ist Recanati (2001). Für ihn ist Prior (1971) der erste Vertreter der Demonstrativtheorie.

[223] Außerdem verdanken wir Davidson die Entwicklung einer Begrifflichkeit, die die Grundlage für weitere Arbeiten wie auch für die vorliegende Arbeit darstellt.

Nicht weiter zur Klärung der Funktionsweise von Anführungen trägt nach Davidson der Vorschlag bei, sie mit Hilfe des Begriffspaars »Erwähnung« und »Gebrauch« zu erklären.[224] So sei die oft wiederholte Behauptung, »daß der angeführte Ausdruck erwähnt und nicht gebraucht wird« wenig aussagekräftig, solange nicht geklärt wird, was es heißt, daß der angeführte Ausdruck nicht gebraucht wird. Eine mögliche Antwort sei, daß der angeführte Ausdruck eine andere »Bedeutung« in der Sprache besitzt als der nicht angeführte. Diese Antwort könne jedoch nur begrenzt überzeugen, weil es zahlreiche Fälle gibt, bei denen ein Ausdruck gleichzeitig gebraucht und erwähnt wird. Werden zum Beispiel in folgendem Satz

> Davidson beginnt seinen Aufsatz mit der Bemerkung, daß Anführung »ein Mittel ist, um auf typographische oder phonetische Formen durch Aufzeigen von Mustern, das sind Inskriptionen oder Äußerungen, die solche Formen haben, Bezug zu nehmen«.

die angeführten Worte gebraucht oder erwähnt? Offensichtlich erwähne ich die (präzise ausgedrückt: übersetzten) Worte Davidsons. Seiner Auffassung nach gebrauche ich jedoch auch die Worte gleichzeitig. Er argumentiert, daß wenn ich die Wortreihe nicht auch gebrauchen würde, daraus zu folgern wäre, daß eine Anführung ein singulärer Term sei (ebd., 81). Dies sei aber nicht möglich, weil ich im obigen Beispiel einen grammatikalisch korrekten Satz geäußert habe.

Warum freilich aus der hypothetischen Annahme, daß die Wortreihe nicht zugleich auch gebraucht wird, zwingend folgen würde, daß eine Anführung ein singulärer Term ist, bleibt unklar. Soweit ich Davidsons Intention erahne, steht die von ihm später kritisierte Eigennamentheorie hinter seinem Argument. Aus logischen Gründen ist man jedoch keineswegs zu dieser Folgerung verpflichtet.[225] Was Davidson an dieser Stelle liefert, ist ein Argument gegen die Eigennamentheorie, aber nicht mehr.

Ein besseres Beispiel für einen Fall von gemischter Gebrauchs- und Erwähnungsweise ist folgendes Beispiel von Davidson:

> Der Dhaulaigri grenzt an den Anapurna an, den Berg, den Maurice Herzog in seinem gleichnamigen Buch beschrieben hat. (Ebd., 81.)

Mit dem Wort »gleichnamig« bezieht man sich offensichtlich aber nicht auf den Berg, sondern auf den Namen des Berges Anapurna, und dieser Name wird damit gleichzeitig erwähnt und gebraucht.

Nach Davidson wird die Auffassung, daß angeführte Ausdrücke nicht gebraucht werden, auch von Tarski vertreten. Für Tarski sei dies »die einzig mögliche verteidigbare« (ebd.) Auffassung und in Übereinstimmung mit dieser sei ein Anfüh-

---

[224] Dieser Gedanke findet sich bereits bei Geach (vgl. II.2.1.2.1).

[225] Nach der Eigennamentheorie kann die daß-Phrase im obigen Beispiel keinen Satz enthalten, sondern nur zwei aufeinanderfolgende Namen. Das heißt für mein Beispiel etwa folgendes: »Davidson beginnt seinen Aufsatz mit der Bemerkung, daß Anführung ANNA«.

rungskomplex ein einzelnes Wort. Wie zuvor dargelegt, sind die Wurzeln der Eigennamentheorie tatsächlich bei Tarski zu finden, aber festzuhalten bleibt gleichwohl (siehe oben), daß Tarski die Buchstabiertheorie vertreten hat. Davidson möchte Tarski anscheinend folgenden Schluß zuschreiben: Aus der Tatsache, daß der angeführte Ausdruck nicht gebraucht wird, folgert Tarski, daß Anführungskomplexe Eigennamen sind. Davidsons Tarski-Interpretation ist jedoch unhaltbar (im besonderen dann, wenn man strukturell-deskriptive Namen als Kennzeichnungen und nicht als Eigennamen auffaßt). Eine weitere Schwäche von Davidsons Interpretation zeigt sich zudem in seiner Behauptung, daß nach Tarski angeführte Ausdrücke »nicht gebraucht« würden. Davidson bezieht sich hierbei im wesentlichen auf Tarskis Aufsatz *Der Wahrheitsbegriff in den formalisierten Sprachen* und hier speziell auf den ersten Paragraphen. In diesem wie auch dem gesamten Aufsatz taucht jedoch nie das Begriffspaar »Gebrauch und Erwähnung« auf. Das heißt, Davidson schreibt Tarski eine Position zu, die von diesem nie explizit vertreten wurde: Tarski hat weder behauptet, daß der angeführte Ausdruck erwähnt und nicht gebraucht wird, noch, daß die Eigennamentheorie die einzig vertretbare sei.[226]

Nachdem Davidson im Anschluß an seine Tarski-Kritik ausführlich die Eigennamen-, Buchstabier- und Bildtheorie[227] kritisiert, kommt er zum Schluß, daß alle vorgestellten Theorien inadäquat sind, weil sie drei Bedingungen nicht erfüllen: Eine Zitattheorie muß erstens einer allgemeinen Wahrheitstheorie genügen; sie muß zweitens die unterschiedlichen semantischen Rollen von Anführungszeichen erklären können; und drittens muß sie beantworten, wie Zitate dasjenige abbilden können, worauf sie Bezug nehmen.[228]

---

226 Im letzten Punkt kann man Davidson noch bis zu einem gewissen Grad entschuldigen, da für Tarski deskriptiv-strukturelle Namen »Einzelnamen« sind. Jedoch spricht Davidson davon, daß ein Anführungskomplex »like a single word« (ebd., 81) ist und wenige Zeilen später beginnt er mit seiner Kritik an der Eigennamentheorie. Zur ungerechtfertigten Kritik Davidsons an Tarski vgl. Richard 1986.

227 Von den beiden vorgestellten Theorien unterscheidet Davidson die BILDTHEORIE des Zitats (1984a, 84). Nach bildtheoretischer Auffassung sei der Anführungskomplex ein Bild des angeführten Ausdrucks und die Anführungszeichen seien der Rahmen. Die Anführungszeichen gehören nicht zum Zitat. Sie seien bloße sprachliche Umgebung (»linguistic environment«) (1984, 83) des Zitats, die anzeigen, daß der Ausdruck innerhalb der Anführungszeichen eine spezielle Rolle spielt. So verträte Quine die Auffassung, eine Anführung »designates its object [...] by picturing it« (^{2}1961, 26). Nach Davidson (1984a, 84) besitzt die Bildtheorie zwei Vorteile gegenüber der Eigennamentheorie: Sie wird erstens der Tatsache gerecht, daß Anführungskomplexe strukturiert sind, und zweitens ist sie unserem »intuitiven Verständnis« näher, wie Anführung funktioniert.
Günther zufolge erscheint die Bildtheorie »fast als eine Erfindung Davidsons« persönlich und es wäre unsicher, ob sie – wie von Davidson behauptet – tatsächlich von Reichenbach, Church oder Quine je vertreten wurde (Günther 1992, 133).

228 Wenn sie die letzte Bedingung nicht erfüllt, kann sie nach Davidson unter anderem nicht erklären, wie neue Zeichen oder neue Alphabete in eine Sprache eingeführt werden (siehe oben Endlichkeitsanforderung).

Die größte Schwierigkeit, diesen Anforderungen zu genügen, sieht Davidson darin, gleichzeitig Anführungskomplexen eine artikulierte Struktur zuordnen zu wollen und der Tatsache gerecht zu werden, daß sie dasjenige abbilden, was sie erwähnen. Die Forderung nach Struktur erwächst dabei daraus, daß auch auf Sätze, die Anführungskomplexe enthalten, eine rekursive Wahrheitstheorie anwendbar sein soll (siehe oben Endlichkeitsanforderung). Gleichzeitig drohe jedoch aus dem Vorhandensein von genügend Struktur ein Zuviel an Struktur.[229] Das bedeutet für Davidson, unsere Intuition der Opakheit von Anführungskomplexen wird verletzt, »solange wir das Zitierte als Bestandteil der semantisch signifikanten Syntax eines Satzes auffassen« (ebd., 90).

Dieser Schwierigkeit könne man jedoch entgehen und zudem den genannten drei Bedingungen genügen, wenn man seine eigene Demonstrativtheorie der Anführung akzeptiere, der zufolge der angeführte Ausdruck in semantischer Hinsicht nicht zum Anführungskomplex beziehungsweise Anführungssatz gehört:

> Mein Vorschlag ist, daß vom semantischen Standpunkt aus die Wörter innerhalb der Anführungszeichen nicht als Teil des Satzes betrachtet werden. Es ist in der Tat verwirrend, sie Wörter zu nennen. (Ebd.)

Nach Davidson ist dasjenige, was zwischen den Anführungszeichen »erscheint«, keine Gestalt, sondern eine INSKRIPTION (»inscription«). Diese Inskription würden wir benötigen, um »auf ihre Gestalt Bezug zu nehmen« (ebd.). Diese Bemerkung ist nur schwer verständlich, gerade in Anbetracht der anschließenden Bemerkung: »Die Inskription innerhalb [des Anführungskomplexes] nimmt auf gar nichts Bezug« (ebd.). Vielmehr leisten laut Davidson allein die Anführungszeichen die Bezugnahme. Mit ihnen kann auf eine Form Bezug genommen werden, indem sie auf etwas deuten, das diese Form besitzt. Nach der Demonstrativtheorie ist somit weder der angeführte Ausdruck allein noch der Ausdruck und die Anführungszeichen ein singulärer Term, sondern nur die Anführungszeichen, gelesen im Sinne von »der Ausdruck von der Form, die hier abgebildet ist« (ebd.).

Für Davidson ist »Anführung ein Mittel, um auf Inskriptionen oder Äußerungen zu deuten« (91). Dies kann auch geschehen, ohne daß die Äußerung im Satz selbst enthalten ist. Es ist zum Beispiel der Fall denkbar, daß einer zu einem anderen sagt: »Ein wahreres Wort ward nie gesprochen« und sich damit auf dessen Äußerung bezieht (ebd.). Davidson schlägt aufgrund dieser Überlegungen vor,

(3) »Alice fällt in Ohnmacht« ist ein Satz.

folgendermaßen zu reformulieren:

(4) Alice fällt in Ohnmacht. Der Ausdruck, von dem dies ein Vorkommnis ist, ist ein Satz.

[229] Zu Davidsons Einwänden gegen die Buchstabiertheorie siehe II.2.1.2.

Wobei man sich bei dem Sprechen des Worts »dies« vorstellen kann, mit den Fingern auf das Vorkommnis des Satzes »Alice fällt in Ohnmacht« zu deuten. Wichtig und deshalb zu betonen ist, daß der Satz »Alice fällt in Ohnmacht« gewissermaßen gar kein Teil der Analyse des Satzes (3), sondern nur eine »Inskription« ist, auf die gedeutet wird. Mit dieser Lösung glaubt Davidson, seinen oben genannten drei Bedingungen gerecht zu werden. Eine Voraussetzung Davidsons dafür ist natürlich, daß er eine Wahrheitstheorie zur Verfügung hat, für die Demonstrativa keine Probleme aufwerfen (und dies zumindest darf bezweifelt werden).[230]

REDUNDANZEINWAND

Corey Washington wendet gegen die Demonstrativtheorie ein,[231] daß nicht nur die gesprochene Sprache ohne Anführungszeichen auskommt[232] und daher statt

(1) »Uhu« ist ein Wort.

geschrieben werden kann

(2) Uhu ist ein Wort.

Wenn dieser Einwand zutrifft und wie oben angedeutet gilt, daß die Anführungszeichen nur unbedeutende Satzzeichen sind, und zudem Davidsons Auffassung richtig ist, daß das angeführte Wort semantisch unwirksam und nicht Teil des Satzes ist, dann folgt daraus, daß (1) äquivalent zu (3) ist:

(3) Ist ein Wort.

Saka nennt diese Schwierigkeit, daß Anführungszeichen in manchen Fällen als überflüssig erscheinen, das INTERPUNKTIONS-PROBLEM (1988, 118).
Davidson kann an dieser Stelle vielleicht folgendermaßen verteidigt werden: Wenn wir Anführungskomplexe wie (1) in seinem Sinne folgendermaßen analysieren

(4) Uhu. Der Ausdruck, von dem dies ein Vorkommnis ist, ist ein Wort.

dann folgt unsere Analyse nicht dem Muster, daß wir in einem ersten Schritt den angeführten Ausdruck (in unserem Fall »Uhu«) eliminieren und in einem zweiten die Anführungszeichen durch ein Demonstrativum ersetzen. Vielmehr kann Davidsons Analyse als Kontextdefinition verstanden werden, innerhalb derer jeder Schritt nur im Zusammenhang mit den anderen Schritten erlaubt ist. Ungeachtet dieser möglichen Erwiderung bleibt das Problem für Davidsons Theorie, eine

---

230 Vgl. Edmüller 1991, Kap. 4.

231 Leider geht Washington in seiner Kritik nicht auf Bennetts (1988) Verbesserungsvorschläge ein. Auf die Frage, inwieweit Washingtons Einwände auch auf Bennetts modifizierte Theorie zutreffen, werde ich am Ende dieses Abschnitts zu sprechen kommen.

232 Saka verstärkt den Einwand im Zusammenhang mit der Demonstrativtheorie sogar noch, insofern er darauf verweist, daß selbst Logikbücher häufig ohne Anführungszeichen auskommen (1998, 118).

Erklärung dafür anzubieten, daß Anführungszeichen häufig nicht gebraucht werden und die sprachlichen Mittel der Zitation, Erwähnung etc. trotzdem funktionieren.

ITERATIONSANFORDERUNG

Eine weitere Schwierigkeit für die Demonstrativtheorie ist die Iteration von Anführungszeichen, wie zum Beispiel:

(5) Uhu
(6) »Uhu«
(7) »»Uhu««

Wie läßt sich zum Beispiel folgender Satz mit Hilfe der Demonstrativtheorie analysieren?

(8) »»Uhu«« ist ein Substantiv.

Saka schlägt folgende Analyse vor:

(9) »Uhu«. Dies ist ein Substantiv.
(10) Uhu. Dies dies ist ein Substantiv.

Oder alternativ:

(10*) Uhu. Dies. Dies ist ein Substantiv.

Offensichtlich ist es ziemlich schwierig, (10) und (10*) sinnvoll zu interpretieren. Klar ist, daß sich in (10) das zweite »dies« nicht auf das erste beziehen kann. Wenn man dagegen davon ausgeht, daß das erste »dies« sich als Pronomen auf das zweite bezieht, dann beziehen sich alle iterierten Anführungszeichen darauf, das heißt, » »Uhu« « wie auch » »Emu« « denotieren jeweils die inneren Anführungszeichen. Hinzu käme, daß (11) offensichtlich falsch und (12) und (13) richtig wären:

(11) »Uhu«« besteht aus fünf Zeichen (inklusive den beiden Anführungszeichen).

(12) »»Uhu«« besteht aus zwei Zeichen (nur den inneren Anführungszeichen).

(13) »»Uhu«« ist ein Anführungszeichenpaar.

Ebenso ist es nicht möglich, daß sich das zweite »dies« in (10*) auf »Uhu. Dies.« bezieht, weil es kein Substantiv ist. Desgleichen kann es sich weder auf das »Dies« alleine noch auf das »Uhu« alleine in »Uhu. Dies.« beziehen, weil sich sonst (10) weder von (14) noch (14*) unterscheiden würde:

(14) »Uhu«. Dies. Dies ist ein Substantiv.
(14*) Uhu. Dies ist ein Substantiv.

Der einzige Ausweg scheint daher für die Demonstrativtheorie zu sein, bei Anführungskomplexen immer nur die äußeren Anführungszeichen zu analysieren und die innen liegenden gewissermaßen einzufrieren. Aber dies ist offensichtlich kein allzu attraktiver Ausweg - wir könnten zum Beispiel keine Zitate, die Zitate enthalten, in aufschlußreicher Weise analysieren.[233]

Ein weiteres gewichtiges Argument Davidsons für seine Theorie lautet, daß sie seiner Ansicht nach immun gegen den Finitismuseinwand (siehe oben) ist. Für Davidson bedeutet dies, daß sein Ansatz einer finitistischen Wahrheitstheorie genügt, das heißt, auf einem begrenzten Grundstock von Ausdrücken beruht, auf die wiederum eine finite Anzahl von Kombinationsregeln angewendet wird. Ein Grund für diesen Finitismus liegt in der Vorstellung, daß nur ein solcher das Erlernen von Sprache garantiert. Die Anzahl der Basisausdrücke ist begrenzt, weil ein Sprecher nicht die Bedeutung von unendlich vielen Ausdrücken lernen kann. Eine wichtige Voraussetzung bei diesem Argument ist, wie Washington zeigt (1992, 592 f.), daß Davidsons Auffassung zufolge die Basisausdrücke ihre Bedeutung durch Festsetzung (»stipulation«) zugewiesen bekommen, das heißt, ein Sprecher muß diese Festsetzung kennen, damit er die Bedeutung eines Ausdrucks versteht. Würde man nun, so Davidson, im Anführungskomplex neben den Anführungszeichen auch noch den angeführten Ausdruck dazuzählen, besäßen wir unendlich viele Basisausdrücke und diese Unendlichkeit würde eine Wahrheitstheorie unmöglich machen.[234] Davidson zieht daraus den Schluß, daß nur die Anführungszeichen in semantischer Hinsicht zum Satz gehören. Wie aber, fragt Washington, kommt Davidson dann mit Definitionen folgender Art zurecht:

»⊕« bedeutet *alternativ*.

Offensichtlich gilt, daß wir immer wieder neue Ausdrücke von unterschiedlicher Form erzeugen können, die nicht zum begrenzten Grundstock der Basisausdrücke gehören. Aber wir besitzen unendlich viele Möglichkeiten, Ausdrücke von der obigen Art zu bilden und durch Festsetzung ihre Bedeutung zu bestimmen. Für Washington widerspricht dies aber Davidsons Finitismusanforderung (ebd., 593).

Davidson geht auf diesen Einwand nicht explizit ein. Dies ist auch insofern für ihn nicht nötig, als nach seiner Auffassung die angeführten Ausdrücke nicht zum Satz gehören und daher nicht bereits als Ausdrücke einer Sprache definiert werden müssen. Hinzu kommt, daß diese Definitionen zu jedem Zeitpunkt begrenzt sind und damit die Ausdrücke, die in Sätzen vorkommen können, von vornherein begrenzt sind. Für Washington ist dies jedoch eine zu drastische Maßnahme und zudem unnötig.

Der Schwachpunkt von Davidsons Überlegungen liegt, wie bereits erwähnt, in seiner Auffassung, daß Ausdrücke ihre Bedeutung nur durch Festsetzung zugewiesen bekommen können. Dieser Gedanke mag vielleicht zutreffen, wenn alle Ausdrücke nur in ihrem Standardgebrauch verwendet werden, aber dies ist nicht

---

[233] Zum Iterationseinwand gegen die Demonstrativtheorie vgl. Cappelen und Lepore 1997, 439 und Grandy 1973, 106. Ein spezielles Problem der Iterierbarkeit ergibt sich für Davidson nach Washington zudem bei der Anführung von Indexikalia (1992, Fn. 20).

[234] Vgl. zu diesem Einwand Richard 1986; und siehe II.2.1.1.1.

zwingend.[235] Zum Beispiel können die Bild- wie auch die Identitätstheorie dem Finitismuseinwand entgehen, indem sie behaupten, daß die Bedeutung des Anführungskomplexes immer der angeführte Ausdruck selbst ist, das heißt, jeder Anführungskomplex führt seine Bedeutung gewissermaßen mit sich, und diese kann daher nicht nur durch die Kenntnis der vorausgehenden Festsetzung erkannt werden. Diese Entgegnung des Bild- oder Identitätstheoretikers zeigt, daß der Finitismuseinwand kein schlagendes Argument für Davidsons Demonstrativtheorie ist, weil die Endlichkeitsanforderung ebenso von anderen Theorien erfüllt wird.

KOMPATIBILITÄTSEINWAND

Eine weitere Schwäche in Davidsons Theorie sehen Kritiker[236] in seiner Behauptung, daß Anführungen auf Gestaltformen Bezug nehmen. Die Kritik entzündet sich dabei zum einen daran, daß auf Gestaltformen und nicht Ausdruckstypen Bezug genommen wird, und zum anderen an der mangelnden Explikation Davidsons, was Gestaltformen überhaupt sein sollen. So bleibt unklar, worauf sich das »dies« in (1) beziehen soll:

(1) Alice. Dies ist ein Wort.

Soll es sich auf »Alice« beziehen oder genau auf Vorkommnisse, die dem Vorkommnis in (1) in jeder oder den Hinsichten H_1-H_n oder zumindest in einer Hinsicht gleichen sollen? Haben zum Beispiel die Sätze (*) und (**) andere Bezugnahmeobjekte als (1)?

(*) ALICE. Dies ist ein Wort.
(**) a*L*ice. Dies ist ein Wort.

Wenn man davon ausgeht, daß Anführungskomplexe auf Worttypen Bezug nehmen, werfen diese Beispiele vorderhand keine Probleme auf. Innerhalb der Konzeption Davidsons dagegen ist eine Entscheidung nicht so einfach.

Was Davidson wahrscheinlich im Sinn hat, ist, daß folgende Zeichen von derselben Gestaltform sind:

⊕ ⊕ ⊕ ⊕ ⊕ ⊕

Bei Zeichen dieser Art mag Davidsons Analyse noch einigermaßen eingängig sein, aber zumeist geht es bei der Anführung und im besonderen bei Zitaten nicht darum, auf bestimmte Gestaltformen Bezug zu nehmen, sondern auf Inhalte (vgl. Washington 1992, 596). Eine Frage ist zudem, ob folgende Zeile eine korrekte Anführung ist:

»⊕« ist symmetrisch.

---

235 Dazu, wie solch ein Nichtstandardgebrauch im Detail aussehen kann, vgl. II.2.1.6.
236 Diese Auffassung vertreten zum Beispiel Washington 1992 und Bennett 1988.

Einerseits stellt sich dabei die Frage, ob ein solches Zeichen, das heißt ein Kreis mit einem Kreuz darin, angeführt werden kann, und andererseits, ob Symmetrie eine Eigenschaft ist, die sinnvollerweise einem angeführten Ausdruck zugeschrieben werden kann. Wie dargelegt, ist zumindest Geach der Auffassung, daß dies nicht sinnvoll ist. Wenn man jedoch die Fragen bejaht, dann spricht nach der Auffassung Washingtons (1992, 597) nichts dagegen, auch folgendes als Anführungen zuzulassen:

(2) »⊕« ist kleiner als »⊕«

Wenn man dies aber zuläßt, dann stellt sich erst recht die Frage, worauf Anführungskomplexe beziehungsweise Anführungszeichen in Davidsons Theorie Bezug nehmen, da augenscheinlich gilt, daß beide angeführten Vorkommnisse in der Zeile (2) dieselbe Gestalt besitzen. Nach Washington führt dies jedoch zur Konklusion, daß Anführungskomplexe Vorkommnisse sind, bei denen die kleinsten Unterschiede relevant sind, und Vorkommnisse daher keine Typen erwähnen können (ebd.). Vorkommnisse dieser Art wären dann »token quotes« im Sinne Reichenbachs (1947). Aber offensichtlich wollen wir in den wenigsten Fällen Vorkommnisse dieser Art anführen, sondern vielmehr zumeist bedeutungsvolle Ausdrücke. Trifft dies zu, so wird Davidsons Forderung, daß der angeführte Ausdruck nicht Teil des Satzes ist, für Washington (1992, 598) noch unverständlicher.

Meines Erachtens rührt das Unverständnis im wesentlichen daher, daß weder Davidson noch Washington eine Antwort auf die folgende Frage geben: Was soll es heißen, daß etwas ein Teil des Satzes beziehungsweise kein Teil des Satzes ist?[237] Hinter dieser Frage steht offensichtlich die grundlegendere Frage danach, was ein Satz ist, und diese Frage führt offenbar erneut zur Typ-Vorkommnis-Unterscheidung. Mit anderen Worten: Nur dann, wenn klar entschieden ist, was ein Satz und seine Bestandteile sind, darf eine Antwort erwartet werden. Aber soweit ich dies überblicke, wird von keinem der beiden Autoren diese Frage zufriedenstellend beantwortet.

Ähnliches gilt für die Frage, ob Anführungen Typen oder Vorkommnisse sind und auf Typen oder Vorkommnisse Bezug nehmen. Bei Davidson finden wir zu diesem Problem folgende Bemerkung:

> Jedes Zeichenvorkommnis kann als Zielscheibe der Anführungspfeile dienen. So kann durch Zufall im Einzelfall ein angeführter Satz ein Vorkommnis mit der für den Zweck der Anführung geforderten Form enthalten. Solche Vorkommnisse erfüllen dann zwei Pflichten zugleich: Zum einen sind sie bedeutungsvolle Räder in der Maschine des Satzes und zum andern semantisch neutrale Objekte mit der benötigten Form. (1984, 91f.)

Daß hier einiges durcheinandergeht, scheint offensichtlich. Der Grund dafür ist, daß unklar ist, ob Davidson mit den Ausdrücken »Anführungspfeile« und »Satz«

---

[237] In dieser Hinsicht kritisiert auch Garcia-Carpintero (1994) Davidson und fragt, was es überhaupt heißen soll, daß ein Ausdruck kein semantischer Teil eines Satzes ist. Ist zum Beispiel in »1221« »22« ein semantischer Teil?

Vorkommnisse oder Typen meint. Gehen wir für das Folgende von der ersten Annahme aus:

In diesem Fall ist unter einem Satz eine Satzvorkommnismaschinerie zu verstehen, die Vorkommnisse enthält, die nicht zu der Maschinerie gehören. Diese Folgerung mag für einen Nominalisten nicht weiter erschreckend sein, aber es erscheint mehr als fraglich, ob Davidson bereit ist, dies zu akzeptieren. Wenn er aber hierzu, wie angenommen werden darf, nicht bereit ist, dann tritt der zweite Fall ein, nämlich, daß wir unter einem Satz an dieser Stelle einen Typ zu verstehen haben. Wie aber kann ein Typ als Abstraktum ein Vorkommnis enthalten? Hierauf gibt uns Davidson keine Antwort. Übrig bleiben abstrakte Anführungspfeile (sprich Anführungszeichen), die auf wundersame Weise auf Vorkommnisse zielen.

Nicht viel weiter aus unserer Schwierigkeit hilft uns dabei folgendes Beispiel Davidsons:

(1) Quine sagt, daß Anführen »ein bestimmtes anomales Merkmal hat«. (Ebd., 92.)

Nach Davidson ist (1) identisch mit beziehungsweise wird expliziter wiedergegeben durch:

(2) Quine sagt, indem er Wörter verwendet, von denen diese Vorkommnisse sind, daß das Anführen ein bestimmtes anomales Merkmal hat.

Gegen die Gleichsetzung beziehungsweise Explikation (1) durch (2) spricht, daß in (2) erst einmal ziemlich unklar ist, worauf sich »diese« überhaupt bezieht. Dies zeigt, daß die Demonstrativtheorie der Produktivitätsanforderung (siehe oben) nicht gerecht wird. Während wir bei einer gewöhnlichen Anführung immer sogleich erkennen, worauf sie Bezug nimmt, trifft dies bei den Reformulierungen im Sinne Davidsons nicht zu. Das liegt daran, daß Demonstrativa wie »dies« extrem kontextabhängig sind.[238]

Selbst wenn dieser schwerwiegende Einwand nicht zuträfe, sollte man jedoch erwarten, daß uns Davidson einiges mehr zu dem Verhältnis von Inskriptionen beziehungsweise Vorkommnissen zu Wörtern beziehungsweise Typen verrät (dies betrifft natürlich auch seinen unreflektierten Begriff der Gestaltform[239]). Daß dies nicht der Fall ist, läßt es fraglich erscheinen, ob die Demonstrativtheorie der KOMPATIBILITÄTSANFORDERUNG genügt. Hinter dieser Anforderung steht der Gedanke, daß Anführungskomplexe nicht nur auf Gestalttypen und syntaktische Typen Bezug nehmen können, sondern auf alle im ersten Teil besprochenen Typen, und hierzu gehören funktionale Typen oder Typen als Verhaltensgewohnheiten aufgefaßt.

Erinnert sei in diesem Zusammenhang erneut an die Bemerkung Davidsons, die deutlich macht, daß seine Theorie der Kompatibilitätsanforderung nicht genügt:

---

[238] Vgl. dazu ausführlich Harth 2000.

[239] Vgl. hierzu die zuvor dargestellte Kritik Washingtons an Davidson und den Versuch einer Rettung durch Bennett (siehe unten).

Anführung ist ein Mittel, das dafür gebraucht wird, auf typographische oder phonetische Formen durch Aufzeigen von Mustern, das sind Inskriptionen oder Äußerungen, die solche Formen haben, Bezug zu nehmen. (Ebd., 79.)

Davidson erweckt für mich hier den Eindruck, daß für ihn die Anführung, entgegen seinen eigenen Ansprüchen, im wesentlichen nur dazu verwendet werden kann, um auf Formeigenschaften Bezug zu nehmen. Dieser Eindruck verstärkt sich noch, wenn man bedenkt, daß für Davidson die angeführten Worte nicht Teil der Satzmaschinerie sind.[240]

2.1.3.1 Künnes Indikatortheorie

Eine weitere Anführungstheorie, die in entscheidenden Aspekten starke Ähnlichkeiten zu Davidsons Demonstrativtheorie aufweist, ist Wolfgang Künnes INDIKATORTHEORIE.[241] Für Künne steht fest, daß wir uns in den meisten Fällen mit Anführungen auf Typen und nicht auf Vorkommnisse beziehen:

Wer zum Beispiel behauptet:
(2) Das Wort »tapfer« kommt in diesem Buch oft vor,
der will gewiß nicht von dem, was sich in Zeile (2) zwischen den Anführungszeichen befindet, sagen, es komme irgendwo mehrfach vor. [...] Mit dem Anführungsausdruck in Zeile (2) nimmt man vielmehr auf einen abstrakten Typ Bezug, auf einen Ausdrucks*typ*, und zwar denjenigen, der in jener Zeile durch das von Anführungszeichen flankierte Ausdrucksvorkommnis exemplifiziert wird. (1982, 187)

Zu der Bezugnahme des Anführungskomplexes kommt es nach Künne nun dadurch, daß Anführungszeichen Indikatoren sind. Darunter sind Fregesche Funktionsausdrücke zu verstehen, das heißt, sie bezeichnen Funktionen, die durch den indizierten Gegenstand gesättigt werden. Solch ein Indikator ist zum Beispiel der Ausdruck »ich«, der in einem Äußerungskontext (Sprecher, Hörer etc.) als namensbildender Funktor auftritt. Dabei bilden Äußerungskontext und Indikator zusammen einen, wie Künne es nennt, HYBRIDEN Eigennamen. Hybrid deshalb, weil der indizierte Gegenstand, in meinem Beispiel also unter anderem der Sprecher und der Funktor, der Ausdruck »ich«, zusammen den Eigennamen bilden. Bei Anführungszeichen ist nach Künne das angeführte Vorkommnis das Argument, und die Anführungszeichen sind, wie bereits erwähnt, der Indikator.

Was uns Künne an dieser Stelle schuldig bleibt, ist ein Argument dafür, daß der Anführungskomplex in (2) und ähnlichen Fällen notwendigerweise auf einen Typ

---

[240] Vgl. Cappelen und Lepore 1997, die versuchen, diese Schwäche innerhalb der Theorie Davidsons auszumerzen.

[241] Günther 1992 spricht davon, daß Künne seine Theorie »zeitgleich« zu Davidson entwickelt hat. Dies ist meines Wissens verkehrt, gerade wenn man bedenkt, daß Davidson seine Theorie bereits 1970 in den »John Locke Lectures« vertreten hat (vgl. Schlossberger 1983).

Bezug nimmt.[242] Was spricht eigentlich gegen die Behauptung, daß der Anführungskomplex in (2) auf alle Vorkommnisse des Ausdrucks »tapfer«, die in dem besagten Buch vorhanden sind, Bezug nimmt beziehungsweise auf alle Vorkommnisse, die in den vorhandenen Exemplaren vorzufinden sind?

Das entscheidende Merkmal der Theorie Künnes ist, daß er in der Hinsicht Davidsons Auffassung teilt (ohne diesen explizit zu erwähnen), daß auch für ihn der angeführte Ausdruck nicht zum Satz gehört. Hierin bestünde das demonstrative Merkmal der Anführung, das auch bei ostensiver Bezugnahme vorhanden sei:

> Man tut es [ostensiv Bezug nehmen] zum Beispiel auch dann, wenn man sagt: »Die Farbe *dieser* Kachel sieht man heutzutage in allzu vielen Badezimmern« und dabei auf eine Kachel weist. Freilich ist das, worauf man zeigt, kein Bestandteil der Äußerung, während das, worauf man in (6) [» »Schmidt« ist ein verbreiteter Name«] verweist, eine Komponente der Inskription ist. (Ebd., 191 f.)

Die Bemerkung, daß » ›Schmidt‹ « eine Komponente der Inskription sei, ist ein wenig verwunderlich, wenn man bedenkt, daß Anführungskomplexe nach Künne auf Typen Bezug nehmen. Denn wie soll ein Typ (nämlich der Typ *Schmidt*), auf den der Anführungskomplex »verweist«, »Komponente« (Bestandteil) einer Inskription sein? Künne spürt wohl auch selbst die Schräglage, in die er sich begeben hat, und schlägt daher wenige Zeilen später vor, » »Schmidt« « durch

(7) der Ausdruck, der durch das Muster exemplifiziert wird, das in der nächsten Zeile steht:
    Schmidt (ebd., 192)

zu ersetzen.

Meines Erachtens besteht an dieser Stelle bei Künne die gleiche Verwirrung wie bei Davidson: Unter der Voraussetzung einer platonistischen Sprachauffassung behauptet natürlich niemand, daß die Inskription des Typs » ›Schmidt‹ « Teil des Typs ist, von dem (6) ein Vorkommnis ist. Was vernünftigerweise ebensowenig vom Sprachplatoniker bestritten werden kann, ist, daß der Typ » ›Schmidt‹ « in (6) Teil vom Typ (6) ist. Bestenfalls läßt sich bestreiten, daß » ›Schmidt‹ « semantischer Teil von (6) ist. Um aber die Frage zu klären, ob » ›Schmidt‹ « semantischer Teil von (6) ist, müßte zuvor die Frage geklärt werden, was »semantischer Teil« in diesem Zusammenhang heißen soll. Wenn es zum Beispiel nicht mehr bedeutet, als daß semantische Teile nicht opak sein dürfen, dann ist damit nicht allzu viel gewonnen, da jeder der Undurchsichtigkeitsanforderung (siehe oben) zustimmt, daß Anführungsausdrücke opak sind. Man könnte vielmehr geneigt sein, mit Wittgenstein die von Moore überlieferte These zu vertreten: »Wenn ein Mensch sagt, »ich bin müde«, dann ist sein Mund Teil des Symbols«,[243] oder um Künnes Kachelbeispiel aufzugreifen, die Kachel gehört zum Symbol. Bedient man sich an dieser

[242] Künne selbst vertritt eine syntaktische Typauffassung (vgl. 1983, 187 und 238 f.) und nicht etwa eine pragmatische (siehe I.2), das heißt, seiner Ansicht nach nimmt ein Anführungskomplex auf einen syntaktischen Typ Bezug (siehe I.1.5).

[243] Vgl. G. E. Moore in Künne 1982.

Stelle einer platonistischen Redeweise, kann dies zur Behauptung führen, daß die Kachelhaftigkeit semantischer Teil des Satzes »Diese Farbe sieht man heutzutage in allzu vielen Badezimmern« ist, wenn man bei der Äußerung des Satzes auf die entsprechende Kachel zeigt. Aber daraus folgt natürlich nicht, daß die Kachel beziehungsweise Kachelhaftigkeit Teil des Behauptungsvorkommnisses ist. Ungeachtet dessen ist sie natürlich notwendige Voraussetzung (Komponente) für das Gelingen des ostensiven Sprechaktes: »Diese Farbe sieht man heutzutage in allzu vielen Badezimmern«. Aber gleiches gilt für »›Schmidt‹« in (6).

Selbst wenn man das Problem beiseite läßt, das die Typ-Vorkommnis-Unterscheidung für Künnes wie auch Davidsons Theorie aufwirft, stellt die Produktivitätsanforderung für Künne ein ebenso großes Problem dar wie für Davidson. So besteht beispielsweise im Satz (7) Unklarheit darüber, worauf »Der Ausdruck, der durch das Muster exemplifiziert wird, das in der nächsten Zeile steht« Bezug nimmt. Diese Unklarheit entsteht dadurch, daß man den angeführten Ausdruck aus dem Satz oder der Kennzeichnung entfernt, wovon der Anführungskomplex in üblicher Notation Teil ist.

2.1.3.2 Bennetts modifizierte Demonstrativtheorie

Eine Fortführung der Demonstrativtheorie Davidsons, wenn auch unter Einbindung bestimmter Gedanken der Buchstabiertheorie, entwickelt Jonathan Bennett. Er will dabei bestimmte Züge der Buchstabiertheorie beibehalten und deren Schwächen durch eine an Davidsons Demonstrativtheorie angelehnte Überlegung beseitigen. Davidson nimmt nach Bennett ungerechtfertigterweise an, daß die Buchstabiertheorie davon ausgeht (oder ausgehen muß), daß für jedes kleinste Element des angeführten Ausdrucks ein Name vorhanden sein muß und/oder daß die gegebenen Namen von jedem verstanden werden müssen, damit man die Anführung versteht (1988, 410 f.). Jedoch würde dies von niemandem behauptet.[244]

Nach Bennett ist es Davidsons Ziel zu zeigen, wie es dazu kommt, daß Ausdrucksvorkommnisse wie

»sheep«

auf den Typ

sheep

Bezug nehmen. Bennett geht davon aus, daß eine Anführung »ein physikalisches Einzelding ist« (ebd., 399), das aus einem Paar Anführungszeichen besteht, welche eine ausgestellte (»displayed«) Inskription flankieren. Dabei ist das Ausstellungsstück ein Einzelding und kein Inskriptionstyp. Die Anführung insgesamt nimmt nach Bennett dabei niemals auf die ausgestellte Inskription innerhalb der Anfüh-

244 Siehe Undurchsichtigkeitseinwand II.2.1.1.

rung Bezug, sondern normalerweise ist das Bezugnahmeobjekt ein Typ, von dem die ausgestellte Inskription ein Vorkommnis ist (ebd.). Aber selbst wenn man auf ein bestimmtes Vorkommnis Bezug nehmen wollte, so Bennett, geschehe dies dadurch, daß man durch (»through«) den Typ auf das Vorkommnis Bezug nimmt.

Für seine weiteren Überlegungen führt Bennett folgende Sprachregelungen ein: Wenn er davon spricht, wie Typen räumlich geordnet sind, sei dies elliptisch in dem Sinne aufzufassen, daß er dabei nicht eigentlich über Typen, sondern vielmehr über deren Realisierungen, das heißt, Vorkommnisse spricht. Zudem übernimmt Bennett für die weitere Diskussion den Begriff »Ausdruck« von Davidson und versteht folgendes darunter:

> [Ein Ausdruck, ist] *ein Inskriptionstyp, der ein minimales sprachliches Element oder sprachlich strukturiertes Aggregat von solchen Elementen ist*. Ein Aggregat ist »sprachlich strukturiert«, wenn seine Elemente räumlich in einer Weise zusammenhängen, die für betreffende Sprache von Bedeutung [»significance«] ist. Wenn die untersuchte Sprache Englisch ist, ist ein Gegenstand ein Ausdruck genau dann, wenn er eine Menge von geordneten alphabetischen Buchstaben, Freiräumen und Interpunktionszeichen in einer oder mehreren horizontalen Linien ist. (So gehört jeder Ausdruck zu einer Sprache, aber er braucht deshalb weder syntaktisch zweckmäßig noch semantisch bedeutsam zu sein.) (Ebd., 400.)[245]

Nachdem Bennett auf diese Weise den Begriff »Ausdruck« expliziert hat, schlägt er vor, den Ausdruck

»sheep«

im Sinne Davidsons folgendermaßen zu analysieren:

der Inskriptionstyp, der hier instantiert ist: sheep

oder alternativ

Der Inskriptionstyp, von dem ein Vorkommnis in Abb. 1 steht:
sheep
Abb. 1

Die Schwierigkeit, die Bennett hier sieht, besteht darin, daß jedes sprachliche Vorkommnis unzählige Merkmale besitzt und es unklar ist, welche Merkmale in den obigen Fällen relevant sind. Bennett spricht in diesem Zusammenhang vom PROBLEM DER RELEVANTEN MERKMALE (403). Wäre es zum Beispiel im obigen Fall auch korrekt, statt der Abb. 1 die Abb. 2 zu verwenden?

`sheep`
Abb. 2

[245] In dem Sinne sind Konkatenationen aus unterschiedlichen Alphabeten oder Zeichen digitaler Systeme keine Ausdrücke. Hinzu kommt, daß Worte vertikal geschrieben (erinnert sei zum Beispiel an Neonreklame) ebenso keine Ausdrücke des Englischen sind.

Offensichtlich spielt es in unserer Praxis der Anführung keine Rolle, ob ich ein Wort in Times New Roman oder Courier New zitiere.[246] Gleichwohl kann ich dadurch, daß ich Worte in einer bestimmten Schrift zitiere, eine konversationale Implikatur im Sinne Grices beabsichtigen (zum Beispiel ich zitiere aus einer Rede Hitlers in gotischer Fraktur).

Nach Bennetts Auffassung muß das Vorkommnis weder alle Merkmale des Denotats besitzen, noch reicht es aus, daß es nur wenige besitzt. Es gilt vielmehr: »Eine Anführung, in welcher x ausgestellt ist, nimmt auf einen Ausdruck Bezug, der x in allen Hinsichten der Art A gleicht.« (403) Wobei die Art A als Wert eine Zwischenposition zwischen dem zu starken »... in jeder Hinsicht« und dem zu schwachen »... in einigen Hinsichten« besitzen soll.

Unklar bleibt gleichwohl für Bennett, was die relevanten Merkmale sind. Gehört zum Beispiel, wenn ich eine Person zitiere und dabei nachahme, wie die Person den Mund verzieht, das Mundverziehen zum Zitat dazu? Nach Bennett nicht. Für ihn kann die Nachahmung von Grimassen nicht zum Bereich der Art A gezählt werden, da solche Merkmale nicht »sprachlich relevant« (404) sind. Sprachlich relevant sind für Bennett nur syntaktische und semantische Merkmale und keine typographischen oder ähnliche Merkmale. Diese erstgenannten Merkmale sind rein konventionell. So gelte für das Englische, daß der Unterschied zwischen »can« und »con« sprachlich relevant sei, aber nicht, ob »can« unförmig ausgedruckt oder elegant geschrieben sei. Gleichwohl können wir uns Sprachen vorstellen, in denen genau das Umgekehrte gelte (ebd.). Ebenso können wir uns nach Bennett Sprachen vorstellen, in denen nicht nur die geordneten Buchstaben einer Reihe sprachlich relevant sind, sondern ebenso die Anzahl der rundlichen Formen aller Buchstaben einer Reihe.

Bennetts Auffassung zufolge erklären seine letzten Bemerkungen das, was Davidson mit folgendem ausdrücken wollte: »Was innerhalb von Anführungszeichen steht, ist eine Inskription [...], und wir brauchen sie, um auf ihre Gestalt Bezug zu nehmen.« (Davidson 1984a, 90) Wichtig ist dabei, so Bennett, daß Davidson mit »Inskription« dasselbe wie mit »Ausdruck« meint, das heißt Typen, die über ihre sprachlich relevanten Merkmale individuiert werden. Würde Davidson diese Einschränkung nicht treffen und alle möglichen Flecken, Diagramme, Bilder etc. zulassen, dann stünde er vor dem Problem, »die Auswahl der relevanten Merkmale« (Bennett 1988, 405) in solchen Fällen festzulegen. Sicherlich könnte man Flecken, Diagramme und andere Zeichen oder Formen zwischen Anführungszeichen setzen, aber dies widerspräche der üblichen Konvention der Anführung.[247]

---

246 Dies trifft natürlich nicht für alle typographischen Hinsichten zu. Erinnert sei nur an die Konvention, mit Hilfe der Kursivschrift Zitate zu kennzeichnen. Vgl. hierzu auch die Praxis im Japanischen, die darin besteht, beim Zitieren in eine andere Schriftsprache zu wechseln.

247 Reichenbach (1947) hatte beispielsweise die Idee, daß man anstelle des Namens des Gegenstands, wenn praktisch möglich, auch den Gegenstand selbst zwischen Anführungszeichen setzen könnte.

Nach Bennetts Auffassung können nach den bisherigen Voraussetzungen Anführungen auf zwei mögliche Weisen die sprachlich relevanten Merkmale des Ausstellungsstücks unterscheiden. Wichtig ist dabei, daß damit auch zwei unterschiedliche Weisen der Demonstrativtheorie einhergehen:

(i) [Die *stark* erweiterte Theorie]: Jede Anführung gehört zu einer Sprache S oder einer Art von Sprache A und nimmt Bezug auf die Merkmale des Ausstellungsstücks, die tatsächlich relevant für S oder A sind. (Unter einer »Art« von Sprache verstehe ich eine Menge von Sprachen, die in der Relation stehen »in ... sind exakt dieselben sprachlichen Merkmale relevant wie in ...«). Somit bedeutet jede Anführung etwas von folgender Form:

> Der weiteste (schwächste) Typ von jedem Vorkommnis, das dem ausgestellten Gegenstand in den Hinsichten R_1, R_2, ..., R_n ähnelt.

Was die Rs sind, hängt dabei von den Merkmalen ab, die für die Inskription innerhalb der Sprache oder Art von Sprache sprachlich relevant sind. (Ebd., 406)

Im Englischen und in Sprachen ähnlicher Art gehören zu den relevanten *R*s Unterschiede, die dafür ausschlaggebend sind, daß verschiedene Inskriptionen Vorkommnisse verschiedener Buchstabentypen sind. Dazu gehört nicht die Dicke der Linien etc.

Die stark erweiterte Theorie erfordert nicht, daß nur derjenige anführen kann beziehungsweise eine Anführung versteht, der alle relevanten Merkmale aufzählen kann, sondern erforderlich ist nur, daß man die Merkmale »internalisiert« hat (ebd.).[248] Dies zeigt sich in der Praxis darin, daß man feststellen kann, ob zwei Inskriptionen vom selben Typ sind oder nicht.

(ii) [Die *schwach* erweiterte Theorie]: Jede Anführung bedeutet etwas von folgender Form:

> Der weiteste (schwächste) Typ von jedem Vorkommnis, welches dem Ausstellungsstück in allen Hinsichten ähnelt, die relevant in der Sprache sind, zu dem der Typ gehört. (Ebd.)

Die beiden Theorien unterscheiden sich insofern die starke Theorie eine Liste aller relevanten Merkmale fordert, während sich die schwache Theorie mit der Phrase »in relevanten Hinsichten« begnügt. »Es ist der Unterschied zwischen Aufzählung und Quantifizierung« (ebd.).

Gegen die starke Theorie spricht nach Bennett folgendes Beispiel: Jemand zeigt mir eine Wellenlinie flankiert von Anführungszeichen und sagt, daß diese Linie das marsianische Wort für Planet sei. Nach der starken Theorie kann ich die Wellenlinie nicht als Anführung verstehen, weil ich nicht weiß, in welchen Hinsichten R_1, R_2, ..., R_n diese Inskription anderen Vorkommnissen vom selben Typ ähneln muß. Dagegen aber spräche, daß ich die Anführung im folgenden Sinn verstehe:

Ich entnehme ihr Information, und zwar die, daß das marsianische Wort für »Planet« ein Typ ist, von dem jedes Vorkommnis mit dem ausgestellten Gegenstand alle sprachlich signifikanten Merkmale teilt, welche diese auch immer sein mögen. Somit ist die schwache Theorie richtig und die starke falsch. (Ebd., 407.)

---

[248] Bestens kompatibel mit Bennetts Theorie ist eine pragmatische Typauffassung wie unter I.2 geschildert.

Dieses »Argument« besitzt nach Bennett Schlagkraft, wenn sich damit auch in anderer Richtung argumentieren läßt. Ein Problem nämlich sei, daß es unklar wäre, welche Merkmale im Marsianischen relevant seien. Was zu einem echten Verständnis der Anführung fehle, sei, daß ich keine »perfekte« Replika[249] des ausgestellten Gegenstandes schreiben könne.

Um die Schwierigkeit an dieser Stelle zu verdeutlichen, gibt Bennett folgendes weitere Beispiel: Kenneth und David betrachten beide die obige marsianische Anführung. Kenneth kennt jedoch im Gegensatz zu David alle sprachlich relevanten Merkmale des Marsianischen. Dies zeigt sich darin, daß David im Gegensatz zu Kenneth keine weitere Replika schreiben kann. Gleichwohl besitzen beide ungeachtet ihres unterschiedlichen Verständnisses sehr wohl ein Verständnis der marsianischen Anführung. Die entscheidende Frage ist jedoch für Bennett an dieser Stelle, ob beide ein »echtes« Verständnis von der marsianischen Anführung besitzen.

Nach Bennett zeigt sich hier, daß der Demonstrativtheorie noch etwas hinzugefügt werden muß. Sein erster Verbesserungsvorschlag lautet:

> Der weiteste (schwächste) Typ, von dem jedes Vorkommnis diesem
> . . . in allen Hinsichten ähnelt, die in der Sprache relevant sind, zu dem es gehört.
> (Ebd., 408; [Unterstreichung J. St.])

Der entscheidende Gedanke dabei ist, daß in der Lücke ein Typ des Vorkommnisses zu stehen hat, auf den der Anführungskomplex Bezug nimmt.

Unklar ist an dieser Stelle jedoch, was Bennett hier mit Lücke meint und wie eine gelungene Einsetzung eines Vorkommnisses auszusehen hat. Offensichtlich können wir nicht einfach in die Lücke ein Vorkommnis des angeführten Ausdrucks setzen, da sonst folgende Zeichenreihe entstünde.

> Der weiteste (schwächste) Typ, von dem jedes Vorkommnis diesem:
> sheep in allen Hinsichten gleicht, die in der Sprache relevant sind, zu dem es gehört.

Auch nicht weiter hilft an dieser Stelle folgende Formulierung, die auf einen Zirkel hinausläuft:

> Der weiteste (schwächste) Typ, von dem jedes Vorkommnis diesem:
> »sheep« in allen Hinsichten gleicht, die in der Sprache relevant sind, zu dem es gehört.

Wozu Bennett wahrscheinlich eher neigt, ist etwa folgendes:

> Der weiteste (schwächste) Typ, von dem jedes Vorkommnis diesem:
> [sheep] in allen Hinsichten gleicht, die in der Sprache relevant sind, zu dem es gehört.

249 Vgl. I.3 und II.3.2.

Aber die Frage bleibt offen, worin der Unterschied zwischen der letzten und der vorletzten Schreibweise substantiell bestehen soll (beziehungsweise ob der Unterschied letztlich nur ein notationaler ist).

Bennetts Strategie besteht an diesem Punkt darin, einige der genannten Schwierigkeiten mit Hilfe der von Davidson kritisierten Buchstabiertheorie (siehe oben II.2.1.2) zu lösen. Er schlägt vor, den QUANTIFIKATIONSEINWAND[250] zu umgehen, indem man die einzelnen Buchstaben nicht mehr anführt oder sie benennt, sondern im Sinne der Demonstrativtheorie auf sie verweist. So muß man zum Beispiel nicht mehr davon sprechen, daß der Buchstabe »s« mit dem Buchstaben »h« verknüpft wird, sondern, daß der Buchstabe, der diesem: s. in allen relevanten Hinsichten gleicht, verknüpft wird mit dem Buchstaben, der diesem: h. in allen relevanten Merkmalen gleicht, die in der Sprache relevant sind, zu denen die ausgestellten Vorkommnisse gehören.

Die große Stärke seines Lösungsversuchs sieht Bennett darin, daß die kleinsten Elemente des angeführten Ausdrucks nicht mehr benannt werden müssen. Zwei weitere Stärken seines Ansatzes seien zudem: Erstens, das indexikalische Element, das in Anführungen enthalten ist, wird erklärt, und zweitens, man ist nicht mehr auf den zu engen Begriff des Buchstabierens angewiesen (ein Anführungskomplex wird nur dann von einer Person verstanden, wenn sie seine elementaren Zeichen buchstabieren kann), sondern auf den anpassungsfähigeren der sprachlich relevanten Merkmale. Eine Person versteht - so Bennett - einen Anführungskomplex auch dann, wenn sie die Elementarzeichen zwischen den Anführungszeichen nicht buchstabieren kann, sondern nur weiß, welches die relevanten sprachlichen Merkmale sind:

> Wir verstehen, daß die Anführung äquivalent mit etwa folgendem ist:
>
> Der Ausdruck, der mit diesem: . . . alle seine sprachlich relevanten Merkmale teilt. (Ebd.)

Wobei der angeführte Ausdruck in der Lücke zu stehen hat.

Inwiefern Bennetts Vorschlag tatsächlich anstelle des Begriffs des Buchstabierens eine nützliche Alternative darstellt, ist meines Erachtens fraglich. Denn was soll es anderes heißen, daß zwei komplexe Zeichen in ihren sprachlich relevanten Merkmalen identisch sind, wenn nicht, daß sie sich auf die gleiche Weise buchstabieren lassen? Sicherlich läßt sich der Fall denken, daß jemand erkennt, daß zwei Vorkommnisse typgleich sind, ohne den betreffenden Typ benennen zu können. Aber Voraussetzung dafür ist, daß die Person die Vorkommnisse als Buchstaben erkennt.

Den bisher skizzierten Ansatz nennt Bennett die SCHWACH ILLUSTRIERENDE BESCHREIBUNGSTHEORIE (ebd.). »Schwach deshalb, weil sie eher auf den schwachen (quantifizierenden) denn starken (aufzählenden) sprachlich relevanten Merkmalen beruht.« Diese Theorie besäße zudem die Stärke, Davidsons Forderung der Abbildung von Anführungskomplexen sicherzustellen. Ausführlich for-

---

[250] Vgl. II.2, Fn. 218.

muliert möchte Bennett die Bedeutung eines Anführungskomplexes wie folgt verstanden wissen:

Der weiteste (schwächste) Typ, von dem jedes Vorkommnis diesem:
[. . .] in allen Hinsichten gleicht, die in der Sprache relevant sind, zu dem es gehört. (Ebd., 408)

Mit dieser Formulierung glaubt Bennett sowohl die brauchbaren Gedanken, die hinter der Buchstabiertheorie stehen, wie auch jene Davidsons verbunden zu haben. Sie gehe über Davidsons Theorie hinaus, indem sie einen Begriff der Beschreibung heranzieht, der in dieser Form nicht explizit bei Davidson zu finden sei. Von der Buchstabiertheorie unterscheide sie sich in zwei wichtigen Hinsichten: Erstens bringe sie einen Begriff der Illustration ins Spiel, der von keinem Anhänger der Theorie bisher verwendet wurde, und zweitens träfe auf sie der Beschränktheitseinwand (siehe II.2.1.2) nicht zu (ebd., 415).

Einem Einwand Davidsons gegen die Buchstabiertheorie sieht Bennett seine eigene Theorie noch ausgesetzt:

[Eine Theorie der Anführung sollte] eine artikulierte semantische Rolle für das Mittel der Anführung bereitstellen. [...] Wenn wir Anführungen verstehen lernen, lernen wir eine Regel für unendlich viele Anwendungen kennen: wenn du auf einen Ausdruck Bezug nehmen willst, kannst du ein Vorkommnis des Ausdrucks in Anführungszeichen setzen, um ihn zu erwähnen. Eine befriedigende Theorie muß diesen Sachverhalt mit einschließen oder erklären. (Davidson 1984a, 89)

Davidsons Auffassung zufolge vermag dies die Buchstabiertheorie nicht zu leisten. Unklar bleibt bei ihm jedoch, was er genau unter der »artikulierten semantischen Rolle« versteht. Nach Bennett läßt sich diese Unklarheit durch folgende Formulierung beseitigen: »Der weiteste Typ, von dem jedes Vorkommnis *diesem*: . . . in allen Hinsichten gleicht, die in der Sprache relevant sind, zu dem es gehört.« (Ebd., 416.) Seine schwach illustrierende Beschreibungstheorie könne somit erklären, wie das oben erwähnte Mittel der Anführung funktioniert.

Ein Ziel Bennetts besteht schließlich darin, die starke Lesart der Demonstrativtheorie mit einer illustrierenden Beschreibungstheorie in Einklang zu bringen. Er schlägt dazu folgende Formulierung vor:

Der weiteste (schwächste) Typ, von dem jedes Vorkommnis diesem:
. . . in den Hinsichten R_1, R_2 ..., R_n gleicht. (Ebd., 416)

Diese Formulierung garantiert, daß nur derjenige einen Anführungskomplex versteht, der weiß, welches die sprachlich relevanten Merkmale des Ausstellungsstücks sind. Zudem entgeht die so formulierte STARK ILLUSTRIERENDE BESCHREIBUNGSTHEORIE, ebenso wie die schwache, Davidsons Einwänden gegen die Buchstabiertheorie. Sie kann mit neuen Zeichen, zum Beispiel im Englischen, insofern bestimmte strukturelle Merkmale vorausgesetzt werden, die für die alten wie auch für das neue Zeichen gelten, umgehen. Zu solchen strukturellen Merkmalen gehört zum Beispiel, daß es unwichtig ist, in welcher Farbe ein Buchstabe geschrieben ist, es aber wichtig ist, daß er nicht auf dem Kopf steht.

Gegen die starke Variante wendet Bennett ein: Beiden Varianten, der schwachen wie der starken, liegt der Gedanke zugrunde, daß Anführungszeichen zu einer Wortphrase synonym sind. Diese Synonymie drückt sich unter anderem darin aus, daß die schwache Theorie folgende Phrase enthält: »in allen Hinsichten, die in der Sprache relevant sind, zu der es gehört«. Die starke Theorie muß dagegen alle relevanten Merkmale aufzählen. Nun kann es jedoch geschehen, daß in Anbetracht einer neuen, unbekannten Sprache die aufgezählten Merkmale der starken Variante nicht ausreichen. Das würde aber heißen, daß unsere bisherige Formulierung nicht synonym zu der Bedeutung von Anführungszeichen war. Andererseits ist es denkbar, daß wir in Anbetracht der neuen Sprache zu dem Schluß kommen, einige Merkmale von unserer Liste streichen zu müssen. In diesem Fall war unsere bisherige Liste falsch und somit auch nicht synonym zu Anführungszeichen.

Diesem Einwand hält Bennett entgegen: »Die semantische Rolle eines Anführungszeichenpaars besteht darin, eine *Funktion* auszudrücken, die auf Inskriptionen und den darauf basierenden Beschreibungen beruht.« (Ebd., 417)
Für das Beispiel

»sheep«

heißt dies, daß die Funktion durch das Anführungszeichenpaar ausgedrückt wird, das »Argument« ist das Ausstellungsstück,[251] und der *Wert* ist eine definite Beschreibung der Form:

Der Ausdruck, der mit diesem: . . . alle die Merkmale R_1, R_2 ..., R_n teilt.

Auch in diesem Schema hat das Ausstellungsstück in der Lücke zu stehen, und die *Rs* sind genau die Merkmale, die sprachlich relevant in der Sprache sind, zu der das Ausstellungsstück gehört. Der Anführungskomplex ist somit äquivalent zu einer definiten Beschreibung, und beide besitzen dasselbe Denotat (ebd.).

Die stark illustrierende Beschreibungstheorie und die schwach illustrierende Beschreibungstheorie unterscheiden sich darin, daß erstere nicht auf Anführungen angewendet werden kann, die zu einer neuen und unbekannten Sprache gehören, weil in diesen Fällen die R-Merkmale nur begrenzt und damit nicht aufzählbar zur Verfügung stehen. Für Bennett ist dies jedoch kein Grund, die stark illustrierende Beschreibungstheorie abzulehnen, sondern sie ist vielmehr für ihn »die wahre Theorie darüber, wie Anführung funktioniert«. (Ebd., 418)

Betrachtet man Bennetts Ansatz, läßt sich feststellen, daß ein wesentliches Problem für ihn darin besteht, näher zu bestimmen, was Inskriptionen sind und welche Merkmale eines Ausstellungsstücks sprachlich relevant sind. Diese Problemstellung zeigt an, daß Bennetts Ansatz im Kern eine Auseinandersetzung mit der Typ-

---

[251] Dies ist ungewöhnlich, da es keinen Argument-Namen gibt.

Vorkommnis-Unterscheidung ist, wenn er selbst das auch nicht in dieser Deutlichkeit expliziert. Dies hat zur Folge, daß es bei Bennett letztlich immer unklar bleibt, von welchem oder welchen Typbegriffen er ausgeht. Dies wird besonders deutlich, wenn man seine Charakterisierungen der schwach und stark illustrierenden Beschreibungstheorie betrachtet, die beide auf der Phrase »in .... relevanten Hinsichten gleicht, die bedeutsam in der Sprache sind« beruhen. Auf der einen Seite bleibt es unklar, welches die hier in Frage kommenden relevanten Hinsichten sind und auf der anderen Seite gibt uns Bennett keine Antwort darauf, warum die Anführung nur auf Typen Bezug nehmen kann.

Fassen wir kurz zusammen: Die Stärke der modifizierten Demonstrativtheorie von Bennett besteht darin, daß sie (i) den notorisch unklaren Begriff der Inskription bei Davidson etwas näher bestimmt und (ii) die Buchstabiertheorie gegen Einwände von Davidson immunisiert. Ungeachtet der Stärken genügt das Mixtum compositum Bennetts nicht der Kompatibilitätsanforderung. So wendet Washington zu Recht gegen Bennetts Theorie ein, daß sie mit ambigen Ausdrücken nicht zurechtkommt, da sie nur auf Formmerkmale von Ausdrücken Bezug nimmt (vgl. Washington 1992, 600).[252] Hinzu kommt, daß gegen Bennetts wie auch alle anderen Varianten der Demonstrativtheorie spricht, daß sie der Produktivitätsanforde-

---

[252] Eine weitere Verteidigung von Davidsons Theorie gegenüber den Einwänden Washingtons unternimmt Manuel Garcia-Carpintero (1994, 253). Garcia-Carpintero gesteht Washington zu, daß Davidsons Behauptung, Anführungskomplexe nehmen alleine auf Gestaltformen Bezug, ungerechtfertigt ist. Statt dessen sollte ebenso zugelassen werden, daß mit Anführungskomplexen auf Satztypen oder gar Satzbedeutungen Bezug genommen werden kann. Es ist jedoch nach Garcia-Carpintero unproblematisch, innerhalb der Theorie Davidsons ebenso die Bezugnahme auf Satztypen zuzulassen. Voraussetzung dafür sei, daß wir den angeführten Ausdruck im Sinne Wittgensteins als *ostensives Zeichen* verstünden (ebd., 258). Der wesentliche Unterschied ostensiver zu gewöhnlichen Ausdrücken besteht darin, daß die Bedeutung von hinweisenden Zeichen nicht auf dieselbe Art erlernt werden muß wie die Bedeutung von gewöhnlichen Ausdrücken. Ich kann zum Beispiel auf einen Pullover zeigen und sagen: »Fred trägt einen Pullover von dieser Farbe« oder: »Fred trägt einen indigoblauen Pullover«. Während zum Verständnis des zweiten Satzes explizit der Ausdruck »indigoblau« verstanden werden muß, genügt zum Verständnis des ersten Satzes die Kenntnis davon, wie Demonstrativa verstanden werden. Hinzu kommt nach Garcia-Carpintero, daß das Zeigen auf ein Vorkommnis beziehungsweise ostensives Zeichen etwas Natürliches für Menschen sei, während die Beziehung zwischen Ausdruck und dessen Inhalt rein konventionell sei. Die eigentliche Essenz der Davidsonschen Theorie, wenn auch von ihm selbst nicht in dieser Deutlichkeit gesehen, läge nun darin, Anführungen als ostensive Zeichen zu deuten. So wäre zum Beispiel der Witz der folgenden Anführung nicht der, das auf eine Gestaltform Bezug genommen würde, sondern zum Beispiel auf einen Klang:

»Kuckuck« ist ein onomapoetisches Wort.

Ein ostensives Zeichen kann nach Auffassung Garcia-Carpinteros daher nicht nur verwendet werden, um auf Gestaltformen Bezug zu nehmen, sondern auch darauf, womit das gezeigte Vorkommnis natürlich verbunden ist. Dabei muß diese Verbindung funktional und nicht kausal gegeben sein. (Ebd., 259). »Funktional« soll dabei bedeuten, daß Worte beziehungsweise ihre Vorkommnisse *teleologisch* verwendet werden, das heißt, mit ihnen bestimmte sprachliche Funktionen verbunden sind (ebd., 259).

rung - aufgrund der Kontextabhängigkeit von Demonstrativa - und der Redundanzanforderung nicht genügen.

2.1.4 Identitätstheorien

Die beiden prominentesten Vorläufer der Identitätstheorie sind die Ansätze von Frege und Searle.[253] Als weitere Vertreter werden von Saka (1998) Quine (²1961, 26 und 40), ebenso Wittgenstein (1953, Abs. 16), Tajtelbaum (1957), Whiteley (1957), Washington (1992) sowie Reimer (1996) genannt. Die am weitesten ausgearbeitete Version der Identitätstheorie hat Washington entwickelt. Ausgangspunkt seiner Überlegungen ist die Frage, mit welchen sprachlichen Mitteln man auf etwas Sprachliches[254] Bezug nehmen kann.

Die drei typischen Bezugnahmeweisen für Washington sind das Benennen, das Beschreiben und die demonstrative Bezugnahme. Nach Auffassung von STANDARDTHEORIEN, so nennt Washington die Eigennamen-, Buchstabier- und Demonstrativtheorie, beruhe die Anführung auf jeweils einer dieser Bezugnahmeweisen und weitere Gebrauchsweisen von Ausdrücken, das heißt, neben Benennen, Beschreiben und demonstrativer Bezugnahme, gäbe es nicht.[255] Die entscheidende Frage für Washington lautet jedoch, ob die Anführung unter keine dieser Weisen subsumiert werden kann? (Ebd., 582.)

Für die Identitätstheorie lautet die Antwort ja. In Anführungen, so die zentrale These der Identitätstheorie, werden die Ausdrücke dazu verwendet, um sich selbst zu erwähnen, und diese Form der Selbstbezugnahme ist regelgeleitet (ebd., 583). Die These Washingtons beruht auf der Annahme, daß sprachliche Ausdrücke auf unterschiedliche Weise gebraucht werden können: »Nach der [Identitäts-]Theorie, unterliegt dem Phänomen der Anführung ein spezieller *Anführungsgebrauch* der Ausdrücke« (ebd.), und dieser Gebrauch unterscheidet sich vom Standardgebrauch. Ein typischer Fall von Standardgebrauch liegt im nicht angeführten Teil von (1) vor:

(1) »Drei Worte lang« ist drei Worte lang.

Der erste Gebrauch von »drei Worte lang« ist dagegen ein Anführungsgebrauch. Der erste im Gegensatz zum zweiten wird dabei nach Washingtons Auffassung »durch das Prinzip der Identität interpretiert« (ebd.). Letztere Behauptung würde von Tarski, Quine, Geach und Davidson geleugnet. Für diese Denker kann sich

---

[253] Wie wir im einzelnen noch genauer sehen werden, kann in einem bestimmten Sinne auch Berkeley dazugezählt werden: »Es ist üblich, geschriebene Wörter und die Dinge, die sie bezeichnen, mit demselben Namen zu benennen.« Und es wäre nach Berkeley »überflüssig und außerhalb des Zwecks der Sprache, ihnen [den Wörtern] Namen zu geben, die von den durch sie bezeichneten Dingen verschieden sind.« (1709, § 140.)

[254] Diese Formulierung läßt es erst einmal offen, ob es sich um ein Sprachvorkommnis, einen Typ, eine bloße Buchstabenfolge etc. handelt.

[255] Mit »Ausdrücken« meint Washington immer Ausdruckstypen (ebd., 584).

der angeführte Ausdruck in seiner Erwähnung nicht auf seinen üblichen Gebrauch beziehen.[256]

Für Washington muß jede Anführungstheorie, ob Standard oder Nichtstandard, Antworten auf folgende drei Fragen hinsichtlich der Semantik von Anführungen geben:

(1) Welche Ausdrücke werden gebraucht und welche Rolle spielen sie?
(2) Welcher Typ von Gegenstand wird erwähnt?
(3) Wodurch ist der semantische Wert des erwähnten Ausdrucks bestimmt?

Mögliche Antworten auf Frage (1) sind nach Washington: (a) die Anführung besteht aus dem gesamten Anführungskomplex, das heißt, aus den Anführungszeichen und dem, was zwischen ihnen steht;[257] (b) der Ausdruck zwischen den Anführungszeichen, der angeführte Ausdruck; oder (c) die Anführungszeichen alleine. Antwort (a) wurde von Tarski, Quine und Geach gegeben, Antwort (c) von Davidson. Auf Frage (2) antworten Tarski und Quine, daß eine Anführung auf einen Typ Bezug nimmt, der aus Konkatenationen von Buchstaben gebildet wird. Für Geach dagegen ist es ein Typ, der durch Konkatenation von Wörtern gebildet wird. Für Davidson bezieht sich die Anführung auf Gestaltformen. Allen genannten gemeinsam sei, daß Anführungen immer auf Typen und nicht Vorkommnisse Bezug nehmen. Allerdings ist der Typbegriff Davidsons unvereinbar mit demjenigen der anderen genannten Autoren.

Zur Verdeutlichung der verschiedenen Positionen entwirft Washington folgende Tabelle (ebd., 586):

Vertreter	Semantische Kategorie	Erwähnender Ausdruck	Methode des Festsetzens	Erwähntes Objekt
Tarski/Quine	Eigennamen	Anführungs-komplex	Festsetzung	Ausdruck
Tarski/Quine	Beschreibung	Anführungs-komplex	Festsetzung der Teile	Folge von Buchstaben

[256] Washingtons Redeweise ist an dieser Stelle meines Erachtens nicht einfach nachzuvollziehen. So versteht er unter »erwähnende Ausdrücke« Ausdrücke, die dazu gebraucht werden, sich selbst (»mentioned object«) zu erwähnen. Erwähnte Gegenstände sind dabei die semantischen Werte von erwähnenden Ausdrücken. (Ebd., 584)

[257] Washington läßt erst einmal offen, welcher Art dasjenige ist, was zwischen den Anführungszeichen steht.

Geach	Beschreibung	Anführungskomplex	Festsetzung der Teile	Folge von Worten oder nicht ambigen Ausdrücken
Davidson	Demonstrativa	Anführungszeichen	demonstrativ	Gestalt
Frege	alle	Anführungsausdruck	Prinzip der Identität	Ausdruck
Searle	alle	Anführungsausdruck	Prinzip der Identität	Ausdruck
Washington	alle	Anführungsausdruck	Prinzip der Identität	Ausdruck

Washington situiert sich somit in der Linie Frege - Searle. Auffallend ist, daß er ebenso wie Davidson die Funktionstheorie (siehe unten) in seine Überlegungen gar nicht mit einschließt. Dieses Übergehen der Funktionstheorie ist jedoch nicht verwunderlich, da für Washington die Anführungszeichen in semantischer Hinsicht nicht zählen und daher auch keine Funktoren sein können.

Washingtons Beleg dafür, daß es sich bei Frege um einen Identitätstheoretiker handelt, ist folgende Textstelle bei Frege:

Wenn man in der gewöhnlichen Weise Worte gebraucht, so ist das, wovon man sprechen will, deren Bedeutung. Es kann aber auch vorkommen, daß man von den Worten selbst oder von ihrem Sinne reden will. Jenes geschieht zum Beispiel, wenn man die Worte eines anderen in gerader Rede anführt. Die eigenen Worte bedeuten dann zunächst die Worte des anderen, und erst diese haben die gewöhnliche Bedeutung. Wir haben dann Zeichen von Zeichen. In der Schrift schließt man in diesem Falle die Wortbilder in Anführungszeichen ein. Es darf also ein in Anführungszeichen stehendes Wortbild nicht in gewöhnlicher Bedeutung genommen werden. (Frege [5]1980b, 43)

Höchst fraglich ist, ob aus dieser Passage zwingend gefolgert werden kann, daß der Anführungsausdruck im Sinne der Identitätstheorie dazu gebraucht wird, sich selbst zu erwähnen.

Bei näherer Betrachtung fällt vielmehr auf, daß Frege an dieser Stelle die Unterscheidung zwischen Wort und Wortbild trifft. Dies ist insofern von Bedeutung, als allgemein gilt, wenn Frege von Worten und Zeichen spricht, bezieht er sich als Platonist eher auf Wort- oder Zeichentypen und nicht auf Vorkommnisse. Mit dem Ausdruck »Wortbilder« nimmt er dagegen - soweit zumindest eine Lesart - auf Vorkommnisse eines Zeichens beziehungsweise mit dem Singular »Wortbild«

auf ein konkretes Vorkommnis Bezug:[258] Der Sprecher kann nur konkrete Zeichen mit Anführungszeichen einschließen, Typen (Ideen von Gestaltformen etc.) können dagegen vom Sprecher prinzipiell nicht eingeschlossen werden beziehungsweise höchstens in einem übertragenen Sinne.[259] Eine andere Lesart, die sich an dieser Stelle anbietet, ist, Freges Ausdruck »Wortbild« wörtlich zu nehmen, das heißt das, was zwischen den Anführungszeichen steht, nicht als Vorkommnis eines Typs zu interpretieren, sondern als Abbild der Wörter, die jemand geäußert hat. In diesem Sinne wäre das Wortbild nicht syntaktischer Teil des Satzes, sondern ein Bild, das zwischen den Anführungszeichen steht. Das Wortbild wäre damit mit einer Abbildung, die zum Beispiel neben einem Text zu finden ist, vergleichbar.[260]

Ungeachtet dieser verschiedenen Interpretationsmöglichkeiten steht meines Erachtens fest, daß für Frege die Bedeutung des Wortbildes, eingeschlossen in Anführungszeichen, das Wort ist. Anführungskomplexe nehmen somit nach Freges Auffassung nicht auf das Wortbild, welches ein anderer geäußert hat, sondern auf das Wort - also den Typ - Bezug.[261] Auffallend ist gleichwohl, daß Frege, wenn er an anderen Stellen von der Bedeutung von Wörtern spricht, immer von »Wörtern« und nicht »Wortbildern« spricht, das heißt, seine Bedeutungstheorie bezieht sich auf den Sinn und die Bedeutung von Typen und nicht auf die Bedeutung von Vorkommnissen. Ob gleiches für Anführungskomplexe gilt, ist zumindest zweifelhaft.

Ein Anführungskomplex besteht nach Freges Auffassung aus einem Wortbild, das von Anführungszeichen eingeschlossen wird. Frege spricht an dieser Stelle nicht von Bildern von Anführungszeichen, sondern von Zeichen - also Typen. Dies läßt zumindest die Möglichkeit offen, daß die Anführungszeichen namenbildende Funktoren sind, die, unüblicherweise auf Wortbilder (und nicht etwa Wörter) angewendet, Namen erzeugen.[262] Hiergegen ließe sich einwenden, daß Frege von den »eigenen Worte[n]«, spricht, die »dann zunächst die Worte des anderen

---

258 Für diese Lesart sprechen auch Freges Überlegungen in seinem Aufsatz *Logische Allgemeinheit*: »Die Sätze der Hilfssprache [zu der die Wortbilder gehören] dagegegen sind Gegenstände, von denen in meiner Darlegungssprache die Rede sein soll.« (Frege 1971, 169). Freges Unterscheidung zwischen Hilfs- und Darlegungssprache nimmt nach Gabriel die Unterscheidung zwischen Objekt- und Metasprache bei Tarski vorweg (ebd., 186).

259 Die Unterscheidung Wort und Wortbild bei Frege erinnert zudem an Peirce Unterscheidung von Typ und Vorkommnissen (beide etwa zeitgleich). Die Fregesche Unterscheidung bleibt aber in der angelsächsischen Literatur, soweit ich sie überblicke (vgl. zum Beispiel Parsons 1981, 316), unbemerkt. Der Grund dafür dürfte sein, daß in der Übersetzung von Geach und Black (dies., *Translations from the Philosophical Writings of Gottlob Frege*, Oxford 1970, 58f.) »Wortbild« einfach mit »word« übersetzt wird.

260 Interpretiert man Frege in diesem Sinne, kann in ihm ein Vorläufer der Bild- oder Demonstrativtheorie gesehen werden (vgl. II.2.1.3).

261 Parsons, der sich scheinbar nur auf die englische Übersetzung stützt und dem wahrscheinlich der Unterschied zwischen Wortbild und Wort nicht bekannt ist, zieht daher in Überlegung, daß für Frege Anführungskomplexe auf Vorkommnisse Bezug nehmen (Parsons 1981, 316).

262 Ausführlicher gehe ich in II.2.1.5 auf die sogenannte *Funktionstheorie* ein.

[bedeuten]« (ebd.), aber diese Worte werden eben dadurch erzeugt, daß man Anführungszeichen auf Vorkommnisse (Wortbilder) anwendet. Zugegebenermaßen ist dieser Akt der Erzeugung, wie bisher geschildert, obskur. Versuchen wir daher weitere Überlegungen Freges zur Klärung heranzuziehen:

Bekanntermaßen unterscheidet Frege auf der sprachlichen Ebene zwischen Prädikaten und Eigennamen, wobei letztere im Gegensatz zu ersteren gesättigt sind und Gegenstände (Namen fiktionaler Gegenstände, leere Kennzeichnungen brauchen uns an dieser Stelle vorerst nicht zu beschäftigen) bezeichnen. Obiges Zitat spricht nun stark für die Annahme, daß Anführungskomplexe für Frege Namen sind, welche abstrakte Gegenstände, nämlich Typen, bezeichnen. Wenn dem aber so ist, wie läßt sich dann folgender Satz analysieren?

(h) Hans sagt »hoppla«.

Wenn wir in (h) » »hoppla« « als Eigennamen auffassen, ist »Hans sagt __.« das ungesättigte Prädikat. Mit anderen Worten ausgedrückt, wir prädizieren von dem abstrakten Gegenstand, dem Wort »hoppla«, daß es von Hans gesagt wurde. Der Satz (h) ist somit nach Frege wahr, wenn die Prädikation zutrifft, das heißt, Hans tatsächlich »hoppla« gesagt hat. Falsch ist der Satz dagegen, wenn Hans nie »hoppla« gesagt hat.[263]

Die in unserem Zusammenhang entscheidende Frage ist, ob es sich bei Anführungskomplexen um einfache oder zusammengesetzte Namen handelt beziehungsweise welche Rolle die Anführungszeichen spielen. Wählt man die erste Möglichkeit, führt dies zur Eigennamen- oder Identitätstheorie, wählt man die zweite, gelangt man zur Funktionstheorie.[264]

Wäre Frege ein Eigennamentheoretiker, bedeutete dies, daß der Anführungskomplex als semantisch einfaches Zeichen auf den angeführten Ausdruck Bezug nehmen würde. Gegen diese Interpretation spräche, wenn Frege im oben angeführten Zitat mit dem Ausdruck »die eigenen Worte« nicht den Anführungskomplex meint, sondern nur die angeführten Worte. Diese, das heißt die angeführten »eigenen Worte« alleine, bezeichneten dann »die Worte des anderen«. Somit ließe sich nicht behaupten, daß der komplette Anführungskomplex, als Name aufgefaßt, die Worte des anderen bezeichnet, so wie es nach der Eigennamentheorie der Fall sein müßte. Die Unklarheit besteht aber darin, ob Frege mit dem Ausdruck »die eigenen Worte« nur die angeführten Worte oder den Anführungskomplex meint.

Washington scheint dagegen der Meinung zu sein, daß Frege sich nur auf die angeführten Worte und nicht den gesamten Anführungskomplex bezieht und

---

263 Eine weitere mögliche Analyse wäre, in (h) »Hans« als Eigennamen und »sagt »hoppla« « als Prädikat aufzufassen. Wenn wir (h) in diesem Sinn analysieren, wäre » »hoppla« « gewissermaßen das Adverb von »sagen«. Gegen diese Analyse spricht unter anderem, daß Adverbien in Freges Sinne wohl kaum als Eigennamen aufzufassen sind.

264 Vgl. II.2.1.5.

überdies die Auffassung vertritt: (i) Mit den »eigenen Worten« ist nicht ein Vorkommnis gemeint, sondern ein Worttyp. (ii) Die Bedeutung der eigenen Worte ist ebenso kein Vorkommnis, sondern ein Typ. Aus (i) und (ii) folgt jedoch, daß sich die eigenen Worte, als Typ aufgefaßt, gewissermaßen auf sich selbst beziehen. Frege wäre somit ein Identitätstheoretiker.

Gegen diese Interpretation spricht aber, daß Frege im letzten Satz des angeführten Zitats nicht mehr von den eigenen Worten spricht, sondern vom Wortbild. Die Sichtweise, in Frege einen Identitätstheoretiker zu sehen, wäre aber nur dann gerechtfertigt, wenn die Bedeutung der Ausdrücke »Wortbild« und »Wort« identisch wäre, aber dies läßt sich, wie oben gezeigt, zumindest stark bezweifeln.[265]

Der Zusammenhang der Identitätstheorie zu Searle ist dagegen offensichtlich, gerade wenn man sich an Searles Bemerkung erinnert, daß Wörter in Anführungskomplexen »nicht im normalen Gebrauch« verwendet werden (siehe oben). Washington faßt dabei Searles Position folgendermaßen zusammen:

> Der Anführungskomplex wird als Anführungszeichen analysiert, die den Anführungsgebrauch des angeführten Ausdrucks anzeigen, und angeführter Ausdruck, der selbst dazu gebraucht wird, einen Gegenstand zu erwähnen. Alle Ausdrücke, und gerade solche, die in ihrem Standardgebrauch keine Erwähnungsausdrücke sind, werden zu Erwähnungsausdrücken innerhalb der Anführung. (Ebd., 587)

Gegen diese Angleichung Searles an die Identitätstheorie spricht meines Erachtens folgende bereits zitierte Bemerkung Searles: »Aber auf das Wort wird nicht Bezug genommen, noch nimmt es auf sich selbst Bezug.« (1969, 76) Das heißt, bei Searle liegt die geforderte Identität nicht vor, da der angeführte Ausdruck nicht auf sich selbst Bezug nimmt.

Washington vertritt demgegenüber die Auffassung, daß im Normalfall eine Anführung auf einen sprachlichen Typ Bezug nimmt, und das heißt für ihn, der

---

[265] Als weitere Lesart bietet sich, wie gesehen, an, in Frege einen Funktionstheoretiker zu sehen. Die Anführungszeichen wären dann Funktionsnamen und der angeführte Ausdruck beziehungsweise das Wortbild Argument der Funktion. In diese Richtung, mit der oben gemachten Einschränkung, argumentiert Parsons. Für ihn ist die eigentlich spannende Frage, wie die Anführungszeichen innerhalb Freges Ansatz kohärent interpretiert werden können (1981, 318). Sein erster Vorschlag lautet, in ihnen Funktionsnamen zu sehen (ebd.), die eine Funktion bezeichnen. Die Argumente der Funktion sind Ausdrücke, und die Funktion bildet die Ausdrücke auf sich selbst ab. Die Werte der Funktion und die Argumente (der angeführte Ausdruck) sind somit identisch. Parsons' zweiter Vorschlag läuft auf ein ähnliches Ergebnis hinaus, nämlich, daß die Bedeutung des Anführungskomplexes der angeführte Ausdruck ist, mit dem Unterschied aber, in den Anführungszeichen keinen Namen zu sehen. Die einzige Rolle der Anführungszeichen ist vielmehr, nur anzudeuten daß der Ausdruck nicht seine gewöhnliche Bedeutung hat, sondern auf sich selbst Bezug nimmt (ebd., 321).
Für den Satz (h) bedeutet dies, daß dem ersten Vorschlag zufolge das Prädikat »Hans sagt« auf dem komplexen Namen » »hoppla« « operiert, während dem zweiten Vorschlag zufolge das Prädikat nur auf dem Namen »hoppla« operiert. Der zweite Vorschlag läuft somit auf eine Identitätstheorie hinaus. Wie bereits mehrfach erwähnt, sehe ich die Schwierigkeit in Parsons' Position in der Gleichsetzung der Begriffe »Wortbilder« und »Wörter«.

angeführte Ausdruck nimmt auf sich selbst Bezug. Dies kann Washington zufolge schematisch folgendermaßen verdeutlicht werden:

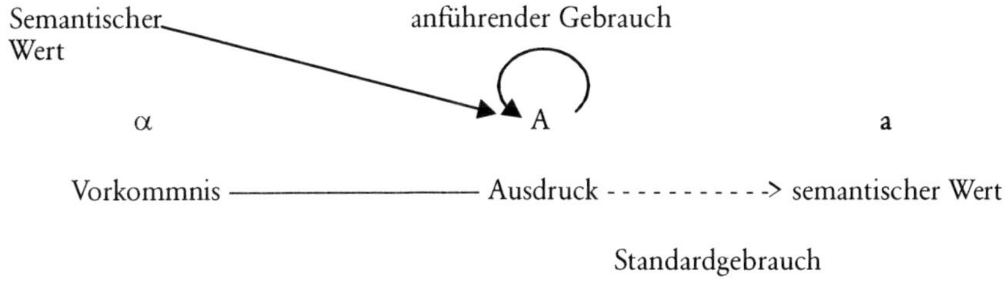

(Ebd., 588)

Auffallend an diesem Schema ist das Fehlen jeglicher Anführungszeichen. Dies ist für Washington auch vertretbar, da zum Beispiel im mündlichen Diskurs häufig auf Anführungszeichen verzichtet werden kann: So werde ich kaum die Fingerzeichen benutzen, wenn ich zum Beispiel jemandem mitteile: »»Ich habe am meisten gelitten,« sagte Helmut Kohl«.[266] Für Washington ist der Redundanzeinwand so stark, daß er glaubt, damit ein schlagendes Argument gegen die Eigennamen-, Buchstabier- und Demonstrativtheorie zu besitzen.

Washington argumentiert unter der Annahme der Unabwendbarkeit des Redundanzeinwands dafür, Anführungszeichen wie Satzzeichen zu behandeln. Das heißt, daß sie keinen essentiellen syntaktischen oder morphologischen Anteil besitzen: »Anführungszeichen sind Satzzeichen. Als Satzzeichen signalisieren sie, daß der angeführte Ausdruck einen speziellen Gebrauch hat.« (Ebd., 591.) Dies spräche dafür, schriftliche Anführungskontexte, bei denen die Anführungszeichen fehlen, analog zu Sätzen zu betrachten, bei denen Interpunktionszeichen fehlen. Ein solches Fehlen könne jedoch nicht mit dem Fehlen eines Funktionszeichens verglichen werden, da das Fehlen letzterer nicht durch den Kontext, in dem die in Frage stehende Äußerung verwendet wird, ersetzt werden kann, wie dies im Fall des Fehlens der Anführungszeichen möglich, ist (ebd., 592).

Ein weiterer wichtiger Punkt in Washingtons Identitätstheorie ist, daß mit Hilfe des angeführten Ausdrucks auf Typen (unter anderem Gestaltformen) und Vorkommnisse Bezug genommen werden kann. Damit glaubt er sich von allen Vorgängertheorien zu unterscheiden (ebd., 594) und hier im besonderen von solchen, die unnötigerweise annehmen, daß nur einzelne Typen erwähnt werden können.

Washington sieht die Stärke seiner Theorie gegenüber der Eigennamentheorie darin, daß sie deutlich macht, wie Anführungskomplexe zu ihrer Bedeutung gelangen. Während für die Eigennamentheorie Anführungskomplexe ihre Bedeutung

[266] Vgl. Redundanzeinwand (II.2.1.1); gegen die Gewichtigkeit des Einwands siehe Saka (1998, 130f.).

alleine durch willkürliche Festsetzung erlangen, kann die Identitätstheorie aufzeigen, wie sich Anführungskomplexe von Eigennamen in dieser Hinsicht unterscheiden (dies ist in etwa auch der Vorteil, den Davidson in der Bildtheorie gegenüber der Eigennamentheorie sieht). Die Buchstabiertheorie hat dagegen, wie gesehen, unter anderem Probleme mit neuen Ausdrücken, die sich nicht aus den bisher bekannten elementaren Ausdrücken zusammensetzen lassen.

Eine sehr ausführliche Kritik an der Identitätstheorie findet sich bei Paul Saka (1998), dessen gewichtigster Einwand der *Iterationseinwand* ist. Zu diesem Einwand führt die Frage, ob der Identitätstheoretiker folgender Behauptung zustimmen muß.

»»Ei««=»Ei«=Ei

Stimmt er ihr zu, widerspricht er zweifellos zahlreichen Intuitionen. Stimmt er ihr nicht zu und behauptet, daß »Ei« erwähnt soviel wie »»Ei«« gebraucht bedeutet, steht er dagegen vor der Aufgabe, genauer zu erklären, wie er die Begriffe »Gebrauch« und »Erwähnung« verwendet wissen will. Diese Aufgabe hat der Identitätstheoretiker jedoch bis heute nicht erfüllt, und es scheint zudem kein geringes Problem zu sein (vgl. Saka 1998, 122).

Eine mögliche Lösung könnte darin bestehen, daß man so etwas wie eine illokutionäre Kraft der Anführung postuliert, anhand deren man den anführenden vom gewöhnlichen Gebrauch von Ausdrücken unterscheidet. Solch eine Strategie ist für Saka jedoch entweder nichtssagend oder zirkulär (ebd.): Sie ist nichtssagend, wenn man nicht genauer angibt, was unter dieser speziellen illokutionären Kraft zu verstehen ist, und sie ist zirkulär, wenn man diese Kraft mit Hilfe des Begriffs der Erwähnung zu erklären versucht.

Jedoch selbst wenn wir annehmen, daß jemand mit der illokutionären Kraft der Anführung (1) anführend gebraucht,

(1) Die Erde ist eine Scheibe.

bleibt dennoch die Frage, wie sich (1) von (2) unterscheidet:

(2) »Die Erde ist eine Scheibe.«

Wenn die Anführungszeichen die illokutionäre Kraft gewissermaßen anzeigen und somit die illokutionäre Kraft notational überflüssig machten, dann wäre (2) nach Saka ein bloß lokutionärer Akt (da die illokutionäre Kraft der Anführung fehlt). Aber dies kann nicht stimmen, da man mit (2) nicht nur etwas äußert, sondern zudem die Behauptung aufstellen kann, daß jemand etwas gesagt hat.[267]

[267] Der Einwand, daß mit (2) keine Behauptung aufgestellt wird, da es sich nur um die Äußerung eines singulären Terms handelt, kann Washington nicht treffen, da er ja genau die Annahme leugnet, auf der der Einwand beruht.

Nur wenn wir wissen, daß die Anführung eine behauptende [»assertive«] Kraft beinhaltet, können wir verstehen, daß (2) nach einer Zustimmung oder Ablehnung darüber verlangt, ob (2) wahr oder falsch ist. (Ebd., 123)

Hieraus schließt Saka, daß auch (2) mit illokutionärer Kraft geäußert werden kann und daher die Anführungszeichen nicht das Fehlen dieser Kraft anzeigen können.

Hinzu käme, daß wir dann (2) nicht mehr von (3) unterscheiden könnten (ebd.):

(3) »»Die Erde ist eine Scheibe.««

weil uns (2) wie auch (3) nur verraten würden, daß der Anführungsausdruck mit illokutionärer Kraft geäußert worden wäre. Das heißt, wenn Anführungszeichen nur Beiwerk sind, die gegebenenfalls anzeigen, daß die anführende illokutionäre Kraft nicht vonnöten ist, dann läßt sich Saka zufolge die Iteration der Anführung nicht erklären.

Was spricht aber dagegen, in der Anführung sozusagen einen meta-illokutionären Akt zu sehen, der darin besteht, mit der anführenden (meta-) illokutionären Kraft auf andere Akte, die mit illokutionärer Kraft geäußert wurden, Bezug zu nehmen? So kann man beispielsweise mit meta-illokutionärer Kraft (4) äußern:

(4) Fritz sagt: Die Erde ist eine Scheibe.

Mit dieser Äußerung nimmt man unter anderem auf Fritzens Äußerung (1) Bezug. Diese Bezugnahme und nicht etwa die Bezugnahme auf den Sachverhalt, daß die Erde flach ist, kommt mittels der meta-illokutionären Kraft der Anführung zustande. Äußert man dagegen statt (4) den Satz

(5) Fritz sagt: »Die Erde ist eine Scheibe«.

kann man auf die meta-illokutionäre Kraft verzichten, da die Anführungszeichen gewissermaßen die meta-illokutionäre Kraft übernehmen. Mit (5) nimmt man somit mit gewöhnlicher illokutionärer Kraft auf den Sachverhalt Bezug, daß Fritz mit gewöhnlicher illokutionärer Kraft geäußert hat, daß die Erde flach ist. Wie ist dann aber folgendes Beispiel zu analysieren?

(6) Fritz sagt: »»Die Erde ist eine Scheibe««.

Wählt man folgende Analyse, nämlich daß man mit (6) mit gewöhnlicher illokutionärer Kraft auf den Sachverhalt Bezug nimmt, daß Fritz mit meta-illokutionärer Kraft gesagt hat, daß die Erde flach ist, dann bricht die Identitätstheorie zusammen, da (5) und (6) nicht mehr dasselbe denotieren: Während man mit (5) darauf Bezug nimmt, daß Fritz mit gewöhnlicher illokutionärer Kraft geäußert hat, daß die Erde flach ist, nimmt man mit (6) darauf Bezug, daß Fritz mit meta-illokutionärer Kraft gesagt hat, daß die Erde flach ist. Die Sätze (5) und (6) unterscheiden sich somit semantisch voneinander, und dieser semantische Unterschied wird durch die Anführungszeichen angezeigt. Dies widerspricht aber der These des Identitätstheoretikers, daß Anführungszeichen nur »Beiwerk« sind.

Eine weitere Schwierigkeit für den Identitätstheoretiker wirft das PROBLEM DER MULTIPLEN AMBIGUITÄT auf. Zu diesem Problem gelangt man nach Saka durch folgenden Gedankengang: Vorkommnisse, aber nicht Typen nehmen Bezug (1998, 123). Das bedeutet, Vorkommnisse werden zum Bezugnehmen verwendet und nicht Typen. Saka führt als typisches Beispiel dafür Indexikalia, wie das Wort »ich« an. Stimmt man diesem Gedankengang zu, folgt daraus, daß nach der Identitätstheorie Anführungsausdrucksvorkommnisse auf sich selbst Bezug nehmen und Anführungsausdruckstypen dies nicht möglich ist (ebd.). Dem würden aber zahlreiche Theoretiker (zum Beispiel Garver 1965, Chistensen 1967, Goldstein 1984 sowie Seymour 1994) widersprechen. Offensichtlich kann man mit Anführungskomplexvorkommnissen sowohl auf den Anführungskomplex selbst, andere Vorkommnisse vom selben Typ oder auf den Typ Bezug nehmen.[268] Diese Vielfalt der Bezugnahme läßt sich aber mit Hilfe der Identitätstheorie nicht erklären: Nimmt man mit einem Anführungskomplexvorkommnis beispielsweise auf einen Typ Bezug, widerspricht dies der Identitätstheorie, da ein Vorkommnis nicht identisch mit seinem Typ ist. Gleiches gilt für den Fall, wenn man mit einem Anführungskomplextyp auf ein Vorkommnis Bezug nehmen will. Vor dem Hintergrund dieser Argumentation ist es verwunderlich, wie Washington zur Auffassung gelangt (siehe oben), die Stärke seiner Theorie bestünde darin, zu erlauben, daß Anführungskomplexe auf Typen, Vorkommnisse und Gestaltformen Bezug nehmen können.

Ein schwerwiegendes Problem für die Identitätstheorie stellt die Simultanitätsanforderung dar, denn wie kann der Identitätstheoretiker erklären, daß ein Ausdruck gleichzeitig angeführt (erwähnt) und gebraucht wird? Diese Schwierigkeit wird besonders deutlich, wenn man sich sogenannter gemischter Anführung (»mixed quotation«)[269] zuwendet, wie zum Beispiel:

Schröder sieht keine Möglichkeit für einen »Atomausstieg vor 2030«.

In Fällen dieser Art ist es ja gerade der Witz, daß man zum einen den genauen Wortlaut anführt, ihn aber gleichzeitig in seiner gewöhnlichen Weise verwendet. Diese Schwäche weisen aber alle bisher vorgestellten Anführungstheorien auf. Zur Erinnerung seien die unterschiedlichen Theorien kurz zusammengefaßt.

Ausgangspunkt unserer Überlegungen zur Anführung ist die Frage, zu welcher semantischen Kategorie Anführungskomplexe zählen. Die Antworten lauten:

Eigennamentheorie: Anführungskomplexe sind unstrukturierte Ausdrücke, die auf Einzeldinge (Typen, Gestaltformen etc.) Bezug nehmen.

Buchstabiertheorie: Anführungskomplexe sind strukturell-deskriptive Namen, das heißt Kennzeichnungen, die auf Typen beziehungsweise deren syntaktische Strukturen Bezug nehmen.

---

268 Vgl. Präsentationstheorie II.2.1.6.

269 Vgl. hierzu speziell Cappelen und Lepore 1997.

Buchstabier- wie auch Eigennamentheorien gehen dabei von der Annahme aus, daß der gesamte Anführungskomplex der Anführungsausdruck ist.

Demonstrativtheorie: Ihr zufolge gehören nur die Anführungszeichen zum Anführungsausdruck, das heißt, nur sie leisten die Bezugnahme auf einen Typ beziehungsweise eine Gestaltform. Der durch die Anführungszeichen eingefaßte Ausdruck gehört dagegen in semantischer Hinsicht nicht zum Anführungssatz.

Identitätstheorie: Zum Anführungsausdruck gehört ausschließlich der angeführte Ausdruck, und die Anführungszeichen sind nur Beiwerk, die keine Funktion bei der Bezugnahme von Anführungskomplexen besitzen.

Wir können also festhalten: Während für die Buchstabier- und Eigennamentheorie der gesamte Anführungskomplex für die Bezugnahme von Bedeutung ist, sind nach Demonstrativ- und Identitätstheorie nur Teile des Anführungskomplexes für die Bezugnahme verantwortlich.

Die vier genannten Theorien dominieren in der sprachphilosophischen Diskussion. Gleiches trifft nicht auf die Logik zu, in der die Funktionstheorie seit den sechziger Jahren eine der meistdiskutierten Theorien ist.

2.1.5 Funktionstheorien

Für Funktionstheorien ist ein Anführungskomplex ein singulärer Term, der aus den Anführungszeichen und dem angeführten Ausdruck zusammengefügt ist. Die Anführungszeichen sind dabei logische Konstanten, nämlich nach einer Lesart (siehe unten) namensbildende Funktoren, die auf einen Ausdruck angewendet werden, um aus diesem einen Anführungskomplex zu erzeugen.

Tarski hat in seinem berühmten Aufsatz *Der Wahrheitsbegriff in den formalisierten Sprachen* (1935) als erster die Idee einer Anführungsfunktion in die Diskussion gebracht, aber wieder verworfen. Sie wurde auch einige Zeit nicht weiter verfolgt. Erst in den sechziger Jahren wurden die ersten Anführungslogiken entwickelt, die die Schwierigkeiten überwanden, die Tarski mit einer Funktorauffassung der Anführungszeichen auf sich zukommen sah. Die Schwierigkeiten betrafen in erster Linie die NICHTEXTENSIONALITÄT der Funktoren, die Formulierbarkeit der SEMANTISCHEN ANTINOMIEN ohne semantische Prädikate in der betreffenden Sprache und eine MEHRDEUTIGKEIT BEI DER ANFÜHRUNG VON VARIABLEN (denn der Anführungsausdruck » »p« « könnte, so Tarski, als konstante Bezeichnung für den Buchstaben »p« oder als variable Bezeichnung für beliebige Sätze p verstanden werden). Erfolgreiche Strategien zur Vermeidung der semantischen Antinomien und der Mehrdeutigkeit wurden entwickelt, aber die Nichtextensionalität ist naturgemäß unvermeidbar und wird heute zumeist nicht mehr als Problem angesehen.

Ansätze und Ausarbeitungen der Funktionstheorien finden sich im Rahmen einer Logik der Anführung beziehungsweise Logik mit Anführungszeichen, wie zum Beispiel von Belnap/Grover (1973), Blau (1988 und 1994), Boolos (1995), Grover

(1973), Kubinski (1965) und Wray (1987). Informell vertreten wird die Theorie beispielsweise von Haack (1974), Müller (1996) und Harth (2000).

Ein großes Problem bei Funktionstheorien besteht darin, daß Anführungsfunktoren (logische) Operatoren von sehr ungewohnter Art sind. Sie sind Operatoren ohne Stellenzahl für Operanden ohne kategoriale Beschränkung. So können Ausdrücke beliebiger Komplexität, ob wohlgeformt oder nicht, und von beliebiger syntaktischer Kategorie Operanden sein. Obwohl Anführungskomplexe von Funktionstheoretikern als syntaktisch komplex aufgefaßt werden (zusammengesetzt aus einem Funktor, der die Quotationsfunktion benennt, und einem Argument), ergibt sich ihr semantischer Wert nicht, wie für syntaktisch komplexe Ausdrücke üblich, aus den Werten ihrer (wohlgeformten) Teile. Wegen dieser Eigenschaft werden sie NICHTEXTENSIONAL genannt. Unklar ist daher, ob Anführungskomplexe tatsächlich syntaktisch komplex oder eventuell doch syntaktisch-semantisch primitiv sind.

Betrachtet man die semantische Regel der Anführung, nämlich ⌜»e«⌝ denotiert ⌜e⌝ für alle Ausdrücke e, die Regel also, mit deren Hilfe die Extension aller Anführungskomplexe für alle Ausdrücke e festlegt wird[270], so scheint tatsächlich syntaktische Komplexität vorzuliegen. Aber wie bereits erwähnt[271], handelt es sich bei dieser Regel um keine semantische Regel im üblichen Sinn, das heißt um eine Regel, bei der die Extension eines syntaktisch komplexen Ausdrucks auf die Extensionen seiner syntaktisch weniger komplexen Teilausdrücke zurückgeführt wird. Die Komplexität der Anführungskomplexe scheint also nicht syntaktisch zu sein, sondern, wie es Harth nennt, »präsyntaktisch«.[272] Ungeachtet dieser Besonderheit

---

270 Die hier verwendeten einfachen Anführungszeichen sind als Quinesche Quasi-Anführungszeichen (»corner-quotes«) zu verstehen. Quine führte diese speziellen Anführungszeichen zum Zweck der Anführung von Variablen ein. So will zum Beispiel jemand, der den Ausdruck »$p \Leftrightarrow q$« anführt, nicht auf die Buchstaben p und q Bezug nehmen, sondern auf zwei unterschiedliche Satzvariablen. Dies ist mit Hilfe der Quasi-Anführungszeichen möglich:
$\ulcorner p \Leftrightarrow q \urcorner$
Dieser Ausdruck ist zu lesen als:
Das Ergebnis, das entsteht, wenn man p und q in die jeweiligen Leerstellen einsetzt.
» ⇔ «
Daher gilt für alle Ausdrücke e: ⌜e⌝ = e. Denn der Ausdruck, der aus »e« entsteht, indem man darin für den Buchstaben »e« den Ausdruck e einsetzt, ist der Ausdruck e. (Siehe Quine [2]1961, 33–37.) Im folgenden wird »e« immer als metasprachliche, referentielle Ausdrucksvariable verwendet.

271 Siehe beispielsweise Richards Verteidigung der Eigennamentheorie (vgl. II.2.1.1).

272 »Alle Ausdrücke, die aus mehr als einem Grundsymbol (das heißt einem Element des Alphabets) bestehen, sind präsyntaktisch komplex, das heißt *Verkettungen*. Doch nur manche, nämlich nur syntaktisch wohlgeformte Verkettungen sind syntaktisch komplex. Die syntaktisch komplexen Ausdrücke sind also eine Teilmenge der präsyntaktisch komplexen Ausdrücke. Anführungskomplexe sind zwar syntaktisch wohlgeformte Verkettungen, aber nicht syntaktisch komplex. Denn der semantische Wert syntaktisch komplexer Verkettungen ergibt sich aus den semantischen Werten der syntaktischen Teile. Dennoch ist die präsyntaktische Struktur der (syntaktisch primitiven) Anführungskomplexe semantisch relevant, das heißt, bei Ersetzung des Ausdrucks zwischen den Anführungszeichen durch einen beliebi-

ist durch die semantische Regel gleichwohl die Bedeutung oder semantische Rolle der Anführungszeichen-Funktoren eindeutig bestimmt. Somit steht dem Lernen und Verstehen von Anführungssätzen nichts im Wege. Wichtig ist lediglich, daß die Regel folgendes besagt:

> Eine Folge primitiver Zeichen wird links und rechts von Anführungszeichen umgeben, und es entsteht so ein singulärer Term, der diese Folge bezeichnet.[273]

Ausgehend von dieser Regel ergeben sich zwei grundsätzliche Auffassungen von Funktionstheorien:

(I) Der ersten Auffassung zufolge entsteht ein Funktionsterm, indem der Funktor auf einen Ausdruck angewendet wird, der im Falle seiner Anführung seine Anführungsverwendung (das heißt im Sinne der Identitätstheorie) erhält und sich selbst denotiert. Das heißt, der Funktionsterm denotiert den Ausdruck, auf den der Funktor angewendet wurde. Offenbar ist die durch den Funktor ausgedrückte Funktion die IDENTITÄTSFUNKTION auf der Menge der Ausdrücke. Diese Auffassung ähnelt somit in ihrem Ergebnis stark der Identitätstheorie: Anführungskomplexe (für den Identitätstheoretiker nur der angeführte Ausdruck, für den Funktionstheoretiker der Funktor, die Anführungszeichen und der angeführte Ausdruck) denotieren den angeführten Ausdruck und damit sich selbst.

(II) Die zweite Auffassung leugnet den Selbstbezug des angeführten Ausdrucks. Die Schwierigkeit dieser Auffassung besteht darin, daß sie uns wenig dazu sagt, von welcher Art der Funktor beziehungsweise die Funktion ist. Zwei mögliche Strategien zur Klärung dieser Schwierigkeit bieten sich nach Harth (ebd., 60ff.) an:

(i) Die erste Strategie findet sich bei Tarski, der schreibt:

> Nicht alle Anführungsausdrücke sind dann konstante Namen: der [...] Ausdruck » »p« « muß zum Beispiel als Funktion angesehen werden, deren Argument eine Aussagevariable ist und deren Werte konstante Anführungsnamen von Aussagen sind; eine solche Funktion wollen wir als Anführungsfunktion bezeichnen. (1973, 457)

Harth schlägt vor, Tarski hier folgendermaßen zu verstehen: Nicht der Anführungsausdruck » »p« « *ist* die Funktion, sondern das Anführungszeichenpaar ist ein (namenbildender) Funktor beziehungsweise » »p« « ist ein offener Funktionsterm (wie »f(x)«). Zu beachten ist dabei, daß die Aussagevariable »p« nicht selbst Argument, sondern ein variables Argument ist, das für ein unbestimmtes Aussageargu-

---

gen anderen erhält man systematisch und in Abhängigkeit vom neu eingesetzten Ausdruck den neuen semantischen Wert des Anführungskomplexes. Anders ist dies bei den anderen syntaktisch primitiven Verkettungen, da sie die semantischen Grundeinheiten einer Sprache sind und eine Ersetzung von Buchstaben in (nicht zusammengesetzten) Wörtern nicht systematisch zu neuen Wörtern führt, deren Bedeutung von den ursprünglichen Wörtern abhängt. Anführungskomplexe gehören nicht zu diesen Grundeinheiten.« (2000, Anm. 59)

[273] Auffallend ist – und dies wird uns später noch beschäftigen –, daß nach allen gängigen Funktionstheorien Anführungskomplexe Folgen bezeichnen und sie damit zu einer bestimmten, nämlich einer mengentheoretischen beziehungsweise syntaktischen Typauffassung (siehe I.1.1 und 1.5) verpflichtet sind.

ment steht, und nicht die resultierenden konstanten Anführungsnamen sind die Werte, sondern diese bezeichnen die jeweiligen Aussagen, die man für »p« einsetzt.[274]

Tarski wendet sich aber gegen Theorien dieser Art, da »[d]er Sinn der Anführungsfunktion und der Anführungszeichen selbst [...] nicht genügend klar« ist und es »[j]edenfalls [...] keine extensionalen Funktoren« sind (ebd.).

(ii) Die zweite Möglichkeit, der Schwierigkeit zu begegnen, besteht in der Auffassung, im Anführungskomplex eine Art indexikalische Kennzeichnung zu sehen, nämlich ein Kennzeichnungsausdruck, der den angeführten Ausdruck und eine Art *Indikator* als Bestandteile enthält. Das Anführungszeichenpaar ist nach dieser Auffassung ein spezieller Indikator, der den angeführten Ausdruck indiziert beziehungsweise gewissermaßen auf ihn deutet. Beide Teile zusammen ergeben einen singulären Term respektive eine Kennzeichnung, die den angeführten Ausdruck, also einen Teil ihrer selbst, denotiert. Welche Art von Funktor liegt jetzt vor? Der Funktor bildet zusammen mit dem angeführten Ausdruck einen Namen für das Argument. Der angeführte Ausdruck bezeichnet nicht sich selbst, im Unterschied zu (i), sondern ist nur Teil des Funktor-Argument-Komplexes, der als Ganzes einen Teil von sich selbst, nämlich den Ausdruck zwischen den Anführungszeichen bezeichnet. Die Idee im Hintergrund ist die bereits oben dargestellte Frege-Künnesche Auffassung von Indikatoren als Funktoren.[275]

Zweifelhaft jedoch ist, ob man die Anführungszeichen-Funktoren wirklich als INDIKATOREN verstehen soll. Es wären - milde ausgedrückt - sehr ungewöhnliche Indikatoren, und gegen die Auffassung als solche würden sich die gleichen Einwände wie gegen die Demonstrativtheorie erheben. So zeigt unter anderem der Umstand, daß ein Paar Anführungszeichen immer und nur zusammen mit seinem jeweiligen Argument eine Nominalphrase (einen singulären Term) bildet, die eindeutig dieses Argument bezeichnet, daß es sich um Indikatoren handelt, denen gerade das Merkmal der Indexikalität fehlt, nämlich Kontextabhängigkeit von Sprecher, Ort und Zeit. Es handelt sich also gewissermaßen um einen Indikator ohne Indexikalität. Harth nennt sie daher PSEUDO-INDIKATOREN.[276]

> Mit Indikatoren als auch Funktoren haben sie, im Rahmen der Indikator-als-Funktor-Konzeption, allerdings etwas gemein: Wie Indikatoren ergeben sie zusammen mit ihrem jeweiligen Bezugsobjekt einen Namen für dieses Objekt. Ich möchte in Anlehnung an Russell (1956) und Künne solche Namen präsentierende singuläre Terme nennen, denn nur sie präsentieren buchstäblich, als einen echt sprachlichen Teil ihrer selbst, in jedem Fall ihrer Äußerung ein Exemplar dessen, was sie bezeichnen. (Ebd., 88)

---

[274] Ein Problem für Tarski an dieser Stelle ist, daß mit »p« kein Buchstabe sondern eine Variable bezeichnet werden soll und Tarski noch nicht das Mittel der Quineschen Quasianführung zur Verfügung stand (vgl. II.2, Fn. 270).

[275] Vgl. II.2.1.3.

[276] Harth 2000, 87.

Der Unterschied zwischen echten und Pseudo-Indikatoren besteht nach Harth darin, daß Indikatoren eine Funktion benennen, die dem jeweiligen Äußerungskontext ein indiziertes Objekt, etwa den Sprecher, zuordnet, während Pseudo-Indikatoren eine IDENTITÄTSFUNKTION benennen, die einen Ausdruck sich selbst zuordnet.

Unklar bleibt jedoch auch bei dieser Konzeption, welche syntaktisch-semantische Rolle der angeführte Ausdruck im anführenden Satz spielt. Der Ausdruck wird zwar als Teilausdruck im Satz behandelt, besitzt aber gleichwohl keine übliche semantische, das heißt bedeutungstragende oder Bezug nehmende Funktion innerhalb des Satzes. Was heißt aber dann, daß er »Teilausdruck« ist? Kann der Ausdruck als bloß syntaktischer Teil des komplexen Ausdrucks angesehen werden? Hiergegen spricht, daß der Wahrheitswert des Anführungssatzes funktional von dem angeführten Ausdruck abhängig ist und der Ausdruck somit also doch eine gewisse semantische Rolle im Satz innehat. Diese Rolle des angeführten Ausdrucks reduziert sich jedoch letztlich darauf, das Bezugsobjekt des Pseudo-Indikators zu sein. Daher ist der Wahrheitswert des Anführungssatzes funktional von ihm abhängig, genau wie bei indexikalischen Sätzen auch. Die Besonderheit der pseudoindexikalischen Anführungssätze besteht aber darin, daß sie das (pseudo-)indizierte Objekt immer mit sich führen, so daß der Anführungssatz unter anderem von diesem Bestandteil abhängig ist, wodurch seine merkwürdige semantische Rolle erzeugt wird.[277]

Bei genauerer Betrachtung stellt man schließlich fest, daß sich die Auffassung (I) und die Auffassung (II) nur in einem Punkt substantiell unterscheiden: Die Pseudo-Indikator-Konzeption weist dem angeführten Ausdruck keine Bezug nehmende Rolle zu, diese wird vielmehr allein von dem Pseudo-Indikator übernommen. Zudem versteht die Funktionskonzeption der Auffassung (I) das Anführungszeichenpaar als Funktionszeichen und nicht als singulären Term. Wenn man jedoch Freges Auffassung teilt, daß ein Indikator eine Funktion bezeichnet, und man weiterhin annimmt, daß, wie oben erläutert, der Pseudo-Indikator dann eine Identitätsfunktion bezeichnet, verschwindet dieser Unterschied.

Fassen wir kurz unsere Überlegungen zusammen:

Eine Version der Funktionstheorie, nämlich die Auffassung (I), ist nichts anderes als eine technisch reduzierte Identitätstheorie. Will man jedoch die Annahme einer kontextuellen Umdeutung und die Annahme des Selbstbezugs umgehen, dann scheint es angeraten, auf die Idee eines nichtextensionalen Funktors im Sinn

---

[277] Eine ähnliche Auffassung hinsichtlich der semantischen Rolle des angeführten Ausdrucks vertritt Wertheimer (1999) in seiner Appositionstheorie. Nur sind die Pseudo-Indikatoren bei ihm nicht die Anführungszeichen, sondern zumeist weggelassene Wendungen der Art »das Wort ...«, »der Ausdruck ...« und so weiter. Er paraphrasiert daher einen Satz wie »»Buffalo« besteht aus sieben Buchstaben« durch »Der Ausdruck, »Buffalo«, besteht aus sieben Buchstaben« (ebd.).

Tarskis oder eines Pseudo-Indikators zurückzugreifen. Beide Erklärungsversuche bieten aber keine wirklich befriedigende Antwort darauf, was die semantische Rolle des angeführten Ausdrucks im Anführungssatz ist.

Überprüfen wir im folgenden, inwieweit die Funktionstheorie unseren bisherigen Anforderungen gerecht wird:

Der Undurchsichtigkeitsanforderung genügt sie, weil in Anführungskomplexe nicht (beziehungsweise höchstens substitutionell)[278] hineinquantifiziert werden darf. Ebenso wird die Produktivitätsanforderung erfüllt, indem erklärt wird, wie Ausdrücke angeführt werden beziehungsweise wie wir vom Anführungskomplex zurück zum angeführten Ausdruck, dem Denotat des Komplexes gelangen. Trivialerweise wird zudem die Iterierbarkeits- und Buchstabieranforderung erfüllt, da jeder Anführungskomplex erneut Argument der Quotationsfunktion sein kann und der Ausdruck zwischen den Anführungszeichen »gelesen« werden kann. Versteht man die Anführungszeichen als Rahmen des angeführten Ausdrucks, erklärt die Funktionstheorie bestens die Funktion von Bild und Bildrahmen und somit die Abbildanforderung.

Faßt man unter der Allgemeinheitsanforderung nur die beiden vorhergehenden Anforderungen (Buchstabier- und Abbildanforderung) zusammen, wirft sie keine Schwierigkeiten für die Funktionstheorie auf. Versteht man aber zudem darunter die Anforderung, daß Ausdrücke fremder Sprachen, unbekannte und neu eingeführte Zeichen angeführt werden können, dann entstehen für Funktionstheorien Probleme. Betrachten wir dazu folgende Beispiele:

Beispiel (i):

Ein des Chinesischen nur sehr begrenzt mächtiger Ausländer fragt postalisch bei seinem chinesischen Freund an:

(1) Ist das »屮« ein chinesisches Zeichen?

Der Freund antwortet ihm darauf:

(2) Es handelt sich bei »屮« um ein chinesisches Zeichen.

Beispiel (ii):

Der Ausländer fragt erneut an:

(3) Ist das »ᛉ« ein chinesisches Zeichen?

Der Freund antwortet ihm diesmal darauf:

(4) Es handelt sich bei »ᛉ« um kein chinesisches Zeichen.

Kann der Funktionstheoretiker Anführungen dieser Art erklären beziehungsweise zulassen?

Folgende Antworten bieten sich ihm an:

---

278 Vgl. Harth 2000, II.2.

Ein prinzipielles Nein: Angeführt werden können nur Ausdrücke der Sprache, in der der Anführungssatz formuliert ist. Diese Antwort wird der Allgemeinheitsanforderung offensichtlich nicht gerecht.

Ein prinzipielles Ja ist unvereinbar mit der Annahme des Funktionstheoretikers, daß das Denotat von Anführungskomplexen der angeführte Ausdruck ist, daß die Funktionswerte Ausdrücke sind und so weiter, da es sich bei dem angeführten Zeichen im Beispiel (ii) nicht um einen Ausdruck[279] handelt und das Zeichen somit nicht angeführt werden kann.

Ein eingeschränktes Ja und Nein: Angeführt werden können nur Ausdrücke, daher handelt es sich in Beispiel (i) um Anführungen und im Beispiel (ii) nicht um Anführungen (und daher um sinnlose Zeichenreihen). Diese Antwort beruht somit implizit auf der Annahme, daß jemand nur dann einen Anführungskomplex erkennen und verstehen kann, wenn er den angeführten Ausdruck bereits erkennt. Erkennt er jedoch im angeführten Zeichen weder einen Ausdruck noch überhaupt ein Ausdrucksvorkommnis, ist für ihn der Anführungskomplex ein unsyntaktisches Gebilde, vergleichbar mit:

U..u

Sinnvoll ist es an dieser Stelle, zwei Bedingungen zu unterscheiden, nämlich zum einen eine syntaktisch-ontologische und zum anderen eine epistemische. Die erste Bedingung fordert, daß nur Ausdrücke angeführt werden können, respektive Anführungskomplexe, die syntaktisch nichts Wohlgeformtes enthalten, das heißt, selbst keine wohlgeformten Ausdrücke und damit Anführungskomplexe sind. Diese Bedingung ist jedoch für die Praxis nichtssagend, weil prima facie jeder Artefakt Vorkommnis eines Ausdruckstyps sein kann. Inhaltlich interessant ist daher die zweite Bedingung, die besagt, daß etwas nur dann ein Vorkommnis eines Typs ist, wenn es von einem kompetenten Zeichenverwender[280] als Vorkommnis des Typs erkannt wird oder zumindest erkannt werden kann.

Für den Funktionstheoretiker, der die eingeschränkte-Ja-und-Nein-Antwort gibt, bedeutet dies, daß er eine brauchbare Theorie zur Verfügung haben sollte, die uns Aufschluß über die Identitätsbedingungen von Typen und ihr Verhältnis zu ihren Vorkommnissen gibt. Wie beschrieben, gehen Funktionstheoretiker dabei zumeist von einem syntaktischen beziehungsweise letztlich von einem mengentheoretischen Typbegriff aus. Typbegriffe dieser Art werfen zwar formal keine Schwierigkeiten auf, aber erkenntnistheoretisch dafür um so fundamentalere.[281]

---

[279] Ausdrücke in dem hier intendierten Sinn sind Zeichen(typen) einer Sprache und bei dem angeführten Ausdruck in (3) handelt es sich nicht um einen Ausdruck einer Sprache.

[280] Was ein kompetenter Zeichenverwender ist, ist sicherlich keine leicht zu klärende Frage, die uns aber an dieser Stelle nicht beschäftigen muß. (Vgl. zudem Bennetts Beispiel mit dem marsianischen Ausdruck, siehe II.2.1.3.2.)

[281] Vgl. I.1.1.

Wenden wir uns zur Verdeutlichung dieser Schwierigkeiten folgendem Beispiel zu:

Beispiel (iii)

> Das Zeichen »©« sei im folgenden ein Ausdruck für »geschützter Eigenname«.

Sind in diesem Beispiel

> ©

und

> geschützter Eigenname

zwei unterschiedliche Ausdrücke?

Offensichtlich ja, mag der Funktionstheoretiker sagen, während der zweite Ausdruck aus der Konkatenation Geh, gefolgt von Eh ... besteht, trifft dies für »©« nicht zu. Aber der Funktionstheoretiker übersieht gewissermaßen den Witz des Beispiels. Der Ausdruck »©« ist hier nicht als Abkürzung für den Ausdruck »geschützter Eigenname« aufzufassen, sondern als weiteres Vorkommnis des Typs *geschützter Eigenname*.[282] Anhand des Vorkommnisses »©« mag man zwar nicht erkennen, daß dies Zeichen vom besagten Typ ist, nämlich von einem, der aus 21 Buchstaben besteht, aber dies ist bloßer empirischer Zufall.[283]

Selbst wenn man das Zeichen »©« als neues Zeichen und Abkürzung auffaßt, läßt sich gegen den platonistischen Funktionstheoretiker einwenden, daß er vor dem Problem steht, »©« dem richtigen, das heißt einem ihm bisher noch unbekannten Typ zuzuordnen. Wie dies geschehen soll, ist das Problem des Platonisten.[284]

Simultanitätsanforderung: Wie ist die Funktionstheorie mit der Tatsache vereinbar, daß Ausdrücke gleichzeitig erwähnt und gebraucht werden können? Die in der Literatur häufig diskutierten Beispiele hierzu sind:

(1) Giorgione wurde aufgrund seiner Größe so genannt. (Quine 1960)
(2) Alice sagt, daß das Leben »schwer zu verstehen ist«. (Cappelen und Lepore 1997)
(3) »Ghosttown« besitzt mehr Buchstaben als Einwohner. (Saka 1998)
(4) Nicola sagt, daß Alice ein »Philtosoph« ist. (Cappelen und Lepore 1997)

---

282 Eine Auffassung dieser Art vertritt beispielsweise ein Anhänger einer semantischen Typauffassung (siehe I.1.6).

283 Ein Typplatonist mag zwar einwenden, daß »©« nicht die nötige Essenz besitzt, um vom geforderten Typ zu sein, aber wie in I.1 erläutert, steht er selbst vor dem Problem, aufschlußreich zu erklären, worin die Essenz besteht.

284 Eine Möglichkeit für den Funktionstheoretiker, auf diesen Einwand zu reagieren, kann darin bestehen, daß der Funktor (die Anführungszeichen) nicht auf einen Ausdruck angewendet wird, sondern auf bestimmte Merkmale beziehungsweise Eigenschaften, die zwischen den Anführungszeichenvorkommnissen präsentiert sind (siehe II.2.3.1.6). Aber inwiefern seine Theorie dann noch Anspruch auf den Namen Funktionstheorie erheben kann, sei dahingestellt.

Der Witz der Beispiele (1)-(3) besteht offensichtlich darin, daß die angeführten Ausdrücke beziehungsweise »Giorgione« gleichzeitig gebraucht und erwähnt werden, Funktionstheorien jedoch von der Annahme ausgehen, daß Anführungskomplexe alleine auf den angeführten Ausdruck Bezug nehmen. Das Beispiel (4) unterscheidet sich von den vorhergehenden dadurch, daß der Ausdruck »Philtosoph« kein Ausdruck des Deutschen ist und daher nicht im üblichen Sinn gebraucht werden kann. Ungeachtet dieser Besonderheit sagt uns Satz (4) aber offenbar mehr, als nur daß Nicola die Lautfolge »philtosoph« geäußert hat. Der Satz macht uns zudem - zumindest kann man dieser Ansicht sein - Nicolas Absicht deutlich, nämlich sagen zu wollen, daß Alice zum Kreis der Philosophen gehört.

Wie kann der Funktionstheoretiker auf die Beispiele (1)-(3) reagieren? Eine Möglichkeit ist, die Beispiele elliptisch zu deuten und folgendermaßen zu expandieren:

(1') Giorgione wurde aufgrund seiner Größe »Giorgione« genannt.[285]
(2') Alice sagt, daß das Leben schwer zu verstehen ist und äußert dabei »schwer zu verstehen ist«.
(3') Der Ausdruck »Ghosttown« besitzt mehr Buchstaben als Ghosttown Einwohner.

Gegen Expansionen dieser Art sprechen folgende Gründe:

(i) Gibt man keine präzisen Regeln an, bleibt unklar, von welcher Form eine geglückte Expansion sein muß beziehungsweise nach welchen Regeln Sätze zu expandieren sind.[286]

(ii) Im expandierten Satz besitzt gerade keiner der zwei Ausdrücke die Doppelfunktion, daher kann eine Expansion nicht verdeutlichen, wie ein Ausdrucksvorkommnis eine solche Doppelfunktion erfüllen kann.[287]

(iii) Selbst wenn man annimmt, daß gelungene Expansionen für die Sätze (1)-(3) zur Verfügung stünden, dürfte es noch schwieriger sein, eine brauchbare Expansion für den Satz (4) zu finden, da folgender Satz unakzeptabel ist:

(4') Nicola sagt, daß Alice ein Philtosoph ist und verwendet dabei den Ausdruck »Philtosoph«.

Hier ist es zweifelhaft, ob der erste Teilsatz von (4') überhaupt ein Satz des Deutschen ist, da »Philtosoph« kein Wort des Deutschen ist (und daher nur in Anführungszeichen innerhalb von deutschen Sätzen verwendet werden darf).

---

285 Vgl. Quine 1943.

286 So läßt zum Beispiel (2') im Gegensatz zu (2) die Möglichkeit offen, daß Alice in englischer Gehörlosensprache sagt, daß das Leben schwer zu verstehen ist <u>und dabei</u> die deutschen Worte »schwer zu verstehen ist« äußert. Der Grund für diese Möglichkeit liegt meines Erachtens in den Worten »und dabei« in Satz (2'), durch die der Eindruck erweckt wird, daß Alice mit den deutschen Worten »schwer zu verstehen ist« <u>gesagt</u> hat, daß das Leben schwer zu verstehen ist, während sie diese Worte vielleicht nur zufällig und unwissend daher geplappert hat und tatsächlich mit Hilfe der englischen Gehörlosensprache gesagt hat, daß das Leben schwer zu verstehen ist.

287 Vgl. Cappelen und Lepore 1997, 436f.

Der gleiche Einwand läßt sich gegen den Satz erheben, der Ausgangspunkt des Beispiels von Cappelen und Lepore ist:

(4") Nicola sagt: »Alice ist ein Philtosoph«.

So läßt sich bestreiten, daß der angeführte Ausdruck in (4") ein Satz ist und daher von Sagen in diesem Zusammenhang gar nicht gesprochen werden darf. Was Nicola dieser Auffassung zufolge tut, läßt sich bestenfalls mit »Sie hat Laute von sich gegeben« umschreiben. Dies spräche dafür, (4") analog zu folgendem Satz aufzufassen:

Nicola äußert: »prz fiuzl–.ßklj«

Mit dieser Äußerung könne Nicola zwar auch irgendeine Absicht verbinden, etwa behaupten, daß Alice zum Kreis der Philosophen gehört, aber ungeachtet dieser Absicht handelt es sich bei Nicolas Lautäußerung um einen fehlgeschlagenen Sprachversuch, der nicht mit den üblichen sprachtheoretischen Verfahren semantisch ausgewertet werden kann und gleiches gilt für (4) und (4').

Endlichkeitsanforderung: Diese wird nur erfüllt, wenn eine Sprache aus einem endlichen Alphabet besteht, aus dem endlich viele semantisch atomare Ausdrücke erzeugt werden können (das heißt, der Finitismuseinwand greift nicht). Wenn es aber unendlich viele atomare Ausdruckstypen gibt, die jedoch keinem Menschen bekannt sind, dann besteht schon aufgrund von syntaktischen Überlegungen der Verdacht, daß die Sprache nicht erlernbar ist. Um der Endlichkeitsanforderung zu genügen, muß daher der Funktionstheoretiker sicherstellen, daß es nur endlich viele atomare Ausdruckstypen gibt, die bei ihrer Anführung für den Leser als Vorkommnisse dieser Typen erkennbar sind. Sicherlich läßt sich die Endlichkeitsanforderung erfüllen, indem man die Anführung auf bekannte Typen einer oder mehrerer Sprachen mit endlichen Alphabeten einschränkt. Inwieweit dies aber mit einer konsequenten Erfüllung der Allgemeinheitsanforderung unter Voraussetzung eines unendlich großen platonischen Atomartypen-Himmels vereinbar ist, erscheint fraglich.

Kompatibilitätsanforderung: Betrachtet man die Anforderungen, welche die Funktionstheorie nicht erfüllt, fällt auf, daß diese Schwäche auf einem sehr eingeschränkten Typbegriff - nämlich einem mengentheoretisch-syntaktischen - beruht, von dem der Funktionstheoretiker ausgeht. Eine hinzukommende Schwäche und eng verbunden mit der zuvor genannten ist, daß der Funktionstheoretiker die Bezugnahme von Anführungskomplexen auf Vorkommnisse von vornherein ausschließt. Dies ist um so bedauerlicher, als in der Diskussion selbst immer wieder auf die Bezugnahme auf Vorkommnisse per Anführungskomplex zurückgegriffen wird.

Was spricht beispielsweise dagegen anzunehmen, daß im Satz

(G) »Grummelbrummel« wurde von Helmut geäußert.

der Anführungskomplex nicht auf einen Typ, sondern auf eine konkrete Äußerung, das heißt, ein Vorkommnis Bezug nimmt? Sicherlich kann man versuchen, Sätze wie (G) platonistisch zu deuten,[288] etwa im Sinne von

(G*) ein Vorkommnis des Typs »Grummelbrummel« wurde von Helmut geäußert.

Aber dies erscheint mir ähnlich sinnvoll wie den Satz

(A) Peter fährt mit seinem Auto gegen einen Baum.

folgendermaßen zu interpretieren

(A*) Peter fährt mit seinem Auto gegen einen Gegenstand von der Art Baum.

Worin aber liegt der Gewinn, wenn wir neben dem Baum zudem noch etwas Baumartiges annehmen und neben der Äußerung »Grummelbrummel« noch etwas Typartiges? Für den Funktionstheoretiker, der im Herzen Logiker ist, mag es erfreulich sein, daß Anführungskomplexe ausschließlich auf Ausdrücke Bezug nehmen, die seiner Auffassung nach letztendlich nichts anderes als Mengen sind.[289] Aber bei dieser Auffassung geht die Geschmeidigkeit des Mittels Anführung verloren, nämlich auf Typen in allen Variationen und Vorkommnisse mit all ihren unterschiedlichen sprachrelevanten Eigenschaften Bezug nehmen zu können.

Redundanzanforderung: Sie wird offensichtlich von der Funktionstheorie auch nicht erfüllt, da ja gerade die Anführungszeichen die Rolle des Funktors zu übernehmen haben.

Wir können somit festhalten: Funktionstheorien in den dargestellten Variationen werden einer Reihe von Anforderungen nicht gerecht, die eine brauchbare Anführungstheorie erfüllen sollte.

2.1.6 Präsentations- und Multifunktionstheorien

Der Grundgedanke der Präsentationstheorie beruht darauf, daß der Ausdruck, der zwischen den Anführungszeichen steht, präsentiert wird. Die Präsentation geschieht dabei auf eine bestimmte, jeweils näher zu spezifizierende Art. Eine entscheidende Frage in diesem Zusammenhang lautet, inwiefern die Präsentation von Zeichen als sprachliches Mittel aufgefaßt werden kann. Eine Antwort auf diese Frage hängt offensichtlich davon ab, was hier unter »sprachlichem Mittel« verstanden wird.[290]

---

[288] Auf das Verhältnis von direkter zu indirekter Rede gehe ich unter II.3.1 ausführlich ein.

[289] Hiergegen mag ein Logiker einwenden, daß die Bezugnahme auf Typen nicht notwendig ist. Dem möchte ich nicht widersprechen, aber darauf hinweisen, daß ich mich hier nur auf existierende Theorien berufe und meines Wissens keine nominalistische Ausarbeitung einer Funktionstheorie vorliegt.

[290] Vgl. Harth (2000), der sich ausführlich mit dieser Frage beschäftigt und zum Schluß gelangt, daß die Anführung ein nichtsprachliches Mittel sei, nämlich die »*präsentierende* Verwendung [der angeführten Ausdrucksvorkommnisse] als Musterexemplare – kurz: *Exemplifikation*« (104). Während aber nach Harths Verständnis Exemplifikation ein nichtsprachliches

2.1.6.1 Searles Ansatz zu einer Präsentationstheorie

Der Gedanke, in der Anführung eines Ausdrucks eine Präsentation des angeführten Ausdrucks zu sehen, wurde meines Wissens das erste Mal von Searle in *Speech Acts* explizit ausgesprochen (1969, 75 f.). Ausgangspunkt der relativ knappen Überlegungen Searles zur Anführung ist die Unterscheidung zwischen dem Gebrauch und der Erwähnung von Bezug nehmenden Ausdrücken. Ungeachtet dieses allgemein akzeptierten Unterschiedes beginnen nach Searles Auffassung die beiden folgenden Sätze mit demselben Wort:

(1) Sokrates war ein Philosoph.
(2) »Sokrates« hat acht Buchstaben.

Wobei in (1) das Wort »normal gebraucht« wird, während in (2) darüber gesprochen wird (ebd., 74). Searle zufolge ist dagegen die Eigennamentheorie, nach der »Sokrates« und »›Sokrates‹« zwei unterschiedliche Namen sind, absurd, weil sie auf einem groben Unverständnis darüber beruht, wie Eigennamen, Anführungszeichen und andere Elemente der Sprache tatsächlich funktionieren. Dieses Unverständnis drückt sich nach Searle auch in der in diesem Fall unbrauchbaren Dichotomie von Gebrauch und Erwähnung aus. Diese Dichotomie beruhe erstens auf einer falschen Annahme darüber, wie Eigennamen funktionieren, und zweitens, wie tatsächlich mit Hilfe von Eigennamen oder Kennzeichnungen auf Ausdrücke Bezug genommen würde.

Nach Searle besteht die Funktion von Eigennamen im wesentlichen darin, auf Gegenstände, die nicht gegenwärtig sind, Bezug zu nehmen (»when the objects are not always themselves present« (ebd., 75). Aber dieses Mittel der Bezugnahme sei überflüssig, wenn der Gegenstand sprachlich präsentiert werden kann und es daher keines Mittels der sprachlichen Bezugnahme auf ihn bedarf.

> Wenn wir auf ein Wort Bezug nehmen wollen, brauchen wir es nicht zu benennen oder anderweitig darauf Bezug zu nehmen, sondern wir können einfach ein Vorkommnis von ihm produzieren. (Ebd.)

Für Searle brauchen wir nur in außergewöhnlichen Fällen Namen für Worte, zum Beispiel wenn diese im bestehenden Kontext ungeeignet oder tabu sind (erinnert sei unter anderem an das bekannte amerikanische »four-letter word»). Aber im Normalfall können wir die Wörter, über die wir sprechen wollen, präsentieren und brauchen daher für sie keine Eigennamen. Hinzu kommt - und dies ist meines Erachtens Searles zentraler Einwand -, daß die Eigennamentheorie unserer Praxis, wie wir Eigennamen verwenden, widerspricht:

> Ein Eigenname kann nur dann ein Eigenname sein, wenn ein genuiner Unterschied zwischen dem Namen und dem benannten Ding vorliegt. Wenn sie identisch sind, hat der Begriff des Benennens und Bezugnehmens keine Anwendung. (Ebd.)

Mittel ist, läßt es sich in einem Goodmanschen Verständnis sehr wohl als sprachliches auffassen (siehe unten Schlossberger).

Dieser Einwand von Searle trifft jedoch Eigennamentheoretiker nur dann, wenn sie behaupten würden, daß » »Sokrates« « und »Sokrates« die gleichen Namen oder Wortvorkommnisse wären. Aber genau das wird von den Eigennamentheoretikern geleugnet.

Ein Einwand Searles, der mir dagegen gerechtfertigt erscheint, lautet: Es ist gerade häufig der Witz von Anführungen, daß sie uns erlauben, über Eigenschaften von Worten zu sprechen (s. Satz (2)). Wenn wir aber Anführungskomplexe durch Eigennamen ersetzen, geht genau dieser Witz verloren:

(3) Der Name des Lehrers von Platon hat acht Buchstaben.

Oder wenn »John« der Name von »Sokrates« ist:

(4) John hat acht Buchstaben.

Aus den genannten Schwächen der Eigennamen- und Buchstabiertheorie folgert Searle, daß in Anführungskomplexen die Worte nicht in ihrer üblichen Verwendung gebraucht werden:

Das Wort [»Sokrates« in (2)] selbst wird präsentiert, und dann wird darüber gesprochen; und daß es als ein Wort aufzufassen ist, das präsentiert und über das gesprochen wird, und das nicht konventionell dazu gebraucht wird, Bezug zu nehmen, zeigen die Anführungszeichen. Aber auf das Wort wird nicht Bezug genommen, noch nimmt es auf sich selbst Bezug. (Ebd., 75f.)

Ein Problem des Searleschen Ansatzes besteht darin, auf folgende Frage eine Antwort zu geben: Von welcher syntaktischen Kategorie ist der Anführungskomplex in (2), wenn wir ihn nicht als Namen beziehungsweise Nominalphrase deuten? Die Sache verkompliziert sich zudem noch dadurch, daß Searle behauptet, daß »auf das Wort nicht Bezug genommen wird, noch es auf sich selbst Bezug nimmt.« Wie aber nehmen wir dann auf den Anführungskomplex Bezug beziehungsweise wie können wir darüber sprechen? Eine mögliche Lösung könnte darin bestehen, daß wir Sätze wie (2) elliptisch auffassen, das heißt im Sinne von:

(2*) Präsentationsakt: Sokrates! Der soeben präsentierte Ausdruck hat acht Buchstaben.

Aber diese Lösung dürfte kaum Searles Billigung finden, und überdies erinnert sie mehr an Davidsons Ansatz, in dem der angeführte Ausdruck gewissermaßen getilgt wird, als an Searles Idee, der zufolge die Anführungszeichen eher bloßer Zierat[291] sind.

---

291 Vgl. II.2.14.

2.1.6.2 Schlossbergers Präsentationstheorie

Eine kritische Weiterführung von Searles Gedanken findet sich bei Eugene Schlossberger.[292] Er unterscheidet vier Arten über einen Gegenstand zu sprechen (»discoursing about«) (1983, 329). Man kann (1) durch einen Namen oder ein Etikett auf ihn Bezug nehmen, (2) ihn beschreiben, (3) ihn in einem Diskurs präsentieren oder (4) durch ein unterschiedliches Vorkommnis vom selben Typ präsentieren. Nach Schlossberger funktioniert die Anführung wie in (4) skizziert.

Für Schlossberger ist Tarskis Eigennamentheorie nicht falsch, aber unvollständig. Tarski versäumt es, nach Schlossbergers Auffassung, zu erklären, wie Anführungsnamen im Unterschied zu anderen Namen bezeichnen (ebd.).[293] Den Schwachpunkt des Searleschen Ansatzes sieht er in der Konfusion von Worttyp und Vorkommnis. Das ist nach Schlossberger wie folgt begründet: Für Searle besteht der Witz eines direkten Zitates darin, einen Satz zu produzieren und von diesem zu behaupten, Herr Soundso hätte ihn geäußert. Bei indirekten Zitaten dagegen beschreiben oder benennen wir die Äußerung von Herrn Soundso. Searle würde jedoch den Fehler begehen, das produzierte Wortvorkommnis mit dem Worttyp zu identifizieren.[294] Was jedoch de facto nur präsentiert beziehungsweise produziert werden könne, wäre ein Vorkommnis und nicht ein Typ. Searle hätte aber in einem Gespräch mit ihm die Meinung vertreten, daß dies keine tiefergehende Unterscheidung sei (ebd., 332).

Schlossberger schlägt gleichwohl folgende vier unterschiedliche Methoden vor, um etwas im Diskurs zu »präsentieren«: Man kann (a) einen Namen des Dinges, (b) eine Beschreibung, (c) es selbst oder (d) ein Vorkommnis vom selben Typ wie das Ding produzieren. Alle Methoden bis auf (c) bedürfen der Repräsentation. Searle jedoch beachte nicht genügend, daß dies genau der entscheidende Unterschied zwischen (c) und (d) sei. So sei es ein großer Unterschied, ob ich, während ich eine Kopie von einem Gedicht Goethes in den Händen halte, die Sätze

> was für eine gut leserliche Kopie

oder

> was für ein wunderbares Gedicht

---

[292] Für die Geschichtsschreibung sei angemerkt, daß Schlossberger zwar nicht Davidsons Aufsatz (1984a), aber dessen Demonstrativtheorie aus seinen Vorlesungen kannte (vgl. Anm. 3).

[293] Schlossberger geht in seiner Kritik ungerechtfertigterweise davon aus, daß Tarski eine Eigennamentheorie vertreten und überdies dabei eine sehr enge Vorstellung davon hat, was Eigennamen bedeuten. Zudem beachtet Schlossberger nicht, daß Tarski nicht an der Frage interessiert war, wie Eigennamen zu ihrer Bedeutung gelangen.

[294] Ob Searle diese Identifizierung tatsächlich vornimmt, ist jedoch, wie Schlossberger selbst zugibt, fraglich (vgl. dazu erneut das Zitat Searles: »Wenn wir auf ein Wort Bezug nehmen wollen, brauchen wir es nicht zu benennen [...], sondern wir können einfach ein Vorkommnis von ihm produzieren« (im Original »we can simply produce (a token of) it«) (1969, 75). Schlossberger ist insoweit recht zu geben, als sich Searle nicht immer sehr präzise hinsichtlich dieser Problematik ausdrückt.

äußere. Der erste Satz sei ein Fall der Methode (c) und der zweite einer der Methode (d). Ebenso verhielte es sich, wenn ich eine Farbprobe in der Hand halte und entweder sage »was für eine gelungene Farbprobe« oder »was für eine wunderschöne Farbprobe«.

Unklar sei bei Searle zudem, wie er mit typographischen Unterschieden umzugehen gedenke, das heißt, inwiefern das produzierte Vorkommnis vom selben typographischen Typ sein müsse wie das, worauf mit dem Zitat Bezug genommen wird. Ähnliches gelte zudem für unterschiedliche Schreibweisen. Ist es beispielsweise möglich, daß sich die folgenden beiden Sätze auf dasselbe Ereignis beziehen?

(1) Hans sagte: »Trinken wir einen Café zusammen?«
(2) Hans sagte: »Trinken wir einen Kaffee zusammen?«

Geht man von einem syntaktischen Typbegriff aus, muß man die Frage verneinen. Setzt man dagegen einen funktionalen Typbegriff voraus (die Worte »Café« und »Kaffee« besitzen dieselbe Funktion), dann kann die Frage bejaht werden. Wie aber kann ich bei einer lautsprachlichen Äußerung entscheiden, ob Satz (1) oder (2) zutreffend ist? Vor dieser Schwierigkeit steht natürlich nicht nur Searles Ansatz, sondern alle, die davon ausgehen, daß der Anführungsausdruck auf dieselbe Weise buchstabiert werden muß wie der angeführte.[295] Schlossberger sieht seinen Ansatz dabei selbst als eine verbesserte Version des Goodmanschen an (ebd., 335).

2.1.6.3 Sakas Disambiguierungstheorie

Eine Weiterentwicklung der Schlossbergerschen Theorie bietet Paul Saka. Er nennt seine eigene Theorie zwar nicht »Präsentationstheorie«, sondern spricht statt dessen von der »Disambiguierungstheorie« (1998, 130). Aber meines Erachtens sollte sie unter Präsentationstheorien subsumiert werden.[296]

Ausgangspunkt der Überlegungen Sakas ist die DIREKTE OSTENSION, »die einen Ausdruck mit seinem Bezugnahmeobjekt via unvermittelter Erfahrung, zum Beispiel einem deiktischen Verweis oder einer einfachen Präsentation [»exhibition«], verknüpft« (125). Unter »VERSCHOBENER OSTENSION« versteht er dagegen den Vorgang, daß wir auf etwas Abwesendes Bezug nehmen, indem wir dazu auf eine Eigenschaft von einem gegenwärtigen Gegenstand verweisen. Beispielsweise kann ich auf ein Exemplar der Bildzeitung deuten und damit indirekt auf den Springer Verlag Bezug nehmen. Der springende Punkt ist nun der, daß nach Saka jede Sprachhandlung der direkten oder verschobenen Ostension bedarf und dabei zum Beispiel im Falle des Wortes »Uhu« auf folgende Dinge Bezug nimmt:

---

[295] Diese Schwierigkeit deutet zudem an, daß man unterscheiden muß, worauf ein Zitat Bezug nimmt, nämlich auf den Buchstabiertyp, das Wort, den translingualen Begriff und so weiter.

[296] Wie zu sehen sein wird, besitzt die Disambiguierungstheorie überdies große Ähnlichkeit mit der Identitätstheorie. Saka unterscheidet aber beide Theorien aufgrund der unterschiedlichen Auffassung der Rolle, welche die Anführungszeichen spielen (130).

(a) orthographische Form: *Uhu*
(b) phonetische Form: /'u.hu:/
(c) Lexikoneintrag <Uhu, /'u.hu:/, grammatikalische Wortart, UHU>
(d) Intension: UHU
(e) Extension: {x: x ein Uhu} (Ebd., 126)

Mit diesen beiden Ostensionsbegriffen und den möglichen Bezugnahmeobjekten versucht Saka im folgenden, den Unterschied zwischen dem Gebrauch und der Erwähnung eines Ausdrucks zu definieren:

(g) Ein Sprecher S *gebraucht* einen Ausdruck *X* gdw.
(i) S präsentiert ein Vorkommnis von *X*;
(ii) S nimmt hinweisend auf die mannigfaltigen Dinge Bezug, die mit *X* verbunden sind (inklusiv der Extension von *X*);
(iii) S beabsichtigt, die Gedanken seiner Zuhörer auf die Extension von *X* zu richten.
(e) Ein Sprecher S *erwähnt* einen Ausdruck *X* gdw.
(i) S präsentiert ein Vorkommnis von *X*;
(ii) S nimmt hinweisend auf die mannigfaltigen Dinge Bezug, die mit *X* verbunden sind;
(iii) S beabsichtigt, die Gedanken seiner Zuhörer auf einige Dinge zu richten, die mit *X* verknüpft, aber von der Extension verschieden sind. (Ebd., 126)

Ist zum Beispiel die zu untersuchende Phrase *X* = »ein Uhu«, ergibt sich nach Saka folgendes Bild:

(i) Jemand präsentiert die Phrase X, indem er »ein Uhu« schreibt, äußert oder auf ein Vorkommnis deutet, das von einer anderen Person erzeugt wurde.

(ii$_a$) Solch eine Präsentation nimmt mittels der direkten Ostension auf ein Schrift- oder Lautvorkommnis des Typs *ein Uhu* Bezug; und mittels der verschobenen Ostension nimmt die Präsentation auf den Typ *ein Uhu* beziehungsweise den Phonemtyp /....'u.hu:/) und auf die Nominalphrasensequenz sowie auf die Intension EIN (UHU) Bezug. (ii$_b$) Zudem nimmt die Präsentation mittels der verschobenen Ostension auf einen Uhu Bezug. (iii) Im Fall des Gebrauchs intendiert der Sprecher S mit »ein Uhu«, auf einen Uhu Bezug zu nehmen. Im Fall der Erwähnung intendiert der Sprecher dagegen, auf Dinge Bezug zu nehmen, die auffällig (»salient«) mit »ein Uhu« verknüpft sind, aber nicht mit der Extension, das heißt, also nur mit Dingen, die unter (ii$_a$) aufgeführt sind (ebd., 126 f.).[297]

Saka sieht folgende Stärken seines Ansatzes:

1. Erwähnung ist ohne Anführung möglich.
2. Es wird deutlich, welche Merkmale Erwähnung und Gebrauch teilen beziehungsweise worin sie sich unterscheiden.
3. Gebrauch und Erwähnung sind gleichzeitig möglich.
4. Zudem erlaubt der Ansatz, eine Definition der Anführung zu entwickeln.

Syntaktisch gesehen sind Anführungszeichenpaare nach Sakas Auffassung komplexe Symbole, die als Argumente einen Ausdruck besitzen und daraus eine Nomi-

[297] Saka will sich mit seinem Ansatz nicht auf eine Bezugnahmesemantik festlegen, sondern zieht vielmehr eine Semantik vor, die »Bezugnahme« mittels solipsistischer mentaler Zustände erklärt (ebd.).

nalphrase produzieren.[298] Semantisch gesehen markieren sie einen Begriff oder eine Intension QUOT. QUOT erfaßt (»maps«) ambig oder unbestimmt ein sprachlich hervorstechendes Merkmal des durch die Anführungszeichen präsentierten Ausdrucks. Nicht erfaßt wird jedoch die Extension des angeführten Ausdrucks. In diesem Sinne erwähnen Anführungskomplexe Ausdrücke und gebrauchen sie nicht. Ambig und unbestimmt bleibt jedoch, auf welche sprachlichen Merkmale und auf welche ontologische Kategorie, das heißt Typ oder Vorkommnis, mittels der Präsentation Bezug genommen wird. Anführungszeichen disambiguieren jedoch in dem Sinne, daß der Sprecher, der sie verwendet, damit Folgendes sagt: »Ich gebrauche den Ausdruck X nicht (nur), sondern ich erwähne ihn.« (Ebd., 127)

Im Detail führt Saka seine Analyse von Anführungskomplexen an folgendem Beispiel vor:

Nehmen wir an, *X* ist der allein angeführte Ausdruck »Uhu«. Dann gilt:

(i) Jemand präsentiert die Phrase *X* dadurch, daß er »*Uhu*« schreibt oder die Lautfolge /'u.hu:/ mit einer unterschiedlichen Intonation äußert oder unter Begleitung von Fingergesten. (ii_a) Solch eine Präsentation nimmt hinweisend direkt auf das orthographische Vorkommnis »Uhu« oder sein lautliches Gegenstück Bezug; zudem nimmt es hinweisend verschoben auf den korrespondierenden Typ, die Nominalphrasenstruktur[299], und die Intension QUOT (*Uhu*) Bezug. (ii_b) Letztere spezifiziert ambig die Extension: das Vorkommnis *Uhu*, den Typ *Uhu*, das Lautfolgenvorkommnis /'u.hu:/, den Lautfolgentyp *Uhu*, die Struktur $[\text{Uhu}]_n$ oder eben den Begriff UHU. (iii) Im Fall des Gebrauchs intendiert der Sprecher S, mit »*Uhu*« auf die Extension von »Uhu« Bezug zu nehmen, das heißt speziell auf die Dinge, welche unter (ii_b) aufgelistet sind. Im Fall der Erwähnung von »*Uhu*« intendiert der Sprecher dagegen, auf Dinge Bezug zu nehmen, die auffällig mit »*Uhu*« verknüpft sind, aber nicht mit der Extension, das heißt also nur mit Dingen, die unter (ii_a) aufgeführt sind. (Ebd., 128)

Daraus folgt für Saka:

1. Die Erwähnung von *X* und der Gebrauch von »*X*« stellen die gleiche Bezugnahme sicher.
2. Wenn der Unterschied zwischen Gebrauch von »*X*« und Erwähnung von *X* mit Hilfe des Begriffs der Sprecherabsicht charakterisiert wird, dann ist der Unterschied zwischen Anführung und Nichtanführung eine formal grammatische Angelegenheit.
3. In einer Sprache ohne Anführungszeichen wird die Unterscheidung zwischen Erwähnung von *X* und Gebrauch von »*X*« rein pragmatisch erreicht. In einer Sprache mit Anführungszeichen kann die Erwähnung dagegen explizit angezeigt werden (ebd., 128).

---

[298] Saka vertritt also auch gewissermaßen eine Art Identitätstheorie, die er als eigenständige Theorie im Gegensatz zu allen anderen Anführungstheorien nicht erwähnt.

[299] Saka gibt folgende Formulierung für die Nominalphrasenstruktur an: $[»_{\text{Det}}\ [\text{Uhu}]_{N}«_{\text{det}}]_{np}$. Wobei $»_{\text{det}}«$ für »dicountinious determiner« steht, worunter ein komplexes Symbol zu verstehen sein soll, dessen Argument ein Ausdruck ist. Dabei ergibt die Anwendung des Determinator eine Nominalphrase.

Saka zieht aus seinen Beispielen den Schluß,[300] daß Anführungszeichen nicht, wie die Demonstrativtheorie annimmt, als demonstrative Ausdrücke aufzufassen sind, sondern eher als Subskriptionszeichen, mit deren Hilfe sich Ambiguitäten vermeiden lassen (ebd., 128).

Von der Buchstabiertheorie unterscheidet sich Sakas Ansatz, insofern sein Ansatz keine Namen benötigt, um Elemente zu bezeichnen.[301] Die Ähnlichkeit mit der Identitätstheorie besteht darin, daß tatsächlich auf den Ausdruck Bezug genommen werden kann. Gleichfalls sind aber noch zahlreiche andere Bezugnahmeobjekte möglich, wie zum Beispiel die Form. Unter anderem dieses Merkmal erlaubt es, Sakas Ansatz in die Nähe der Bildtheorie[302] zu stellen. Aber die Disambiguierungstheorie geht über diese insofern hinaus, als für sie nicht nur die Form des angeführten Ausdrucks zählt, sondern gegebenenfalls auch dessen Bedeutung. Hinzu kommt, daß Sakas Ansatz als Bezug nehmendes Zeichen nicht nur den angeführten Ausdruck wie die Identitätstheorie, noch nur die Anführungszeichen wie die Demonstrativtheorie bestimmt, sondern den gesamten Anführungskomplex (ebd., 129).

Ein weiteres wichtiges Merkmal seiner Disambiguierungstheorie sieht Saka darin, daß Erwähnung im Gegensatz zur Anführung keine Konvention sei. So sei es eine Konvention, wenn wir einfache Anführung, doppelte Anführung oder andere notationale Möglichkeiten der Kenntlichmachung der Anführung verwendeten. Dem gegenüber wäre es eine Tatsache,

> daß wir durch direkte Ostension eines gestalteten Vorkommnisses verschoben auf dessen Typ, Inhalt etc. hinweisend Bezug nehmen könnten. Das heißt, die Präsentation eines Wortes [»word form«] erzeugt den korrespondierenden Worttyp, das Lexem, den Sinn und das Bezugnahmeobjekt in jedem menschlichen Geist, der die Sprache spricht und bekannt mit dem Begriff des Worttyps, Lexems, Sinns und Bezugnahmeobjekts ist. (Ebd., 130)

Diese Tatsache sei auch der Grund, daß Erwähnung und Gebrauch zwei Seiten der gleichen Medaille seien. Demgegenüber sei die Anführung ein formales Mittel, das verdeutlicht, daß der jeweils angeführte Ausdruck erwähnt wird (ebd., 132).

Unklar bleibt leider, wie sich Saka den Vorgang konkret vorstellt, daß eine Präsentation eines Wortes in »jeder Person, die die Sprache spricht« einen Sinn,[303] einen Typ oder was auch immer erzeugt. Nicht weniger dunkel bei Sakas Ansatz bleibt, wie die Absicht des Sprechers sicherstellt, ob ein Ausdruck erwähnt oder gebraucht wird. Die betrifft zum einen das Problem, inwiefern man die Erwähnung von anderen verschobenen Bezugnahmen, wie der Metapher etc., unter-

---

300 Hierzu gehört unter anderem ein Beispiel, wie mit iterierter Anführung umzugehen ist.

301 Diese Unterscheidung trifft nur auf die orthographische Buchstabiertheorie zu (siehe oben).

302 Eine Ähnlichkeit besteht zu Sellars' Ansatz (1949/50), der mittels der Verwendung von unterschiedlichen Anführungszeichen »disambiguiert« und dem es somit möglich ist, die Anführung bezüglich funktionaler Rollen von der Anführung von Formmerkmalen zu unterscheiden.

303 Wahrscheinlich stellt sich Saka hier so etwas wie einen semantischen Typbegiff vor (siehe I.1.6).

scheiden kann, und zum anderen, ob es alleine mit der Bedingung (ii_a) gelingt, die Bezugnahmeobjekte der Anführung zu spezifizieren beziehungsweise zu erfassen, auf welches Bezugnahmeobjekt aus dieser Liste eine Anführung konkret Bezug nimmt.

Ungeachtet dieser Probleme besitzt Sakas Ansatz eindeutige Vorteile gegenüber den Ansätzen seiner Konkurrenten. Dies betrifft im besonderen die Kompatibilitätsanforderung, die Saka keine Schwierigkeiten bereitet. So führt es, wie erläutert, bei Saka zu keinen prinzipiellen Schwierigkeiten, daß man mit Anführungskomplexen auf Formen, Intensionen etc. Bezug nehmen kann. Ein weiterer Pluspunkt ist zudem darin zu sehen, daß Saka klar zwischen Anführung und Erwähnung unterscheidet, respektive auf den Zusammenhang zwischen Erwähnung und Gebrauch verweist. Saka ist es somit möglich, ungeachtet der genannten Schwächen seiner Theorie, der Simultanitätsanforderung gerecht zu werden, das heißt der Tatsache, daß Ausdrücke zuweilen gleichzeitig erwähnt und gebraucht werden.

2.1.6.4 Recanatis Bildpräsentationstheorie

Ausgangspunkt von Francois Recanatis Überlegungen[304] ist der Vorwurf an herkömmliche Anführungstheorien, daß diese nur Fälle von GESCHLOSSENER ANFÜHRUNG (»closed quotation«) betrachten und Fälle von OFFENER ANFÜHRUNG (»open quotation«) zumeist unberücksichtigt lassen.

Fälle von geschlossener Anführung liegen nach Recanati dann vor, wenn der Anführungskomplex als singulärer Term innerhalb eines Anführungssatzes dient, zum Beispiel:

> »Schnee ist weiß« ist ein wahrer Satz.

Unter offener Anführung versteht Recanati dagegen nicht nur Fälle gemischter Anführung,[305] wie beispielsweise:

> Quine sagt, daß Anführung »... seltsam ist«,

sondern auch die Verwendung von Anführungszeichen, mit der man den ungewöhnlichen Gebrauch von Wörtern anzeigen will (im Englischen spricht man in diesen Fällen von »scare quoting«).

Recanati wendet sich dabei explizit gegen Davidsons »ikonoklastische Sicht« (ebd., 638) der Anführung, der zufolge nur durch die Anführungszeichen die Bezugnahme geleistet wird und der Anführungsausdruck selbst nicht zum Anführungssatz (der Satz, der den Anführungskomplex enthält oder ihm beigestellt ist) gehört. Recanati sieht sich selbst in der Tradition Searles, demzufolge bei Anführungen das angeführte Material präsentiert wird (wie gezeigt, können nach Searle

304 Ders. 2001.

305 Cappelen und Lepore Verdienst ist es, speziell auf die Schwierigkeiten von gemischter Anführung (»mixed quotation«) hingewiesen zu haben (dies. 1997).

nicht nur Ausdrücke, sondern auch Vogellaute etc. angeführt werden[306]). Diese Art der Präsentation geschieht nach Recanati auf bildliche Weise und er spricht daher folgerichtig davon, daß Anführungen Bilder seien (ebd., § 1).

Wenn man mit Recanati die Auffassung teilt, daß das angeführte Material als Bild funktioniert, stellen sich hier gleichwohl folgende Fragen: (1) Was wird hier unter Bild verstanden (etwa Typen oder Vorkommnisse)? (2) Worauf können Bilder Bezug nehmen beziehungsweise was können Bilder abbilden? (3) Wie läßt sich die Bezugnahme- respektive Abbildrelation näher bestimmen?

Recanati versucht diesen Fragekomplex unter Zuhilfenahme des Begriffs des ZEIGENS (»demonstrate«) von Herbert H. Clark und Richard J. Gerrig[307] zu beantworten. Nach Auffassung dieser Autoren kann man vermittels eines konkreten Gegenstandes auf Typen zeigen. So läßt sich beispielsweise mit einem Apfel auf den Typ »Apfel« zeigen. Typen sind also für Recanati nicht nur sprachliche Typen, sondern vieles mehr (ebd., Fn2). Diese weite Auffassung ist meines Erachtens nicht haltbar.[308] Selbst jedoch die schwächere Auffassung, nämlich daß man alle nur erdenklichen Eigenheiten von sprachlichen Äußerungen (Tonlage, Betonung, Schrift etc.) anführen kann (ebd., 641), läßt sich nur schwerlich mit den in Teil I geschilderten Verhältnissen von Vorkommnis und Typ in Einklang bringen.[309]

Recanati ist jedoch anderer Auffassung. Für ihn können Anführungen auf alle nur erdenklichen Eigenschaften von sprachlichen Äußerungen Bezug nehmen und diese Art von Bezugnahme - nämlich mit Hilfe eines Vorkommnisses auf einen Typen - vergleicht Recanati mit demonstrativer Bezugnahme (so weit eine Ähnlichkeit zu Davidson). Entscheidend für die weiteren Überlegungen ist nun, daß diese Bezugnahme nach Recanati nicht nur eine demonstrative ist, sondern überdies eine bildliche. Das heißt: Anführungskomplexe bilden ein Ziel ab. Die Abbildung kommt dabei dadurch zustande, daß der Anführungsausdruck (ein Vorkommnis) und das Ziel (ein Vorkommnis oder ein Typ) beide die gleichen relevanten Eigenschaften besitzen.[310] Bei einer Anführung vollzieht der Sprecher nach Recanti drei Handlungen gleichzeitig: Erstens produziert er ein Vorkommnis, zweitens zeigt er auf Eigenschaften des Vorkommnisses und drittens bildet er das Ziel ab (ebd., 642).

So nehme ich zum Beispiel mit dem Satz:

---

306 Siehe II.2.1.6.1.

307 Dies. 1990; und Clark 1996.

308 Der Grund hierfür ist, daß das Verhältnis zwischen Typ und Vorkommnis durch bestimmte relevante syntaktische, semantische oder pragmatische Merkmale (siehe Teil I) festgelegt wird, die bei anderen Gegenständen wie beispielsweise Äpfeln oder Waschmaschinen im Normalfall nicht gegeben sind.

309 Man denke etwa an Brombergers Variante einer Übertragungstheorie, der zufolge nur sprachlich relevante Eigenschaften übertragen werden können (und hierzu gehört beispielsweise nicht, ob ich einen Brief in Times New Roman oder Arial abfasse).

310 Diese Eigenschaften müssen somit von ungewöhnlicher Art sein, da sie gleichermaßen auf konkrete wie abstrakte Gegenstände zutreffen können.

> Schröder wiederholte vor dem Bundestag seine Äußerung »Ein Kriegseinsatz kommt für uns nicht in Frage«.

auf die Äußerung Schröders Bezug und das obige Vorkommnis des Anführungskomplexes

> »Ein Kriegseinsatz kommt für uns nicht in Frage«.

bildet die Äußerung Schröders ab. Nach Recanati kann man jedoch nicht nur Vorkommnisse, sondern auch Typen abbilden, wie beispielsweise in:

> »Uhu« ist ein Wort, das aus drei Buchstaben besteht.

Recanati führt hierzu zwei weitere Begriffe ein: Jede Anführung ist IKONISCH, aber sie ist nur dann MIMETISCH, wenn sie eine konkrete Äußerung abbildet (ebd., 645). Eine Anführung kann dabei, wie bereits geschildert, alle nur erdenklichen Eigenschaften ihres Ziels mimetisch abbilden. Aufgrund dieses Abbildcharakters mimetischer Anführung können fiktionale Äußerungen nicht mimetisch angeführt werden. Ebensowenig sind verneinte Anführungen wie beispielsweise folgende mimetisch:

> Schröder sagte nicht: »Wir wollen den totalen Krieg«.

Betrachten wir jedoch im folgenden die Unterschiede und Gemeinsamkeiten von geschlossenen und offenen Anführungen noch einmal genauer: Anführungskomplexe, egal ob in geschlossenen oder offenen Anführungssätzen, bedeuten etwas. Nur ist diese Bedeutung für Recanati erst einmal keine sprachliche, im Sinne einer Äußerung (»saying«), die etwas sagt, sondern gleich Bildern, die etwas zeigen (»showing«) (ebd., 647). Für Recanati heißt das, daß Anführungskomplexe allgemein nicht sprachlich Bezug nehmen, sondern ikonisch. Das schließt natürlich nicht aus, daß ich zudem auf das, worauf ich durch die Präsentation oder das Abbild zeige, sprachlich Bezug nehmen kann.

Ein Beispiel hierfür ist:

(a) Max hör mit dieser Jammerei auf! »Keiner mag mich«, »Ich bin ein Versager« ... Denkst du nicht, daß du ein wenig übertreibst?

In diesem Fall stellt »das Zeigen die ›Art der Präsentation‹ des Bezugnahmeobjekts bereit und bestimmt daher den kontextuellen ›Sinn‹ des Demonstrativums« (ebd., 648). Die Bezugnahme geschieht aber durch das Demonstrativum (sprachlichen Ausdruck) und nicht durch das Zeigen (Bild). Kurzum, das Zeigen zeigt das, worauf das Demonstrativum im Beispielsatz (a) Bezug nimmt. Dabei muß das Zeigen allgemein nicht durch ein sprachliches Vorkommnis, sondern kann durch beliebige Gegenstände, Ereignisse, Handlungen etc. geschehen. Für Anführungen gilt jedoch, daß sie auf sprachlichem Zeigen basieren müssen.

Der Spezialfall der geschlossenen Anführung liegt jedoch nur dann vor, wenn ein sprachliches Zeigen (eine Anführung) in dem Sinne geleitet (»recruited«) ist, daß der Anführungskomplex im Anführungssatz als singulärer Term fungiert, wie zum Beispiel im folgenden Satz:

(b) Max jammert und sagt: »Keiner mag mich.«

In diesem Satz fungiert der Anführungskomplex als singulärer Term und nimmt vermittels des Zeigens eines Vorkommnisses der Art »Keiner mag mich« (einer »Art der sprachlichen Präsentation«) auf etwas Bezug.

Während (a) ein Fall von offener Anführung ist (in der das Demonstrativum geleitet durch die Präsentation bestimmter sprachlicher Ausdrücke auf Äußerungen von Max Bezug nimmt), handelt es sich bei (b) um eine geschlossene Anführung, eben weil die Anführung als singulärer Term dient, der durch die Art der sprachlichen Präsentation auf eine Äußerung von Max Bezug nimmt. Die Anführung selbst nimmt aber nur bei geschlossener Anführung und nicht bei offener Bezug. Letztere bildet nur ab (ebd., 650).

An dieser Stelle wird deutlich, daß Recanatis Theorie nicht den gleichen Problemen hinsichtlich der Produktivitätsanforderung wie Demonstrativtheorien ausgesetzt ist. Der Grund hierfür ist, daß die Bezugnahme des Anführungskomplexes bei geschlossenen Anführungen durch die Art der sprachlichen Präsentation geleitet ist und daher fehlgeleitete Bezugnahmen, wie sie bei normalen Demonstrativa möglich sind, im Fall von geschlossener Anführung unmöglich ist. Dies liegt daran, daß im speziellen Fall der geschlossenen Anführung der Anführungskomplex, aufgefaßt als singulärer Term, gewissermaßen fest mit seinem Sinn (der Art seiner sprachlichen Präsentationen) verknüpft ist. Wie aber müssen wir uns diese feste Verknüpfung vorstellen?

Recanati schlägt zur Beantwortung dieser Frage ein Dreiebenenmodell, von Bedeutungen vor. Auf der ersten Ebene befindet sich die Bedeutung des präsentierten sprachlichen Ausdrucks; auf der zweiten Ebene die Bedeutung, die auf dem abbildenden Zeigen beruht. Diese beiden Bedeutungsebenen finden sich bei allen Anführungsarten. Bei der geschlossenen Anführung kommt jedoch, wie gesehen, noch eine dritte Bedeutungsebene hinzu. Diese dritte Bedeutungsebene entsteht dadurch, daß das Zeigen sprachlich geleitet ist, da die Anführung die Rolle eines singulären Terms im Anführungssatz einnimmt. Auf dieser dritten Ebene ist auch die Bedeutung des Anführungssatzes angesiedelt, in der die Anführung als singulärer Term dient und somit die Bedeutung des Anführungssatzes mitbestimmt. Diese sprachliche Bedeutung eines singulären Terms erhält der Anführungskomplex, insofern er Teil im Satzverbund ist (ebd., 650). Auf der zweiten Ebene ist die Bedeutung des präsentierten Ausdrucks dagegen nur eine bildliche. Auf der ersten Ebene besitzt der präsentierte Ausdruck allein einen Bezugnahmewert (»referential value«).

Betrachten wir zum besseren Verständnis folgendes Beispiel:

Und dann sagt Greta Garbo: »Ich will allein sein.«

Die Bedeutung der ersten Ebene ist die Bedeutung des Ausdrucks »Ich will allein sein«. Durch das Präsentieren des Ausdrucks wird auf der zweiten Ebene bildlich repräsentiert, was Garbo sagte. Auf der dritten Ebene dient die Präsentation innerhalb des Beispiels als singulärer Term und nimmt als Name sprachlich Bezug.

Der Witz der Analyse Recanatis besteht nun darin, daß auf der ersten Ebene die Bedeutung des Anführungskomplexes gewissermaßen die gleiche ist, wie wenn der Anführungsausdruck gewöhnlich gebraucht wird. Nur dadurch ist es uns nach Recanati möglich, beispielsweise Fälle von gemischter Anführung zu verstehen. Entscheidend für Recanati ist zudem (ebd., 653), daß der Anführungskomplex insofern wirkungslos (»inert«) ist, als er nicht seine Bedeutung, die er auf der ersten Ebene besitzt, auf der dritten Ebene beibehält. Das heißt, auf der dritten Ebene mutiert die Bedeutung des angeführten Materials (der Bezugnahmewert) zur Bedeutung eines singulären Terms. Schließlich spiegelt sich die Wirkungslosigkeit des Anführungskomplexes auf der zweiten Ebene darin, daß wir sinnlose Laute anführen können und daß noch so kleine Veränderung im Anführungskomplex zu einer Veränderung der Präsentation und somit der Bedeutung des Zeigens führen. Für Recanati ist dabei der Anführungskomplex nicht als bloßes Demonstrativum zu sehen (etwa im Sinne Davidsons Sicht der Anführungszeichen), sondern es sind »ikonische Symbole« (ebd., 658). Mit dieser Wortwahl stellt sich Recanati in die Tradition von Peirce und will damit zum einen die Konventionalität von Symbolen betonen und zum anderen die Nichtkonventionalität ikonischer Zeichen (ebd.). Mit anderen Worten, bei geschlossenen Anführungen wird gleichzeitig etwas gesagt und eine Handlung des Zeigens vollführt (ebd., 659).

Betrachtet man Recanatis Theorie vor dem Hintergrund der zuvor diskutierten Theorien, ergibt sich folgendes Bild:

Auf der ersten Ebene vertritt Recanati gewissermaßen eine Mischung aus Demonstrativ- und Identitätstheorie. Der Grund hierfür ist, daß erstens die Bedeutung des Anführungskomplexes nicht Teil der Bedeutung des Anführungssatzes ist (so weit die Nähe zur Demonstrativtheorie) und zweitens bleibt sie, für sich gesehen, konstant, das heißt, die Bedeutung des angeführten Materials ist dieselbe wie beim gewöhnlichen Gebrauch (und daher sind die Anführungszeichen ähnlich wie im Fall der Identitätstheorie redundant (ebd., § 3.3). Auf der zweiten Ebene vertritt Recanati dagegen eine Bildpräsentationstheorie, bei der die Anführungszeichen die Präsentation beziehungsweise das Zeigen des nachfolgenden Materials andeuten (und somit eine pragmatische Implikation mit sich führen (ebd., 662). Auf der dritten Ebene (die nur für die Erklärung von Fällen der geschlossenen Anführung von Relevanz ist) vertritt Recanati eine Theorie, die eine gewisse Ähnlichkeit zu Sakas Ostensionstheorie besitzt: Anführungskomplexe sind singuläre Terme, die vermittels einer Ostension (der Art der sprachlichen Präsentation) auf etwas Bezug nehmen.

Ob man mit Recanatis Bildpräsentationstheorie eine Theorie besitzt, die allen Anforderungen, die Anführungstheorien erfüllen sollten, gerecht wird, ist jedoch fraglich. Betrachten wir hierzu die Undurchsichtigkeitsanforderung. Ihr wird dadurch Genüge getan, daß die Bedeutung des angeführten Materials auf der ersten Ebene nicht zur Bedeutung des Anführungssatzes dazugehört (in dem Sinne sind Anführungskomplexe »wirkungslos«). Auf der zweiten Ebene wird die Undurchsichtigkeitsanforderung dem ersten Anschein nach dadurch erfüllt, daß jede noch so kleine Änderung des Anführungsmaterials zu einer Veränderung des Bildes (der Art der Präsentation) führt. Hier liegt aber gleichzeitig eine Schwäche der Theorie Recanatis. Sie läßt unklar, was die Eigenschaften sind, die durch das Zeigen abgebildet werden. Ein Grund hierfür ist Recanatis naiver Bildbegriff, dem zufolge ein Bild dasjenige abbildet, dem es ähnlich ist. Betrachten wir zum besseren Verständnis dieser Schwierigkeiten folgende Anführung:

Max schrieb »Ich liebe Dich.«

Das »Bild« (oder genauer eine Kopie des obigen Bildes) in diesem Beispiel ist:

Ich liebe Dich

Was aber wird durch dieses Bild abgebildet? Der Begriff der Ähnlichkeit kann uns hier offensichtlich nicht weiterhelfen. Denn in einem strengen Sinne ist das »Bild« nur sich selbst ähnlich (da jeder andere Gegenstand Unterschiede zu ihm aufweist) und in einem laxen Sinn ist jeder Gegenstand zu jedem ähnlich (wir werden zum Beispiel immer eine Eigenschaft finden, die beide teilen).[311] Auf unser Beispiel übertragen bedeutet das, es bleibt unklar, welches Bündel von Eigenschaften des Bildes das Ziel bilden, das heißt den Gegenstand, der abgebildet wird. Diese Schwierigkeiten zeigen, daß Recanatis Theorie, ohne eine speziell für sein Vorhaben brauchbare Bildtheorie, nicht zu überzeugen vermag. Eine solche Theorie ist aber aufgrund der skizzierten Schwierigkeiten[312] zur Zeit nicht vorhanden. Wenn aber das Herzstück der Theorie Recanatis, nämlich die zweite Bedeutungsebene, das abbildende Zeigen, theoretisch nicht fundiert ist, dann ist auch die darauf basierende dritte Bedeutungsebene nicht fundiert. Denn was soll man dann noch genauer unter der »Art der Präsentation« verstehen, auf der die Bezugnahme des Anführungskomplexes als singulärer Term basiert?

---

311 Läßt man zudem bestimmte künstliche Eigenschaften zu, läßt sich überdies zeigen, daß jeder Gegenstand zu jedem Gegenstand gleich ähnlich ist (vgl. Goodman 1972, Kap. IX). Recanati glaubt zwar Einwände dieser Art dadurch zu entkräften, in dem er sich auf unser »intuitives Verständnis« des Begriffs Ähnlichkeit beruft (ebd., Fn. 11). Betrachtet man aber gerade Versuche, die in neuerer Zeit in der Bildtheorie gemacht wurden, den Begriff der Ähnlichkeit zumindest einigermaßen theoretisch zu fassen (vgl. z. B. Hopkins oder Rehkämper), kann Recanatis Entgegnung bestenfalls naiv genannt werden.

312 Vgl. Steinbrenner 1998d.

2.1.6.5 Harths Theorie der Anführung als ein nichtsprachliches Mittel der Sprache

Ebenfalls eine Präsentationstheorie, wenn auch grundlegend verschieden von Sakas, vertritt Manfred Harth. Für ihn ist die Präsentation eines Ausdrucks mittels der Anführung ein nichtsprachliches Mittel. Das liegt nach Harth daran, daß Anführung mittels der exemplifizierenden Bezugnahme geschieht und diese ihrer »Natur nach eine nichtsprachliche Form des Bezugnehmens« ist (2000, 6). Das Nichtsprachliche der Anführung, die Exemplifikation, zeige sich darin, daß der exemplifizierte Gegenstand selbst ein sprachlicher Ausdruck sei, der Teil des Satzes sei und dem somit »eine echt sprachliche Repräsentation des Bezugsobjekts« fehlte (ebd.).[313]

Kann man aber nicht gleiches oder zumindest ähnliches von der Bezugnahme des folgenden Satzes sagen?

> Dieser Satz ist kurz.

Bei der Bezugnahme dieses Satzes handelt es sich um eine übliche Bezugnahme und nicht um eine nichtsprachliche, obwohl der Satz sich selbst bezeichnet und ihm somit auch »eine echt sprachliche Repräsentation des Bezugsobjekts« fehlt.

Der entscheidende Punkt scheint mir bei Harth der zu sein, daß es sich bei der Exemplifikation um eine nichtsprachliche Bezugnahme handelt, da die Bezugnahme nicht mittels einer semantischen Regel geschieht. Aber was ist eine semantische Regel? Auf diese Frage eine befriedigende Antwort zu geben ist sicherlich ein schwieriges Unterfangen beziehungsweise es bieten sich bestenfalls Ad-hoc-Lösungen an. Ungeachtet dieses Problems unterscheidet sich Harths Ansatz von denjenigen seiner Vorgänger, da bei ihm die angeführten Ausdrücke keine semantisch ambigen Ausdrücke sind,[314] sondern Ausdrucksvorkommnisse, die innerhalb einer Sprachhandlung präsentiert werden. So lautet die Definition der *Exemplifikationshandlung* für Ausdrücke:

> S (der Schreiber) exemplifiziert mit α einen Ausdruck A genau dann, wenn S das von ihm erzeugte oder schon vorhandene Vorkommnis α von A (einem Leser) als A präsentiert und dabei deutlich macht, daß er mit der Präsentation von α auf A Bezug nehmen möchte (ebd., 113).

Ausdrücke sind dabei nach Harth ideale Schriftzeichengestalten in Form idealer Buchstabenfolgen, die gewissermaßen mit dem »inneren Auge« betrachtet werden können und bei denen Größe, Schriftart etc. keine Rolle spielen (109 f.). Harth vertritt somit eine platonistisch-syntaktische Typauffassung. Dies schränkt seinen Ansatz insofern ein, als Anführungskomplexe nur Ausdruckstypen der genannten Art exemplifizieren können: »Die sprachliche Konvention für Anführung legt fest,

---

[313] Harths Argument gleicht somit Searles Einwand gegen die Eigennamentheorie (siehe oben).

[314] Hierin unterscheidet sich unter anderem Harths Theorie von der Identitätstheorie und Sakas Disambiguierungstheorie.

daß es der *Ausdruckstyp* ist«, der exemplifiziert wird (117). Der Wunsch, daß nur Ausdruckstypen der beschriebenen Art exemplifiziert werden können, ist sicherlich von der Warte des Anführungslogikers aus zu verstehen, doch der Kompatibilitätsanforderung wird damit nicht Genüge getan. Orientiert man sich eher an einem Exemplifikationsbegriff, wie er von Goodman vertreten wird, tauchen diese Probleme nicht auf.

Für Goodman kann jedes Zeichen jedes Merkmal, das es besitzt, unter geeigneten Umständen exemplifizieren.[315] Natürlich exemplifiziert kein Zeichen alle Merkmale, die es besitzt, sondern immer nur bestimmte, und dies immer nur hinsichtlich bestimmter Kontexte. Die für unseren Zusammenhang entscheidende Frage ist offensichtlich, welche Merkmale Zeichen innerhalb von Anführungszeichen beziehungsweise Anführungskomplexen exemplifizieren. Eine Antwort auf diese Frage kann jedoch nur vor dem Hintergrund der Anführungspraxis gegeben werden, und soweit diese bisher thematisiert wurde, spricht wenig dafür, daß nur ideale Typen angeführt werden können. Vielmehr scheint es so zu sein, daß Typen der unterschiedlichsten Art[316] und Vorkommnisse angeführt werden können, und die Einschränkung auf ideale Typen ist bestenfalls vom Standpunkt des Logikers aus zu akzeptieren.

Ein weiteres Problem für Präsentationstheorien und hier im besonderen für die Harthsche Variante taucht in Gestalt der Simultanitätsanforderung auf: Wie kann ein Ausdruck in üblicher Weise gebraucht und gleichzeitig präsentiert werden? Die Frage stellt sich gerade dann verschärft, wenn man davon ausgeht, daß solch ein simultaner Gebrauch möglich ist und nicht mittels einer Ellipse erklärt werden kann. Ist dieser simultane Gebrauch tatsächlich analog zum Gebrauch eines Buchs als Briefbeschwerer und zum Lesen? Wohl kaum. Die Analogie ist schon deshalb mißraten, weil wir nur in äußerst seltenen Fällen ein Buch lesen und es dabei gleichzeitig als Briefbeschwerer nutzen. Beim Lesen eines Ausdrucks geschieht es dagegen häufiger, daß wir gleichzeitig seine Formeigenschaften, syntaktische Struktur etc. und seine Bedeutung[317] zur Kenntnis nehmen, wobei die ersten Merkmale dadurch bestimmt sind, inwieweit sie zum Lesen relevant sind. Hierzu zählen eben Formeigenschaften, Schrifttyp, Buchstabenstellung innerhalb eines Ausdrucks und so weiter. Wenn man sein Augenmerk genau auf diese charakteristischen Merkmale richtet, wird deutlich, daß unsere Typbildung über die Exemplifikation solcher Merkmale geschieht. Ein wenig überspitzt ausgedrückt: Typen werden durch die

---

[315] Ich spreche deshalb relativ lax von Merkmalen, weil ich ontologisch an dieser Stelle keine Verpflichtungen eingehen will. Goodman selbst spricht statt dessen aufgrund seines Nominalismus von Etiketten (»labels«), worunter er sprachliche oder nichtsprachliche Zeichen versteht. Ein Platonist mag dagegen von Eigenschaften sprechen.

[316] Nämlich all diejenigen Arten von Typen, die im Teil I vorgestellt und als bedeutsam erachtet wurden.

[317] Was ich in diesem Zusammenhang unter Bedeutung verstehe, werde ich unter II.3.1 genauer ausführen.

Anführung »erzeugt«, und es gehört eben zu unserer Anführungspraxis, daß wir genau diese Typen exemplifizieren können, nämlich Typen, die relevant für das Lesen sind. Diese Typen können natürlich von Lese- zu Lesekultur leicht schwanken. Ungeachtet solcher Unterschiede ist jedoch die gemeinsame Bedingung dafür, daß es bestimmte relativ einfach zu handhabende Standardverfahren (Regeln, Konventionen) gibt, mit deren Hilfe festgelegt werden kann, ob ein Vorkommnis vom entsprechenden Typ ist. Die beiden verbreitetsten Typauffassungen sind sicherlich der Gestalt- und der syntaktische Struktur-Typ. Wie aber in Teil I gezeigt wurde, sind noch zahlreiche andere Typen gebräuchlich.[318]

Zwischenresümee:

Verfolgt man die Entwicklung der Anführungstheorien, fällt auf, daß die ersten Ansätze (Eigennamen- und Buchstabiertheorie) im engen Zusammenhang mit logischen Überlegungen entstanden sind. Dies hat zum einen zur Folge, daß in einem strengen Sinne keine ZITATTHEORIEN entwickelt wurden, sondern ANFÜHRUNGSTHEORIEN.[319] Der Unterschied dieser beiden Arten von Theorien zeigt sich darin, daß erstere sich mit dem Problem befassen, wie auf konkrete Äußerungen Bezug genommen werden kann, während letztere eher an der Bezugnahme auf abstrakte Typen interessiert sind. Diese Fokussierung führte dazu, daß die Lesbarkeit, Simultanität, Verstehbarkeit (im Sinne der Produktivitätsanforderung) und Kompatibilität von Anführungskomplexen von der Eigennamen-, Buchstabier- und Funktionstheorie meist nicht genügend berücksichtigt werden. Zu Ansätzen, die in dieser Hinsicht weniger reglementiert sind, gehören die Demonstrativ-, Identitäts- und Präsentationstheorie, die mehr an dem Gebrauchsaspekt von Anführungskomplexen interessiert sind und in diesem Sinne auch als Zitattheorien aufgefaßt werden können. Die Präsentationstheorie - gerade in der Ausprägung Sakas - besitzt dabei gegenüber den beiden erstgenannten den Vorteil, daß sie für Anführungskomplexe eine multiple Bezugnahme auf Form, Intension und Lexikoneintrag zuläßt. Warum aber soll man einer Beschränkung einzig auf diese drei Entitäten zustimmen? Hierauf gibt uns Saka keine Antwort. Eine Theorie, die in dieser Hinsicht geschmeidiger ist und so unserer Praxis des Zitierens und des Anführens eher gerecht wird, ist die von mir im folgenden entwickelte Multifunktionstheorie.

---

[318] Ein ähnlicher Gedanke findet sich (siehe I.5) bereits bei Sellars, der zwei unterschiedliche Sorten von Anführungszeichen einführt, um damit zum einen die Bezugnahme von Anführungskomplexen auf Formen und zum anderen ihre Bezugnahme auf funktionale Rollen zu bestimmen. Warum aber soll man die Bezugnahme von Anführungskomplexen nur auf diese beiden Typen beschränken, und wie kann man erklären, daß man in der gewöhnlichen Rede simultan auf mehrere Typen Bezug nehmen kann? Auf diese Fragen finden sich bei Sellars meines Wissens keine überzeugenden Antworten.

[319] Vgl. oben, Einl. zu II.2.

2.1.6.6 Multifunktionstheorie

Die Multifunktionstheorie (= MF-Theorie) geht von der Annahme aus, daß in Anführungskomplexen der Anführungsausdruck präsentiert wird. Die Präsentation geschieht durch die Exemplifikation.[320] Unter dieser wird - im Gegensatz zur Harthschen Auffassung - ein sprachliches Mittel verstanden, mit dem auf unterschiedliche Typen und Vorkommnisse Bezug genommen werden kann. Das ist deshalb wichtig, weil mit Anführungskomplexen nicht nur auf ideale Typen Bezug genommen wird, sondern ebenso auf Gestalttypen, syntaktische und semantische Typen, funktionale Rollen etc.

Betrachten wir dazu folgenden Satz:

> Peter sagt: »Der Morgenstern ist die Venus.«

Mit diesem Satz will uns jemand nicht - oder zumindest nicht nur - mitteilen, daß Peter eine bestimmte Lautgestalt geäußert hat, sondern einen bestimmten Satz, der in unserer Sprache einen bestimmten Sinn, eine bestimmte Bedeutung oder funktionale Rolle besitzt. Das schließt natürlich nicht aus, daß er uns zudem mitteilen will, daß Peter eine bestimmte syntaktische Struktur beziehungsweise Wortfolge geäußert hat, aber darin erschöpft sich nicht die Rolle des Anführungskomplexes. Der Witz besteht vielmehr darin, daß mit dem Anführungskomplex auf all die genannten unterschiedlichen Typen Bezug genommen werden kann. Eine brauchbare Anführungstheorie muß erklären können, wie es möglich ist, mit Anführungskomplexen auf diese Vielzahl von Typen (und Vorkommnissen) Bezug zu nehmen.

Meiner Auffassung nach gelingt dies Anführungskomplexen dadurch, daß sie auf metasprachliche Ausdrücke (und nichts anderes sind meinem Verständnis nach Typen) mittels der Exemplifikation Bezug nehmen.[321] Eine entscheidende Frage ist daher, was unter Exemplifikation im Fall metasprachlicher Bezugnahme verstanden werden soll. Meine an Goodman orientierte Begriffsexplikation lautet:

Unter Exemplifikation ist im Fall metasprachlicher Bezugnahme Folgendes zu verstehen:

(E1) Ein System besteht aus einer Sprache (S1), die aus Ausdrücken (aufgefaßt als Typen) inklusiv metasprachlicher Ausdrücke besteht, und einem Gebiet, das sich aus den Denotaten der Ausdrücke der Sprache (S1) zusammensetzt. Alle Objekte des Gebietes, auf welche ein Ausdruck Bezug nimmt, bilden die Extension des Ausdrucks.

---

[320] Auf den Gedanken, Anführung als Exemplifikation aufzufassen, hat mich Andreas Kemmerling gebracht.

[321] Die Multifunktionstheorie muß jedoch nicht notwendigerweise mit einer solchen Typauffassung einhergehen, das heißt, der Platonist kann statt dessen sagen, daß Anführungskomplexe Typen exemplifizieren.

(E2) Ein metasprachlicher Ausdruckstyp denotiert ein Ausdrucksvorkommnis genau dann, wenn das Ausdrucksvorkommnis zur Extension des metasprachlichen Ausdrucks gehört.[322]

(E3) Ein Ausdrucksvorkommnis A1 exemplifiziert einen metasprachlichen Ausdruckstyp $A1_{Ms}$ genau dann, wenn (a) A1 zur Extension von $A1_{Ms}$ gehört, (b) A1 auf $A1_{Ms}$ Bezug nimmt, (c) A1 indirekt auf die Extension von $A1_{Ms}$ Bezug nimmt.

Verdeutlichen wir die Bedingungen (E1)-(E3) an folgendem Beispiel:

A

Das obige Zeichenvorkommnis kann dazu verwendet werden, bestimmte metasprachliche Ausdrücke, wie beispielsweise »der erste Buchstabe unseres Alphabets«, zu exemplifizieren.[323] Daß es sich bei der Bezugnahmeweise beim obigen Zeichen um die Exemplifikation und nicht um die Denotation handelt, wird verdeutlicht, indem man das Zeichen einrückt. Die Einrückung ersetzt, so zumindest die Regel, an die wir uns bisher stillschweigend gehalten haben, die Anführungszeichen, und diese wiederum zeigen an, daß das Ausdrucksvorkommnis nicht zur Denotation, sondern zur Exemplifikation verwendet wird. Gleichwohl läßt sich das Ausdrucksvorkommnis im obigen Beispiel als metasprachliches Zeichen auffassen, da mit seiner Hilfe auf Zeichen Bezug genommen wird. Es ist aber im Rahmen der MF-Theorie nicht deshalb ein metasprachliches Zeichen, weil es mittels der Denotation auf den Typ *A* oder auf Vorkommnisse dieses Typs Bezug nimmt, sondern weil es den Typ direkt beziehungsweise Vorkommnisse von diesem indirekt exemplifiziert. So denotieren zum Beispiel die Ausdrücke »Typ *A*« und »erster Buchstabe unseres Alphabets« das obige Buchstabenvorkommnis. Im Falle der Anführung werden dabei aber nur solche metasprachlichen Ausdrücke durch den Anführungsausdruck exemplifiziert, die im jeweiligen Kontext echte sprachliche Typen bezeichnen und nicht etwa Druckfarbentypen oder ähnliches. Offen bleibt dagegen je nach Kontext, ob obiges Beispiel die Typen *Großbuchstabe-A* oder *Erster Buchstabe unseres Alphabets* exemplifiziert.

Von der direkten Exemplifikation des Typs durch einen Anführungskomplex ist die indirekte Exemplifikation von Vorkommnissen desselben Typs zu unterscheiden. So läßt sich, wie wir schon bei Schlossberger gesehen haben,[324] auch auf das Vorkommnis, das präsentiert wird, selbst Bezug nehmen (im Sinne der Reichenbachschen »token-quotes«) oder auf typgleiche Vorkommnisse, wie in folgendem Beispiel:

---

[322] Distributive Ausdrücke, die metasprachlich Bezug nehmen, können in diesem Sinne als metasprachliche Ausdruckstypen verstanden werden (vgl. I.5).

[323] Man kann natürlich die Auffassung vertreten, daß der Ausdruck »der erste Buchstabe unseres Alphabets« kein Buchstabenvorkommnis denotiert, sondern nur den abstrakten Buchstaben. Vertritt man eine derartige Auffassung, exemplifiziert das obige Beispiel nicht den Ausdruck »der erste Buchstabe unseres Alphabets«, sondern statt dessen »Vorkommnis des ersten Buchstabens unseres Alphabets«.

[324] Vgl. II.2.1.6.2.

> Das letzte Wort, das Peter geäußert hat, war »Uhu«.

Die Bezugnahme auf das letzte Wortvorkommnis, das Peter geäußert hat, ist insofern indirekt, als wir uns mittels des Typs *Uhu* beziehungsweise des Ausdrucks »Typ *Uhu*« auf das Vorkommnis beziehen. Faßt man Typen jedoch rein extensional auf, ist das Vorkommnis, welches Peter geäußert hat, Teil der Extension des Typs *Uhu* beziehungsweise der Extension des Ausdrucks »Typ *Uhu*«.

An dieser Stelle klärt sich auch der seltsam ambivalente Zug der Anführung: Zum einen wissen wir bei Anführungskomplexen (im Gegensatz zu üblichen Ausdrücken) immer, worauf sie Bezug nehmen, nämlich auf bestimmte Typen, von denen der exemplifizierende Ausdruck ein Vorkommnis ist, und zum anderen bleibt die kontextuelle Unbestimmtheit, auf welche Typen sie Bezug nehmen. So will man zum Beispiel mit dem Anführungssatz

> Im Fall der Zustimmung kann man im Deutschen »ja« sagen.

nicht auf das polnische Wort »ja« Bezug nehmen, sondern auf das deutsche Wort »ja«. Gleichwohl ist es möglich, daß wir uns im obigen Anführungssatz auf die syntaktische Struktur, Gestaltform etc. beziehen.

Diese Unbestimmtheit der Exemplifikation im Fall von Anführungen ist jedoch gerade in Fällen der direkten Rede von großem Nutzen, da es uns erlaubt ist, uns mit der angeführten Rede auf alle sprachlich relevanten Merkmale der wiedergegebenen Äußerung zu beziehen. Es ist eben beispielsweise nicht nur die Gestalt des Vorkommnisses, auf die wir uns beziehen können, sondern zudem die syntaktische Struktur, funktionale Rolle etc. Diese Möglichkeit, auf die unterschiedlichsten Typen und Vorkommnisse mittels Anführungskomplexen Bezug zu nehmen, läßt mich meinen Ansatz MULTIFUNKTIONSTHEORIE nennen. Gegen die MF-Theorie, die auf dem Gedanken beruht, daß Anführung mittels Exemplifikation (im Sinne Goodmans) geschieht, lassen sich die folgenden beiden Einwände erheben:

Einwand (1): Der hier benutzte Exemplifikationsbegriff berücksichtigt nicht genügend die unterschiedlichen Verwendungsweisen der Exemplifikation in den verschiedenen Symbolsystemen (und vermischt daher ungerechtfertigterweise sprachliche und nichtsprachliche Exemplifikation).

Einwand (2): Der Begriff der Exemplifikation ist zirkulär beziehungsweise nichtssagend.

Der erste Vorwurf findet sich unter anderem in Jules Vuillemins Aufsatz *Goodmans ›Sprachen der Kunst‹ – eine statische Konzeption einer Symboltheorie?* (1995). Vuillemin vertritt dort die Ansicht, daß zwischen zwei Gebrauchsweisen der Exemplifikation strikt unterschieden werden muß:

> [Wir] müssen [...] die Exemplifikation als Subrelation der Denotation, die eine sprachliche und konventionelle ist, unterscheiden von der Exemplifikation als Teilhabe-Relation, die eine ostensive Funktion ist. Die erste exemplifiziert ein Symbol in einem Gegenstand, die zweite einen Gegenstand in einem Symbol. (722)

Vuillemin will damit die folgenden beiden Fälle unterschieden wissen:

(a) Ein Gegenstand exemplifiziert ein Symbol.
(b) Ein Symbol exemplifiziert einen Gegenstand.[325]

Der erste Fall liegt zum Beispiel dann vor, wenn ein roter Karton das Farbetikett »Pantone 137« exemplifiziert. Der zweite Fall besteht dann, wenn beispielsweise ein Stoffmuster den Stoffballen exemplifiziert, von dem es abgeschnitten wurde.[326]

Die Schwierigkeit, die Vuillemin im letzten Beispiel sieht, ist: Was spricht dafür, daß der Stoffballen das Stoffmuster denotiert, und was spricht dagegen, daß die einzelnen Stoffmuster den Stoffballen denotieren (ebd.)? Die von Goodman vorgeschlagene Richtungsverschiedenheit[327] zwischen Denotation und Exemplifikation scheint in diesem Fall tatsächlich fragwürdig zu sein. Dies unterstreicht folgendes Beispiel von Vuillemin:

> Nun kann man sich leicht einen stummen Markt vorstellen, auf dem der Verkäufer dem Käufer eine rote Probe zeigt, die ein direktes Symbol der Farbe Rot ist, ohne daß man die Vermittlung durch das Wort ›rot‹ voraussetzt. In diesem Fall kann man nicht mehr sagen, die Exemplifikation ist die Umkehrung der Denotation, weil Denotation nicht vorkommt. (723)

Im Fall des stummen Marktes gewinnt die Behauptung, daß die rote Probe als nonverbales Etikett rote Gegenstände denotiert, an Überzeugungskraft. Führt man diesen Gedanken weiter, kann man gar zu der absurden Behauptung gelangen, daß jedes Einzelding eine von ihm besessene Eigenschaft beziehungsweise deren Extension denotiert. Wenn es sich so verhielte, könnte man analog zu dem Beispiel des stummen Markts annehmen, daß zum Beispiel jede beliebige Türklinke sämtliche Türklinken denotieren würde. Wie können wir dieser unliebsamen Implikation begegnen?

Ich denke, als erstes ist zu beachten, daß unter Exemplifikation nicht die Umkehrung der Denotation zu verstehen ist.[328] Während die Denotationsrelation innerhalb eines Symbolsystems eine im bestimmten Sinne nicht hinterfragbare Gegebenheit ist, gilt das Entsprechende nicht für die Exemplifikation. Was eine Probe exemplifiziert, ist sicherlich ein schwierigeres Unterfangen. Dies hängt da-

---

325 Überträgt man Vuillemins Beispiel auf unsere Fragestellung, bietet sich folgender Vergleich an: (a') Ein Vorkommnis, aufgefaßt als Gegenstand, exemplifiziert ein Symbol; und (b') Ein Vorkommnis, aufgefaßt als Symbol, exemplifiziert einen Gegenstand.

326 Es ist fraglich, ob der zweite Fall überhaupt von der Art ist, daß er unter Goodmans Exemplifikationsbegriff subsumiert werden kann. Ein Grund dafür ist, daß die Exemplifikation im nominalistischen Sinne eine Relation zwischen Gegenständen und Etiketten - wie zum Beispiel »rot«, »Teil von dem Stoffballen XY« etc. - ist und im platonistischen Sinne eine Relation zwischen Merkmalen oder Eigenschaften (vgl. Goodman ^{2}1976, 53-57). Deshalb betont Goodman auch, daß der Satz »Das Muster exemplifiziert den Stoffballen« eine Ellipse des Satzes ist »Das Muster exemplifiziert die Eigenschaft, von diesem Ballen genommen zu sein« (ebd., 53). Ausführlicher mit diesem Problem befaßt sich Elgin (1983, 73-78). Sie befürwortet in diesem Zusammenhang die These, daß das Etikett (»label«) und nicht die Extension des Etiketts exemplifiziert wird.

327 Vgl. Goodman 1984, 59.

328 Vgl. Goodman 1984, 59.

mit zusammen, daß die Bezugnahme durch Exemplifikation im Gegensatz zur Bezugnahme von gewöhnlichen sprachlichen Ausdrücken extrem vom Kontext ihrer Verwendung abhängig ist. So spielt das Gewicht bei Farbproben zumeist keine Rolle. Das ändert sich jedoch, wenn es sich zum Beispiel um die Farbprobe für eine ultraleichte Rennyacht handelt. Hier ist das Gewicht von wesentlicher Bedeutung, und andere Qualitäten der Farbe treten in den Hintergrund.

Dieses und andere Beispiele deuten bereits an, daß Türklinken denotierende Türklinken und erst recht Türklinken exemplifizierende Türklinken eines Kontextes bedürfen, der nicht so leicht vorzufinden ist. Türklinken sind in den meisten Fällen zuallererst Artefakte, die weder etwas denotieren noch exemplifizieren. Das schließt natürlich nicht aus, daß manche Türklinken unter bestimmten Umständen etwas denotieren respektive exemplifizieren können.

Selbst wenn jedoch anerkannt wird, daß die Exemplifikation nicht einfach die Konverse der Denotation ist, bleibt das Problem bestehen, warum im Falle des stummen Marktes nicht davon gesprochen werden kann, daß die Probe als Etikett funktioniert, welches die Klasse der roten Dinge denotiert (etwa analog zum Identitätstheoretiker, dem zufolge der Anführungsausdruck sich selbst denotiert). Ich möchte diese Schwierigkeit zunächst beiseite lassen und mich dem Einwand (2), nämlich dem der Zirkularität, zuwenden.

Der Zirkularitätseinwand gegen den hier von Goodman übernommenen Begriff der Exemplifikation läßt sich folgendermaßen formulieren: Grundbegriff der Goodmanschen Symboltheorie ist der Begriff der Bezugnahme. Diesen versucht er mit Hilfe der Begriffe der Denotation und Exemplifikation zu charakterisieren. Zu dem Zirkelverdacht kommt es nun deshalb, weil Goodman scheinbar den Begriff der Bezugnahme mit den Begriffen der Denotation und Exemplifikation explizieren will, dabei aber den Begriff der Exemplifikation nur unter Zuhilfenahme des Begriffs der Denotation beziehungsweise Bezugnahme erklären kann.

Folgende Zitate respektive Reformulierungen mögen die Zirkelstruktur verdeutlichen:

(1) x nimmt auf y Bezug genau dann, wenn
(1a) x y denotiert oder
(1b) x y exemplifiziert.

Mit dieser Reformulierung dürfte Goodman aus verschiedenen Gründen nicht einverstanden sein. Ein Grund ist, daß Goodman weder den Begriff der Bezugnahme noch den der Denotation und der Exemplifikation definieren will, sondern sie nur durch Unterscheidungen und Vergleiche expliziert (1984, 55). Goodmans Verfahren ist daher eher als ein axiomatisches zu verstehen, in dem es nicht darum geht, Ausdrücke zu definieren, sondern vielmehr durch Axiome ihre Verwendung zu regeln. Daher würde Goodman auch der Vorwurf der Zirkularität nur insofern treffen, wenn seine »Axiome« zu Widersprüchen führen würden. Dies ist aber, wie zu sehen sein wird, nicht der Fall. Betrachten wir hierzu folgende Textstellen bei Goodman:

(2) Exemplifikation setzt ein Symbol mit einem Etikett in Beziehung, von welchem es denotiert wird, und deshalb indirekt mit den Dingen (inklusive dem Symbol selbst) des Wertebereichs [»range«] des Etiketts. (1974, 92)

Und einige Seiten zuvor ist zu lesen:

(3) Ein Objekt, welches buchstäblich oder metaphorisch von einem Prädikat denotiert wird und auf dieses Prädikat oder auf die korrespondierende Eigenschaft Bezug nimmt, von dem kann gesagt werden, daß es dieses Prädikat oder diese Eigenschaft exemplifiziert. (Ebd., 52)

Dieses Zitat wird von Douglas Dempster folgendermaßen umformuliert:

(3*) »x exemplifiziert y« ist wahr genau dann, wenn
(3*a) y x denotiert und
(3*b) x auf y Bezug nimmt.[329]

Der Verdacht des Zirkels kommt offensichtlich durch die Klausel (3*b) der Definition zustande: »x nimmt auf y Bezug«. Was ist hier unter *Bezugnahme* zu verstehen? Für Goodman besteht Bezugnahme, wie bereits erwähnt, in Denotation oder Exemplifikation. Dies spricht dafür, (3*b) folgendermaßen umzuformulieren:

(3*b) x denotiert y oder x exemplifiziert y

Wir gelangen somit zu:

(3*) »x exemplifiziert y« ist wahr genau dann, wenn
(3*a) y x denotiert und
(3*b') x y denotiert.

oder

(3*) »x exemplifiziert y« ist wahr genau dann, wenn
(3*a) y x denotiert und
(3*b'') x y exemplifiziert.

Im ersten Fall ist die Exemplifikation ein bloßer Spezialfall der Denotation, wie er im folgenden Beispiel vorliegt:

(x) Der Ausdruck (y) auf dieser Seite.
(y) Der Ausdruck (x) auf dieser Seite.

Der Ausdruck (x) würde in diesem Beispiel den Ausdruck (y) exemplifizieren und umgekehrt (man könnte statt dessen auch von wechselseitiger Bezugnahme sprechen).[330] Goodman versteht aber unter Exemplifikation offensichtlich nicht diesen Spezialfall der Denotation.

---

[329] Ders. 1989, 407ff.

[330] Die wechselseitige Bezugnahme würde aber auch in diesem Fall nur für den genannten Spezialfall zutreffen, d.h., im Normalfall der Denotation kann nicht von der wechselseitigen Bezugnahme zwischen Zeichen und Bezeichnetem gesprochen werden.

Im zweiten Fall ist die Definition dagegen zirkulär. Dempsters Zirkelverdacht scheint sich somit zu erhärten. Meines Erachtens läßt sich dieser Verdacht aber unter Zuhilfenahme weiterer Überlegungen Goodmans entkräften. Betrachten wir dazu die folgende Bemerkung:

(4) Exemplifikation ist Besitz plus Bezugnahme. (Goodman ²1976, 53)

Unter Besitz wird der Besitz der Eigenschaft verstanden, auf welche Bezug genommen wird. Eine »Eigenschaft zu besitzen« soll an dieser Stelle soviel heißen wie zu einer Klasse von Objekten gehören, die von einem jeweiligen Etikett denotiert werden. Exemplifikation heißt somit:

(5) Ein Objekt O1 exemplifiziert ein Etikett E1 genau dann, wenn (a) O1 von E1 denotiert wird, (b) O1 auf E1 Bezug nimmt und schließlich (c) O1 indirekt[331] auf die Extension des Etiketts E1 Bezug nimmt.[332]

Aus (5a)-(5c) folgt:

(5d) Alle Symbole, die exemplifizieren, nehmen indirekt auf sich selbst Bezug. (Der triviale Grund dafür ist, daß sie immer zur Extension des Etiketts gehören, welches sie exemplifizieren.)

Bis auf (5b) werden also notwendige Bedingungen für die Exemplifikation angegeben, die für die Denotation nicht gelten. Der Verdacht des Zirkels bleibt jedoch bestehen, da zur Erklärung des Begriffs der Exemplifikation die Begriffe »Denotation« und »Bezugnahme« herangezogen werden. Wie kann diesem Zirkelverdacht begegnet werden?

Mein Lösungsvorschlag ist folgender:[333]

(A) Ein System besteht aus einem Schema und einem Gebiet (der Extension seiner Bezug nehmenden Zeichen). Das Schema setzt sich aus alternativen Etiketten zusammen. Die Etikette nehmen auf die Objekte im Gebiet Bezug. Alle Objekte des Gebietes, auf welche ein Etikett Bezug nimmt, bilden die Extension des Etiketts.

(B) Ein Symbol denotiert ein Objekt genau dann, wenn das Objekt zur Extension des Symbols gehört.

(C) Ein Objekt O1 exemplifiziert ein Etikett E1 genau dann, wenn (a) O1 zur Extension von E1 gehört, (b) O1 auf E1 Bezug nimmt, (c) O1 indirekt auf die Extension des Etiketts E1 Bezug nimmt.

Eine Verwechslung oder Ununterscheidbarkeit von Exemplifikation und Denotation ist somit zumindest theoretisch ausgeschlossen. Die praktische Voraussetzung

---

331 Der Grund dafür, daß O1 indirekt auf die Extension Bezug nimmt, ist, daß O1 direkt das Etikett E1 exemplifiziert und E1 direkt auf alle Objekte seiner Extension - inklusive O1 - Bezug nimmt. Die Bezugnahme von E1 auf die Extension von E1 ist somit indirekt. An dieser Stelle zeigt sich einmal mehr, daß die Exemplifikation nicht eine einfache Teilhaberelation ist beziehungsweise nicht der Stoffballen, sondern das Etikett »Muster vom Stoffballen X« durch das Stoffmuster exemplifiziert wird.

332 Die Definition (5) ist somit eine ziemlich frei nachempfundene Reformulierung der These (2) von Goodman.

333 Vgl. (E1-E3) und Steinbrenner 1996, III.2.2.

dafür ist das Erkennen eines Systems und die damit einhergehende Unterscheidung zwischen den Ebenen Schema (Zeichen) und Gebiet (Extension).[334]

Was folgt aus diesen Überlegungen für das Beispiel des stummen Marktes? Erinnert sei an das Wort »kurz«. Ein Vorkommnis dieses Worts funktioniert als Etikett und denotiert als solches unter anderem Wortvorkommnisse der Art »kurz«. Zudem kann »kurz« als kurzes Wortvorkommnis sich selbst beziehungsweise den Worttyp *kurz* exemplifizieren. Und genau das geschieht im Beispiel mit dem stummen Markt. Die rote Probe oder besser das rote Etikett denotiert die roten Dinge und als rotes Ding kann es sich selbst exemplifizieren. Der Richtungsunterschied entsteht dadurch, daß es zu seiner eigenen Exemplifikation der Tatsache bedarf, zur Extension des roten Etiketts zu gehören. Entsprechendes gilt für das rote Etikett als denotierendes Symbol nicht. Es könnte zum Beispiel sein, daß die Stummen auf dem Markt immer mit grünen Zeichen die roten Gegenstände denotieren und vice versa. In diesem Fall wäre es sinnlos, von einer Teilhaberelation zu sprechen. Unter mereologischen und nominalistischen Gesichtspunkten mag es vielleicht seinen Reiz haben, Sonderfälle der Exemplifikation als Teilhaberelation zu bezeichnen, aber aus inhaltlichen Gründen ist dies keinesfalls notwendig.

Wir können also somit die Einwände (1) und (2) zurückweisen. Weder ist, wie gesehen, der hier verwendete Begriff der Exemplifikation zirkulär, noch kann gezeigt werden, daß die Exemplifikation in nichtsprachlichen Symbolsystemen sich grundlegend von sprachlicher Exemplifikation unterscheidet. Somit spricht kein zwingendes Argument dagegen, daß die Präsentation von Ausdrücken innerhalb von Anführungskomplexen mittels der Exemplifikation erklärt werden kann und letztere kein Spezialfall der Denotation, sondern vielmehr eine eigenständige sprachliche Bezugnahmeweise ist.

Vagheitseinwand: Wie gesehen, ist ein wichtiges Motiv für die MF-Theorie der Gedanke, daß nicht nur auf einen bestimmten Typ mit Hilfe eines Anführungskomplexes Bezug genommen werden kann, sondern daß die unterschiedlichsten Typen und Vorkommnisse durch den Anführungskomplex exemplifiziert werden können. Droht aber dadurch der MF-Theorie nicht ein Zuviel an Kompatibilität aufgrund eines zu vagen Exemplifikationsbegriffs, der scheinbar die Bezugnahme auf nahezu alles zuläßt? Was hindert zum Beispiel daran, ernsthaft zu behaupten - und ähnliches wird in der antroposophischen Eurythmie getan -, daß

A

das Aufstrebende exemplifiziert? Hierauf läßt sich Folgendes erwidern:

(i) Anführungskomplexe exemplifizieren <u>als</u> Anführungskomplexe nur solche Merkmale, die für das Lesen relevant sind, und Empfindungen, die zuweilen beim

---

[334] Diese Unterscheidung würde verwischt, wenn man die exemplifizierten Etiketten ebenfalls zu der Extension eines Zeichens zählen würde (vgl. Elgin 1983, VI.5; Steinbrenner 1996, V.1.2).

Lesen auftauchen, zählen nicht dazu.[335] (ii) Exemplifiziert durch Anführungskomplexe wird nur direkt oder indirekt, das heißt, Typen oder Vorkommnisse und verschlungene metaphorische Exemplifikation sind hiervon zu unterscheiden.[336]

Betrachtet man vor den bisherigen Ausführungen die verschiedenen Anforderungen, die an Anführungstheorien zu stellen sind, gelangen wir hinsichtlich der MF-Theorie zu folgendem Bild:

Undurchsichtigkeitsanforderung: Die Nichtsubstituierbarkeit von bedeutungsgleichen Ausdrücken innerhalb von Anführungsausdrücken wird durch die MF-Theorie garantiert, da ein Austausch bedeutungsgleicher, aber syntaktisch verschiedener Ausdrücke zur Exemplifikation unterschiedlicher Typen führen kann. Betrachten wir hierzu folgende Beispiele:

(1) Max sagt: »Der Morgenstern ist die Venus.«
(2) Der Ausdruck »Morgenstern« bezeichnet die Venus.
(3) Der erste Buchstabe im Wort »Oma« ist ein groß geschriebenes O.

Im Beispiel (1) können wir »Morgenstern« nicht durch »Abendstern« ersetzen, da dadurch ein Anführungskomplex entstehen würde, nämlich

Der Abendstern ist die Venus.

der unterschiedliche Typen (zum Beispiel einen anderen Gestalttyp und syntaktischen Typ) exemplifiziert. Gleichwohl läßt sich im Satzvorkommnis (1) der zweite Buchstabe im Ausdruck »Morgenstern« durch folgenden »substituieren«:

o

Im Satz (2) kann man dagegen in bestimmten Kontexten den Ausdruck »Morgenstern« durch den Ausdruck »Abendstern« ersetzen. Kontexte dieser Art sind beispielsweise dann gegeben, wenn man die Anführungszeichen im Sinne Sellars liest, das heißt als Punkt-quotes, mit deren Hilfe man auf funktionale Rollen Bezug nimmt,[337] oder nur die Exemplifikation von semantischen Typen[338] als relevant erachtet.

Ebenso sind Kontexte möglich, in denen nicht einmal die beiden folgenden Vorkommnisse füreinander ersetzt werden dürfen:

o
O

Ein solcher Kontext liegt zum Beispiel beim Satz (3) vor, da in diesem Beispielsatz der Anführungskomplex einen sehr eng gefaßten Gestalttyp exemplifiziert.

Produktivitätsanforderung: Auch diese Anforderung wird von der MF-Theorie erfüllt, da mit ihrer Hilfe zum einen erklärt wird, warum es uns ein leichtes ist,

---

[335] Gleiches gilt für nichtsprachliche Exemplifikation. So exemplifiziert zum Beispiel im Normalfall eine Farbprobe nicht ihre Form, Gewicht und Größe, sondern nur die Farbe.
[336] Zur metaphorischen Exemplifikation vgl. Goodman 1984, 64ff.; Steinbrenner 1996, I.1.331.
[337] Vgl. I.5, Fn. 117.
[338] Vgl. I.1.6.

durch das Mittel der Anführung Ausdrücke zu benennen, und zum anderen, warum wir bei Anführungskomplexen ihr Denotat gewissermaßen sogleich erkennen. Das ist in beiden Fällen durch die Exemplifikation begründet. Ebenso unproblematisch sind die Buchstabieranforderung und die Abbildanforderung.

Allgemeinheitsanforderung: Sie besagt, daß eine brauchbare Anführungstheorie nicht ausschließen darf, daß jeder Ausdruck angeführt werden kann; dieser Anforderung wird Genüge getan, da jedes Vorkommnis angeführt werden kann, das relevante Merkmale, das heißt metasprachliche Ausdrücke, exemplifiziert. Unter relevanten Merkmalen beziehungsweise metasprachlichen Ausdrücken sind hier diejenigen zu verstehen, die in einer bestimmten Kultur und einem bestimmten Kontext für das Lesen und Schreiben bedeutsam sind. Das schließt in einem gegebenen Kontext, mit Hilfe eines Vorkommnisses die Kreation eines neuen Zeichentyps ein.[339] Eine Neuschaffung dieser Art ist jedoch nur dann möglich, wenn der Kontext zumindest implizit festlegt, welches die relevanten Merkmale im zuvor geschilderten Sinne sind. Nur wenn ein Hintergrund dieser Art gegeben ist, können neue Typen kreiert werden.

Simultanitätsanforderung: Sie wird von der MF-Theorie erfüllt, da sie erklärt, wie ein Anführungskomplex simultan sowohl einen syntaktischen als auch semantischen Typ (oder eine funktionale Rolle) exemplifizieren kann.[340]

Redundanzanforderung: Alle Theorien, für die die Anführungszeichen in syntaktischer oder semantischer Hinsicht zu dem Anführungsausdruck gehören, stehen offensichtlich vor dem Problem zu erklären, wie es möglich ist, daß Anführungszeichen zuweilen nicht nötig sind. Gleiches gilt für die MF-Theorie, der zufolge die Anführungszeichen anzeigen, daß der von ihnen eingefaßte Ausdruck exemplifizierend Bezug nimmt. Auf das Anzeigen der exemplifizierenden Bezugnahme durch die Anführungszeichen kann jedoch dann verzichtet werden, wenn durch den Kontext bereits festgelegt wird, daß der Ausdruck im anführenden exemplifizierenden Sinne verwendet wird.[341] Kontexte dieser Art sind beispielsweise häufig in der mündlichen Rede oder in Dialogtexten (zum Beispiel Theaterstücke) gegeben. Will man dagegen mit Hilfe eines Anführungsausdrucks einen Anführungsausdruck zweiter Stufe exemplifizieren, dann bedarf man der Anführungszeichen und deren Redundanz ist nicht gegeben. Ein Beispiel hierfür ist folgender Ausdruck:

»Ei«

Mit diesem Anführungskomplex will man ja nicht auf den Ausdruck »Ei« Bezug nehmen wie mit folgendem Ausdruck

Ei

---

339 Vgl. Wollheims Übertragungstheorie, I.4.1.

340 Auf die Simultanitätsanforderung komme ich unter II.3.1 noch ausführlicher zu sprechen.

341 Natürlich können auch nichtanführende Ausdrücke exemplifizieren. Man denke zum Beispiel an Gedichtzeilen, die einen bestimmten Rhythmus exemplifizieren.

sondern man will beispielsweise den Ausdruckstyp zweiter Stufe *»Ei«* exemplifizieren.[342]

Das letzte Beispiel verdeutlicht auch, daß die MF-Theorie der Iterationsanforderung gerecht wird, da die Ausdrücke »Ei« und » »Ei« « unterschiedliches exemplifizieren und dieser Unterschied in der Bezugnahme durch die Iteration der Anführungszeichen zustande kommt.

Endlichkeitsanforderung: Die MF-Theorie ist mit der Annahme eines begrenzten Lexikons einer Sprache (das heißt endlich vielen semantisch primitiven Namen) vereinbar. So können Richards Regeln [343]

(A) Für Konkatenate e, ist linkes Anführungszeichen lq, gefolgt von e, gefolgt von rechtem Anführungszeichen rq, ein Individuumsausdruck.

(B) Für Konkatenate e, linkes Anführungszeichen lq, gefolgt von e, gefolgt von rechtem Anführungszeichen rq, denotiert e.

durch folgende Modifikation von der MF-Theorie adaptiert werden, wobei zu beachten ist, daß die Ausdrücke »Konkatenate« und »Anführungszeichen« Vorkommnisse und keine Typen denotieren:

(A') Für Konkatenate e, ist linkes Anführungszeichen lq, gefolgt von e, gefolgt von rechtem Anführungszeichen rq, ein Individuumsausdruck.

(B') Für Konkatenate e, linkes Anführungszeichen lq, gefolgt von e, gefolgt von rechtem Anführungszeichen rq, exemplifiziert Typ e.[344]

Auf den Einwand, daß Namen (und somit auch Individuumsausdrücke) im Normalfall ihr Bezugnahmeobjekt denotieren und nicht exemplifizieren, kann entgegnet werden, daß auch Namen wie zum Beispiel »Pegasus« oder »Sherlock Holmes« kein Bezugnahmeobjekt denotieren.[345] Trotzdem sind es Namen, die in einem Lexikon zu finden sind. Ihre Bedeutung erhalten sie, indem sie bestimmte metasprachliche Ausdrücke (analog zu Anführungskomplexen) exemplifizieren.

Kompatibilitätsanforderung: Hinter dieser Anforderung steht - wie bereits erwähnt - der Gedanke, daß es ein entscheidendes Merkmal von Anführungskomplexen ist, nicht nur auf Gestalttypen oder syntaktische Typen Bezug nehmen zu können, sondern auf alle im ersten Teil besprochenen Typen und Vorkommnisse. Wie gezeigt, wird die MF-Theorie wie keine andere Theorie dieser Anforderung gerecht, und hierin ist eine ihrer speziellen Stärken zu sehen.

---

[342] Zum Verständnis dieser ist selbstredend zu beachten, daß Einrückung ein Mittel der Anführung ist.

[343] Vgl. II.2.1.1.1. und Richard 1986, 390.

[344] Unter Typ *e* können je nach Kontext alle relevanten Typen verstanden werden, das heißt, im Einzelfall kann damit zum Beispiel der Gestalttyp *e*, der syntaktische Typ *e* und die funktionale Rolle *e* gemeint sein.

[345] Vgl. Goodman 1984, Kap. IV.

2.1.7 Zusammenfassung

Ausgangspunkt der Überlegungen zur Anführung war die Frage, wie es Anführungsausdrücken gelingt, auf den angeführten Ausdruck - aufgefaßt als Typ oder Vorkommnis - Bezug zu nehmen. Die drei zunächst in Frage kommenden Arten von Bezug nehmenden Ausdrücken waren Namen, Kennzeichnungen und Indexikalia. Die Theorien, die jeweils eine der in Frage stehenden Art bevorzugen, sind die Eigennamen-, Buchstabier- und Demonstrativtheorie. Keine dieser Theorien, wie auch die hinzugekommene Funktions- und Identitätstheorie kann jedoch überzeugen. Dies liegt daran, daß speziell die Theorien, die an logischen Aspekten von Anführungen interessiert sind (die sogenannten Anführungstheorien), ein zu enges Verständnis von Anführungen besitzen und somit dem vielfältigen Mittel der Anführung nicht gerecht werden. Die Demonstrativ- und Identitätstheorie dagegen, die beide auch die pragmatischen Aspekte von Anführungskomplexen sehen, wie sie beispielsweise im Zitat und der direkten Rede zum Tragen kommen, können, wie gezeigt, aus anderen Gründen nicht überzeugen. Am ehesten noch werden dem Anforderungskatalog Theorien gerecht, die von der Präsentation des Anführungsausdrucks ausgehen.

Die entscheidende Frage war, wie und was durch den Anführungsausdruck präsentiert wird. Zur Beantwortung dieser Frage habe ich den Goodmanschen Begriff der Exemplifikation herangezogen: Präsentiert werden mittels der Exemplifikation direkt Typen oder indirekt Vorkommnisse. Dabei kommen alle die Typen in Frage (Gestalttypen, syntaktische und semantische Typen, funktionale Rollen etc.), die für das Lesen (beziehungsweise Hören) relevant sind.

Durch diesen Gedanken motiviert, nenne ich die von mir favorisierte Theorie Multifunktionstheorie. Mit Hilfe dieser Theorie läßt sich erklären, wie mit Anführungskomplexen unter anderem sowohl auf Gestaltformen, syntaktische Strukturen wie auch auf funktionale Rollen Bezug genommen werden kann.

Wie dargelegt, will uns beispielsweise jemand mit dem Satz

> Peter sagt: »Der Morgenstern ist die Venus«.

nicht nur mitteilen, daß Peter eine bestimmte Lautgestalt geäußert hat, sondern zudem einen Satz, der in unserer Sprache einen bestimmten Sinn, eine bestimmte Bedeutung oder funktionale Rolle besitzt. Dieser Vielfalt der möglichen Bezugnahmen von Anführungskomplexen - gerade im Fall der direkten Rede - wird von der MF-Theorie Rechnung getragen. Dabei handelt sie sich weder die starke Kontextabhängigkeit von Indexikalia (Demonstrativtheorie) noch die unnötige Vermehrung von Ambiguitäten (Identitätstheorie) ein.[346]

---

[346] Wie erläutert (siehe II.2.1.4), beruht ja die Identitätstheorie auf dem Gedanken, daß jeder sinnvolle Ausdruck zwei unterschiedliche Bedeutungen hat, einmal die gewöhnliche und einmal die Anführungsbedeutung. In der von mir vertretenen Multifunktionstheorie wird

Die Unterschiede zwischen der Identitätstheorie und den verschiedenen Präsentationstheorien möge folgende Tabelle verdeutlichen:

Autor	Bezugnahmeweisen			Bezugnahmeobjekte
	Normal	Erwähnung	Anführung	
Washington	Normaler Gebrauch	Anführender Gebrauch		Von der selben Art wie der Bezug nehmende Ausdruck, das heißt entweder Typ oder Vorkommnis
Saka	Präsentation mit Gebrauchsabsicht, nicht konventionell	Präsentation mit Erwähnungsabsicht, nicht konventionell	Präsentation mit Anführungszeichen, konventionell	Orthographische oder phonetische Formen, Lexikoneinträge, Intensionen, keine Extensionen
Harth	Sprachliche Bezugnahme	Exemplifikation, nichtsprachliche Bezugnahme		Ausdruckstypen im Sinne des Platonismus
Steinbrenner	Denotation, sprachliche Bezugnahme	Exemplifikation sinnvoller Ausdrücke, sprachliche Bezugnahme	Exemplifikation aller Ausdrücke, sprachliche Bezugnahme	Von der selben Art wie der Bezug nehmende Ausdruck, das heißt Typen und/oder Vorkommnisse

Betrachtet man die unterschiedlichen präsentationstheoretischen Ansätze, gilt für diese das gleiche wie für Anführungstheorien allgemein: Will man ihre charakteristischen Besonderheiten darstellen, ist es hilfreich, erst einmal die Relationsglieder genauer zu bestimmen, das heißt den Anführungsausdruck und das Denotat der Anführung, nämlich den angeführten Ausdruck:

Während für die Identitätstheorie Washingtons die Anführungszeichen nur »Beiwerk« sind und nicht zum Anführungsausdruck zählen, spielen die Anführungszeichen bei den Präsentationstheorien unterschiedliche Rollen. So sind für Saka Anführungszeichen nur bei der Anführung, nicht aber bei der Erwähnung vonnöten und der Unterschied zwischen Erwähnung und üblichem Gebrauch ist von der Absicht des Sprechers - und nicht von den Anführungszeichen - abhängig. Harth und ich erklären dagegen den Unterschied zwischen Erwähnung und üblichem Gebrauch mit Hilfe des Begriffs der Exemplifikation. Wobei für Harth

dagegen eindeutig zwischen Denotation und Exemplifikation unterschieden - zwei sprachlichen Bezugnahmeformen.

im Gegensatz zu meiner Theorie die Exemplifikation eine nichtsprachliche Bezugnahme ist. Ich vertrete in diesem Punkt also eine Auffassung, die eher jener Sakas gleicht.[347] Harths und meine Auffassung stimmen jedoch hinsichtlich der Rolle der Anführungszeichen überein. Beide sind wir der Ansicht, daß Anführungszeichen überflüssig sind, insofern der Kontext die anführende exemplifizierende Bezugnahme anzeigt. Wenn der Kontext diese Bezugnahme jedoch nicht anzeigt (wie zum Beispiel bei iterierter Anführung), dann sind Anführungszeichen notwendig.

Ebenso verschieden wie hinsichtlich der Rolle der Anführungszeichen sind die genannten Theorien bezüglich der Frage, was die Denotate von Anführungsausdrücken sind. Dies verdeutlicht die letzte Spalte der obigen Tabelle. Während für Harth nur Ausdruckstypen im Sinne des Platonismus Denotate von Anführungsausdrücken sein können, vertrete ich die Auffassung, daß sie von derselben Art sein können wie der Ausdruck selbst, das heißt Vorkommnisse und/oder je nach Kontext alle im Teil I angeführten Typen.

Als Ergebnis ist somit festzuhalten, daß die verschiedenen Anführungs- und Zitattheorien anhand ihrer Auffassung charakterisiert werden können, die sie von den Relationsgliedern haben, das heißt dem Anführungsausdruck und dem angeführten Ausdruck. Für die weiteren Überlegungen ist überdies zu konstatieren, daß die Multifunktionstheorie der Kompatibilitätsanforderung am besten gerecht wird. Dies ist deshalb für das Folgende von Bedeutung, da, wie zu zeigen sein wird, Theorien, die dieser Anforderung gerecht werden, den Zusammenhang von direkter zu indirekter Rede besser erklären können als die anderen vorgestellten Theorien, die an dieser Anforderung scheitern oder sie nur bedingt erfüllen.

3 Formen der metasprachlichen Bezugnahme im weiten Sinn

Während im vorhergehenden Kapitel die metasprachliche Bezugnahme im strikten Sinn (MSBs) Thema war, das heißt die metasprachliche Bezugnahme, die mit Hilfe von Anführungszeichen oder der Präsentation von Ausdrücken geschieht und deren Bezugnahmeobjekte Typen oder Vorkommnisse sind, soll uns nun die metasprachliche Bezugnahme im weiten Sinn (MSBw) interessieren. Unter diese Bezugnahmeweise fällt, wie erläutert,[348] jede sprachliche Bezugnahme, deren Bezugnahmeobjekte Sprachliches sind. Offensichtlich können unter diese Bezugnahmeweise zahllose Formen subsumiert werden, daher sollen im folgenden nur einige ausgewählte vorgestellt werden. Die Auswahl ist dabei von dem Gedanken bestimmt,

---

347 Vgl. II.2.1.6.3.

348 Vgl. II.1.

daß MSBw als Abschwächung gegenüber der metasprachlichen Bezugnahme im engen Sinn (MSBe) und diese wiederum als Abschwächung gegenüber der MSBs und hier im besonderen der metasprachlichen Bezugnahme mittels der Präsentation (MSBp) aufgefaßt werden kann. Um zu verdeutlichen, was hier unter Abschwächung genauer zu verstehen ist, werde ich in einem ersten Schritt das Verhältnis der direkten (MSBs) zur indirekten Rede (MSBe) untersuchen (3.1) und hierzu in einem zweiten Schritt bestimmte Prinzipien angeben, die festlegen, worin die Abschwächung besteht. Schließlich werde ich einen kurzen Überblick zu weiteren Formen der MSBw geben (3.2).

3.1 Indirekte Rede – eine metasprachliche Bezugnahme im engen Sinn

Wie läßt sich die direkte von der indirekten Rede unterscheiden? Eine Antwort, die nur begrenzt überzeugt, lautet: anhand der Anführungszeichen. Gegen diese Antwort spricht, daß wir, wie ich oben gezeigt habe,[349] die Rede eines anderen ohne Anführungszeichen zitieren können. Betrachtet man zudem die folgenden Fälle, wird schnell ersichtlich, daß es kein leichtes Unterfangen ist, eindeutig festzulegen, wann indirekte Rede vorliegt:

(a) Ich behaupte: Dies ist unrecht.
(b) Dies ist Unrecht, behaupte ich.
(c) Ich behaupte, daß dies unrecht ist.
(d) Ich behauptete: »Dies ist unrecht.«
(e) Er behauptet, dies sei »unrecht«.
(f) Dies ist unrecht, behauptet er.
(g) Er behauptet, daß die Venus nicht der »Morgenstern« ist.
(h) Er behauptet, daß die Venus nicht der Morgenstern ist.
(i) Er behauptet, die Venus sei nicht der Morgenstern.
(j) Er behauptet Unrechtes.
(k) Er behauptet etwas.
(l) Er sagt etwas.
(m) Er äußert etwas.

Sätze von der Art wie (h) und (i) zählen offensichtlich als paradigmatische Fälle der indirekten Rede. Das liegt zum einen am metasprachlichen Verb »behaupten« und zum anderen an der Daß-Konstruktion beziehungsweise dem Konjunktiv.[350] Beides sind Mittel, die dazu verwendet werden, die direkte Rede in die indirekte Rede zu überführen.[351] Gleichwohl ist es fraglich, ob Fälle der gemischten Anführung wie (e) und (g) zur indirekten Rede zu zählen sind. Werden dagegen transitive metasprachliche Verben von der Art wie »behaupten« im Präsens in der Verbin-

---

349 Vgl. II.2.1.4.

350 Zumindest für das Deutsche gilt, daß indirekte Rede im Konjunktiv problemlos in eine Daß-Konstruktion überführt werden kann. Ich werde im folgenden zwar zumeist nur den Fall von Daß-Konstruktionen behandeln, aber immer vor dem Hintergrund der Möglichkeit der oben genannten Überführung.

351 Vgl. Duden, Bd. 4, §§ 274-289.

dung mit der ersten Person verwendet (vgl. (a)-(d)), dann werden prinzipiell keine Anführungszeichen verwendet, dennoch handelt es sich augenscheinlich bei (a), (b) und (c) nicht um Fälle von indirekter Rede. Unklar bleibt zudem, inwieweit Sätze wie zum Beispiel (j)-(m), die keine Daß-Konstruktion enthalten, zur indirekten Rede zählen.

Ungeachtet der Problemfälle der aufgezählten Art gibt es Transformationsregeln, mit deren Hilfe unbeschadet des Wahrheitswertes die direkte in indirekte Rede überführt werden kann.[352] Umgekehrtes ist zumeist nicht möglich. Die Gründe hierfür sind jedoch keine grammatikalischen, sondern semantische: Eine Rückführung wird in vielen Fällen von wahren zu falschen Sätzen führen. Wie kommt es zu dieser Asymmetrie?

Nehmen wir an, folgender Satz ist wahr:

(1) Max sagt: »Der Morgenstern ist ein Planet«.

Hieraus können wir mit Hilfe impliziter Zusatzannahmen, wie zum Beispiel daß Max Deutsch spricht,[353] schließen:

(2) Max sagt, daß der Morgenstern ein Planet ist.

Offensichtlich gilt der umgekehrte Schluß nicht. Ein einfacher Grund dafür kann sein, daß Max zwar Deutsch spricht, aber Engländer ist und eventuell nur der Satz wahr ist:

(3) Max sagt: »The morning star is a planet.«

Aus Satz (3) können wir zwar auch auf Satz (2) schließen, aber eben nicht auf Satz (1). Wie kommt es zu dieser Asymmetrie?

Zur Klärung dieser Frage sei erst einmal Satz (1) analysiert. Hierbei liegt es nahe, folgende zwei Komponenten, aus denen der Satz besteht, getrennt zu betrachten:

(1a) Max sagt:
(1b) »Der Morgenstern ist ein Planet.«[354]

Wenden wir uns zuerst Satzteil (1a) zu: Für die weitere Analyse schlage ich vor, unter Max eine normale Person (also keine Maschine, keinen Zombie oder sonstige Abnormitäten) zu verstehen, die weiß, wie unter normalen Umständen der Satz

(4) Der Morgenstern ist ein Planet.

verwendet wird.[355] Daraus folgt nicht, daß Max, wenn er den Satz (4) sagt, damit auch an die Wahrheit des Satzes glaubt. Unter »Sagen« soll gleichwohl mehr ver-

---

[352] Ebd., §§ 274-281.

[353] Eine Frage, die uns hier nicht weiter beschäftigen soll, ist, inwieweit die Zusatzannahmen gewissermaßen schon implizit im Verb »sagen« stecken (siehe unten).

[354] Alternativ ist folgende adverbiale Analyse, auf die ich unter II.3.1.1 eingehe, möglich:
(1a') Max
(1b') sagt: »Der Morgenstern ist ein Planet.«

standen werden als ein bloßes Äußern.[356] So läßt sich in den folgenden beiden Sätzen

(i) Max äußert: »Grüß Gott«.
(ii) Max äußert: »Steine denken und Gedanken versteinern«.

»äußert« durch »sagt« ersetzen, aber es ist sehr fraglich, ob dies auch für folgende Sätze möglich ist:

(iii) Max äußert: »Stein buchstabierend Schwimmen«.
(iv) Max äußert: »gruzzelpruzzel«

Der Grund dafür ist, daß man nur Sinnvolles sagen kann, wohingegen sich jeder erdenkliche Unsinn äußern läßt. Der Unterschied, den ich hier im Sinn habe, läßt sich durch das Merkmal bestimmen, daß alles, was gesagt werden kann, auch in indirekter Rede ausgedrückt werden kann, während gleiches für bloß Geäußertes nicht gilt.[357] So läßt sich (i) und (ii) alternativ folgendermaßen formulieren:

(i*) Max grüßt.
(ii*) Max sagt, daß Steine denken und Gedanken versteinern.

Eine Umformulierung der gleichen Art ist dagegen für (iii) und (iv) nicht möglich:

(iii*) Max sagt, daß Stein buchstabierend Schwimmen.
(iv*) Max sagt, daß gruzzelpruzzel.[358]

Halten wir vorläufig fest: Damit der Satz (1) wahr sein kann, muß sich der Name »Max« auf eine Person beziehen, die etwas sagen, das heißt, zumindest etwas Sinnvolles äußern kann.

Wenden wir uns nun dem Satzteil (1b) zu. Bei ihm handelt es sich offensichtlich um einen Anführungskomplex, das heißt um ein Paar Anführungszeichen und eine in ihnen angeführte Zeichenkette. Die entscheidende Frage für die weiteren Überlegungen ist natürlich, wie man Anführungskomplexe analysiert und welche Rolle man ihnen in Sätzen wie Satz (1) zuordnet. Erinnern wir uns hierzu an die vorgestellten Anführungstheorien:

Für einen Anhänger der Eigennamentheorie lautet eine erste Antwort auf unsere Frage, daß wir mit dem Anführungskomplex » ›Der Morgenstern ist ein Planet‹ « auf den Ausdruck (4) Bezug nehmen. Statt des umständlichen Ausdrucks

Der Anführungskomplex »›Der Morgenstern ist ein Planet‹« nimmt auf (4) Bezug

---

355 Unter Wissen ist hier kein explizites Wissen zu verstehen, sondern ein Wissen-wie, das heißt, Max muß sich regelkonform verhalten, und dies schließt nicht ein, daß er die Regeln formulieren kann.

356 Was ich hier unter Sagen verstehe, läßt sich vielleicht am besten mit dem vergleichen, was Austin »rhetischen Akt« nennt (1962, 7. Vorlesung). Auf andere Sprechakte, wie etwa Behaupten, Versprechen und ihr Verhältnis zum Sagen, werde ich nur am Rande eingehen, dem interessierten Leser sei hierzu die Arbeit von Bede Rundle empfohlen (1979).

357 Vgl. Sellars 1974, 429.

358 Ob dies ein schlagkräftiges Argument ist, sei dahingestellt. Ich hoffe aber, mich hier zumindest auf eine allgemeine Sprachintuition berufen zu dürfen.

könnten wir somit genausogut sagen:

(1b) nimmt auf (4) Bezug

oder, um auf das Anfangsbeispiel zurückzukommen, in Satz (1) den Teilausdruck (1b) durch den Ausdruck »Otto« ersetzen:

(1^E) Max sagt Otto.

Gegen die Ersetzung spricht jedoch, daß ein Hörer aus (1^E) nur mit einer starken Zusatzannahme (2) folgern kann.

Nach Auffassung des Buchstabiertheoretikers können wir dagegen (1b) durch folgenden strukturell-deskriptiven Namen ersetzen:

($1b^B$) Die Lautfolge beginnend mit dem Laut Deh, gefolgt vom Laut Eh, gefolgt vom Laut Er, gefolgt von einer Pause, gefolgt von einem Em etc.

Wenn wir in (1) (1b) durch ($1b^B$) ersetzen, gelangen wir somit zu folgendem Satz:

(1^B) Max sagt die Lautfolge beginnend mit dem Laut Deh, gefolgt vom Laut Eh, gefolgt vom Laut Er, gefolgt von einer Pause, gefolgt von einem Em etc.

Gegen (1^B) läßt sich einwenden, daß Lautfolgen geäußert, aber nicht gesagt werden. Selbst jedoch, wenn wir diesen Einwand beiseite lassen und solche merkwürdigen Redewendungen zulassen, bleibt die Schwierigkeit, wie wir aus (1^B) Satz (2) folgern können. Das Problem besteht meines Erachtens darin, von ($1b^B$), das heißt, der Kennzeichnung einer Lautfolge, zum Satz (4) zu gelangen.

Nach der Demonstrativtheorie muß dagegen (1) folgendermaßen analysiert werden:

(1^D) Max sagt ein Vorkommnis von der Art, von dem dieses eines ist.
Der Morgenstern ist ein Planet.

Die entscheidende Schwäche dieser Auffassung besteht, wie erläutert,[359] darin, daß der Ausdruck »dies« extrem kontextabhängig ist. Worauf bezieht sich der Ausdruck »dies« in (1^D)? In (1) ist diese Unsicherheit nicht vorhanden, weil klar ist, daß der Anführungskomplex (1b) unter anderem auf dasjenige Bezug nimmt, was zwischen den Anführungszeichen steht, nämlich den Satz »Der Morgenstern ist ein Planet.«

Nach Auffassung des Identitätstheoretikers lautet die Antwort folgendermaßen: Es gibt zwei Arten des Gebrauchs von Wörtern. In ihrem Standardgebrauch werden Wörter dazu verwendet, um auf Gegenstände Bezug zu nehmen, mit denen die Wörter zumeist selbst nicht identisch sind, und im Nichtstandardgebrauch nehmen die Wörter auf sich selbst Bezug. Anführungszeichen dienen in der Schriftsprache dazu, diesen Nichtstandardgebrauch anzuzeigen. Anführungszeichen sind insofern mit Satzzeichen vergleichbar, da sie ebenso wie diese in gesprochener Sprache nicht vorkommen. Anführungszeichen dienen also der Dis-

359 Vgl. II.2.1.3.

ambiguierung von Ausdrücken, aber sie sind gewissermaßen überflüssig und haben somit keinen semantischen Wert, das heißt, sie nehmen auf nichts Bezug, noch sind es logische Partikel. Dies bedeutet für unseren Beispielsatz (1), daß wir statt seiner auch schreiben könnten:

(1^{Sagt}) Max sagt: Der Morgenstern ist ein Planet.

Wobei sich der Satz (4) »Der Morgenstern ist ein Planet« in (1^{Sagt}) nach Auffassung des Identitätstheoretikers auf sich selbst bezieht. Eine Frage in diesem Zusammenhang ist natürlich, was es heißt, daß sich ein Satz oder Ausdruck auf sich selbst bezieht. Nach Washington kann das entweder heißen, daß der Ausdruck qua Ausdrucksvorkommnis auf sich selbst Bezug nimmt oder aber auch, daß er qua Ausdruckstyp entweder auf die Gestaltform oder auf den abstrakten Ausdruckstyp Bezug nimmt.[360]

Im Rahmen der von mir entwickelten Multifunktionstheorie[361] sieht die Analyse dagegen folgendermaßen aus: Das Vorkommnis des Satzes (4) im Vorkommnis (1) exemplifiziert bestimmte Typen, von denen das Vorkommnis des Satzes (4) ein Vorkommnis ist. Zu diesen Typen zählen neben Gestalttyp und syntaktischem Typ ebenso die funktionale Rolle.[362] Für ein Vorkommnis des Satzes (4) bedeutet dies, daß dieses Vorkommnis innerhalb des Satzvorkommnisses (1) den funktionalen Rollentyp exemplifiziert, zu dessen Eigenart es unter anderem gehört, daß mit Vorkommnissen dieser Art unter anderem auf den Morgenstern Bezug genommen wird.[363] Vertritt man solch eine Auffassung von Anführungskomplexen, dann läßt sich meines Erachtens ein wesentlicher Punkt erklären, den Washington in seiner Analyse von Anführungskomplexen nicht berücksichtigt oder schlichtweg übersieht, nämlich, daß wir bei der direkten Rede zwischen den Anführungszeichen lesen, das heißt angeführte Ausdrücke in einem eingeschränkten Sinn auch in ihrer <u>üblichen</u> Verwendung gebrauchen.

Dieser Punkt läßt sich verdeutlichen, wenn man in (1s) den Ausdruck »sagt« durch »spricht« ersetzt.

(1^{Spricht}) Max spricht: Der Morgenstern ist ein Planet.

Im Gegensatz zu (1^{Sagt}) läßt sich (1^{Spricht}) als zwei Sätze auffassen. Nämlich

($1a^{\text{Spricht}}$) Max spricht.

und Satz (4).

Die gleiche Trennung kann bei (1^{Sagt}) nicht vollzogen werden, da »sagen« ein transitives Verb ist und daher »Max sagt« kein vollständiger Satz ist. Ungeachtet

---

360 Vgl. II.2.1.4 und hier im besonderen das Problem der multiplen Ambiguität.

361 Vgl. II.2.1.6.6.

362 Wie in Teil I gezeigt, lassen sich die hier relevanten Typen auch ohne weiteres nominalistisch deuten.

363 Zur Möglichkeit der Verwendung des Begriff der Bezugnahme in einer inferentiellen Semantik vgl. Brandom 1994, II.5.

dieses Unterschieds »lesen« wir aber den Satz (4) in beiden Fällen gleich, nämlich als einen Satz, in dem gesagt wird, daß der Morgenstern ein Planet ist.

Der Punkt, auf den ich hinauswill, wird vielleicht noch deutlicher, wenn wir uns folgende vier Fälle vorstellen: In allen vier Fällen wird einem Hörer von einer Person ein Text vorgelesen (den der Hörer nur hört und nicht liest und daher nicht weiß, ob Anführungszeichen verwendet werden). Der Text unterscheidet sich jedoch allein durch den jeweiligen Schluß. Die unterschiedlichen Schlüsse lauten:

(I) ... Wovon man nicht sprechen kann, darüber muß man schweigen, sagt Max.
(II) ... Wovon man nicht sprechen kann, darüber muß man schweigen, spricht Max?
(III) ... Wovon man nicht sprechen kann, darüber muß man schweigen. Die zuvor erläuterte Auffassung teilt Max.
(IV) ... Wovon man nicht sprechen kann, darüber muß man schweigen.

In allen vier Fällen hört der Hörer also denselben Text und versteht ihn auf die gleiche Art und Weise. Zu Unterschieden kommt es nur durch die jeweiligen Schlußsätze. Im ersten Fall hört er den Text, versteht die Worte und erfährt zudem, daß Max genau diese Worte geäußert hat und daß die gehörten Thesen nicht vom Rezitator behauptet werden, sondern von Max. Im zweiten Fall zieht der Hörer vielleicht den gleichen Schluß wie im ersten, oder aber er wundert sich vielleicht, daß dieser seltsame Text mit der noch seltsameren Frage »spricht Max?« endet. Im dritten Fall nimmt er zur Kenntnis, daß dies Maxens Auffassung ist, und der vierte Fall ist der allseits bekannte.

Beispiele dieser Art zeigen meines Erachtens deutlich, daß Anführungskomplexe in Fällen der direkten Rede in einer bestimmten Hinsicht sehr ähnlich zu ihrem Standardgebrauch verwendet werden.[364] Der Unterschied zur gewöhnlichen Rede besteht gewissermaßen nur darin, daß der Sprecher mit »Max sagt« deutlich macht, daß seine Rede eine »Kopie« der Rede Maxens ist.

Ich verwende hier den Ausdruck »Kopie« deshalb, weil der Fall in einer bestimmten Hinsicht analog zu einer Kopie eines Gemäldes ist, die der Kopist mit seiner Signatur und dem Titel »Kopie nach ....« kennzeichnet. Die Kopie kann das gleiche darstellen wie das Original, aber durch den Titel wird deutlich, daß das Gemälde eine Kopie von einem anderen Gemälde ist. Kaum ein Betrachter würde aber dabei auf die Idee kommen, daß der Kopist nur Farbflecken kopiert hat. Was der Kopist im Normalfall dagegen tatsächlich anfertigt, ist vielmehr ein Bild, auf dem wir das gleiche - das heißt, beispielsweise Menschen, Pferde, Bäume etc. - erkennen können wie auf dem Original. Übertragen auf die direkte Rede bedeutet dies, daß jemand, der den Satz (1) äußert, nicht nur mitteilt, daß Max eine Lautfolge produziert hat, sondern zudem einen Satz gesagt hat, der wahr oder falsch ist, der auf etwas Bezug nimmt etc.

---

364 Und dies gilt nicht nur für die gesprochene Sprache, sondern auch für die geschriebene, wenn man bedenkt, daß Anführungszeichen eine relativ neue Erfindung sind und alte Texte ohne sie auskamen (vgl. Weyers 1992).

Kann man aber gegen meinen Vorschlag nicht einwenden, daß Fälle der direkten Rede deshalb nicht mit dem Standardgebrauch verglichen werden können, weil die BEHAUPTENDE KRAFT[365] fehlt? Es ist doch ein großer Unterschied, ob ich behaupte

Die Erde ist eine Scheibe.

oder ob

Max sagt: »Die Erde ist eine Scheibe.«

Mit letzterem Anführungskomplex wird m. E. auch behauptet, daß die Erde eine Scheibe ist, nur wird durch »Max sagt« und die Anführungszeichen angezeigt, daß die behauptende Kraft in diesem Fall nicht von mir, sondern von Max ausgeht.[366] Ich möchte damit gar nicht leugnen, daß ein fundamentaler Unterschied darin besteht, mit Hilfe einer Behauptung auf eine Behauptung *X* Bezug zu nehmen oder die Behauptung *X* selbst zu äußern. Ebensowenig möchte ich abstreiten, daß dieser Unterschied bei metasprachlichen Bezugnahmeformen im allgemeinen sicherlich streng zu beachten ist. Der Punkt aber, der mir wichtig ist, besteht darin zu zeigen, daß bei der direkten Rede dieser Unterschied bis zu einem gewissen Grade nivelliert wird, und dies kommt eben dadurch zustande, daß wir den Ausdruck zwischen den Anführungszeichen auf die gleiche Weise verstehen wie einen typgleichen Ausdruck, der nicht zwischen Anführungszeichen steht. Das liegt wiederum daran, daß wir in beiden Fällen erfassen, welche funktionale Rolle die beiden Ausdrucksvorkommnisse haben, ganz ungeachtet der Anführungszeichen. Für unser Beispiel heißt dies, daß der Hörer in beiden Sätzen versteht, daß einmal Max den Satz behauptet, daß die Erde eine Scheibe ist und das ein andermal ich diese Behauptung aufstelle.

Ein großer Gewinn der Multifunktionstheorie besteht darin, daß sich mit ihrer Hilfe die direkte Rede, wie von mir vorgeführt, analysieren läßt und somit die Asymmetrie von direkter und indirekter Rede folgendermaßen erklärt werden kann:

Durch die indirekte Rede wird nicht mitgeteilt, welche Worte Max verwendet, um zu sagen, daß der Morgenstern ein Planet ist. Was Satz (2) nur mitteilt, ist, daß Max ein Vorkommnis von einem Typ oder einer Art[367] geäußert hat, mit dem er »sagenderweise« auf den Morgenstern als Planet Bezug nimmt. Aber unser Wissen, das sich allein auf Satz (2) gründet, läßt erst einmal völlig offen, wie Max dies tut. Genau diese Wissenslücke ist jedoch in Satz (1) geschlossen. Wir wissen, daß Max mittels des Satzes (4) auf den Morgenstern als Planet Bezug nimmt.

---

365 Vgl. den Iterationseinwand gegenüber der Identitätstheorie, II.2.1.4.

366 Eine ähnliche Auffassung vertritt Recanati, dem zufolge in Anführungskomplexen Wörter nicht nur einfach vorkommen, sondern ebenso ihre normale Bedeutung mit sich führen können (2001, 652).

367 Was in diesem Zusammenhang unter ART zu verstehen ist, führe ich unter II.3.1.2 genauer aus.

Unser Wissen beruht dabei auf der Kenntnis der Konvention der Anführung: Durch den Satz (4) wird unter anderem eine bestimmte funktionale Rolle exemplifiziert, zu der es gehört, daß man mit einem Satzvorkommnis vom Satztyp (4) auf den Morgenstern Bezug nehmen kann. Würde man dagegen von der Annahme ausgehen, daß man mit Vorkommnissen vom Satztyp (4) innerhalb von Anführungskontexten nur Gestalt- oder syntaktische Typen exemplifizieren könnte, würde man ungerechtfertigterweise die Vielfalt der Bezugnahme von Anführungskomplexen beschneiden. Betrachtet man den Zusammenhang der direkten und der indirekten Rede, läßt sich somit ein deutlicher Vorteil der von mir vertretenen Theorie gegenüber ihren Konkurrentinnen erkennen.

Kann aber der gleiche Sachverhalt nicht ebenso mit Hilfe der Identitätstheorie erklärt werden, wenn man folgende Zusatzannahmen macht? Erstens, das Denotat des Anführungskomplexes ist der Anführungsausdruck selbst respektive der Ausdruckstyp. Zweitens, unter Ausdruckstyp versteht man an dieser Stelle keinen Gestalttyp oder syntaktischen Typ, sondern einen semantischen Typ, das heißt, einen Typ, unter den Vorkommnisse fallen, die bestimmte Gegenstände, Ereignisse, Sachverhalte etc. denotieren.[368] Teilt man diese beiden Annahmen, denotiert der Anführungskomplex einen Typ und indirekt dadurch das Denotat des Ausdruckstyps in seiner Standardverwendung. Für unseren Fall bedeutet dies, daß

(1b) »Der Morgenstern ist ein Planet.«

einen Ausdruckstyp denotiert, der wiederum den Sachverhalt, daß der Morgenstern ein Planet ist beziehungsweise den Morgenstern und Planeten denotiert.

Sicherlich läßt sich solch eine Konstruktion denken, aber damit legt man sich innerhalb des Rahmens der Identitätstheorie auf einen Typbegriff fest, der zahlreiche Nachteile mit sich bringt. Zu diesen Nachteilen gehört unter anderem, daß zwischen Typen von unterschiedlicher Gestalt und syntaktischer Struktur nicht differenziert wird. Somit geht aber gerade ein wesentliches Merkmal der direkten Rede verloren, nämlich, daß mit ihrer Hilfe auf die Gestaltform und syntaktische Struktur einer Äußerung Bezug genommen werden kann.[369]

Kann der Identitätstheoretiker aber diese Schwierigkeiten nicht einfach umgehen, indem er behauptet, daß in Fällen der direkten Rede der Anführungsausdruck gleichzeitig gebraucht und erwähnt wird? Wenden wir uns zur Beantwortung dieser Frage erneut dem Beispielsatz Quines zu:

Giorgione wurde aufgrund seiner Größe so genannt.

---

[368] Vgl. I.1.6.

[369] Ohne an dieser Stelle näher auf Fälle sogenannter gemischter Anführung einzugehen (vgl. Sätze (d) und (e)), läßt sich gleichwohl leicht erkennen, daß Fälle dieser Art keine Probleme aufwerfen, wenn man von einer Multifunktionstheorie ausgeht. Weit mühseliger sind solche Fälle innerhalb einer modifizierten Davidsonschen Theorie zu klären, wie sie von Cappelen und Lepore (1999) vertreten wird.

In diesem Satz wird nach allgemeiner Auffassung der Ausdruck »Giorgione« gleichzeitig gebraucht und erwähnt. Nehmen wir an, ein Identitätstheoretiker behauptet nun gleiches vom Satz (4) in Satz (1), nämlich daß

Der Morgenstern ist ein Planet.

im Satz

(1) Max sagt: »Der Morgenstern ist ein Planet.«

gleichzeitig gebraucht und erwähnt wird. Dies würde bedeuten, daß der Satz gleichzeitig auf sich selbst Bezug nimmt und auf den Sachverhalt, daß der Morgenstern ein Planet ist.[370]

Der Satz (1) wäre somit hinsichtlich seiner ambigen Bezugnahme vergleichbar mit folgendem:

(M) Max besitzt keine Bank.

Der Vergleich hinkt jedoch in folgenden entscheidenden Punkten:
Während in (1) gewissermaßen gleichzeitig und untrennbar - so zumindest nach Ansicht des Identitätstheoretikers der geschilderten Couleur - auf den Ausdruck (4) und auf den Sachverhalt, daß der Morgenstern ein Planet ist, Bezug genommen wird, trifft gleiches für Satz (M) nicht zu. In den wenigsten Fällen, wenn überhaupt, will man mit diesem Satz gleichzeitig auf die beiden Sachverhalte Bezug nehmen, daß (a) Max kein Geldinstitut und (b) keine bankartige Sitzgelegenheit besitzt. Es gilt vielmehr, daß man mit dem Satz (M) im Normalfall immer nur auf einen Sachverhalt Bezug nimmt und - dank der jeweiligen Umstände - Bezug nehmen kann.

3.1.1 Der Zusammenhang zwischen der direkten und indirekten Rede

Betrachtet man meine bisherigen Überlegungen zum Zusammenhang zwischen der direkten und indirekten Rede, liegt der Gedanke nahe, daß der Unterschied zwischen direkter und indirekter Rede in einer bloßen Abschwächung von allen Typen einzig auf einen semantischen Typbegriff oder die funktionale Rolle zu sehen sei. Das heißt, während uns Satz (1) mittels des Anführungskomplexes (1b) sowohl verrät, worüber gesprochen wird (dank der Exemplifikation der funktionalen Rolle), wie auch, auf welche Weise (dank der Exemplifikation der Gestaltform und der syntaktischen Struktur), erlaubt uns Satz (2) nur zu erkennen, worüber gesprochen wird.[371] Kurz gefaßt, läßt sich der Gedanke in der These formulieren:

---

[370] Wie gesehen (II.2.1.4) kann dabei entweder die Ansicht vertreten werden, daß das Satzvorkommnis oder der Satztyp auf sich selbst Bezug nimmt.

[371] Stört man sich an dieser Stelle am Begriff der funktionalen Rolle, bietet sich die Alternative an, statt dessen davon zu sprechen, daß ein semantischer Typ exemplifiziert wird (wie unter I.1.6 gezeigt, ist der semantische Typbegriff jedoch mit fundamentalen Schwächen behaftet).

(T1) Während wir bei der indirekten Rede erfahren, daß der Sprecher eine Äußerung von sich gegeben hat, die von einer bestimmten funktionalen Rolle ist, erfahren wir bei der direkten Rede außerdem, von welchem Gestalttyp oder syntaktischen Typ die Äußerung ist.

Stimmt man dieser These zu, dann besteht das entscheidende Merkmal der indirekten Rede scheinbar darin, daß sie das gleiche ausdrückt wie die direkte Rede, wobei davon abgesehen wird - zumindest in einem gewissen Grad -, mit welchen Worten dies geschieht. So können wir beispielsweise die direkte englische Rede indirekt im Deutschen wiedergeben und umgekehrt. Das Idealbild, das uns hierbei vorschwebt, liegt im Gedanken, daß der Schluß von (1) zu (2) letztendlich einzig auf grammatischen Umformungsregeln beruht, die zum Beispiel für die deutsche Sprache lauten: Stelle das Verb in der Daß-Phrase an das Ende und so weiter. Solche Umformungsregeln lassen sich vielleicht rein syntaktisch formulieren, und wir brauchen zur korrekten Umformulierung nicht so etwas wie Sinne, Propositionen etc. anzunehmen.

Gegen dieses Idealbild sprechen zuallererst nicht, wie man meinen könnte, Übersetzungsschwierigkeiten (etwa die direkte Rede aus dem Englischen in das Deutsche zu übersetzen und dann in einem zweiten Schritt die übersetzte Rede in die indirekte Rede zu überführen), sondern die schlichte Tatsache, daß die indirekte Rede im Normalfall gerade dazu gebraucht wird, die direkte Rede verkürzt, leicht verändert und so fort, wiederzugeben. Daß wir in der indirekten Rede meistens verkürzt und leicht verändert wiedergeben, liegt indes nicht alleine an unserem schwachen Gedächtnis, sondern an pragmatischen Maximen wie »Fasse dich kurz« oder »Teile nur das Wesentliche mit«.[372] Würde ich meinem Gesprächspartner dagegen wörtlich mitteilen, was jemand gesagt hat, würde ich diese Maxime verletzten. Mein Gesprächspartner würde eventuell auf meine Verletzung der Maxime mit einer Äußerung der Art »Komme doch endlich zur Sache« oder ähnlich reagieren. Wie aber können Propositions- oder Sinntheoretiker die angesprochene Praxis erklären? Hilft hier die Antwort weiter, daß man je nach Kontext in etwa den gleichen Sinn oder dieselbe Proposition wiedergeben muß? Aber was heißt hier »in etwa«? Eine sinnvolle Antwort ist hier nicht in Sicht. Ebensowenig hilfreich erscheint mir die Antwort, daß wir im Alltag zwar schlampig reden, aber in einer idealen Sprache die Sinngleichheit gegeben sein müßte.

Eine leicht modifizierte Theorie in Anlehnung an Sellars[373] ist an dieser Stelle weit flexibler.

Betrachten wir hierzu das Schema:

P(erson) »*fa*«s(agt)

[372] Die von mir vorgeschlagenen Maximen haben somit eine gewisse Ähnlichkeit mit Grices Prinzip der Quantität und seinem Kooperations- und Qualitätsprinzip (^{2}1989).

[373] Ders. 1974, § IV.

Mit diesem Schema kann man sich auf alle von Personen vollzogenen oder noch vollziehbaren Sagenshandlungen beziehen. Dabei wird durch »»*fa*«« genauer spezifiziert, auf welche Sprachhandlungen man sich bezieht. Wichtig in diesem Zusammenhang ist, daß die Anführungszeichen im Sinne der Dot-quotes Sellars[374] zu lesen sind, das heißt, mit »»*fa*«« wird auf eine funktionale Rolle Bezug genommen. Setzt man dabei für »a« »der Morgenstern« und für »f« »ist ein Planet« ein, gelangt man zu folgendem Satz:

(2^{s}) Max sagt »der Morgenstern ist ein Planet«.

Der entscheidende weiterführende Gedanke besteht nun darin, den Anführungskomplex als adverbiale Modifikation von »sagen« aufzufassen. Dieser Gedanke führt zu folgender Formulierung:

(2^{*}) Max sagt-der-Morgenstern-ist-ein-Planet.

Die Bindestriche in der Formulierung sollen anzeigen, daß Max etwas von dem Sagenstyp *sagt-<u>der-Morgenstern-ist-ein-Planet</u>* äußert. Der unterstrichene Teil kann dabei als Leerstelle gedeutet werden, an die jede Satzäußerung der Form »*fa*« eingesetzt werden kann. Der Gewinn der Formulierung (2^{*}) liegt darin, daß zu ihrer Analyse keine Propositionen, Sinne oder ähnliches herangezogen werden müssen, sondern nur eine adverbiale Modifikation.

Der zusätzliche Gewinn für unsere Überlegungen besteht darin, daß Formulierungen der Art von (2^{s}) und (2^{*}) die Nähe der direkten zur indirekten Rede verdeutlichen und somit anscheinend als Beleg für die These (T1) dienen können. Wie jedoch zuvor erläutert, halte ich die These für zu stark und unserer Praxis nicht entsprechend. Gleichwohl läßt sich eine adverbiale Analyse für den Gedanken, die indirekte Rede als Abschwächung der direkten Rede aufzufassen, fruchtbar machen, und zwar auf folgendem Wege:

Anstatt zu fordern, daß in »*fa*« immer nur Prädikat und Subjektausdrücke eingesetzt werden dürfen, schlage ich vor, daß man in unspezifizierten Fällen »*f*« und »*a*« zusammenziehen kann. Das bedeutet zum Beispiel für die Sätze

(5) Jemand sagt etwas.

und

(6) Max sagt etwas.

daß man sie folgendermaßen umformulieren kann:

(5^{*}) Jemand sagt-etwas.
(6^{*}) Max sagt-etwas.

Betrachtet man die vier Beispielsätze zudem im Zusammenhang zu Satz (1), gilt, daß sie wahr sind, wenn auch Satz (1) wahr ist. Völlig unklar bleibt jedoch aufgrund der minimal spezifizierten Adverbialisierung der Sätze (6) und (6^{*}), was

[374] Vgl. I.5, Fn. 117.

Max gesprochen hat. Dieser Schleier des Nichtwissens wird in folgenden beiden Sätzen ein wenig gehoben:

(7) Mit deutlichen Worten hat Max seine Äußerung vorgebracht.

oder

(8) Etwas Wahres hat Max geäußert.

Wie leicht vorstellbar, lassen sich durch Spezifikation der Adverbialisierung nun Sätze konstruieren, die inhaltlich sehr nahe zu (2) oder gar zu (1) sind.

Ungeachtet dessen bleibt an dieser Stelle fraglich, ob man Sätze der Art (7) und (8) überhaupt als indirekte Rede auffassen will. Hilfreich ist es in diesem Zusammenhang, zwischen indirekter Rede und INDIREKTER ANFÜHRUNG zu unterscheiden. Während uns die indirekte Rede verrät, worüber eine Person gesprochen hat, erfahren wir durch die indirekte Anführung etwas über Gestalt oder syntaktische Merkmale eines Ausdrucks. Betrachten wir hierzu folgende Beispiele:

(A) Ministerpräsident Stoiber vertritt in seiner Rede vor dem bayrischen Landtag die Auffassung, daß Deutschland kein Einwanderungsland ist.
(B) Der Name des gegenwärtigen bayrischen Ministerpräsidenten besteht aus sieben Buchstaben.

Beim Beispiel (A) handelt es sich um einen Fall der indirekten Rede und bei (B) um einen Fall der indirekten Anführung. Während wir uns mit Hilfe der indirekten Rede auf semantische Aspekte, das heißt, im besonderen auf DENOTATIVE Merkmale,[375] von Äußerungen beziehen, zielen wir mit der indirekten Anführung auf syntaktische oder ähnliche Aspekte von Äußerungen.

Die Beispiele (A) und (B) sind jedoch insofern relativ »direkt«, da sie sich eindeutig auf bestimmte klar identifizierbare Zeichenvorkommnisse oder Typen beziehen. Gleiches trifft für folgende Beispiele nicht zu:

(C) Stoiber tritt im bayrischen Landtag vehement für eine konservative Politik ein.
(D) Bayrische Politiker verwenden am häufigsten zweisilbige Wörter.

Der Unterschied, der zwischen (A) und (B), und (C) und (D), besteht, ist der zwischen MSBe und MSBw, das heißt, während wir uns mit (A) und (B) auf relativ klar bestimmbare Ausdrucksvorkommnisse oder Typen beziehen, trifft dies für (C) und (D) nicht zu. So ist nicht nur unklar, in welchen seiner Reden der bayrische Landesvater eine konservative Politik vertritt, sondern noch unüberschaubarer sind alle Gelegenheiten, bei denen bayrische Politiker zweisilbige Wörter verwendet haben.

An dieser Stelle bietet sich an, zwischen »echter« indirekter Rede und anderen Formen der MSBe und MSBw zu unterscheiden. Während die echte indirekte

---

[375] Unter denotativen Merkmalen sind solche zu verstehen, die notwendig für die Denotation von Zeichen sind, das heißt, für die Relation zwischen Zeichen und dessen Extension.

Rede auf ein Vorkommnis[376] Bezug nimmt (und damit eine MSBe ist, die der Bedingung M3 genügt), trifft dies bei anderen Formen der metasprachlichen Bezugnahme nicht notwendigerweise zu. So können wir bei solchen Bezugnahmeweisen zwar auch erfahren, daß jemand etwas gesagt hat und eventuell, was er gesagt hat, zum Beispiel

(E) Max redet gerne über sich.

aber wir erfahren nicht notwendigerweise, daß er ein Satzvorkommnis einer bestimmten Art[377] geäußert hat.

Bei (C) und (E) handelt es sich daher um keine indirekte Rede. Gleichwohl enthält (C) eine Beschreibung eines Merkmals des metasprachlichen Bezugnahmeobjekts, das im strikten Sinn weder ein semantisches noch ein syntaktisches Merkmal ist, sondern eher dem allgemeinen »Wie« zuzuordnen ist. Dieses WIE-MERKMAL wird in (C) mittels des Adverbs »vehement« bezeichnet. Es bietet sich dem ersten Anschein nach an, Sätze, in denen mit Hilfe adverbialer Ausdrücke auf bestimmte Wie-Merkmale Bezug genommen wird (zum Beispiel »Er sagte zögernd die Wahrheit« oder »Er sprach zögernd«), unter die Rubrik der indirekten Anführung zu ordnen. Eine Schwierigkeit bei diesem Vorschlag ist, daß Wie-Merkmale häufig den semantischen Merkmalen von Äußerungen zuzuordnen sind, wie zum Beispiel »Sie drückte mit ehrlichen Worten ihr Mitgefühl aus«.

Hinzu kommen Fälle, in denen unter den Wie-Merkmalen sowohl semantische wie auch syntaktische oder Tone-Aspekte,[378] nämlich ZEICHENHAFT-MATERIELLE ASPEKTE verstanden werden können. Unter zeichenhaft-materiellen Aspekten sind solche Merkmale zu verstehen, anhand deren wir feststellen können, von welchem Gestalttyp oder syntaktischen Typ ein Vorkommnis ist. Wie gezeigt,[379] darf man dabei nicht davon ausgehen, daß bestimmte Merkmale in Hinsicht einer notwendigen oder gar hinreichenden Bedingung Vorkommnissen von bestimmten Typen zukommen. Sinnvoller ist es, die zeichenhaft-materiellen Merkmale mit der Übertragungstheorie[380] zu deuten, das heißt, die zeichenhaft-materiellen Merkmale von einem Vorkommnis sind diejenigen nichtdenotativen Merkmale, die auf den entsprechenden Typ übertragen werden können beziehungsweise diesen konstituieren. Zu Merkmalen dieser Art ist zum Beispiel jenes zu zählen, daß Lautzeichen deutlich hörbar sind, oder daß ein geschriebenes *O* kreisförmig ist.

---

[376] Darauf, ob die echte indirekte Rede notwendigerweise immer die Wiedergabe eines Satzes sein muß, der zumindest die Struktur »*fa*« besitzt, gehe ich in den Absätzen II.3.1.2f. näher ein.

[377] Was ich an dieser Stelle unter einer Satzäußerung einer bestimmten Art verstehe, erläutere ich in Absatz II.3.1.2. Mein Ziel ist dabei zu zeigen, daß wir aus einer Äußerung der indirekten Rede nicht schließen können, von welcher funktionalen Rolle die Äußerung ist, auf die man sich mit der indirekten Rede bezieht.

[378] S. I., Fn. 55.

[379] Vgl. I.1.2 und 1.5.

[380] Vgl. I.1.4.

Auf solche zeichenhaft-materiellen Aspekte von Zeichen wird beispielsweise im Satz

Mit deutlichen Worten machte sie ihm klar, daß ...

durch den Ausdruck »deutlich« Bezug genommen. Für das weitere seien die Vielzahl solcher Adverbialkonstruktionen, wie sie im Zusammenhang mit Sagensverben (sagen, jemanden klarmachen, fragen etc.) bestehen, allgemein unter die metasprachliche Prädikation subsumiert. Metasprachliche Prädikate lassen sich dabei ungeachtet einiger strittiger Fälle in denotative und zeichenhaft-materielle unterscheiden, wobei erstere auf denotative Wie-Merkmale und letztere auf zeichenhaft-materielle Wie-Merkmale Bezug nehmen.

Vor dem Hintergrund der bisherigen Überlegungen bietet sich nun folgende weitergehende Taxonomie an:

MSBw in denotativer Hinsicht

Beispiel:

Im Werk Musils werden häufig philosophische Themen aufgegriffen.

Mit dem Ausdruck »häufig philosophische Themen aufgegriffen« wird das Werk Musils in denotativer Hinsicht, das heißt, in diesem Beispiel, worauf das Werk unter anderem Bezug nimmt, spezifiziert. Setzt man dabei das schriftstellerische Werk Musils mit seinem Schreiben gleich, wird durch den obigen Ausdruck Musils Schreiben näher - im Sinne einer Adverbialkonstruktion - spezifiziert. Gleichwohl nimmt man mit dem Beispielsatz nicht auf ein konkretes Vorkommnis oder auf einen Typ Bezug, daher handelt es sich um eine metasprachliche Bezugnahme im weiten Sinn (MSBw).

MSBw in zeichenhaft-materieller Hinsicht

Beispiel:

Das Werk Robert Walsers kann bis heute nicht vollständig entziffert werden.

Durch den Ausdruck »nicht vollständig entziffert werden« wird das Werk Walsers in zeichenhaft-materieller Hinsicht näher spezifiziert. Doch ebenso wie im Beispielsatz zuvor nimmt der Satz nicht auf ein konkretes Vorkommnis oder auf einen Typ Bezug, und daher handelt es sich ebenso um eine MSBw.

MSBe in denotativer Hinsicht

Beispiel:

Der Brief Görings enthält eine Vielzahl von Lügen.

Mit dem Ausdruck »eine Vielzahl von Lügen« wird der Brief Görings in denotativer Hinsicht näher spezifiziert. Setzt man dabei den Brief der Handlung des Briefschreibens gleich, wird durch den obigen Ausdruck das Briefschreiben näher spezifiziert. Im Gegensatz zu den ersten beiden Beispielen nimmt man jedoch auf ein konkretes Vorkommnis Bezug, und daher handelt es sich um eine metasprachliche Bezugnahme im engen Sinn (MSBe).

MSBE IN ZEICHENHAFT-MATERIELLER HINSICHT

Beispiel:

> Der Brief meiner Großmutter <u>ist schwer zu entziffern</u>.

Fälle der letzteren Art nenne ich *INDIREKTE ANFÜHRUNG*.[381] Mit der indirekten Anführung bezieht man sich auf Vorkommnisse unter dem Aspekt ihrer zeichenhaft-materiellen Eigenschaften. Im Gegensatz zur direkten Anführung präsentiert man dabei nicht ein Vorkommnis, sondern nimmt durch die Beschreibung seiner zeichenhaft-materiellen Eigenschaften darauf Bezug.[382] Somit zählt die indirekte Anführung zur MSBe in materieller Hinsicht und die indirekte Rede zur MSBe in denotativer Hinsicht. Wobei ein zentrales Merkmal der indirekten Rede darin besteht, daß immer auf ein Satzvorkommnis einer bestimmten Art Bezug genommen wird, und dies schließt offensichtlich nicht notwendigerweise mit ein, daß wir zudem erfahren, von welcher Gestalt, syntaktischen Struktur etc. das betreffende Vorkommnis ist.

3.1.2 Metasprachliche Abschwächung

Die dargelegte Taxonomie erlaubt es nun, deutlicher zu zeigen, was ich unter ABSCHWÄCHUNG verstehe. Während wir, wie erläutert, im Fall der direkten Rede erfahren, mit welchen Worten jemand über etwas gesprochen hat, gibt uns die indirekte Rede allgemein nur Aufschluß darüber, worüber eine Person gesprochen hat. Dieses WORÜBER läßt sich nun folgendermaßen genauer spezifizieren: Während uns gewöhnliche Sätze der MSBe nur über bestimmte denotative oder zeichenhaft-materielle Merkmale von objektsprachlichen Sätzen informieren (zum Beispiel daß die in Frage stehenden Sätze wahr oder schwer entzifferbar sind), erfahren wir in Sätzen der indirekten Rede, daß eine Person einen Satz geäußert hat und damit über einen Gegenstand[383] etc. etwas ausgesagt hat.

Diese Struktur von Sätzen der indirekten Rede läßt sich durch folgendes Schema ausdrücken:

---

[381] Einen engeren Begriff von indirekter Anführung hat Schlossberger, dem zufolge bei der indirekten Anführung ein Name dazu verwendet wird, um auf einen Ausdruck Bezug zu nehmen (1982, 331).

[382] Spreche ich im folgenden von der Anführung, ist damit immer die direkte Anführung gemeint. Den Zusatz »indirekt« gebrauche ich dagegen, wenn ich mich auf die indirekte Anführung beziehen will.

[383] Der Spezialfall von fiktionalen Gegenständen braucht uns hier erst einmal nicht zu beschäftigen.

P »fa«s

Mit Hilfe dieses Schemas läßt sich der Satz (2) folgendermaßen reformulieren:

(2*) Max sagt-der-Morgenstern-ist-ein-Planet

Wobei für »*f*« »ist ein Planet« eingesetzt wird und für »*a*« »der-Morgenstern« und die Anführungszeichen als Dot-quotes zu lesen sind, das heißt als Anführung der funktionalen Rolle. Durch diesen Kunstgriff ist es möglich, Sätze wie (1) oder (3) in die indirekte Rede zu überführen oder, wie ich es im folgenden nennen werde, abzuschwächen.

Ein entscheidender Punkt scheint mir nun der zu sein, daß wir Sätze von der Art (1) oder (3) nicht nur zu (2), sondern zudem beispielsweise zu (5), (6) oder (8) abschwächen können, wobei für die letzten drei gilt, daß es sich um keinen »echten« Fall der indirekten Rede handelt.

Wie sieht es aber mit folgenden Sätzen aus:

(2') Max sagt, daß der Abendstern ein Planet ist.
(2'') Max sagt, daß der Abendstern um die Sonne kreist.

Können (2') und (2'') nicht ebenso wie (2) als Sagensberichte in Form der indirekten Rede, das heißt, in meinem Sinne als Abschwächungen von (1) (oder (3)), aufgefaßt werden? Die typischen Einwände dagegen lauten:
- In (2') und (2'') wird eine andere Proposition ausgedrückt als in (2).
- In (2') und (2'') wird ein anderer Sinn ausgedrückt als in (2).
- (2') und (2'') besitzen eine andere funktionale Rolle als (2).

Keiner dieser drei Einwände muß an dieser Stelle bestritten werden, aber der entscheidende Punkt ist, daß wir ungeachtet dieser Einwände in der Praxis häufig Abschwächungen der genannten Art vollziehen, und eine brauchbare Theorie der indirekten Rede sollte uns darüber Aufschluß geben, welche »Prinzipien« bei solchen Abschwächungen zur Geltung kommen. Wenig hilfreich ist es dabei, von solchen Prinzipien auszugehen, die von vornherein (2') oder (2'') als brauchbare Abschwächungen von (1) oder (3) ausschließen.

Um Verwirrungen vorzubeugen: Unter Prinzipien sind im folgenden keine notwendigen Bedingungen, strengen Kriterien oder ähnliches zu verstehen, die auf alle gelungenen Formen der indirekten Rede anwendbar sind. Mein Anspruch ist ein geringerer: Die von mir vorgeschlagenen Prinzipien sind solche, die cum grano salis bei der Verwendung der indirekten Rede zur Anwendung kommen. Diese Prinzipien sollen mir vor allen Dingen dazu dienen zu verdeutlichen, was ich unter Abschwächung im Fall der indirekten Rede verstehe. Es geht mir nicht darum, Definitionen zu geben, mit deren Hilfe wir erklären können, wie wir von der direkten auf die indirekte Rede schließen, sondern um plausible Prinzipien (oder Axiome), die charakterisieren, wie wir von der direkten zur indirekten Rede gelangen.

Betrachten wir hierzu folgenden möglichen Fall.
Wir wissen, daß Satz (2) wahr ist, ohne dabei zu wissen, in welcher Sprache Max den Satz geäußert hat. Wir wissen in diesem Fall nur, daß die Person namens »Max« eine Äußerung vollzogen hat, in der sie von der Venus gesagt hat, daß sie ein Planet sei. Er muß dazu offensichtlich weder den Namen »Venus« noch die Ausdrücke »ist«, »ein« und »Planet« geäußert haben. So mag es sein, daß Max zu einem Stamm gehört, dessen Angehörige immer nach Sonnenaufgang aufstehen und daher den Morgenstern nie leuchten sehen. In diesem Fall sprechen keine plausiblen Gründe dagegen, statt (2) (2') zu behaupten. Stellen wir uns zudem vor, daß der Stamm, dem Max angehört, überdies die Eigenart besitzt, in allen Prädikatausdrücken - soweit wie möglich - die Relation des Bezeichneten zur Sonne auszudrücken, dann wäre es angemessen, (2'') zu behaupten.

Ist mein Beispiel aber nicht fragwürdig? Ich glaube nicht. Erinnert sei nur an Übersetzungen theoretischer Schriften sehr fremder Kulturen, wie beispielsweise aus dem Chinesischen, die zu folgendem Satz führen können:

Ohtsu sagt, daß die wundersame Tat zum Verdienste um Sein und Nichts nie verfällt.[384]

Wer will bei Sätzen dieser Art noch entscheiden, ob die Ausdrücke im Deutschen sinngleich mit denen des Chinesischen sind oder ob der Satz die gleiche Proposition wie das Original ausdrückt?

Doch - und hiermit komme ich erneut zu meiner zentralen These - wir müssen uns nicht fremden Sprachen und Kulturen zuwenden, um festzustellen, daß Sinngleichheit - was darunter auch immer genauer zu verstehen ist - bei der Überführung von Sätzen direkter Rede in indirekte Rede nicht erforderlich ist. Im alltäglichen Gebrauch ist es üblich, daß wir in der indirekten Rede je nach Kontext zusammenfassen, verkürzen, Ausdrücke durch extensionsgleiche ersetzen und vieles mehr.[385] Ein Grund dafür ist, daß wir im Normalfall, das heißt in der gesprochenen Sprache, zumeist gar nicht dazu fähig sind, wörtlich die Rede eines anderen wiederzugeben. Wir wissen zwar in vielen Fällen noch, was der andere gesagt hat, aber wir sind nicht fähig, den genauen Wortlaut anzugeben. Warum sollten wir auch, wenn uns der direkte Wortlaut noch bekannt wäre, die indirekte Rede wählen? Wäre die indirekte Rede nicht gar überflüssig, wenn unser Gedächtnis besser wäre? Ich glaube nicht. Wir wählen die indirekte Rede häufig deshalb, weil wir die Rede eines anderen abkürzen wollen, sie in bestimmten Hinsichten pointieren wollen und ähnliches. Wir wählen also in der Umgangssprache zumeist gerade dann die indirekte Rede, wenn es um eine bestimmte Freiheit der Wiedergabe der

---

384 Vgl. [Anonymus] 1958, 46.

385 Sicherlich gibt es auch Fälle, in denen wir gewissermaßen mehr berichten als nur das, was der Redner gesagt hat. Ich denke dabei nicht an Indexikalia (siehe unten), die wir in der indirekten Redewiedergabe stillschweigend verändern, sondern an die implizite Verquickung von indirekter Redewiedergabe und Interpretation des Gesagten (das typische Feld hierfür, in dem solche Verquickungen anzutreffen sind, ist die Politik und die politische Berichterstattung).

Rede geht oder wir den genauen Wortlaut des Gesagten vergessen haben. Diese schlichte Tatsache, wird - soweit ich dies überblicke - in der allgemeinen Diskussion opaker Kontexte häufig übersehen. In der Diskussion zur indirekten Rede wird dagegen zumeist so getan, als ob wir in der indirekten Rede gewissermaßen Wort für Wort der direkten Rede in die indirekte überführen wollen. Dies - ich betone es noch einmal - widerspricht schlichtweg den Tatsachen.

Eine entscheidende Frage in diesem Zusammenhang ist natürlich, wie weit die Freiheit der Wiedergabe in der indirekten Rede reicht und ob wir uns dabei an irgendwelche Regeln (oder Prinzipien im vorher erläuterten Sinn) halten oder je nach Kontext mehr oder minder wahllos dabei verfahren. Ungeachtet der Laxheit, die für die Umgangssprache gilt, könnte man nun beispielsweise versucht sein, zumindest in einer philosophischen Idealsprache strengere Regeln zu fordern. Regeln der gesuchten Art könnten beispielsweise solche sein, die wir in bestimmten grammatikalischen Übungen erlernen, wenn wir Sätze der direkten Rede in Sätze der indirekten Rede überführen sollen und umgekehrt, das heißt zum Beispiel den Satz (1) in den Satz (2) überführen und umgekehrt.

Klar aber sollte sein, daß ein entscheidendes Merkmal der indirekten Rede verloren geht, wenn wir solche Regeln für »wahrhaft« indirekte Rede fordern. Dieses Merkmal sieht so aus, daß wir anhand eines Satzes der indirekten Rede zwar zu Wissen darüber gelangen können, was jemand gesagt hat, ohne dabei zu wissen, mit welchen Worten er dies getan hat. Würden aber solche strengen eineindeutigen Regeln wie im Beispiel der Grammatikübung gelten, dann könnten wir aus der indirekten Rede zurück auf die direkte Rede schließen. Der Unterschied zwischen direkter und indirekter Rede wäre ein rein grammatikalischer beziehungsweise notationaler und keiner, der die Semantik betreffen würde. Damit würde aber ein entscheidendes Merkmal der indirekten Rede verlorengehen: Wir könnten aus der indirekten Rede die direkte folgern, und das hieße präzise die Worte wiedergeben, die der Sprecher geäußert hat. Aber genau dies ist im Normalfall unmöglich. Würde es solche strengen Regeln geben, die uns erlauben, von der direkten Rede auf die indirekte zu schließen und umgekehrt, würde der Unterschied zwischen direkter und indirekter Rede verloren gehen, das heißt, im Fall der direkten Rede, daß sie uns im Gegensatz zur indirekten Rede nicht nur verrät, was jemand gesagt hat, sondern zudem, mit welchen Worten er es gesagt hat. Dies kommt, wie ausführlich gezeigt, dadurch zustande, daß der angeführte Ausdruck typgleich zu der Äußerung ist, auf welche die direkte Rede Bezug nimmt. Dieses Merkmal trifft für die indirekte Rede offensichtlich nicht zu.

Fügt man jedoch der indirekten Rede eine genaue Kennzeichnung der Äußerung hinzu, auf die Bezug genommen wird, können wir von

(2&) Max sagt, daß die Venus ein Planet ist, und er hat dabei folgende Worte verwendet: »Die«, gefolgt von »Venus«, gefolgt von »ist«, gefolgt von »ein«, gefolgt von »Planet«.

ebenso auf (1) schließen wie umgekehrt. Aber genau eine solche Kennzeichnung fehlt eben bei der indirekten Rede im Normalfall.

Dieser Umstand, daß uns die direkte Rede mehr verrät als die indirekte, wird leicht verschleiert, wenn man leichtfertig Formulierungen wie die folgende wählt:

> Wenn *x p* sagt, dann sagt *x*, daß *p*.

Denn worüber läuft die Variable *p* in diesem Fall? An der ersten Stelle offensichtlich über Sätze oder Ausdrücke, worüber aber an zweiter Stelle? Die Sache ist deshalb so verzwickt, weil wir an der ersten Stelle nach allgemeiner Auffassung einen Satz ⌜*p*⌝ nur durch einen typgleichen ersetzen dürfen, während an der zweiten Stelle keine so rigorose Ersetzungspraxis gilt.[386]

Um die skizzierten Schwierigkeiten zu umgehen, wird in der Literatur vorgeschlagen, daß die Variable *p* an der zweiten Stelle über Propositionen läuft. Gegen diesen Vorschlag spricht meines Erachtens zum einen der notorisch diffuse Begriff der Proposition und zum anderen, daß mit Satz (1) mehr gesagt wird, als daß Max eine Proposition ausdrückt: Wir erfahren darüber hinaus, daß Max eine Äußerung, das heißt, ein Vorkommnis, mit einer bestimmten syntaktischen Struktur produziert hat. Und letzteres hat mit einer Proposition erst einmal gar nichts zu tun. Der gleiche Einwand kann auch gegen Vorschläge erhoben werden, die über den Begriff der Sinngleichheit erklären wollen, welche Ausdrücke unterschiedlicher Struktur an der zweiten Stelle des obigen Schemas wechselseitig gegeneinander ausgetauscht werden können.

Der entscheidende Punkt für mich ist gleichwohl der, daß, selbst wenn wir einen klaren Begriff der Proposition respektive des Sinns zur Verfügung hätten - was wir meines Erachtens aber nicht haben -, uns diese Begriffe bei der Analyse der indirekten Rede nicht weiterhelfen. Der Grund dafür ist, daß die Forderung nach demselben Sinn beziehungsweise derselben Proposition in manchen Fällen viel zu schwach[387] und in anderen Fällen viel zu stark ist und unserer Praxis widerspricht.

Betrachten wir dazu folgendes Beispiel:

(i) Max sagt: »Paul is dead tired.«

---

[386] Die indirekte Rede zählt bekanntermaßen zu den intensionalen Kontexten, doch sollte man daraus nicht schließen, daß die Variable *p* in »Wenn *x p* sagt, dann sagt *x*, daß *p*« gleich zu behandeln ist wie jene in »*X* glaubt, daß *p*.« So nehmen die Sagensberichte »*X* sagt *p*« oder »*X* sagt, daß *p*« auf eine konkrete Äußerung *p* Bezug, während für »*X* glaubt, daß *p*« gleiches nicht gilt. Aber die Probleme tauchen spätestens dann wieder auf, wenn man Formulierungen folgender Art wählt:

> *X* glaubt, daß *p* wahr ist gdw. *X* ceteris paribus *p* oder einer Übersetzung von *p* zustimmen würde.

Ein weiteres Problem ist zudem, daß selbst die präzisere Formulierung

> Wenn *x* »*p*« sagt, dann sagt *x*, daß *p*.

bei Substitution zu »unschönen« Ergebnissen führt, zum Beispiel:

> Wenn Max sagt: »Uhus sind Tiere«, dann sagt Max, daß Uhus sind Tiere.

[387] Dies ist beispielsweise der Fall bei zwei sehr komplizierten Sätzen, die logisch äquivalent sind.

Aus (i) können wir offensichtlich schließen

(ii) Max sagt, daß Paul todmüde ist.

Nun spricht meines Erachtens nichts dagegen, Satz (ii) folgendermaßen ABSCHWÄCHEND ZU PARAPHRASIEREN:

(iii) Max sagt, daß Paul müde ist.

Oder alternativ:

(iv) Max sagt, daß jemand müde ist.

Die entscheidende Frage ist natürlich, was ich hier genauer unter ›abschwächend paraphrasierend‹ verstehe. Die folgenden Begriffsbestimmungen mögen dies erläutern:[388]

(P1) Nur Satzäußerungen sind SAGENSBERICHTE.

Mit dieser Bestimmung sollen Terme und Prädikate als Sagensberichte ausgeschlossen werden. Somit werden beispielsweise metasprachliche Kennzeichnungen der Art

> diejenige Rede Stoibers vor dem Bund der Vertriebenen, in der er betonte, daß Deutschland kein Einwanderungsland ist

als Sagensberichte ausgeschlossen.

(P2) Wenn ein Satz ein Sagensbericht ist, dann nimmt er auf eine konkrete Satzäußerung Bezug. [389]

Mit (P2) soll sichergestellt werden, daß mit Sagensberichten nur auf konkrete Satzäußerungen Bezug genommen werden kann und nicht etwa auf abstrakte Äußerungstypen sowie mögliche Äußerungsvorkommnisse.[390] Somit handelt es sich bei folgendem Satz nicht um einen Sagensbericht:

> Die Standesbeamtin wird sagen, daß die Ehe nicht nur Freude, sondern auch Kummer und Sorgen mit sich bringt

(P3) Die PARAPHRASENRELATION besteht zwischen Sagensberichten.

So besteht weder von (i) noch von (ii) eine Paraphrasen Relation zu dem Satz

(o) Paul is dead tired.

---

[388] Ich spare mir im folgenden den Zusatz »abschwächend« und spreche einfach nur von »paraphrasieren«. Darunter ist jedoch nicht der Ausdruck zu verstehen, wie er häufig in der Philosophie verwendet wird, nämlich in der Art von Bentham, das heißt als Bezeichnung von Kontextdefinitionen, oder Quines Auffassung.

[389] Ich spreche im folgenden zumeist von »Satz« beziehungsweise »Satzäußerung«, aber hierunter sollen ebenfalls Sätze beziehungsweise eine aus mehreren Sätzen bestehende Äußerung verstanden werden.

[390] Sagensberichte in dem hier intendierten Sinne erfüllen somit die Bedingung M3.

Vielmehr ist (i) ein Sagensbericht und (ii) eine PARAPHRASE von (i), das heißt, der Satz (ii) PARAPHRASIERT den Satz (i). Paraphrasen sind somit Sagensberichte, die zu anderen Sagensberichten in der Paraphrasenrelation stehen.

Zu beachten ist ferner, daß die Paraphrasenrelation nicht mit der Bezugnahmerelation verwechselt werden darf. Für unser Beispiel bedeutet dies: Der Satz (ii) paraphrasiert den Satz (i), und beide nehmen auf ein Satzvorkommnis typgleich zu (o) Bezug. Letzterer Gedanke führt zu folgendem Prinzip:

(P4) Wenn A eine Paraphrase von B ist, dann haben A und B denselben Wahrheitswert.

Betrachten wir hierzu die Sätze (ii) und (iv). Beide Sätze sind Paraphrasen und nehmen auf eine bestimmte Äußerung von Max Bezug, nämlich auf seine Äußerung (o). Die beiden Sätze sind daher nur dann wahr, wenn Max (o) geäußert hat. Was aber, wenn Max nicht (o), sondern den Satz geäußert hat

(o') Jemand ist müde.

In diesem Fall ist (iv) wahr und (ii) falsch, aber aufgrund von (P4) ist (iv) keine Paraphrase von (ii).[391]

Wie ist aber folgender Fall zu behandeln? Max hat nicht nur ein Vorkommnis typgleich zu Satz (o) geäußert, sondern zudem ein Vorkommnis des Satzes

(o'') Hans ist müde.

Zuerst einmal ist daran zu erinnern, daß (iv) aufgrund von (P3) keine Paraphrase von (o'') sein kann. Der Satz (iv) kann nur dann als Paraphrase auf (o'') Bezug nehmen, wenn zum Beispiel ein Sagensbericht der Art

(i') Max sagt: »Hans ist müde.«

vorliegt.

Die Frage ist nun die, ob (iv) sowohl von (i) wie auch von (i') eine Paraphrase sein kann: Offensichtlich besitzen unter der Annahme, daß Max sowohl (o) und (o'') geäußert hat, die Sätze (i), (i') und (iv) denselben Wahrheitswert. Somit ist gesichert (dank (P4)), daß (iv) Paraphrase von (i) wie auch von (i') sein kann.

(P5) Die Paraphrasenrelation ist transitiv, das heißt, wenn C eine Paraphrase von B ist und B eine von A, dann ist auch C eine Paraphrase von A.

Beispiele hierfür sind die Sätze (i) bis (iii).

(P6) Die Paraphrasenrelation ist nicht reflexiv, das heißt, eine Paraphrase kann nicht in der Paraphrasenrelation zu sich selbst stehen.

---

391 Die Frage, ob Sätze oder Satzvorkommnisse Bezug nehmen, muß uns an dieser Stelle nicht kümmern. Wichtig ist allein, (P4) zu beachten, das heißt, daß die Paraphrasenrelation zwischen Satzvorkommnissen und nicht zwischen Satztypen besteht.

Dies zeigt, daß (2&) unter der Annahme der Buchstabiertheorie keine Paraphrase von (1) ist, weil (1) ebenso als Paraphrase von (2&) aufgefaßt werden kann.

(P7) Paraphrasen besitzen immer folgende Struktur:
aRb

Wobei »a« für den Namen einer Person, »R« für den Namen einer SAGENS-RELATION[392] und »b« für eine Daß-Phrase steht oder einen Satz, der sich in eine Daß-Phrase überführen läßt. So läßt sich beispielsweise der Satz

Max sagt, Paul sei müde.

problemlos in den Satz (iii) überführen.[393]

(P8) Mit Hilfe der Daß-Phrase der Paraphrase wird die Satzäußerungsart bestimmt, von der die konkrete Satzäußerung diejenige ist, die unter anderem durch die Paraphrase denotiert wird.

Was ist an dieser Stelle unter »Bestimmen der Satzäußerungsart« zu verstehen? Das Bild, das ich hier vor Augen habe, sieht etwa folgendermaßen aus: Die Sagensrelation »R« und die Daß-Phrase »b« zusammen sind als Prädikat aufzufassen, dessen Extension alle konkreten Satzäußerungsvorkommnisse sind. Im einfachsten Fall steht an Stelle der Daß-Phrase »b« in »Rb« beispielsweise der Ausdruck »etwas«, dies bedeutet, daß mit dem Ausdruck »sagt etwas« auf jede erdenkliche Äußerung Bezug genommen werden kann, wie etwa im Satz:

Jemand sagt etwas.

Ein eingeschränkter Fall liegt dagegen bei »sagt etwas Wahres« vor. Mit dieser Äußerung bezieht man sich im Normalfall nur auf wahre Satzäußerungen.

Für Paraphrasen gilt aufgrund von (P7), daß im Schema »aRb« für »b« an Stelle von »b« eine Daß-Phrase stehen muß, das heißt ein satzartiges Gebilde mit einer Subjekt-Objekt-Struktur. Dieses satzartige Gebilde muß dabei nicht dieselbe funktionale Rolle besitzen wie der angeführte Satz der direkten Rede beziehungsweise die Daß-Phrase des paraphrasierten Sagensberichts. Gleichwohl wird durch die Daß-Phrase die ART des Vorkommnisses bestimmt, auf das die Paraphrase Bezug nimmt. So wird in (iv) durch das Verb »sagen« und die Daß-Phrase »daß jemand müde ist« ein Prädikat gebildet, dessen Extension aus Vorkommnissen gebildet

392 Die Sagensrelation soll dabei auch Fälle wie folgende einschließen: »Er fragt, ob ...« oder »Er behauptet, daß ...« etc.

393 Problemlos sind solche Überführungen auch deshalb, weil es sich ja nicht um Übersetzungen eines fremdsprachlichen Satzes ins Deutsche handelt, sondern um die Überführungen von Nebensätzen der indirekten Rede in Daß-Phrasen. Problematischer ist dagegen die Frage zu beantworten, was daß-Phrasen-artige Konstrukte in Sprachen sind, die sehr verschieden zu der unsrigen sind. Entscheidendes Merkmal für diese Konstrukte ist, daß eine Subjekt-Objektstruktur zumindest auf der semantischen Ebene vorhanden ist (s. II.3.1.3).

wird, die zu dem Ausdruck *sagt-daß-jemand-müde-ist* ARTGLEICH[394] sind. Die genannte Art ist dabei Unterart der Art *sagt-etwas*. Unter diese Art fallen alle Sagens-Vorkommnisse. Unter die Art *sagt-daß-jemand-müde-ist* fällt dagegen die Art *sagt-daß-Peter-müde-ist*. Es ist uns also möglich, mit Hilfe des Ausdrucks »artgleich« Arten beziehungsweise Hierarchien von Arten zu bilden und somit zu verdeutlichen, was unter Abschwächung beziehungsweise der Paraphrase, einem Sonderfall der Abschwächung, zu verstehen ist.[395]

Fügt man einem Sagensbericht noch einen Namen und einen Zeitpunkt hinzu, dann erfährt der Hörer zusätzlich, daß es beispielsweise aus der Klasse der wahren Äußerungen genau eine gibt, die von dem Sprecher *X* zum Zeitpunkt *t* geäußert wurde. Ein Satz der indirekten Rede nimmt somit meiner Auffassung nach im Normalfall genau auf eine Äußerung zu einem bestimmten Zeitpunkt und einen Sprecher Bezug. Fehlt dagegen eine explizite Angabe zum Sprecher respektive Zeitpunkt - und erlaubt uns der Kontext auch nicht, auf eine solche Angabe zu schließen -, dann kann ein Satz der indirekten Rede auf mehrere artgleiche von einem Sprecher geäußerte Vorkommnisse Bezug nehmen. Zum Beispiel kann man mit dem Satz

> Wildmoser sagte wiederholt in der Pressekonferenz, daß es das doch gar nicht gibt: elfmal Abseits gepfiffen.

auf vier artgleiche Äußerungen Wildmosers in der Pressekonferenz Bezug nehmen. Ebenso ist es möglich, mit

> Jemand sagt, daß die Venus ein Planet ist.

zumindest auf eine konkrete Äußerung Bezug zu nehmen. Offen bleibt in diesem Beispiel, falls vom Kontext nicht vorgegeben, auf welche bestimmte Äußerung beziehungsweise Äußerungen man Bezug nimmt. Ungeachtet solcher Ausnahmefälle der indirekten Rede gilt jedoch im Normalfall, daß man sich ihrer bedient, um auf eine bestimmte Äußerung Bezug zu nehmen. Dies gelingt im alltäglichen Gespräch auch meistens problemlos, weil der Kontext vorgibt, auf welche bestimmte Äußerung beziehungsweise Person oder welchen Zeitpunkt man sich mit einem Satz der indirekten Rede bezieht.

Fassen wir kurz zusammen: Ausgangspunkt dieses Abschnitts war der Gedanke, daß wir bei der indirekten Rede zwar nicht erfahren, mit welchen Worten jemand über etwas gesprochen hat, aber zumindest erfahren, worüber er gesprochen hat. Dieser Gedanke kann durch das Schema *P»fa«s* ausgedrückt werden. Der springende Punkt dabei ist nun der, daß wir für *»fa«* innerhalb eines Sagensberichts

---

394 »Artgleich« darf nicht mit »typgleich« verwechselt werden: Während man mit »Peter sagt etwas Wahres« auf alle artgleichen, nämlich wahren, Äußerungen Peters Bezug nehmen kann, bezieht sich typgleich immer auf Vorkommnisse eines Typs. Dies schließt natürlich nicht aus, auch Typen als Arten zu verstehen. Im Gegensatz zu Typen lassen sich jedoch sprachliche Arten beliebig fein beziehungsweise grob einteilen.

395 Zur Konstruktion von solchen Hierarchien siehe II.3.1.3.

nicht nur Ausdrücke einsetzen dürfen, die dieselbe funktionale Rolle besitzen wie die Äußerung, auf die Bezug genommen wird, sondern vielmehr artgleiche Ausdrücke, die den Bedingungen (P1)-(P8) des abschwächenden Paraphrasierens genügen.[396] Ausdrücke, die artgleich in diesem Sinne sind, werde ich im folgenden als ARTGLEICH$_{IR}$ (= artgleich im Sinne der indirekten Rede) bezeichnen. Der entscheidende Gedanke dabei ist, daß Paraphrase und paraphrasierter Sagensbericht mittels artgleicher$_{IR}$ Daß-Phrasen auf dieselbe Satzäußerung Bezug nehmen, wenn dies auch in der Paraphrase weniger präzise geschieht. Ungeachtet der möglichen Präzisierung der Daß-Phrase besitzen aber paraphrasierter Sagensbericht und die Paraphrase dieselbe Struktur, da in beiden Sagensberichten auf genau denselben Sprecher, die gleiche Sagensrelation Bezug genommen wird und die Präzisierung der Sagensrelation mit Hilfe einer Daß-Phrase geschieht. Steht dagegen anstelle der Daß-Phrase eine Äußerung von der Art wie »etwas« oder »Wahres« oder ein metasprachlicher Name, zum Beispiel:

Peter sagt ein Gedicht auf.

oder eine metasprachliche Kennzeichnung wie beispielsweise

Peter erzählte die größte Lüge seines Lebens.

dann handelt es sich um keine »echte« indirekte Rede. Das entscheidende Merkmal echter indirekter Rede ist vielmehr, daß in der Daß-Phrase über einen Gegenstand etwas ausgesagt wird.

Um Mißverständnissen vorzubeugen: Ich behaupte nicht, daß die Daß-Phrase innerhalb der indirekten Rede auf etwas bestimmtes Bezug nimmt. Sie ermöglicht uns lediglich, die Art der Äußerung zu bestimmen, auf die sich die indirekte Rede bezieht. Ich nehme also so etwas wie ein SCHWACHES KOMPOSITIONALITÄTSPRINZIP an. Schwach deshalb, weil ich nicht behaupte, daß jeder Satz (Sprechernamen, Sagensprädikat und Daß-Phrase) eine Bedeutung – etwa im Fregeschen Geiste – besitzt, sondern nur innerhalb des Satzverbandes eine bestimmte funktionale Rolle spielt, die nicht referentiell gedeutet werden muß. Dies schließt natürlich nicht aus, daß die funktionale Rolle eines Sagensberichts (der komplette Satz) im wesentlichen darin besteht, auf eine bestimmte Art auf eine konkrete Äußerung einer bestimmten Person Bezug zu nehmen (und dies gelingt, sofern der Bericht wahr ist).

[396] Die These T1 gilt somit bestenfalls nur für Sagensberichte der ersten Stufe, das heißt, nur bei diesen kann man behaupten, daß die Daß-Phrase (unter Annahme des schwachen Kompositionalitätsprinzips) dieselbe funktionale Rolle besitzt wie der Anführungskomplex bei der direkten Rede.

3.1.3 Zum Reden »über« etwas und zur Undurchsichtigkeit der indirekten Rede

Halten wir also fest: Das wesentliche Merkmal der indirekten Rede besteht darin, daß man mit ihr auf bestimmte konkrete Äußerungen Bezug nehmen kann.[397] Diese Eigenart teilt die indirekte Rede mit Äußerungen der folgenden Art, mit denen ich mich unter Umständen ebenso auf bestimmte Satzvorkommnisse beziehen kann:

(n) Dieser
(o) Der letzte Satz
(p) Eine Lüge
(q) Wahre Worte

Zudem kann ich mich mit folgenden Sätzen auf Äußerungen von Max beziehen:

(r) Dieses sprach Max.
(s) Der letzte Satz ist von Max.
(t) Eine Lüge äußerte Max.
(u) Wahre Worte sprach Max.

Aber keiner der Beispielsätze (r)-(u) verrät, mit welchen Äußerungen die Äußerung von Max artgleich$_{IR}$ oder typgleich ist. Daher handelt es sich bei ihnen nicht um eine MSBe. Für das Beispiel (n) gilt zudem, daß ohne nähere Spezifizierung des Kontexts (beispielsweise, daß mit (n) auf eine Äußerung von Max Bezug genommen wird) (n) nicht einmal ein Fall von metasprachlicher Bezugnahme im weiten Sinn ist, wie das auf die folgenden Sätze zutrifft:

(9) Max spricht über die Venus.[398]
(10) Max spricht über Planeten.
(11) Max spricht über unser Sonnensystem.

Auch diese Sätze verraten uns nichts darüber, zu welchen Äußerungen die Äußerung von Max artgleich$_{IR}$ oder typgleich ist.[399] Diese Beispielsätze gehören daher, ohne eine nähere Spezifizierung des Kontextes, nicht zur MSBe und somit auch nicht zur indirekten Rede. Es handelt sich bei der Über-Sprechweise ohne weitere Spezifizierung vielmehr um MSBw in denotativer Hinsicht (siehe oben). Gleichwohl können die Sätze (9)-(11) als ABSCHWÄCHUNG, wenn auch nicht Paraphrasen, der Sätze (1) oder (2) aufgefaßt werden, solange durch den Kontext nicht ausgeschlossen wird, daß diese Sätze auf die gleiche Äußerung Bezug nehmen wie die Sätze (1) und (2). Die gemeinsame Bezugnahme kommt dabei dadurch zu-

---

397 Aufgrund dieses »Wesensmerkmals« sind Sagensberichte und somit auch Paraphrasen der MSBe zuzuordnen.

398 Statt der Über-Sprechweise läßt sich auch die Von-Sprechweise wählen: »Max spricht von der Venus.«

399 Wenn man einen extrem schwachen semantischen Typbegriff vertritt, läßt sich vielleicht sagen, daß Maxens Äußerung dem Typ angehört, der auf die Venus Bezug nimmt. Aber solch ein Typbegriff ist - wie in I.6 gezeigt - wertlos.

stande, daß mit den Sätzen (9)-(11) auf Äußerungen Bezug genommen werden kann, die artgleich (ohne Index!) zu der Äußerung sind, auf die mit (1) oder (2) Bezug genommen wird. So läßt sich die Äußerungsart bilden, die aus allen Äußerungen besteht, die über unser Sonnensystem gemacht werden.

Ein schwerwiegendes Problem besteht dabei sicherlich darin, exakte Kriterien dafür anzugeben, anhand deren sich bestimmen läßt, ob eine Äußerung über das Sonnensystem gemacht wird.[400] Ungeachtet dieser Schwierigkeit läßt sich solch eine Art im groben bestimmen, und somit liegt gegebenenfalls eine MSBw vor, die den Ansprüchen einer MSBe gerade deshalb nicht genügt, weil die Extension nicht konkret genug bestimmt ist.

Ein entscheidender Unterschied der Über-Sprechweise, wie durch die Sätze (9)-(11) exemplifiziert, zu Sagensberichten besteht darin, daß wir durch sie nicht erfahren, ob Max etwas über die Venus aussagt. Dieser scheinbare Unterschied ist jedoch in folgenden Sätzen aufgehoben:

(2Ü) Max sagt über die Venus, daß sie ein Planet ist.
(2Ü*) Max sagt über Planeten, daß die Venus einer ist.
(2Ü**) Max sagt über die Venus und über Planeten, daß erstere einer von letzteren ist.

Auffallend ist, daß man in der ÜBER-SPRECHWEISE allein, das heißt ohne eine Daß-Phrase oder durch eine hinzugefügte adverbiale Modifikation, schwerlich über einen Gegenstand etwas aussagen kann - außer natürlich, daß jemand über den Gegenstand spricht. (Solch ein Sprechen-über ist offensichtlich auch dann möglich, wenn Max selbst in dem Sinne nicht weiß, daß er über den Morgenstern spricht, insofern er die Frage »Sprichst du über den Morgenstern?« verneinen würde.)[401] Hinzu kommt, daß die Über-Sprechweise ohne eine Daß-Phrase nicht erlaubt, näher zu bestimmen, von welcher Art die Äußerung ist, mit der über einen Gegenstand gesprochen wird. In dem Sinne nimmt die Über-Sprechweise nicht gleich der indirekten Rede auf eine bestimmte Äußerung Bezug, sondern mit ihr wird bloß ausgesagt, daß über etwas gesprochen wurde, aber eben nicht, auf welche Art$_{IR}$ dies der Fall ist.[402]

Ungeachtet dieser beiden Eigenarten besitzt die Über-Sprechweise jedoch ein Merkmal, das für die Diskussion bedeutsam ist: Die Über-Sprechweise ist auf dem ersten Blick rein extensional deutbar, das heißt beispielsweise, wenn Max über die Venus spricht, dann können wir daraus schließen, daß er auch über den Morgenstern spricht. Respektive können wir im Satz

(Ü) Max spricht über die Venus.

---

400 Zu Versuchen in dieser Art siehe Ryle 1932, Carnap 1934, Putnam 1958 und Goodman 1961 bzw. 1972, Kap. VI.

401 So zumindest Wallace nach Burdick 1982, 187.

402 Dies ist ein Grund dafür, daß die Über-Sprechweise ohne nähere Spezifizierung nicht der MSBe zugerechnet werden kann.

den Ausdruck »Venus« durch extensionsgleiche Ausdrücke salva veritate ersetzen. Gleiches trifft offensichtlich auch auf folgenden Satz zu:

(2Ü) Max sagt über die Venus, daß sie ein Planet ist.

Somit können wir zum Beispiel zu folgendem Satz gelangen:

(2Ü') Max sagt über den Morgenstern, daß er ein Planet ist.

Fraglich erscheint es dagegen, ob wir aus (2Ü') auf

(2Ü'') Max sagt über den Morgenstern, daß der Morgenstern ein Planet ist.

schließen dürfen. In unserem Beispiel, in dem Max (4) geäußert hat, mag es zwar problemlos möglich sein, aber in folgendem Beispiel führt es scheinbar zu Schwierigkeiten:

(M) Max sagt: »Der Morgenstern ist nicht der Abendstern.«
(M') Max sagt, daß der Morgenstern nicht der Abendstern ist.

Aus (M') können wir unter der Zusatzannahme, daß der »Morgenstern« kein leerer Begriff ist, schließen:

(MÜ') Max sagt über den Morgenstern, daß der Morgenstern nicht der Abendstern ist.

und von diesem Satz auf folgende:

(MÜ'') Max sagt über den Morgenstern, daß er nicht der Abendstern ist.
(MÜ''') Max sagt über den Abendstern, daß er nicht der Abendstern ist.
(MÜ'''') Max sagt über den Abendstern, daß der Abendstern nicht der Abendstern ist.

Der letzte Satz impliziert, daß Max etwas Widersprüchliches geäußert hat. Dies ist aber de facto nicht der Fall, daher - so die allgemeine Auffassung - ist der Schluß von (MÜ'') auf (MÜ'''') abzulehnen. Sicherlich ist es fraglich, ob diese Implikation ein ausreichender Grund dafür ist, Schlüsse der genannten Art abzulehnen. Akzeptiert man aber diesen Einwand, stellt sich die Frage, wie es zu der Implikation in (MÜ'''') kommt und wie sie sich gegebenenfalls verhindern läßt.

Betrachtet man den Satz (MÜ'''), so mag gelten, daß er ungewöhnlich klingt, aber ungeachtet dessen gibt er noch nicht zu der Implikation Anlaß. Diese kommt erst dadurch zustande, daß in der Daß-Phrase der Ausdruck »er« durch »Abendstern« ersetzt wird. Aus diesem Umstand könnte man nun schließen, daß Ersetzungen in der Daß-Phrase prinzipiell nicht erlaubt werden dürften. Was ist aber von folgendem Fall zu halten?

(MÜ') Max sagt über den Morgenstern, daß er nicht der Abendstern ist.
(MÜ''''') Max sagt über die Venus, daß sie nicht der Abendstern ist.

Geht man von der Annahme aus, daß der Ausdruck »den Morgenstern« in (MÜ'') rein extensional handhabbar ist, dann spricht nichts dagegen, ihn durch den Ausdruck »die Venus« zu ersetzen. Dies erfordert jedoch, daß dann ebenso das männliche Personalpronomen in der Daß-Phrase, durch das weibliche Pronomen ersetzt wird, weil sonst die anaphorische Bezugnahme verlorengeht. Verbietet man eine solche Substitution in der Daß-Phrase werden Ausdrücke, auf die anaphorisch in der Daß-Phrase Bezug genommen wird, undurchsichtig. Diese Forderung ist daher meines Erachtens zu strikt, gerade in Anbetracht der Möglichkeit, daß ein sehr langer Satz mit einer Daß-Phrase endet, die anaphorische Ausdrücke enthält. Plausibler erscheint dagegen die Forderung, daß in der Daß-Phrase Eigennamen nicht allgemein durch extensionsgleiche Ausdrücke ersetzt werden dürfen, wenn dies auch im folgenden Fall scheinbar problemlos möglich ist, in dem zudem die Bezeichnungsweise angegeben ist:

(2ÜB) Max sagt über die Venus unter Verwendung des Ausdrucks »Morgenstern«, daß sie ein Planet ist.
(2ÜB') Max sagt über die Venus unter Verwendung des Ausdrucks »Morgenstern«, daß die Venus ein Planet ist.

In (2ÜB') läßt sich der Ausdruck »Venus« nun scheinbar beliebig auch in der Daß-Phrase durch extensionsgleiche Ausdrücke ersetzen, weil durch die Angabe der Bezeichnungsweise klargemacht wird, wie sich Max tatsächlich ausgedrückt hat.[403] Daß dies aber ein voreiliger Schluß ist, wird klar, wenn man (M) wie folgt umformuliert:

(MÜB') Max sagt über den Abendstern unter Verwendung des Ausdrucks »Morgenstern«, daß der Abendstern nicht der Abendstern ist.

Der letzte Satz läßt offensichtlich zumindest folgende Interpretationen darüber zu, was Max tatsächlich gesagt hat:

(M) Max sagt: »Der Morgenstern ist nicht der Abendstern.«
(M*) Max sagt: »Der Morgenstern ist nicht der Morgenstern.«
(M**) Max sagt: »Der Abendstern ist nicht der Morgenstern.«

Wählt man jedoch statt (MÜB')

(MÜB) Max sagt über den Abendstern unter Verwendung des Ausdrucks »Morgenstern«, daß er nicht der Abendstern ist.

wird klar, daß nur die Interpretation (M) passend ist.

Bei Fällen der indirekten Rede, die auf die Über- und Bezeichnungs-Sprechweise (= ÜB-SPRECHWEISE) zurückgreifen, liegt somit eine MSBe vor. Sie ist dabei präziser als die gewöhnliche indirekte Rede, weil wir zudem teilweise erfahren, mit welchen Worten jemand über etwas gesprochen hat. In diesem Punkt gleicht die ÜB-Sprechweise der direkten Rede. Dies ist auch nicht verwunderlich, weil die ÜB-Sprechweise in die gemischte Anführung überführt werden kann:

---

403 Der Gedanke, daß man bei der Über-Sprechweise noch die Bezeichnungsweise anhängt, findet sich bei Burdick 1982 und Ineichen 1987, wenn auch nur angewandt auf propositionale Einstellungen. Die beiden Autoren zeigen, daß die sogenannte EXPORTATION problemlos bei Sätzen der Art »*X* glaubt [etc.], daß *p*« angewendet werden kann, solange nur die Bezeichnungsweise angegeben wird. Beide vertreten dabei die Auffassung, daß mittels der Bezeichnungsweise erklärt werden kann, was unter der Intentionalität innerhalb von propositionalen Einstellungen zu verstehen ist (vgl. Ineichen 1987, 287).

(2ÜG) Max sagt über den Abendstern, daß der »Morgenstern« kein Planet ist.

Dieser Satz kann unter Verzicht der Über-Sprechweise folgendermaßen reformuliert werden:

(2G) Max sagt, daß der »Morgenstern« kein Planet ist.

Die gemischte Anführung wie auch die ÜB-Sprechweise ist somit ein Zwitterwesen zwischen direkter und indirekter Rede. Dies zeigt sich auch bei der Frage, ob die ÜB-Sprechweise und die gemischte Anführung der MSBs oder MSBp angehört.

Deutlich sollte sein, daß beide Metabezugnahmen sich zwar des Mittels der Anführung bedienen, aber die Satzäußerung, auf die sie Bezug nehmen, nicht präsentieren, sondern nur Teile davon. In dem Sinne sind beide Bezugnahmeweisen der MSBs zuzuordnen. Zu Unterschieden zwischen beiden kommt es dadurch, daß sie auf verschiedene Art und Weise das Mittel der Anführung verwenden: Während im Fall der ÜB-Sprechweise der Anführungsausdruck im wesentlichen Gestalt- oder syntaktische Typen exemplifiziert, gilt für die gemischte Anführung, daß er zudem eine funktionale Rolle exemplifiziert. Dies wird ersichtlich, wenn man den Satz (2G) betrachtet. Dieser Satz funktioniert unter anderem deshalb, weil der angeführte Ausdruck gewissermaßen in seinem üblichen Sinn gebraucht wird, das heißt, weil er eine funktionale Rolle exemplifiziert, zu der es gehört, daß man mit Ausdrücken, die ihr genügen, auf den Morgenstern Bezug nehmen kann.[404]

Bei der ÜB-Sprechweise dagegen ist es wesentlich, daß der Anführungsausdruck eine bestimmte Gestaltform oder syntaktische Struktur exemplifiziert. Dies wird deutlich, wenn man den Satz folgendermaßen modifiziert:

(2ÜB^g) Max sagt über die Venus unter Verwendung des Ausdrucks, der die Gestalt von »Morgenstern« besitzt, daß sie ein Planet ist.[405]

oder alternativ

(2ÜB^s) Max sagt über die Venus unter Verwendung des Ausdrucks, der aus den Buchstaben Em^Oh^Er^Geh^Eh^En^Es^Te^Eh^Er^En in dieser Reihenfolge besteht, daß sie ein Planet ist.

Ähnliche Modifikationen sind für die gemischte Anführung nicht möglich.[406]

Fassen wir kurz zusammen: Ausgangspunkt der vorhergehenden Abschnitte war die Frage, wie man die indirekte und die direkte Rede unterscheiden kann. Wie gesehen, können dabei rein syntaktische Merkmale (Anführungszeichen, Daß-Konstruktion etc.) nicht ausschlaggebend sein. Wenig erfolgreich sind zudem Ansätze, die mittels der Begriffe des Sinns oder der Proposition zu erklären versuchen, worin das Spezifische der indirekten Rede liegt. Mein Vorschlag dagegen lautet, die indirekte Rede als Sagensberichte beziehungsweise ihre Paraphrasen aufzufassen, die

---

404 Vgl. II.3.1.

405 Bei (2ÜB^g) handelt es sich – bis auf die oben genannten Einschränkungen – um einen extensional handhabbaren Satz.

406 Vgl. II.2.1.1 und im besonderen II.2.1.2.

auf Äußerungen Bezug nehmen, das heißt, der MSBe in denotativer Hinsicht zuzuordnen sind. Der zugrundeliegende Gedanke bei diesen Überlegungen ist, mit Hilfe des Begriffs der Abschwächung die unterschiedlichen metasprachlichen Bezugnahmeweisen näher zu bestimmen, und dies bedeutet, die genannten Bezugnahmeweisen über ihr Verhältnis zur Anführung zu spezifizieren. Zu diesen Bezugnahmeweisen zählt auch die Über-Sprechweise in ihren unterschiedlichen Ausprägungen, die im Fall der ÜB-Sprechweise der MSBe zuzuordnen ist und ohne nähere Spezifizierungen der Bezeichnungsweise der MSBw. Eine Eigenart der Über-Sprechweise, in der sie sich von den üblichen Formen der indirekten Rede unterscheidet, besteht darin, daß sie in gewissem Grade - aufgrund der Exportation - extensional handhabbar ist. Dies betrifft aber nicht die Ausdrücke innerhalb der Daß-Phrase, sondern nur die exportierten nicht-angeführten Ausdrücke. Gleichwohl zeigt sich anhand der Exportation, daß Ausdrücke in der Daß-Phrase unbeschadet ihrer Wahrheit vertauscht werden können (zum Beispiel kann der Eigenname exportiert werden und durch ein Personalpronomen ersetzt werden und dieses wiederum gegebenenfalls durch ein Pronomen anderen Genus). Dies macht einmal mehr deutlich, daß zur Analyse der indirekten Rede (und somit zu einer wesentlichen metasprachlichen Bezugnahmeweise) nicht auf die Begriffe des Sinns oder der Proposition zurückgegriffen werden muß, sondern eine ÜB-Sprechweise ausreichend ist.[407]

3.2 Zeichen über Zeichen - ein Ausblick

Die in den letzten beiden Abschnitten vorgestellten Formen der metasprachlichen Bezugnahme lassen sich erstens als metasprachliche Bezugnahme im engen Sinn (MSBe) charakterisieren. Unter MSBe sind solche Bezugnahmerelationen zu fassen, die zwischen sprachlichen Zeichen bestehen, für die wir relativ klare Identitätsmerkmale besitzen.[408] Zweitens zeichnen sich die vorgestellten Formen der metasprachlichen Bezugnahme dadurch aus, daß sie sich jeweils auf bestimmte sprachliche Merkmale ihres Bezugnahmeobjekts beziehen, das heißt, sie nehmen auf Zeichenvorkommnisse unter bestimmten Aspekten - denotativen oder materiellen - Bezug. Diese Bezugnahme (im Sinne des schwachen Kompositionalitätsprinzips) auf einen Aspekt eines Zeichens geschieht bei der DIREKTEN REDE durch die Sagensrelation und den Anführungskomplex, bei der INDIREKTEN REDE durch die Sagensrelation und die Daß-Phrase, bei der GEMISCHTEN ANFÜHRUNG durch die Sagensrelation, die Daß-Phrase und einen Anführungskomplex und bei der ÜB-SPRECHWEISE durch die Über-Sprechweise und einen Anführungskomplex,

---

[407] Zum Problem fiktionaler Ausdrücke in intensionalen Kontexten vgl. Burdick 1982, der einen an Goodman orientierten Lösungsvorschlag hierzu anbietet.

[408] Ausgeblendet sei an dieser Stelle die Annahme, daß es nichtsprachliche Zitate gibt beziehungsweise nichtsprachliche Zeichen zitiert werden können.

der die Bezeichnungsweise festlegt, und die Daß-Phrase. All die genannten Formen der MSBe besitzen somit folgende Struktur:

SAGENSBERICHTE DER MSBE:

Personennamen	Namen für Sagensrelation	Spezifizierung der Äußerung im Sinne von typ- oder artgleich$_{IR}$ zu ...

Die gleiche Struktur wie Sagensberichte der MSBe besitzen auch die der MSBw. Zu letzteren gehören beispielsweise solche Sagensberichte der Über-Sprechweise, die keine Daß-Phrase enthalten, oder solche, die uns zwar verraten, daß eine Person etwas und eventuell auch etwas Wahres gesagt hat, aber dieses nicht näher spezifizieren. In solchen Sagensberichten erfahren wir nur, welcher Art die Äußerung ist, aber nicht, zu welchen Äußerungen sie typ- oder artgleich$_{i}$ ist.

SAGENSBERICHTE DER MSBW:

Personennamen	Namen für Sagensrelation	Spezifizierung der Äußerung im Sinne der Art

Neben Sagensberichten mit Strukturen der genannten Art gibt es zudem ÄUSSERUNGSBERICHTE, bei denen <u>nur</u> das Verb die Art der Äußerung spezifiziert. Dies liegt daran, daß es sich bei dem Bericht um eine metasprachliche Bezugnahme handelt. Beispiele für solche Äußerungsberichte sind:

Max spricht.
Max lügt.
Max hat sich geäußert.
Max zweifelt.
Max kritzelt.
Max singt.
Max pfeift.
Max stottert.
Max schreit.
Frankfurter nuscheln.
Sie brüllen.

Bei Äußerungsberichten dieser Art ist es häufig unklar, ob überhaupt ein Vorkommnis geäußert wurde oder ob nicht nur ein Laut oder ähnliches produziert wurde. Häufig nimmt man dabei nur auf eine kommunikative Handlung Bezug, die keiner Sprache angehören muß. Beispielsweise pfeift Max, um auf sich aufmerksam zu machen. Äußerungsberichte der beschriebenen Art gehören somit ohne weitere Spezifizierung der MSBw an, weil unklar bleibt, was für ein Vorkommnis der Sprecher produziert hat.

ÄUSSERUNGSBERICHTE DER MSBW:

Personennamen	Äußerungsprädikat

Die Grenzen zwischen den unterschiedlichen Sagens- und Äußerungsberichten sind zugegebenermaßen unscharf. Die Gründe dafür sind, daß zum einen die umgangssprachlichen Ausdrücke selbst verschiedene Lesarten zulassen und zum anderen künstliche Prädikate erzeugt werden können, die, obwohl sie von ihrer syntaktischen Struktur Äußerungsberichten der MSBw gleichen, im Sinne ihrer Bezugnahme Sagensberichte der MSBe sind.[409] Ungeachtet der Unschärfen meiner Kategorisierung der metasprachlichen Bezugnahmearten läßt sich an ihnen gleichwohl das Phänomen der Abschwächung beobachten und anhand dieses Phänomens aufzeigen, wie die unterschiedlichen und zahllosen metasprachlichen Bezugnahmearten miteinander verknüpft sind.

Zu diesen Arten zählen neben den Sagens- und Äußerungsberichten, wie gesehen, Anführung und Erwähnung. Sie sind die typischsten Formen der metasprachlichen Bezugnahme. Auch für sie gilt, wenn dies auch häufig bei Anführungstheorien übersehen wird, daß sie sinnvoll nur innerhalb des Satzverbands verwendet werden können. Während jedoch Zitate, Sagens- und Äußerungsberichte auf Äußerungen Bezug nehmen, nimmt man mit der Anführung und Erwähnung zumeist auf Typen Bezug,[410] sofern man nicht die Reichenbachschen Token-quotes verwendet.

Faßt man die Erwähnung als Sonderfall der direkten Anführung auf, unterscheidet sie sich von letzterer dadurch, daß nur sinnvolle Ausdrücke erwähnt werden können.[411] Für beide gilt jedoch, daß mit ihnen immer auf einen Typ (oder ein Vorkommnis) Bezug genommen wird, daher sind sie der MSBe zuzuordnen. Für die Erwähnung gilt im Gegensatz zur Anführung, daß der erwähnte Ausdruck nicht immer angeführt, das heißt, speziell kenntlich gemacht werden muß. Es handelt sich bei ihr daher um keine MSBs oder MSBp. Gleiches trifft auf die Anführung zu, insofern man eine Identitätstheorie vertritt. In allen anderen Theorien wird jedoch davon ausgegangen, daß eine Kenntlichmachung notwendigerweise zur Anführung gehört und es sich somit bei ihr um einen Fall der MSBs und MSBp handelt. Eine Abschwächung gegenüber der direkten Anführung ist dagegen die indirekte Anführung. Mit ihr nimmt man zwar ebenso auf Typen Bezug – und sie ist damit der MSBe zuzurechnen –, aber es werden nicht alle zeichenhaft-materiellen Eigenschaften des betreffenden Typs präsentiert, sondern nur diejenigen, die beschrieben werden. Im Fall der MSBw in zeichenhaft-materieller Hinsicht (siehe oben) nimmt man dagegen nicht auf Typen Bezug, sondern gegebenenfalls nur auf Eigenschaften. Die Eigenschaften, auf die man hierbei Bezug nimmt, sind von der Art, daß sie notwendigerweise von Vorkommnissen besessen werden müssen, damit die Vorkommnisse einem bestimmten Typ

---

409 Erinnert sei zum Beispiel an die adverbiale Analyse der indirekten Rede (II.3.1.1).

410 Damit wird natürlich nicht ausgeschlossen, Typen nominalistisch zu deuten.

411 Vgl. I.1.6.

angehören. Im Fall der Entzifferbarkeit trifft diese Eigenschaft gleichwohl nicht nur auf Vorkommnisse eines bestimmten Typs zu, sondern auf alle Schrifttypen.

Für die bisher genannten Formen metasprachlicher Bezugnahme gilt, daß jeder kompetente Sprecher des Deutschen ohne weitere Zusatzinformationen erkennen kann, daß es sich um metasprachliche Bezugnahme handelt. Von der EXPLIZITEN METASPRACHLICHEN BEZUGNAHME ist die IMPLIZITE METASPRACHLICHE BEZUGNAHME zu unterscheiden, die nur über zusätzliches Wissen als metasprachliche Bezugnahme zu erkennen ist. Implizite metasprachliche Bezugnahme ist vor allen Dingen in der Literatur anzutreffen. Stellvertretend für eine Vielzahl von impliziten metasprachlichen Bezugnahmeformen in der Literatur sei hier die Anspielung erwähnt:

ANSPIELUNG

Wie kommt es dazu, daß ein Text auf einen anderen anspielt? Wesentlich für eine ANSPIELUNG ist, daß sie nicht explizit auf den relevanten anderen Text Bezug nimmt, sondern die anspielende Bezugnahme nur von dem Kenner verstanden wird. Das heißt, der Leser muß den Text oder die Werkgruppe kennen, auf den oder die angespielt wird, und er muß erkennen, auf welche Weise angespielt wird. Üblicherweise bezieht sich die Anspielung dabei auf ein oder mehrere bestimmte Merkmale des anderen Zeichengebildes. Als Merkmale kommen hierbei denotative und zeichenhaft-materielle in Frage. Bezieht sich dagegen eine Anspielung auf nichtzeichenhafte Qualitäten, zum Beispiel persönliche, nichtsprachliche Marotten eines Autors etc., dann handelt es sich bei dieser Anspielung nicht um eine Metabezugnahme und sie muß uns an dieser Stelle nicht interessieren. Anspielung in dem hier intendierten Sinne, das heißt, als Metabezugnahme aufgefaßt, bezieht sich dagegen auf Merkmale eines Zeichengebildes, indem es diese zeichenhaften Merkmale benennt, beschreibt oder exemplifiziert. Ein einfaches Beispiel dafür ist folgender Satz:

> Essen oder nicht essen, das ist hier die Frage.

Dieser Satz bezieht sich offensichtlich buchstäblich auf die Tätigkeit des Essens. Überdies exemplifiziert er eine Satzform, und mittels dieser Satzform nimmt er auf einen bekannten Satz und damit auf *Hamlet* Bezug. Diese Bezugnahme kann natürlich nur derjenige verstehen, der das Theaterstück beziehungsweise den darin vorkommenden bekannten Satz kennt. Ebenso kann ein Text durch seine Satzkonstruktionen auf das Werk eines anderen Autors anspielen. Ein aktuelles Beispiel dazu ist der Roman *Wäldchestag* von Andreas Maier, der unter anderem durch den ständigen Gebrauch des Konjunktivs auf das Œuvre Thomas Bernhards anspielt.

Wie angedeutet, besteht eine wesentliche Form der Bezugnahme von Anspielungen in der Exemplifikation. Hierin gleicht sie dem Zitat und der Anführung. Während jedoch die Anführung alle relevanten zeichenhaft-materiellen Merkmale des in Frage stehenden Typs exemplifiziert und somit im Sinne der Übertragungstheorie[412] den Typ konstituiert, werden durch die Anspielung nur einige Eigenschaften exemplifiziert, welche die Zeichen beziehungsweise zeichenhaften Gebilde besitzen, auf die angespielt wird. In dieser Hinsicht ist die Anspielung weit unspezifischer als beispielsweise das Zitat. Diese Laxheit der Bezugnahme ermöglicht es jedoch, daß man Anspielungen nicht nur in der Literatur, das heißt in Texten findet, sondern in allen Symbolsystemen, wie zum Beispiel der Architektur, der bildenden Kunst, der Werbung etc. Anspielungen zählen somit zur Metabezugnahme im weiten Sinn (MBw).

Läßt sich aber dasselbe nicht auch über Zitate sagen? Gibt es nicht auch so etwas wie »Bildzitate«? In einem gewissen Sinn ist die Frage sicherlich zu bejahen: Keinem ist es verwehrt, bestimmte Bilder oder Teile von Bildern als Zitate zu bezeichnen.[413] Die entscheidende Frage ist jedoch, ob die sogenannten »Bildzitate« die Merkmale besitzen, die für Zitate wesentlich sind. Versucht man diese Frage zu beantworten, muß man zunächst die wesentlichen Merkmale von Zitaten angeben:

(Z1) Zitate bedürfen einer Kenntlichmachung als Zitate.
(Z2) Jedes Zeichen, das mündlich oder schriftlich buchstabiert werden kann, das heißt sich aus identifizierbaren Atomarzeichenvorkommnissen bekannter Sprachen zusammensetzt oder ein solches ist, läßt sich zitieren.

Die Zusammensetzung muß dabei so sein, daß die atomaren Zeichen eindeutig identifizierbar und damit buchstabierbar sind. Unbekannt heiße ein Alphabet, wenn unbekannt ist, welches seine atomaren Zeichen sind. Zeichen eines unbekannten Alphabets können nicht zitiert werden, weil sie nicht als bestimmte Zeichen identifziert werden können und damit nichtentzifferbar sind. Daher ist es in diesem Zusammenhang strenggenommen auch falsch, von einem »Zeichen eines unbekannten Alphabets« zu sprechen. Es gilt vielmehr: Wenn auf etwas als Zeichen eines Alphabets Bezug genommen wird, dann muß bekannt sein, unter welchen Typ, nach einer gängigen und brauchbaren Auffassung,[414] das Zeichen fällt. Voraussetzung einer solchen Zuordnung ist, daß die Alternativen, das heißt die atomaren Zeichen, innerhalb des Alphabets bekannt sind und eine Praxis regelt, zu welchem Typ das Zeichenvorkommnis gehört.[415]

(Z3) Ein Zitat muß einen Ausdruck vom selben Typ wie das Zitierte enthalten und der Ausdruck muß als Zitat gekennzeichnet sein.

Diese These ist unproblematisch und wird, wie gezeigt, zudem von allen Anführungstheorien geteilt.

(Z4) Zitate nehmen Bezug.

412 Vgl. I.4.1.
413 Vgl. Sello 1979.
414 Siehe S. 53.
415 Vgl. I.2.3.

Faßt man in diesem Zusammenhang unter den Begriff der Bezugnahme sowohl die Denotation wie auch die Exemplifikation, dann dürfte auch diese These allgemeine Zustimmung finden. Vertritt man dagegen mit Harth die Auffassung,[416] daß die Anführung (und somit auch das Zitat?) kein sprachliches Mittel ist, und ist zudem der Meinung, daß sie daher keine Bezugnahme ist, dann muß man (Z4) nicht zustimmen. Wie aber gezeigt, muß Harths Auffassung in diesem Punkt nicht geteilt werden, doch selbst wenn man ihr zustimmt, besteht keine Notwendigkeit, überdies der weitergehenden These beizupflichten, daß es sich bei der Exemplifikation nicht um eine Bezugnahme handelt. Kurzum: es bedarf einer sehr speziellen Auffassung der Anführung und einer nicht weniger eigenwilligen der Bezugnahme, um (Z4) abzulehnen.

(Z4) in Verbindung mit (Z2) legt zudem nahe, daß mit Zitaten nicht auf fiktive Äußerungen Bezug genommen wird oder künftige Zitate prognostiziert werden können. Was zitiert werden kann, sind nur mündlich oder schriftlich geäußerte Zeichenvorkommnisse.[417] Wir gelangen somit zur These:

(Z5) Zitiert werden können nur artikulierte, von Personen geäußerte, Zeichenvorkommnisse.

Mit (Z5) wird somit erstens ausgeschlossen, daß »natürliche« Zeichen, wie Fußspuren, Spiegelbilder etc., und nichtbuchstäbliche Äußerungen zitiert werden können. ((Z5) bietet zudem - wie gezeigt[418] - eine Unterscheidung zwischen Zitat, Anführung und Erwähnung. Erwähnen und anführen lassen sich auch Ausdrücke, die noch von keiner Person gebraucht wurden. Zitate sind dagegen Wiederholungen bereits gemachter Äußerungen.)

Versucht man die vorgestellten notwendigen Bedingungen (Z1)-(Z5) von sprachlichen Zitaten auf den Bereich der Bilder zu übertragen, stößt man sogleich auf folgende Schwierigkeit: Bei Bildern gibt es keine Anführungszeichen oder ähnliche Mittel der syntaktischen Kennzeichnung von Zitaten. Was aber spricht gegen folgende These?

(BZ) Ein Bild ist ein Zitat, wenn es einen Rahmen oder eine Staffelage mit einem Gegenstand darauf darstellt.[419]

Es gibt sicherlich noch andere Vorstellungen davon, wie Bilder Bilder »zitieren«, zum Beispiel durch Anspielung auf stilistische Eigenschaften und dergleichen. Aber in diesen Fällen von »Zitieren« zu sprechen, scheint mir offenkundig ungerechtfertigt und in jedem Fall durch den Begriff der Anspielung weitaus besser getroffen zu sein. Ein weiterer Spezialfall, auf den ich hier nicht eingehen kann, sind gemalte Anführungszeichen in Bildern, wie zum Beispiel in Bildern von Sigmar Polke oder Marcel Broodthaers.

---

[416] Vgl. II.2.1.6.4.
[417] Vgl. II.3.1f.
[418] Vgl. II.2.
[419] Diese These wird zum Beispiel von Posner vertreten (1982, 8f.).

Im folgenden möchte ich sieben Einwände gegen die These (BZ) vorstellen.[420]

(E1) Nicht jeder Inhalt eines abgebildeten Bilderrahmens beziehungsweise Gegenstand auf einer Staffelage ist schon ein Bild im Bild.

Offenkundig gibt es genügend Beispiele in der Geschichte der Bilder, in denen Bilderrahmen abgebildet werden, ohne daß es sich deshalb um abgebildete Bilder handelt (man denke zum Beispiel nur an Auktionskataloge, in denen Fotos von zu versteigernden Bilderrahmen zu sehen sind). Es scheint daher geraten zu sein, (BZ) folgendermaßen zu modifizieren:

(BZ') Wenn ein Bild ein Bild darstellt und zudem das dargestellte Bild durch Rahmen oder ähnliche Hilfsmittel als Bild gekennzeichnet ist, dann handelt es sich bei dem darstellenden Bild um ein zitierendes Bild.

Unklar bleibt gleichwohl auch bei dieser Formulierung, was die Kriterien dafür sind, daß ein Bild ein anderes Bild darstellt. Erinnert sei erneut an den Bilderrahmenauktionskatalog. Woher will man wissen, ob die neutrale Fläche innerhalb des abgebildeten Rahmens zum Beispiel ein monochromes Bild ist oder nur ein neutraler Hintergrund, vor dem der Rahmen abgebildet wird? Will man auf diese Frage eine Antwort finden, muß man zum einen klären, was ein Bild ist, und zum anderen erklären, auf welche Weise Bilder als Bilder abgebildet werden können. Auf diese Fragen an dieser Stelle jedoch eine überzeugende Antwort zu geben führt zu weit.[421] Wichtig erscheint es mir gleichwohl, in diesem Zusammenhang auf eine Asymmetrie unserer Fähigkeiten hinzuweisen:

(E2) Jeder, der einer gewöhnlichen Sprache mächtig ist, ist fähig zu zitieren. Bilder in Bildern darzustellen, ist dagegen technisch ein weit schwierigeres Unterfangen.

Mag diese Asymmetrie auch nur eine zufällig empirische sein, hinterläßt sie dennoch tiefe Spuren in unserem Umgang mit Bildern. Bilder sind häufig Unikate, die als Zeichen nicht wiederholbar sind. So wird allgemein anerkannt, daß niemand in der Lage ist, wie Tizian zu malen. Diese empirische Tatsache spricht für die These, daß ich in Bildern Bilder nicht auf dieselbe Weise »zitieren« kann wie einen Ausdruck in einem Satz. Es bereitet mir jedoch zum Beispiel kaum Schwierigkeiten, einen Text Vasaris zu zitieren. Ein Grund für die Asymmetrie ist vielleicht in der These (Z2) zu suchen, die zugleich mein dritter Einwand ist:

(E3) Zitate können buchstabierbare, aber ungrammatikalische Zeichenreihen wiedergeben.

Was aber heißt es, ein buchstabierbares und/oder ungrammatikalisches Bild in einem Bild darzustellen? Obwohl häufig das Gegenteil behauptet wird, existiert bis heute nichts, das gerechtfertigterweise Bildgrammatik genannt zu werden verdient. Die Gründe dafür sind: (a) Es herrscht keine Klarheit darüber, ob es so etwas wie

---

420 Die folgenden Überlegungen stimmen im wesentlichen mit dem zweiten Teil meiner Ausführungen in Steinbrenner 1998a überein.

421 Zu Versuchen in dieser Richtung vgl. Steinbrenner 1998d, 1999 und 2001a.

atomare Bildzeichen gibt. (b) Selbst wenn es solche atomaren Zeichen gäbe, wäre es vollkommen unklar, wie aus diesen atomaren Zeichen komplexe Zeichen aufzubauen sind. Folgendes Beispiel mag dies verdeutlichen. Auf den ersten Blick scheint das Bild

□□□□□□□□

aus folgenden elementaren Zeichen zu bestehen:

»□«, »□«, »□«, »□«, »□«, »□«, »□«, »□«.

Aber diese Zergliederung ist willkürlich. Folgende wäre genausogut möglich:

»_«, »|«, »_«, »|« usf.

Hinzu kommt – wie bereits erwähnt –, daß keine allgemeinen Regeln dafür existieren, wie aus »atomaren« Bildzeichen komplexe Bildzeichen zusammengesetzt werden. Diese und ähnliche Schwierigkeiten sprechen dafür, daß Bilder nicht komplexe, das heißt aus atomaren Zeichen zusammengesetzte Zeichen, sondern syntaktisch nicht zerlegbare einfache Zeichen sind. (Diese Behauptung schließt natürlich nicht aus, daß Bilder mehr oder minder wahllos in neue einzelne Bilder zerlegt werden können.)

(E 4) Das von den Anführungszeichen eingefaßte Zeichen läßt sich – nach (Z5) – buchstabieren.

Wenn jedoch mein Einwand (E3) zutreffend ist, folgt daraus, daß Bilder nicht aus atomaren – und damit buchstabierbaren – Zeichen zusammengesetzt sind. Was Bilder demnach bestenfalls sein können, sind atomare und damit unzerlegbare Zeichen, bei denen es wenig sinnvoll ist, vom Buchstabieren zu sprechen.

(E5) Wenn (E3) und (E4) zutreffend sind, dann läßt sich bei Bildern nicht in gleicher Weise wie bei Zitaten zwischen dem, womit zitiert wird, und dem, was zitiert wird, unterscheiden.

Deshalb ist es unmöglich, Bilder analog zu sprachlichen Zitaten in den Anführungsausdruck und den Rest (beispielsweise in der direkten Rede in die Anführungszeichen, Name des Sprechers und das Sagensverb) zu unterteilen. So läßt sich die Frage, wo beginnt das Zitat und wo endet es, im Fall von Bildern nur schwerlich, wenn überhaupt, beantworten. (Gleiche Probleme tauchen in dieser Form bei Anspielungen oder Bezugnahmen nicht auf, und die Fragen »Wo beginnt die Anspielung und wo endet sie?« und »Wo beginnt die Bezugnahme und wo endet sie?« können bestenfalls auf der semantischen Ebene beantwortet werden.)

(E6) Zitate enthalten in einem bestimmten Sinn das, was sie denotieren (» »Schnee ist weiß« « enthält »Schnee ist weiß«).

Bilder in Bildern enthalten dagegen nicht im gleichen Sinn das Bild, das sie denotieren. So kann der Leser zum Beispiel folgende eingerückte Buchstabenfolge ausschneiden und besitzt Jandls »spruch mit kurzem o«:

ssso

Obige Buchstabenfolge unterscheidet sich in keinem wesentlichen Bezug nehmenden Merkmal vom Original. Eine ähnliche Ausschneidetechnik ist bei Bildern nicht möglich.[422] (Wenn ich aus einem Foto, das eine Szene in der Alten Pinakothek zeigt, ein auf dem Foto abgebildetes Gemälde von Tizian ausschneide, besitze ich nicht ein Bild, das auch nur annähernd die Bezug nehmenden Merkmale des Bildes von Tizian besitzt. Ein Grund für diesen Unterschied ist:

(E7) Das von den Anführungszeichen eingefaßte Zeichen und das Zitierte sind vom selben syntaktischen Typ.

Für Bilder existiert jedoch keine (siehe (E3)) allgemein akzeptierte Syntax, die regelt, ob zwei Bilder vom selben komplexen syntaktischen Typ sind. Selbst wenn man vernünftigerweise annimmt, daß Bilder atomare und keine zusammengesetzten Zeichen sind, bleibt es völlig offen, ob zwei Bilder analog zu sprachlichen Ausdrücken vom selben Typ sein können.[423] (Gerade hinsichtlich der Diskussion von Fälschungen wird deutlich, daß minimale Unterschiede bei Bildern für ihre Bezugnahme und damit für die Typzugehörigkeit von Bedeutung sind. [424]) Wenn jedoch zwei Bilder nicht im selben Sinne wie sprachliche Ausdrücke vom selben Typ sein können, dann führt dies dazu, daß sich (Z3) auf Bilder nicht übertragen läßt.

Meine sieben Einwände sprechen somit stark dagegen, den Zitatbegriff auf Bilder zu übertragen. Das liegt darin begründet, daß sich weder (Z2) noch (Z3) oder (Z5) auf Bilder übertragen lassen. Gleichwohl bleibt es fraglich, ob (Z1) in einem interessanten Sinn auf Bilder anwendbar ist. Was »Bildzitate« bestenfalls erfüllen, ist (Z4). Dies führt jedoch dazu, wenn überhaupt, nach semantischen Merkmalen zu suchen, die möglicherweise gleichermaßen auf Bilder und sprachliche Zitate zutreffen. Ohne an dieser Stelle diese Möglichkeit weiter auszuloten, sollte deutlich geworden sein, daß wesentliche Züge von (sprachlichen) Zitaten auf Bilder nicht übertragbar sind, und dies spricht dafür, bei Bildern bestenfalls von Anspielungen zu sprechen und nicht von Zitaten.

Betrachten wir zum Abschluß noch Formen der Metabezugnahme, von denen fälschlicherweise angenommen werden kann, daß es sich bei ihnen um Metabezugnahme handelt:

KOPIE, FÄLSCHUNG, REPLIKA

Das Kopieren ist zweifellos eine der am häufigsten vollzogenen Handlungen des Geisteswissenschaftlers. Wohl kaum einer wird die Wahrheit des letzten Satzes bestreiten. Kopiert werden dabei zumeist Texte, oft Stile. Diese Kopien sind mehr oder minder gut oder schlecht geraten, sie sind aber weder wahr noch falsch. Gleiches trifft auf Kopien von Bildern zu, die, wie alle anderen Kopien auch, eines

---

[422] Vgl. hierzu Goodmans Kriterium der Austauschbarkeit, I.1.4f.
[423] Vgl. I.3.
[424] Vgl. Steinbrenner 1998b.

Originals bedürfen. Die für unseren Zusammenhang entscheidende Frage lautet, ob Kopien auf ihr jeweiliges Original Bezug nehmen. Nur wenn man diese Antwort bejaht, kann man sinnvoll davon sprechen, daß Kopien Metabezug nehmende Zeichen sind. Betrachtet man zum Beispiel die für uns übliche Handlung des Kopierens, das heißt, am Kopierer stehen und Blätter einlegen, wird leicht ersichtlich, daß das Kopieren nichts mit Bezugnehmen zu tun hat. Dies schließt natürlich nicht aus, daß eine gelungene Kopie auf dasselbe Bezug nimmt wie ihr Original, aber daraus folgt offensichtlich nicht, daß die Kopie auf ihr Original Bezug nimmt.

Ebensowenig ist es das Ziel des malenden Kopisten, mit seinem Produkt auf das Original Bezug zu nehmen, sondern sein Wunsch ist es, ein Bild anzufertigen, das möglichst dasselbe zeigt - auf dasselbe Bezug nimmt - wie das Original. Hierin gleicht der Kopist dem Fälscher. Der Unterschied besteht nur darin, daß die FÄLSCHUNG »vorgibt«, das Original zu sein.[425] Würde die Fälschung zudem auf das Original Bezug nehmen, würde diese Bezugnahme dem Ziel des Fälschers im Wege stehen, ein Bild ununterscheidbar zum Original anzufertigen.

Ungeachtet des Unterschieds zwischen Kopie und Fälschung können wir feststellen, daß Fälschen und Kopieren keine Bezug nehmenden Tätigkeiten sind. Hierin unterscheiden sie sich zuerst einmal nicht von der Tätigkeit, die im Anfertigen einer REPLIKA besteht. Während es jedoch bei der letzteren Tätigkeit nur darum geht, ein typgleiches Vorkommnis zu produzieren, das seinem »Original« möglichst nicht in allen Hinsichten gleichen soll, soll die Kopie dem Original möglichst in allem gleichen. Im Fall der Fälschung kann dies gar bedeuten, daß das Ziel die Ununterscheidbarkeit von Original und Fälschung ist.[426] Ungeachtet dieses Unterschieds zwischen Kopien und Replikas gilt jedoch auch für das Replizieren - das gegebenenfalls im unmittelbaren Anfertigen von typgleichen Vorkommnissen besteht[427] -, daß es sich um keine Bezug nehmende Tätigkeit handelt: Wenn ich das Wort »Tisch« schreibe, nehme ich damit weder auf den Typ »Tisch« Bezug noch auf Vorkommnisse dieses Typs. Wir dürfen somit festhalten, daß das bloße Anfertigen von Kopien, Fälschungen und Replikas keine Bezug nehmenden Handlungen sind.

425 Vgl. Steinbrenner 1998b.
426 Dies trifft natürlich nur auf Fälschungen in der bildenden Kunst zu (ebd.).
427 Vgl. I.2.

Schluß

Ausgangspunkt meiner Überlegungen war der Versuch, den Begriff der Metasprachlichkeit zu explizieren. Dabei sah ich mich vor folgende Fragen gestellt: Erstens, was sind sprachliche Ausdrücke? Zweitens, welche Form müssen sprachliche Ausdrücke besitzen, damit man sich mit ihnen auf andere Ausdrücke beziehen kann? Drittens, welche Formen der Bezugnahme werden zur metasprachlichen Bezugnahme verwendet und was sind ihre Beziehungen untereinander? Viertens, welche Formen von Metabezugnahme findet man in Symbolsystemen außerhalb der Sprache und inwiefern handelt es sich hierbei um Metasprachlichkeit?

Zur Klärung der ersten Frage habe ich in Teil I der Arbeit die Objekte, auf die metasprachlich Bezug genommen werden kann, näher spezifiziert. Dabei bin ich von der Annahme ausgegangen, daß die aussichtsreichsten Kandidaten metasprachlicher Bezugnahmeobjekte Zeichentypen und Zeichenvorkommnisse sind. Die Frage nach den Objekten metasprachlicher Bezugnahme nahm somit die Form an: Was sind Zeichentypen und Zeichenvorkommnisse? Diese Frage zu beantworten, war die zentrale Aufgabe des ersten Teils. Daß auf diese Frage keine allgemein verbindliche Antwort gegeben werden kann, ist ein Ergebnis meiner Untersuchungen. Das Fehlen einer solchen Antwort liegt darin begründet, daß je nach Sprachauffassung und ontologischem Standpunkt unterschiedliche Typbegriffe (und damit auch spezielle Auffassungen von Vorkommnissen) gewählt werden können. Unabhängig von der Verschiedenartigkeit der unterschiedlichen Typbegriffe sind sie dennoch Ausdruck bestimmter und wesentlicher Züge der Sprache. Die Darstellung der Vielzahl der Typbegriffe war für den Fortgang der Überlegungen jedoch deshalb von zentraler Bedeutung, da durch die verschiedenen Typbegriffe die Merkmale von Zeichen (verstanden als Typen oder Vorkommnisse) festgelegt werden, auf die Bezug genommen werden muß, damit Metasprachlichkeit vorliegt.

Vor dem Hintergrund der Bestimmung der sprachlich relevanten Merkmale von Zeichen ergab sich die zweite Frage: Welche Form müssen sprachliche Ausdrücke besitzen, damit man sich mit ihnen auf andere Ausdrücke beziehen kann? Zur Beantwortung dieser Frage habe ich im zweiten Teil meiner Arbeit eine Taxonomie metasprachlicher Bezugnahmeweisen entwickelt und somit die Grundlage für eine Antwort auf die dritte Frage gegeben: Welche Formen der Bezugnahme werden zur metasprachlichen Bezugnahme verwendet und was sind ihre Beziehungen untereinander? Um diese Frage zu klären, habe ich in Abschnitt II.1 eine Einteilung von metasprachlichen Bezugnahmeweisen entworfen und diese von allgemeiner Metabezugnahme, wie sie in nichtsprachlichen Symbolsystemen vorkommt, unterschieden. Dieser Taxonomie lag die Überlegung zugrunde, durch möglichst genaue

Bestimmung der Glieder der Metabezugnahmerelation die unterschiedlichen Weisen der Metasprachlichkeit zu explizieren. Grundlage dafür war die in Abschnitt I.7 erfolgte Bestimmung der Objekte der metasprachlichen Bezugnahme.

Der leitende Gedanke in Abschnitt II.1 war, die verschiedenen Formen der Metabezugnahme und im besonderen ihre Beziehung untereinander anzugeben. Hierzu habe ich sechs Formen der Metabezugnahme näher bestimmt, die bis auf die metasprachliche Bezugnahme im Sinne der Präsentation (MSBp) aufeinander aufbauen und somit eine Hierarchie bilden. Das heißt: Metabezugnahme im weiten Sinn umfaßt ebenso Metabezugnahme im engen Sinn, und beide schließen metasprachliche Bezugnahme im weiten Sinn, und somit auch jene im engen und strikten Sinn, ein. Für die weiteren Überlegungen war dieser hierarchische Aufbau der Metabezugnahme unter anderem deshalb wichtig, weil er die Grundlage dafür bereitet, was unter Abschwächung zu verstehen ist.

Ziel der weiteren Überlegungen war es, eine Antwort auf die dritte Frage zu geben, das heißt, die unterschiedlichen metasprachlichen Formen (Kennzeichnungen, Prädikation, Benennung etc.), wie sie in der Umgangssprache zu finden sind, in die zuvor entwickelte Taxonomie einzubetten. Dabei war die entscheidende Idee, in der Anführung den paradigmatischen Fall metasprachlicher Bezugnahme schlechthin zu sehen und alle anderen Formen der Bezugnahme auf Sprachliches als Abschwächungen davon zu betrachten. Deshalb war es nötig, sich ausführlich mit Anführungstheorien auseinanderzusetzen. Zu diesem Zweck habe ich im Laufe der Diskussion einen Anforderungskatalog erarbeitet und anhand dessen die verschiedenen Anführungstheorien bewertet. Es stellte sich heraus, daß sowohl traditionelle Anführungstheorien (Eigennamen- und Buchstabiertheorien) wie auch Zitattheorien pragmatischeren Zuschnitts (Demonstrativ- und Identitätstheorien) die Anforderungen nur bedingt erfüllen. Gleiches gilt für die Funktionstheorie, die wie die anderen Theorien auch, vor allen Dingen der Kompatibilitätsanforderung nicht gerecht wird.

Diese Anforderung war jedoch für meine Überlegungen von zentraler Bedeutung, weil anhand ihr verdeutlicht werden konnte, was unter metasprachlicher Abschwächung zu verstehen ist. Theorien, die der Kompatibilitätsanforderung besser gerecht werden, sind Präsentationstheorien: im besonderen ist hier jene von Saka zu nennen. Aber auch Sakas Variante schränkt die Bezugnahmeobjekte von Anführungsausdrücken ungerechtfertigt ein, zudem ist seine Auffassung darüber, wie Anführungsausdrücke denotieren - nämlich mittels der Ostension - uneinsichtig. Meiner Auffassung nach handelt es sich bei Anführungen vielmehr um die Exemplifikation unterschiedlicher Typen und Vorkommnisse, die durch den jeweiligen Kontext festgelegt werden. Wegen dieser Vielzahl möglicher Bezugnahmeobjekte nenne ich meine Auffassung »Multifunktionstheorie«. Kurz zusammengefaßt lautet meine These: In Anführungsausdrücken wird ein Vorkommnis präsentiert. Die Präsentation wird hierbei im Sinne der Exemplifikation aufgefaßt, das heißt, das Vorkommnis exemplifiziert direkt bestimmte Typen oder indirekt Vorkommnisse. Dabei legt der Kontext fest, welche Typen und somit indirekt welche Vorkommnisse exemplifiziert werden. Für die direkte Rede bedeutet dies, daß das angeführte Vorkommnis beispielsweise eine syntaktische Struktur und eine funktionale Rolle exemplifiziert und somit indirekt (das heißt über den Typ) zitierend auf eine Äußerung einer Person Bezug nehmen kann.

Vor der Folie der Multifunktionstheorie ließ sich im folgenden mein Gedanke näher explizieren, die indirekte Rede als Abschwächung der direkten Rede aufzufassen. Abschwächung heißt hier, daß in der indirekten Rede auf ein Vorkommnis von einem bestimmten semantischen oder funktionalen Typ oder einer bestimmten Art, aufgefaßt als Art_{IR} im Sinn der Paraphrasenrelation, Bezug genommen wird. Die entscheidende Idee dabei ist, daß wir bei der direkten Rede erfahren, daß auf ein Vorkommnis Bezug genommen wird, das von einem bestimmten syntaktischen Typ, einer bestimmten funktionalen Rolle etc. ist, während wir bei der indirekten Rede nur erfahren, daß der Ausdruck von einer bestimmten Art_{IR} ist. Mit Hilfe meines Begriffs der Paraphrase kann dieses spezielle Verhältnis von direkter und indirekter Rede aufschlußreich erklärt werden. Überdies läßt sich an dem Paraphrasenbegriff aufzeigen, wie es dazu kommt, daß wir bei der indirekten Rede im Gegensatz zur direkten Rede im Normalfall nicht erfahren, welche Gestaltform die Äußerung hat oder was für einem syntaktischen Typ sie entspricht, sondern nur eine abgeschwächte Information erhalten, nämlich von welcher Art_{IR} sie ist oder bestenfalls welche funktionale Rolle die Äußerung hat.

Hierin zeigt sich eine weitere Stärke der Multifunktionstheorie: Mit ihrer Hilfe und dem Paraphrasenbegriff läßt sich zeigen, worin sich direkte und indirekte Rede gleichen können - nämlich in der Bezugnahme auf ein Vorkommnis von einem bestimmten semantischen Typ oder einer funktionalen Rolle. Die Betonung liegt hier auf »können«, weil, wie in Abschnitt II.3.1.2 gezeigt, Sagensberichte häufig Paraphrasen sind. Das heißt: Durch Paraphrasen wird uns nicht notwendigerweise mitgeteilt, von welchem Typ eine Äußerung ist, sondern nur von welcher Art_{IR}. Gleichwohl gehören Paraphrasen und somit die indirekte Rede ebenso wie die direkte Rede zur metasprachlichen Bezugnahme im engen Sinn (MSBe).

In diesem Punkt unterscheiden sich die direkte und indirekte Rede von bloßen Äußerungsberichten, bei denen nur das Verb die Art (ohne Index!) der Äußerung spezifiziert, weil es sich bei dem Bericht um eine metasprachliche Bezugnahme im weiten Sinn (MSBw) handelt. Mit Äußerungsberichten läßt sich mitteilen, daß jemand etwas geäußert hat, aber eben nicht von welchem Typ oder von welcher Art_{IR} die Äußerung ist. Bei Äußerungsberichten handelt es sich somit zwar auch um Abschwächungen, jedoch nicht um Paraphrasen. Festzuhalten bleibt überdies, daß mit Hilfe meiner Idee der Abschwächung eine Analyse von Sagens- und Äußerungsberichten möglich ist, die ohne problematische Annahmen von Abstrakta - wie Sinne, Gedanken oder Propositionen - auskommt.

Sicherlich sind in manchen Fällen die Grenzen zwischen direkter und indirekter Rede sowie zwischen Sagens- und Äußerungsberichten nicht einfach zu ziehen.

Dies wird beispielsweise ersichtlich, wenn man sich der Über-Sprechweise und der gemischten Anführung zuwendet (II.3.1.3). Dennoch lassen sich auch in diesen Fällen mit Hilfe des Begriffs der Abschwächung unterschiedliche Formen der metasprachlichen Bezugnahmen anhand ihrer Merkmale kategorisieren und ihre wesentlichen Zusammenhänge zu anderen Formen der Metasprachlichkeit aufzeigen.

Im Abschnitt II.3.2 habe ich die von mir so genannten impliziten metasprachlichen Bezugnahmeweisen im weiten Sinne vorgestellt, unter die die Anspielung, die Variation oder Pastiche fallen. Das entscheidende Merkmal der impliziten metasprachlichen Bezugnahme besteht darin, daß der Hörer das Bezugnahmeobjekt kennen muß, um die metasprachliche Bezugnahme zu verstehen.

Abschließend habe ich mich der vierten Frage - welche Formen von Metabezugnahme findet man außerhalb der Sprache und inwiefern handelt es sich hierbei um Metasprachlichkeit? - zugewandt. Dazu habe ich am Beispiel von Bildern untersucht, inwieweit metasprachliche Bezugnahmeweisen, nämlich das Zitieren, auf ein nichtsprachliches Symbolsystem, in diesem Fall Bilder, übertragbar sind. Das Ergebnis dieser Überlegung ist, daß die Merkmale, die typisch für sprachliche Zitate sind, nicht auf Bilder übertragen werden können.

Der entscheidende Gedanke bei all diesen Überlegungen war, daß in der Anführung der paradigmatische Fall von Metabezugnahme vorliegt und alle anderen Fälle von Metasprachlichkeit und Metabezugnahme als Abschwächung davon zu gelten haben. Was hier unter Abschwächung zu verstehen ist, habe ich mit Hilfe meiner hierarchisch gegliederten Taxonomie der Metabezugnahmeweisen (II.1) aufgezeigt und am Beispiel des Verhältnisses von direkter und indirekter Rede mit Hilfe des Begriffs der Paraphrase präzise dargelegt, was Abschwächung im Detail bedeutet (II.3 ff.). Neben den von mir dargestellten Formen gibt es sicherlich noch andere Formen der Metasprachlichkeit und Metabezugnahme, die ich in meiner Untersuchung unberücksichtigt gelassen habe.

Dennoch hoffe ich, daß mein angestrebtes Ziel erreicht wurde, nämlich eine grundlegende Systematik zu entwickeln, die alle - und somit auch die von mir nicht einbezogenen - Formen der Metabezugnahme, deren interne Beziehungen zueinander und ihre wesentlichen Eigenarten zu untersuchen und darzustellen erlaubt.

Glossar

ABBILDANFORDERUNG: Anführungsausdrücke »bilden« ihre Denotate, d. h. die angeführten Ausdrücke, ab. Anführungstheorien sollten hierfür eine Erklärung geben (II.2.1.1).

ABSCHWÄCHUNG: Anführungsausdrücke sind der paradigmatische Fall metasprachlicher Bezugnahme schlechthin und alle anderen metasprachlichen Ausdrücke sind Anführungsausdrücken gegenüber Abschwächungen (siehe II.3.1.2 u. II.3.2).

ALLGEMEINHEITSANFORDERUNG: Die Allgemeinheitsanforderung, die nah verwandt mit der Abbild- und Produktivitätsanforderung (s. u.) ist, besagt, daß eine brauchbare Anführungstheorie nicht ausschließen darf, daß jeder Ausdruck angeführt werden kann (II.2.1.1).

ANALOG: Analoge Zeichen bzw. Zeichensysteme werden entweder im Sinne Goodmans oder Dretskes verstanden (siehe I. 3).

ANFÜHRUNG: Anführung ist der Fall MSBs (s. u.) schlechthin. Angeführt werden können alle sinnvollen und sinnlosen sprachlichen Zeichen und Zeichenkomplexe, d. h. Zeichen, die zu digitalen Zeichensystemen gehören (II.2).

ANFÜHRUNG, INDIREKTE: Während uns die indirekte Rede verrät, worüber eine Person gesprochen hat, erfahren wir durch die indirekte Anführung etwas über Gestalt oder syntaktische Merkmale eines Ausdrucks (II.3.1.1).

ANFÜHRUNGS- UND ZITATTHEORIEN (II.2.1 u. II.2.1.6.5)

BUCHSTABIERTHEORIE: Anführungskomplexe sind strukturell-deskriptive Namen, d. h. Kennzeichnungen, die in ihrer Gesamtheit auf Typen bzw. deren syntaktische Strukturen Bezug nehmen (II. 2.1.2).

DEMONSTRATIVTHEORIE: Nur die Anführungszeichen gehören zum Anführungsausdruck, d. h., nur sie leisten die Bezugnahme auf einen Typ bzw. eine Gestaltform. Der durch die Anführungszeichen eingefaßte Ausdruck gehört dagegen in semantischer Hinsicht nicht zum Anführungssatz (II. 2.1.3).

EIGENNAMENTHEORIE: Anführungskomplexe sind unstrukturierte Ausdrücke, die in ihrer Gesamtheit auf Einzeldinge (Typen, Gestaltformen etc.) Bezug nehmen (II. 2.1.1).

FUNKTIONSTHEORIE: Anführungskomplexe sind singuläre Terme, die aus den Anführungszeichen und dem angeführten Ausdruck zusammengefügt sind. Die Anführungszeichen sind dabei logische Konstanten (nach einer Lesart namensbildende Funktoren), die mit einen Ausdruck verknüpft werden, um aus diesem einen Anführungskomplex zu erzeugen (II. 2.1.5).

IDENTITÄTSTHEORIE: Zum Anführungsausdruck gehört ausschließlich der angeführte Ausdruck, und die Anführungszeichen sind nur Beiwerk, das keine Funktion bei der Bezugnahme von Anführungskomplexen besitzt (II. 2.1.4).

PRÄSENTATIONSTHEORIE: Ihr zufolge wird der Ausdruck, der zwischen den Anführungszeichen steht präsentiert. Die Präsentation geschieht dabei, auf eine bestimmte, jeweils näher zu spezifizierende Art (II. 2.1.6).

ANGEFÜHRTER AUSDRUCK: Der Ausdruck, auf den mit der Anführung Bezug genommen wird (II.2).

ANFÜHRUNGSAUSDRUCK: Der Ausdruck, der mittels Anführung auf den angeführten Ausdruck Bezug nimmt (II.2).

ANFÜHRUNGSKOMPLEX: Der Ausdruck, der aus dem angeführten Ausdruck und umschließenden Anführungszeichen gebildet wird (II.2).

ANFÜHRUNGSSATZ: Der Anführungssatz ist ein Satz, der einen Anführungsausdruck enthält (II.2).

ANSPIELUNG: Wesentlich für eine Anspielung ist, daß sie nicht explizit auf ein anderes Zeichen Bezug nimmt, sondern die anspielende Bezugnahme nur von dem Kenner verstanden wird. Es handelt sich daher bei der Anspielung bestenfalls um eine implizite metasprachliche Bezugnahme (s. u.) (II.3.2).

ARTGLEICH: Artgleich ist nicht mit typgleich zu verwechseln: Während man mit »Peter sagt etwas Wahres« auf alle artgleichen, nämlich wahren, Äußerungen Peters Bezug nehmen kann, bezieht sich typgleich immer auf Vorkommnisse eines Typs. Dies schließt natürlich nicht aus, auch Typen als Arten zu verstehen. Im Gegensatz zu Typen lassen sich jedoch sprachliche Arten beliebig fein bzw. grob einteilen (II.3.1.2). Ein Spezialfall von artgleich ist

ARTGLEICH$_{IR}$ im Sinne der indirekten Rede. Dahinter steht der Gedanke, daß Paraphrase (s. u.) und paraphrasierter Sagensbericht mittels artgleicher$_{IR}$ Daß-Phrasen auf dieselbe Satzäußerung Bezug nehmen, wenn dies auch in der Paraphrase weniger präzise geschieht (II.3.1.2).

BUCHSTABIERANFORDERUNG: Die Denotate von Anführungskomplexen muß man buchstabieren können (gewöhnliche Gegenstände dagegen, die von Namen bezeichnet werden, kann man im Normalfall nicht buchstabieren) (II.2.1.1).

DIGITAL: Digital wird entweder im Sinne Goodmans oder Dretskes verstanden (I. 3).

ENDLICHKEITSANFORDERUNG: Üblicherweise wird von einem begrenzten Lexikon einer Sprache (d. h. endlich vielen semantisch primitiven Namen) ausgegangen, da sonst eine Sprache nicht erlernbar wäre. Daher sollten Anführungstheorien von einem endlichen Lexikon ausgehen (II.2.1.1).

ERWÄHNUNGEN: Erwähnungen fallen unter MSBe (s. u.). Sie müssen im Gegensatz zu Zitaten nicht kenntlich gemacht werden. Allerdings muß der erwähnte Ausdruck im Gegensatz zum angeführten Ausdruck verwendet werden können (II.2).

ITERATIONSANFORDERUNG: Anführungstheorien sollten dem Umstand gerecht werden, daß wir jeden Anführungskomplex erneut wieder anführen können (II.2.1.3).

KOMPATIBILITÄTSANFORDERUNG: Hinter dieser Anforderung steht der Gedanke, daß es ein entscheidendes Merkmal von Anführungskomplexen ist, nicht nur auf Gestalttypen oder syntaktische Typen Bezug nehmen zu können, sondern auf alle sprachlichen Typen (s. u.) und Vorkommnisse (II.2.1.3).

MBE (METABEZUGNAHME IM ENGEN SINN): Mittels dieser Bezugnahme nehmen alle Zeichen Bezug, die auf Zeichen als Zeichen Bezug nehmen. (Unter die MBe fallen Zeichen, d. h. Entitäten, für die wir relativ klare Identitätsbedingungen besitzen. MBe ist somit nur möglich, wenn die Bezugnahmeobjekte der MBe zumindest der Metabezugnahmebedingung (M2) genügen.) (II.1).

MBW (METABEZUGNAHME IM WEITEN SINN): Eine Bezugnahmerelation dieser Art liegt bei allen zeichenhaften Gebilden vor, die auf zeichenhafte Gebilde als zeichenhafte Gebilde Bezug nehmen (MBw ist mit den Metabezugnahmebedingungen (M1)-(M4) (s. u.) verträglich) (II.1).

METABEZUGNAHME: Bezugnahmerelation zwischen Metazeichen und Zeichen allgemein (II.1).

METABEZUGNAHMEBEDINGUNGEN: (M1) Metazeichen nehmen auf Zeichen als Zeichen Bezug. (M2) Auf Zeichen als Zeichen Bezug zu nehmen heißt, auf Zeichentypen oder Zeichenvorkommnisse Bezug zu nehmen. (M3) Auf Zeichen als Zeichen Bezug zu nehmen heißt, auf Vorkommnisse Bezug zu nehmen. (M4) Nur auf Typen oder Vorkommnisse, die zu digitalen Symbolsystemen gehören, kann echt metasprachlich Bezug genommen werden. (I.7).

METASPRACHE

METAZEICHEN: Das sind alle Zeichen, die auf Zeichen Bezug nehmen (II.1).

METAZEICHEN, SPRACHLICHES: Das sind alle sprachlichen Zeichen, die auf Zeichen Bezug nehmen. (II.1)

MSBE (METASPRACHLICHE BEZUGNAHME IM ENGEN SINN): Unter diese Art der Bezugnahme fallen alle sprachlichen Zeichentypen oder -vorkommnisse, die auf Zeichentypen oder -vorkommnisse als Zeichen Bezug nehmen. (MSBe schließt somit die Bezugnahme auf Bilder, Diagramme etc. aus. Die Bezugnahmeobjekte der MSBw sind Zeichen, die der Metabezugnahmebedingung (M4) (s. o.) genügen.) (II.1)

MSBP (METASPRACHLICHE BEZUGNAHME MITTELS PRÄSENTATION): Alle Ausdrücke, Zeichenhandlungen, die unter Verwendung von Anführungszeichen (oder anderer sprachlicher Merkmale) auf sich selbst, ein Vorkommnis vom selben Typ oder den Typ vermittels der Präsentation ihrer selbst Bezug nehmen (II.1).

MSBS (METASPRACHLICHE BEZUGNAHME IM STRIKTEN SINN): Diese Art von Bezugnahme trifft auf alle Ausdrücke zu, die auf Ausdrucksvorkommnisse oder -typen unter Zuhilfenahme von Anführungszeichen oder ähnlicher Mittel Bezug nehmen. (Die Bezugnahmeobjekte der MSBs genügen der Metabezugnahmebedingung (M4) (s. o.), wenn sichergestellt ist, daß Anführungskomplexe auf Vorkommnisse und Typen Bezug nehmen.) (II.1)

MSBW (METASPRACHLICHE BEZUGNAHME IM WEITEN SINN): Diese Bezugnahmeweise besteht zwischen sprachlichen Zeichen und deren Bezugnahmeobjekten, die zumindest der Metabezugnahmebedingung (M1) genügen (s. o.) (II.1).

PARAPHRASEN: Paraphrasen sind Sagensberichte (s. u.), die PARAPHRASIEREND auf andere Sagensberichte Bezug nehmen. Zwischen einer Paraphrase und ihrem Bezugnahmeobjekt (einem Sagensbericht) besteht eine PARAPHRASENRELATION. Weiterhin gilt: (P4) Wenn A eine Paraphrase von B ist, dann haben A und B denselben Wahrheitswert. (P5) Die Paraphrasenrelation ist transitiv, d. h., wenn C eine Paraphrase von B ist und B eine von A, dann ist auch C eine Paraphrase von A. (P6) Die Paraphrasenrelation ist nicht reflexiv, d. h., eine Paraphrase kann nicht in der Paraphrasenrelation zu sich selbst stehen. (P7) Paraphrasen besitzen immer die Struktur »aRb«. Wobei »a« für den Namen einer Person, »R« für den Namen einer Sagensrelation (sagen, fragen etc.) und »b« für eine Daß-Phrase steht oder einen Satz, der sich in eine Daß-Phrase überführen läßt. (P8) Mithilfe der Daß-Phrase der Paraphrase wird die Satzäußerungsart (s. o. »Art«) bestimmt, von der die konkrete Satzäußerung diejenige ist, die unter anderem durch die Paraphrase denotiert wird (II.3.1.2).

PRODUKTIVITÄTSANFORDERUNG: Darunter ist die Forderung zu verstehen, daß Anführungstheorien uns zum einen erklären sollen, warum es uns ein leichtes ist, durch das Mittel der Anführung Ausdrücke zu benennen, und zum anderen, warum wir bei Anführungskomplexen ihr Denotat sogleich erkennen (II.2.1.1).

REDUNDANZANFORDERUNG: Eine Anführungstheorie sollte der Tatsache gerecht werden, daß in zahlreichen Sprachen keine Anführungszeichen (bzw. graphische Äquivalente) vorhanden sind und trotzdem Ausdrücke angeführt werden können (II.2.1.1).

SAGENSBERICHTE: Das sind Satzäußerungen, die auf konkrete Satzäußerungen Bezug nehmen (II.3.1.2 u. II.3.2).

SIMULTANITÄTSANFORDERUNG: Eine brauchbare Anführungstheorie muß erklären können, wie es möglich ist, daß Ausdrücke zuweilen gleichzeitig gebraucht und erwähnt werden (II.2.1.1).

TITEL: Titel können der MSBw zugeordnet werden. Sie können als Namen sowohl auf Sprachliches (Titel von Texten) wie auch Zeichen allgemein (zum Beispiel Titel von Kunstwerken) Bezug nehmen. Ihre Weise der Bezugnahme unterscheidet von gewöhnlichen Namen zumindest in schriftlichen Äußerungen durch Anführungszeichen oder andere graphische Merkmale. Zudem ist es durchaus üblich, daß Titel im Gegensatz zu gewöhnlich verwendeten Namen ihr Bezugnahmeobjekt in bestimmten Zügen beschreiben (II.1.1).

TYPAUFFASSUNGEN (I.6)

ÄQUIVALENZKLASSENTYPAUFFASSUNGEN gehen davon aus, daß Typen Äquivalenzklassen sind. Diese Auffassungen unterscheiden sich von aristotelischen darin, daß auch externe Merkmale (zum Beispiel Austauschbarkeit) zur Typbildung herangezogen werden dürfen (I.1.4).

ARISTOTELISCHE TYPAUFFASSUNGEN: Sie gehen allgemein von der Annahme aus, daß Typen nicht unabhängig von Vorkommnissen existieren können. Nach Auffassungen dieser Art sind interne Merkmale von Vorkommnissen dafür relevant, festzulegen, welchem Typ sie angehören. Die Schwächen dieser Auffassungen bestehen darin, daß sie (a) nur ungenügend bestimmen können, welches die relevanten internen Eigenschaften sind, und (b) der Tatsache nicht gerecht werden, daß interne Eigenschaften allein häufig nicht ausreichen, bestimmen zu können, von welchem Typ ein Vorkommnis ist (I.1.3).

FUNKTIONALE TYPAUFFASSUNGEN: Sie versuchen Vorkommnisse mit Hilfe des Begriffs der funktionalen Rolle zu typisieren. Die Stärke dieser Auffassungen besteht darin, daß sie erlauben, zahlreiche Merkmale der Verwendung von Zeichen in der Sprache in die Typbildung einfließen zu lassen (I.2.2).

GEBRAUCHSTHEORETISCHE TYPAUFFASSUNGEN: Ihnen zufolge sind Typen Regeln, die man vermittels einer beobachtbaren Praxis beschreiben kann. Der Vorteil dieser Auffassungen besteht darin, daß sie sich auf keine unnötigen ontologischen Annahmen stützen. Ihr Nachteil ist darin zu sehen, daß sie nur bedingten Erklärungswert hinsichtlich unbekannter und sehr komplizierter Vorkommnisse besitzen (I.2.3).

GESTALTTYPAUFFASSUNGEN: Typen sind abstrakte Gestalten, die z. B. mit einem »inneren Auge« erfaßt werden. Diese Auffassungen zeigen an, in welcher Richtung ein Platonismus das Verhältnis von Typ zu Vorkommnis spezifizieren kann, nämlich über die Gestalt. Sie übersehen aber in ihrer Fixierung auf Gestalteigenschaften semantische und pragmatische Aspekte von Typen (I.1.2).

INTENTIONALE TYPAUFFASSUNGEN: Von welchem Typ ein Vorkommnis ist, wird durch die Absicht des Produzenten des Vorkommnisses festgelegt. Diese Auffassungen sind ohne eine weitere Ausbuchstabierung nur bedingt brauchbar. Sie weisen aber zu Recht auf die wichtige Rolle von Absichten bei der Verwendung von Ausdrücken und damit bei der Typbildung hin (I.2.1).

MENGENTHEORETISCHE TYPAUFFASSUNGEN: Typen sind Mengen. Diese Auffassungen sind formal zwar die ansprechendsten, aber sie teilen in weiten Zügen die Schwäche platonistischer Auffassungen. Insbesondere gilt dies für anschauliche und pragmatische Merkmale von Zeichen (I.1.1).

MUSTERTYPAUFFASSUNGEN: Diese sind eine Spezialform der aristotelischen Typauffassungen. Typen sind Muster, die sich in konkreten Gegenständen zeigen. Mustertypauffassungen teilen mit der platonistischen Gestalttypauffassung (s. u.) die Schwäche, daß sie zahlreiche Merkmale, die typisch für Zeichen sind, nicht beachten. Gleichwohl sind die aristotelischen Typauffassungen und somit auch die Mustertypauffassung anschaulicher als die Gestalttypauffassung und andere platonistische Auffassungen, insofern sie die relevanten Eigenschaften nicht in einem platonischen Himmel verorten, sondern in den Vorkommnissen selbst (I.1.2).

NOMINALISTISCHE AUFFASSUNGEN: Sie versuchen ohne abstrakte Gegenstände auszukommen, um damit Problemen zu entgehen, die mit Abstrakta verbunden sind. Eine Lösung besteht z. B. darin, Typen als metasprachliche Ausdrücke aufzufassen, die Vorkommnisse bezeichnen. Schwierigkeiten können für nominalistische Auffassungen dadurch entstehen, daß umgangssprachliche Sätze, in denen explizit oder implizit auf Abstrakta Bezug genommen wird, nominalistisch interpretiert werden. Hinzu kommt, daß die meisten mathematischen und logischen Theorien explizit oder implizit Typen voraussetzen (I.5).

PLATONISTISCHE TYPAUFFASSUNGEN: Ihnen zufolge sind Typen abstrakte Ideen. Eine gemeinsame Schwäche dieser Auffassungen ist: Sie werden nur sehr begrenzt der Tatsache gerecht, daß ein wesentliches Merkmal von Zeichen darin besteht, daß sie von Menschen verwendet und für deren Zwecke geschaffen werden (I.2).

SEMANTISCH-PLATONISTISCHE TYPAUFFASSUNGEN: Sie bestimmen über die Bezugnahme von Zeichen, deren Typzugehörigkeit. Die Crux dieser Auffassungen besteht darin, daß sie (i) durch ihre Spezifizierung auf semantische Merkmale zahllose andere Merkmale (zum Beispiel der Form, der Syntax) ausschließen, auf die in der Diskussion häufig Bezug genommen wird; und daß sie (ii) auf Zeichen, die nicht Bezug nehmen, nur schwer oder überhaupt nicht anwendbar sind (I.1.6).

STRENG PLATONISTISCHE TYPAUFFASSUNGEN: Sie gehen von der Annahme aus, daß Typen unabhängig von möglichen Realisierungen, d. h. Vorkommnissen, existieren. Ihre Stärke ist, daß sie uns erlauben, alle nur erdenklichen Typen anzunehmen. Diese Freiheit ist jedoch gleichzeitig die Schwäche platonistischer Typbegriffe. Die fehlende Reglementierung ist der Grund dafür, daß sowohl das Verhältnis von Typ zu Vorkommnis wie auch das Erkennen von Typen, Vorkommnissen und ihrer Beziehung zueinander unterbestimmt ist (I.1).

SYNTAKTISCHE TYPAUFFASSUNGEN: Sie werden dem Umstand gerecht, daß Ausdrucksvorkommnisse zumeist verknüpft werden und die Art und Weise der Verknüpfung bestimmt, von welchem Typ der dadurch entstehende komplexe Ausdruck ist. Die Schwächen dieser Auffassungen liegen zum einen darin, daß sie wenig aussagekräftig hinsichtlich atomarer Zeichen sind, und zum anderen semantischen und pragmatischen Aspekten bei der Typbildung nur bedingt gerecht werden können (I.1.5).

UNDURCHSICHTIGKEITSANFORDERUNG: Ein entscheidendes Merkmal von Anführungskomplexen ist ihre Undurchsichtigkeit, d. h. die Nichtsubstituierbarkeit von bedeutungsgleichen Ausdrücken innerhalb von Anführungsausdrücken. Eine brauchbare Anführungstheorie muß daher dem Merkmal der Undurchsichtigkeit Rechnung tragen (II.2.1.1).

ZEICHENHAFT-MATERIELLE ASPEKTE: Das sind solche Merkmale, anhand derer wir feststellen können, von welchem Gestalttyp oder syntaktischen Typ ein Vorkommnis ist (II.3.1.1).

ZEICHENHAFT-DENOTATIVE ASPEKTE: Das sind bezugnehmende Merkmale eines Vorkommnisses (II.3.1.1).

ZEICHENHAFTE GEBILDE: Solche Gebilde sind alle nichtnatürlichen Entitäten (Texte, Bilder, Œuvre, Musikstücke, Kunststile, Typen, Vorkommnisse etc.), die in einem relativ weiten Sinn Bezug nehmen. (Für zeichenhafte Gebilde besitzen wir im Gegensatz zu Zeichen nur bedingt präzise Individuationsprinzipien) (II.1).

ZITATE: Zitate sind der MSBw zuzuordnen. Zitiert werden können nach landläufiger Meinung Zeichen aus den unterschiedlichsten Symbolsystemen in den unterschiedlichsten Zeichensystemen. Wichtig jedoch ist: (i) zitiert werden können nur bereits verwendete - d. h. gegebenenfalls auch sinnlose - Zeichen, und (ii) die Kenntlichmachung als Zitate, d. h., eine Quellenangabe ist obligatorisch (II.2 u. II.3.2).

Literaturverzeichnis

[Anonymus] (1958) Der Ochs und sein Hirte. Eine altchinesische Zengeschichte. Übersetzt von Koichi Tsujimura u. Hartmut Buchner. Pfullingen.

Anscombe, G. E. M. (1957) Report on Analysis Problem. *Analysis* 17. 49-52.

Austin, John L. (1962) How To Do Things with Words. Cambridge.

Bachrach, Jay (1971) Type and Token and the Identification of Work of Art. *Philosophy and Phenomenological Research 31*. 415-420.

Bailey, George (1993) Pictorial Quotation. *International Studies in Philosophy* 25. 1-8.

Baldwin, Thomas (1982) Prior and Davidson on Indirect Speech. *Philosophical Studies* 42. 255-282.

Behrens, Ulrike (1989) Wenn nicht alle Zeichen trügen. Interpunktion als Markierung syntaktischer Konstruktionen. Frankfurt a. M.

Belnap, Nuel, und Grover, Dorothy L. (1973) Quantifying In and Out of Quotes. In: H. Leblanc (Hrsg.) Truth, Syntax and Modality. Amsterdam. 17-47.

Bennett, Jonathan (1988) Quotation. *Noûs* 22. 399-418.

Berkeley, George (1709/^{2}1987) Theory of Vision. Übersetzt von H. Zehe. Hamburg.

— (1710/^{2}1979) Eine Abhandlung über die Prinzipien der menschlichen Erkenntnis. Übersetzt von F. Überweg. Hamburg.

Binkley, Robert (1970) Quantifying, Quotation, and a Paradox. *Noûs* 4. 271-277.

Blau, Ulrich (1985) Die Logik der Unbestimmtheiten und Paradoxien. *Erkenntnis* 22. 69-59.

— (1988) Die Logik der Anführung und Quasianführung. *Erkenntnis* 29. 227-268.

— (1994) Die Logik der Unbestimmtheiten und Paradoxien. Vorlesungsskript. München.

Bochenski, Josef M. (1956) Formale Logik. Freiburg.

Boolos, George (1995) Quotational Ambiguity. In: P. Leonardi und M. Santambrogio (Hrsg.) On Quine: New Essays. Cambridge. 283-296.

Brakel, J. van (1985) Buckner Quoting Goldstein and Davidson on Quotation. *Analysis* 45. 73-75.

— (1987) Arguments Against Quotation-Mark-Names. *Logique et Analyse* 29. 275-295.

Brandom, Robert B. (1994) Making It Explicit: Reasoning, Representing & Discoursive Commitment. Cambridge, Mass.

Brandt, W. und Nail, N. (1976) Anführungszeichen. Versuch einer Systematik ihrer funktionalen Gebrauchsweise. *Muttersprache* 86. 407-426.

Bromberger, Sylvain (1988) Types and Tokens in Linguistics. CSLI-88-125. Stanford.

Bronstein, D. J. (1936) What is Logical Syntax? *Analysis* 3. 49-56.

Buckner, D. K. (1984) Goldstein on Quotation. *Analysis* 44. 189-190.

— (1985) Reply to Van Brakel. *Analysis* 45. 215-217.

Buczynska-Garwicz, Hanna (1984) Peirce's Idea of Sign and the Cartesian Ego. In: J. Pelc (Hrsg.) Sign, System, and Function. Berlin.

Burdick, Howard (1982) A Logical Form for the Propositional Attitudes. *Synthese* 52. 185-230.

Burge, Tyler (1986) On Davidson's »Saying That«. In: E. Lepore (Hrsg.) Truth and Interpretation. Oxford. 190-208.

Bußmann, Hadumod (1983) Lexikon der Sprachwissenschaft. Stuttgart.

Cappelen, Herman (1999) Intentions in Words. *Noûs* 33. 92-102.

Cappelen, H., und Lepore, E. (1997) Varieties of Quotation. *Mind* 106. 429-450.

— (1998) Reply to Tsohatzidis. *Mind* 107. 665-666.

— (1999) Using, Mentioning and Quotes: A Reply to Saka. *Mind* 108. 741-750.

Carnap, Rudolf (1934/^{2}1968) Logische Syntax der Sprache. Wien.

Christensen, Niels E. (1967) The Alleged Distinction between Use and Mention. *Philosophical Review* 76. 358-367.

Clark, H. (1996) Using Language. Cambridge.

Clark, H. und Gerrig, G. (1990) Quotations as Demonstrations. *Language* 66. 764-805.

Coulmas, Florian (1981) Über Schrift. Frankfurt a.M.

Currie, Gregory (1989) An Ontology of Art. New York.

Davidson, Donald (1984a) Quotation. In: Ders. Inquiries into Truth and Interpretation. Oxford. 79-92.

— (1984b) On Saying That. In: Ders. Inquiries into Truth and Interpretation. Oxford. 93-108.

— (1984c) Truth and Meaning. In: Ders. Inquiries into Truth and Interpretation. Oxford. 17-36.

Dempster, Douglas (1989) Exemplification and the Cognitive Value of Art. *Philosophy and Phenomenological Research* 40. 393-412.

Derrida, Jacques (1988) Signatur, Ereignis, Kontext. In: Ders. Randgänge. Wien. 291-314.

Dretske, Fred (1981) Knowledge and the Flow of Information. Cambridge, Mass.

DUDEN, Bd. 1 (^{21}1996) Die deutsche Rechtschreibung. Mannheim.

— Bd. 4 (^{4}1984) Die Grammatik. Mannheim.

Dunn, J., und Belnap, N. (1968) The Substitution Interpretation of the Quantifiers. *Noûs* 2. 177-185.

Edmüller, Andreas (1991) Wahrheitsdefinition und radikale Interpretation. Frankfurt a.M.

Elgin, Catherine Z. (1983) With Reference to Reference. Indianapolis.

Elugardo, Reinaldo (1999) Samesaying. In: U. Zeglen (Hrsg.) Donald Davidson. Truth, Meaning and Knowledge. London. 102-120.

Field, Hartry (1980) Tarski's Theory of Truth. In: M. Platts (Hrsg.) Reference, Truth and Reality, London. 83-110.

Frege, Gottlob (1891/^{5} 1980a) Funktion und Begriff. In: Ders. Funktion, Begriff, Bedeutung. Göttingen. 17-39.

— (1892/^{5} 1980b) Über Sinn und Bedeutung. In: Ders. Funktion, Begriff, Bedeutung. Göttingen. 40-65.

— (1893) Grundgesetze der Arithmetik. Begriffsschriftlich abgeleitet. I. Bd. Jena. Nachdruck Hildesheim 1962.

— (1971) Schriften zur Logik und Sprachphilosophie. Aus dem Nachlaß. Hrsg. v. Gottfried Gabriel. Hamburg.

Friedman, H. R. (1975) The Ontic Status of Linguistic Entities. *Foundations of Language* 13. 73-94.

García-Carpintero, Manuel (1998) Indexicals as Token-Reflexives. *Mind* 107. 529-563.

— (1994) Ostensive Signs: Against the Identity Theory of Quotation. *Journal of Philosophy* 91. 253-264.

Garver, Newton (1965) Varieties of Use and Mention. *Philosophy and Phenomenological Research* 26. 230-238.

Geach, Peter (1957) Mental Acts. London.

— (1963) Quantification Theory and the Problem of Identifying Objects of Reference. *Acta Philosophica Fennica* 16. 41-52.

— (^{2}1968) Reference and Generality. Ithaca und London.

— (1972) Logic Matters. Oxford.

Goddard, L. und Routley, R. (1966) Use, Mention and Quotation. *Australian Journal of Philosophy* 44. 1-49.

Goldstein, Laurence (1984) Quotation of Types and other Types of Quotation. *Analysis* 44. 1-5.

— (1985) The Title of this Paper Is ›Quotation‹. *Analysis* 45. 137-140.

Goodman, Nelson (^{2}1966/1951) The Structure of Appearance. Indianapolis.

— (1961) About. *Mind* 70. 1-24.

— (1972) Problems and Projects. Indianapolis.

— (^{2}1976/1969) Languages of Art. Indianapolis.

— (1978) Ways of Worldmaking. Indianapolis.

— (1984) Of Minds and Other Matters. Cambridge, Mass.

— (1986) A Note on Copies. *Journal of Aesthetics and Art Criticism* 44. 291 f.

Grandy, Richard (1973) Review of Words and Objections: Essays on Quine. *Philosophical Review* 82. 99-110.

Grice, Paul (^{2}1989/1967) Logic and Conversation. In: Ders. Studies in the Way of Words. Cambridge. 22-40.

Grover, Dorothy (1973) Propositional Quantification and Quotation Contexts. In: H. Leblanc (Hrsg.) Truth, Syntax and Modality. Amsterdam. 101-110.

Günther, Arnold (1992) Der logische Status der Anführungszeichen. *Zeitschrift für Semiotik* 14. 123-140.

Haack, Susan (1974) Mentioning Expressions. *Logique et Analyse* 17. 277-294.

— (1978) Philosophy of Logics. Cambridge.

Hale, Bob (1987) Abstract Objects. Oxford.

Hardie, C. D. (1936) The Formal Mode of Speech. *Analysis* 4. 46-48.

Harris, Roy (1996) Signs, Language, and Communication. London.

Harth, Manfred (2000) Über ein nicht-sprachliches Mittel der Sprache: eine Theorie sprachlicher Anführung. München; unveröffentlichte Dissertation.

Hernardi, Paul (1981) More Questions Concerning Quotations. *Journal of Aesthetics and Art Criticism* 39. 271-273.

Hugly, P., und Sayward, C. (1981) Expressions and Tokens. *Analysis* 41. 181-187.

Hutton, Christopher (1990) The Type-Token Relation in Linguistic Theory. Oxford.

Ineichen, Hans (1987) Einstellungssätze: Sprachanalytische Untersuchungen zur Erkenntnis, Wahrheit und Bedeutung. München.

Jacobsen, Rockney (1997) Self-Quotation and Self-Knowledge. *Synthese* 110. 419-445.

Kaplan, David (1969) Quantifying In. In: D. Davidson und J. Hintikka (Hrsg.) Words and Objections. Dordrecht. 206-242.

— (1990) Words. *Proceedings of the Aristotelian Society* Suppl. Vol. 64. 93-121.

Klockow, Reinhard (1978) Anführungszeichen, Norm und Abweichung. *Linguistische Berichte* 57. 14-24.

— (1980) Linguistik der Gänsefüßchen. Frankfurt.

Koller, Werner (1975) Linguistik der Anführungszeichen. In: H. Müssener und H. Rossipal (Hrsg.) Impulse. Stockholm. 115-160.

Kubinski, Tadeusz (1965) Two Kinds of Quotation Mark Expressions in Formalized Languages. *Studia Logica* 17. 31-47.

Künne, Wolfgang (1982) Indexikalität, Sinn und propositionaler Gehalt. *Grazer philosophische Studien* 18. 41-74.

— (1983) Abstrakte Gegenstände. Frankfurt.

— (1984) Hybride Eigennamen. In: K. Oehler (Hrsg.) Zeichen und Realität. Tübingen. 249-257.

Kutschera, Franz v. (1975) Sprachphilosophie. München.

Lewis, David (1975) Languages and Language. In: K. Gunderson (Hrsg.) Language, Mind, and Knowledge. Minneapolis. 3-35.

Linsky, Leonard (1983) Oblique Contexts. Chicago.

Lissa, Zofia (1970) Die ästhetische Funktion des musikalischen Zitats. Janua Linguarum. Den Haag, Paris.

Lopes, Dominic (1996) Understanding Pictures. Oxford.

Love, E. J. (1989) Kinds of Being. Oxford.

MacDonald (1936) Language and Reference. *Analysis* 4. 33-41.

MacIver, A. M. (1936) Token, Type, and Meaning. *Analysis* 4. 58-64.

Marcus, Ruth B. (1963) Interpreting Quantification. *Inquiry* 5. 252-259.

— (1972) Quantification and Ontology. *Noûs* 6. 240-250.

McDowell, John (1980) Quotation and Saying That. In: M. Platts (Hrsg.) Reference, Truth and Reality. London. 206-237.

Mitchell, W. J. Thomas (1994) Picture Theory. Chicago.

Morawski, Stefan (1970) The Basic Functions of Quotation. In: A. J. Greimas (Hrsg.) Sign, Language, Culture. The Hague. 690-705.

Morris, Charles W. (1938) Foundations of the Theory of Signs. Chicago.

Müller, Olaf (1996) Zitierte Zeichenreihen. *Erkenntnis* 44. 279-304.

Neale, Stephen (1990) Descriptions. Cambridge.

Niebergall, Karl-Georg (im Erscheinen) Zur nominalistischen Behandlung der Mathematik. Erscheint in Steinbrenner u. a. (Hrsg.) Symbole, Systeme Welten. Studien zur Philosophie Nelson Goodmans. Heidelberg.

Parsons, Terence (1982) What Do Quotation Marks Name? Frege's Theories of Quotation and That-Clauses. *Philosophical Studies* 42. 315-328.

Partee, Barbara (1973) The Syntax and Semantics of Quotation. In: S. Anderson und P. Kiparsky (Hrsg.) A Festschrift for Morris Halle. New York. 410-418.

Peirce, Charles S. (1931-1935) Collected Papers (= CP). Bd. 1-6. Cambridge.

Perry, John (1997) Indexicals and Demonstratives. In: C. Wright and B. Hale (Hrsg.) Companion to the Philosophy of Language, Oxford. 586-612.

Posner, Roland (1992) Zitat und Zitieren von Äußerungen, Ausdrücken und Kodes. *Zeitschrift für Semiotik* 14. 3-16.

Posner, Roland u. a. (Hrsg.) (1997) Semiotik. Ein Handbuch zu den zeichentheoretischen Grundlagen von Natur und Kultur. Bd. 1. Berlin.

Prior, Arthur N. (1971) Objects of Thought. Oxford.

Putnam, Hilary (1958) Formalization of the Concept »About«. *Philosophy of Science* 25. 125-130.

Quine, Willard Van Orman (1943) Notes on Existence and Nessity. *Journal of Philosophy* 40. 113-127.

— (1960) Word and Object. Cambridge.

— ([2]1961/1940) Mathematical Logic. Cambridge.

— (1966) Quantifiers and Propositional Attitudes. In: Ders. The Ways of Paradox and Other Essays. 185-196.

— (1969a) Ontological Relativity and Other Essays. New York.

— (1969b) Replies to Davidson and Sellars. In: D. Davidson und J. Hintikka (Hrsg.) Words and Objections. Essays on the Work of W. V. Quine. Dordrecht. 337-340.

— ([2]1976/1966) The Ways of Paradox and Other Essays. Cambridge.

— (1995) Quotation. In: P. Leonardi und M. Santambrogio (Hrsg.) On Quine New Essays. Cambridge. 353-354.

Recanati, François (2000) Oratio Obliqua, Oratio Recta: An Essay on Metarepresentation. Cambridge, Mass.

— (2001) Open Quotation. *Mind* 110. 637-687.

Reichenbach, Hans (1947) Elements of Symbolic Logic. New York.

Reimer, Marga (1996) Quotation Marks: Demonstratives or Demonstrations? *Analysis* 56. 131-141.

Richard, Mark (1986) Quotation, Grammar, and Opacity. *Linguistics and Philosophy* 9. 383-403.

— (1990) Propositional Attitudes: An Essay on Thoughts and how We Ascribe them. Cambridge.

Rieber, Steven (1992) A Test for Quotation. *Philosophical Studies* 68. 83-94.

Ringboom, Sixten (1992) Direkte und indirekte Rede im Bild. *Zeitschrift für Semiotik* 14. 29-40.

Robbins, Beverly (1952) On Synonymy of Word Events. *Analysis* 12. 98-100.

Rundle, Bede (1979) Grammar in Philosophy. Oxford.

Russell, Bertrand (1956) Logic and Knowledge. London.

Ryle, Gilbert (1933) About. *Analysis* 1. 10-12.

Saka, Paul (1998) Quotation and the Use-Mention Distinction. *Mind* 107. 113-135.

— (1999) Quotation: a Reply to Cappelen & Lepore. *Mind* 108. 751-754.

Schantz, Richard, und Scholz, Oliver R. (im Erscheinen) Universalien II. In: Historisches Wörterbuch der Philosophie. Basel.

Scheffler, Israel (1954) An Inscriptional Approach to Indirect Quotation. *Analysis* 14. 83-90.

Schlossberger, Eugene (1983) Quoting and Mentioning. *Philosophical Studies* 43. 329-336.

Schönrich, Gerhard (1990) Zeichenhandeln: Untersuchungen zum Begriff einer semiotischen Vernunft im Ausgang von Ch. S. Peirce. Frankfurt a. M.

Schulz, Wolfgang (1998) Das Zitat in Film- und Multimediawerken: Grundsätze für die Praxis des Zitierens gemäß § 51 UrhG in audiovisuellen Medien. ZUM 3.

Searle, John R. (1969) Speech Acts. Cambridge.

Sellars, Wilfrid (1949/1950) Quotation Marks, Sentences, and Propositions. *Philosophy and Phenomenological Research* 10. 515-525.

— (1950) The Identity of Linguistic Expressions and the Paradox of Analysis. *Philosophical Studies* 1. 24-31.

— (1963) Abstract Entities. *Review of Metaphysics*. 627-671.

— (1963) Some Reflections on Language Games. In: Ders. Science, Perception, and Reality. London. 321-358.

— (1964) Classes as abstract Entities and the Russell Paradox. *Review of Metaphysics*. 67-90.

— (1969) Some Problems about Belief. In: D. Davidson und J. Hintikka (Hrsg.) Words and Objections. Dordrecht. 187-205.

— (1974) Meaning as Functional Classification. *Synthese* 27. 417-437.

Sello, Katrin (1979) Vom Nutzen und Nachteil des Zitierens für die Kunst. In: Dies. Ausstellungskatalog »Nachbilder«. Hannover.

Sharpe, R. A. (1979) Type, Token, Interpretation and Performance. *Mind* 88. 437-440.

Simon, Hans-Ulrich (1979) Zitat. In: Klaus Kanzog u. Achim Masser (Hrsg.) Reallexikon der deutschen Literaturgeschichte. Bd. 4. Berlin, New York. 1041-1081.

Seymour, Michel (1994) Indirect Discourse and Quotation. *Philosophical Studies* 74. 1-38.

Simchen, Ori (1999) Quotational Mixing of Use and Mention. *The Philosophical Quarterly* 49. S. 325-336.

Simons, Peter (1982) Token Resistance. *Analysis* 42. 195-203.

Smullyan, Raymond M. (1987) Quotation and Self Reference. In: S.J. Bartlett und P. Stube (Hrsg.) Self Reference. Dordrecht. 122-144.

Stebbing, L. S. (1935) Sounds, Shapes and Words. *Proceedings of the Aristotelian Society* Suppl. Vol. 14. 1-21.

Stegmüller, Wolfgang (1956/57) Das Universalienproblem einst und jetzt. *Archiv für Philosophie* 6 & 7. 48-81.

Steinbrenner, Jakob (1998a) Zitatzeit - oder Füßchen der Gänse überall - oder worauf Zitate Bezug nehmen. In: K. Sachs-Hombach und K. Rehkämper (Hrsg.) Bild - Bildwahrnehmung - Bildverarbeitung. Wiesbaden. 125-130.

— (1998b) Fälschung und Identität. *Zeitschrift für Ästhetik und allgemeine Kunstwissenschaft* 53. 189-208.

— (1998c) The Unimaginable. *Theory & History: Danto and his Critics: Art History, Historiography and After the End of Art:* Theme Issue. 115-126.

— (1998d) Die Ähnlichkeit und die Bilder. In: K. Rehkämper und K. Sachs-Hombach (Hrsg.): Bild, Bildwahrnehmung, Bildverarbeitung: Interdisziplinäre Beiträge zur Bildwissenschaft. Wiesbaden. 125-131.

— (1999) Beschreibung und Darstellung: Ein Vergleich von sprachlicher und bildlicher Bezugnahme. In: J. Mittelstrass (Hrsg.) Die Zukunft des Wissens, XVIII. Deutscher Kongress für Philosophie. Konstanz. 589-596.

— (2001a) Abbilder, Darstellungen und Teile. In: K. Sachs-Hombach und K. Rehkämper (Hrsg.): Zum Realismus der Bilder: Interdisziplinäre Forschung zur Semantik der Bilder. Magdeburg. 41-54.

— (2001b) Der Zusammenhang zwischen direkter und indirekter Rede. In: GAP 4 Proceedings.

Stoichita, Viktor I. (1998) Das selbstbewußte Bild: Vom Ursprung der Metamalerei. München.

Strawson, Peter F. (1959) Individuals. Oxford.

Suppes, Patrick (1957) Introduction to Logic. Stanford.

Szabó, Zoltán Gendler (1999) Expressions and their Representations. *The Philosophical Quarterly* 49. 145-163.

Tajtelbaum, Al (1957) Is it Impossible to be Told Anyone's Name? *Analysis* 17.

Tarski, Alfred (1973) Der Wahrheitsbegriff in den formalisierten Sprachen. In: K. Berka und L. Kreiser (Hrsg.) Logik-Texte. Berlin. 447-559.

Tharp, Leslie (1971) Truth, Quantification, and Abstract Objects. *Noûs* 5. 363-372.

Tsohatzidis, Savas (1998) The Hybrid Theory of Mixed Quotation. *Mind* 107. 661-664.

Vuillemin, Jules (1995) Goodmans ›Sprachen der Kunst‹ - eine statische Konzeption einer Symboltheorie? *Deutsche Zeitschrift für Philosophie* 43. 711-730.

Wallace, John (1971) Convention T and Substitutional Quantification. *Noûs* 5. 199-211.

Walther, Elisabeth (1974) Allgemeine Zeichenlehre. Einführung in die Grundlagen der Semiotik. Stuttgart.

Washington, Corey (1992) The Identity Theory of Quotation. *The Journal of Philosophy* 89. 582-605.

Wertheimer, Roger (1999) Quotation Apposition. *The Philosophical Quarterly* 49. 514-519.

Wetzel, Linda (1993) What Are Occurences of Expressions? *Journal of Philosophical Logic* 22. 215-220.

Weyers, Christian (1992) Zur Entwicklung der Anführungszeichen in gedruckten Texten. *Zeitschrift für Semiotik* 14. 17-28.

Whiteley, C. H. (1957) Names of Words: A Note on Analysis ›Problem‹. *Analysis* 17. 119-120.

Wollheim, Richard (^{2}1980) Art and its Objects. Cambridge.

Wolterstorff, Nicholas (1970) On Universals: An Essay in Ontology. Chicago / London.

Wray, David (1987) Logic in Quotes. *Journal of Philosophical Logic* 16. 77-110.

Zembylas, Tasos (1997) Kunst oder Nichtkunst: Über Bedingungen und Instanzen ästhetischer Beurteilung. Wien.

Personenregister